本书获河南省师范教育质量提升行动计划
"萤火虫中学语文师范生成长工作坊"

语文教育叙事研究

张天明　著

郑州大学出版社

图书在版编目(CIP)数据

语文教育叙事研究／张天明著. -- 郑州：郑州大学出版社，2024.8. -- ISBN 978-7-5773-0758-9

Ⅰ．H19

中国国家版本馆 CIP 数据核字第 2024CZ6620 号

语文教育叙事研究

YUWEN JIAOYU XUSHI YANJIU

策划编辑	席静雅	封面设计	陈　青
责任编辑	席静雅	版式设计	苏永生
责任校对	樊建伟	责任监制	李瑞卿

出版发行	郑州大学出版社	地　　址	郑州市大学路 40 号(450052)
出 版 人	卢纪富	网　　址	http://www.zzup.cn
经　　销	全国新华书店	发行电话	0371-66966070
印　　刷	郑州市今日文教印制有限公司		
开　　本	710 mm×1 010 mm　1／16		
印　　张	24.25	字　　数	374 千字
版　　次	2024 年 8 月第 1 版	印　　次	2024 年 8 月第 1 次印刷

书　　号	ISBN 978-7-5773-0758-9	定　　价	89.00 元

本书主要观点摘录

1. 要让学生喜欢你的课，先让学生喜欢你本人。

2. 欣赏应该成为教师的职业态度，微笑应该成为教师的职业表情，赞扬应该成为教师的职业行为。

3. 语文教材的这个"例子"不是一般的例子，是独特的"这一个"。

4. 教育情怀是专家型教师的"名片"。

5. 只考虑教学内容，不考虑学生活动的设计是"瘸腿"的教学设计。

6. 没有诵读法，其他方法再多，阅读教学也不易完成；有了诵读法，即使没有其他方法，阅读教学也能容易完成。

序

叙事,简单地说,就是讲述故事。它是人类社会一种基本的交流方式,一般包含人物、情节、环境等基本要素。人物是故事的核心主体,情节是人物的行动以及事件发展的过程,环境则为人物活动和情节发展提供背景支持。人们通过叙事来记录事件、表达情感、传递价值观。叙事作为一种研究方法,以叙事文本为研究对象。研究者通过对叙事材料的收集、整理、分析来揭示其中蕴含的意义、结构和文化内涵等。教育叙事研究是叙事研究方法在教育领域的应用。教育研究者通过对教育生活中的事件、经历等进行叙述和分析,探究教育现象背后的本质和规律。

张天明教授的《语文教育叙事研究》是一部运用教育叙事研究方法探讨语文教育原理的著作。作者寓语文教育原理于生动的故事叙述之中,以叙述亲身经历的真实事件表达自己对语文教育的思考和对教育理想的追求。全书讲述了近200个鲜活的语文教育小故事,这些故事具有情境性、体验性、反思性的特点。情境性是说作者叙述的故事,都是发生在具体情境中的语文教育故事,都有特定的时间、空间场域乃至文化背景。体验性是说作者叙述的故事,都是作者亲身经历的语文教育事件,都是真实的个体教育经验。反思性是说作者叙述故事的过程,不仅是作为叙述者讲述语文教育事件的过程,更是作为研究者对语文教育事件反思的过程。这些语文教育故事,从横向看涵盖语文课程、语文教材、语文教学、语文评价和学生、教师等语文教育的方方面面;从纵向看涉及作者从农村到城市、从中学到高校,从事中学语文教学和高校语文师资培养30多年的经历。

张天明教授是我尊敬的著名阅读学家、文章学家、语文教育家曾祥芹先生的弟子。张教授曾与其师姐任文香合著有《曾祥芹评传》，在他身上有着曾先生孜孜矻矻、勉力拓荒的影子。我们有无数在大中小学辛勤耕耘的语文教育工作者，但鲜有像张天明教授这样十年如一日地从事语文教育叙事研究的有心人。他是《语文教育叙事研究》中故事的亲历者、记录者、思考者、叙述者。张教授以其对语文教育事件的敏锐观察与真诚反思，完成了这部具有深刻思想内涵和实践指导价值的著作。该书为一线语文教师提供了丰富的教学经验和方法指导，也为广大语文教育工作者进一步研究提供了宝贵的素材和研究的基础。

　　是为序。

2024 年 11 月 7 日
于扬州大学中国语文教育研究所

（徐林祥，扬州大学中国语文教育研究所所长、教授、博士生导师，中国高等教育学会语文教育专业委员会副理事长）

自 序

天空中没有鸟的痕迹,但我已飞过——我的教育叙事研究

孔子说:"述而不作,信而好古。"(《论语·述而》)就是只叙述和阐明前人的学说,自己不创作。作为中国古代教育家,孔子开私门办学之先,弟子三千,贤者七十二。按说孔子教学经历与经验应该相当丰富,应该写下大量文字;然而他自己竟然没有记下关于教育的只言片语;如果不是其弟子及再传弟子追述其当年的一些言行,汇成《论语》一书,孔子的思想会以怎样的一种面目存世还真不好说。笔者揣测可能是孔子太轻言(这个言不但指说话,也包括书写的文字)重行了。或许他是看惯了甚至说是看厌了言行不一的人与事才如此的。他更喜欢沉默寡言的颜子而不是能说会道的子贡,就非常能说明这一点。由于其地位与影响,崇实干、恶虚言,就形成了一种文化传统,深深刻进了我们民族血脉里。然而我们可以看到身边众人,譬如教师,一生耕耘,桃李满天下,但退休后两手空空,无片言只语留下,丰富的阅历与经验都留在自己脑袋里,带进棺材里,最后消失在尘埃里,没能发挥应有的作用,真正做到了两袖清风、一尘不染!虽然泰翁有诗云:"天空中没有鸟的痕迹,但我已飞过。"(《飞鸟集》)话是洒脱,但飞过与否,只有自己知道,着实可惜。对于教师而言,展开教育反思类的教育叙事就是这样一件力证,证明自己确是飞过中国教育多姿多彩的天空。

进行教育叙事的活动不但可以立言不朽,还可以检省自己,吸取教训;更可以广泛学习,提升自己,更加切合一线教师教研的特点。我国著名教育学家朱永新曾说,一个老师如果坚持写教学反思(本人认为这也属于教育研究的一种),十年后如果还不出名,我赔你 50 万元。然而几个十年过去了,

1

一直没人向我索赔。朱永新老师这里所说的"出名"不能仅仅理解为扬己之"虚名"，更应该理解为通过教育叙事不断提高自己业务水平之"实名"。但是就笔者所知，教育界鲜有人进行这类的研究，其中也包括笔者自己，虽然每天都有大量的活生生的教育事件发生，其中也蕴藏着丰富的教育价值，但都在我们身边流失掉了，造成巨大浪费。当然，进行教育叙事已有人尝试，著名的有李镇西、程汉朝等人，历数教育之得失，曲尽从教的酸辣苦甜，可谓"窥一斑而识全豹"，所写之事反映了中国当代教育的某些问题，可以说是中国教育的缩影；从中可以看出一线教育工作者的痛苦与挣扎、坚韧与希冀，读后受益匪浅。见贤思齐，本人也如从蛰伏醒来的青蛙一样跃跃欲试了。然而想做跟能做是两码事，要不然每个文学爱好者都成了文学家了。有时拿起笔来但不知从何说起，不知以何种形式说起，就这样年复一年，春花秋月等闲度。记得有人说过这样的话：当你认为做事做晚了的时候，其实还不算晚。

既然要记述、咀嚼自己教学经历中的事，当然有成功的喜悦，也不可避免地要触及一些难堪甚至伤痛的事，有的至今想来还感觉有点羞赧，甚至丢人！但是这些业已发生，是无法抹去的；避而不谈只能是掩耳盗铃。不知是哪位哲人说过这样的话，人一辈子只做了三件事：自欺欺人被人欺，真乃至言。再者，本人已过知命之年，也已经把这些"面子"之事逐渐看淡，也越来越重视"里子"。这"里子"便是欲通过对过去发生在自己身上、身边点滴之教学案例的回顾与描述，加以必要的情与理的剖析，总结自己教学之得失，为自己日后教学、人生提供一些借鉴。当然本人尤愿能以此为业已进行的语文教学改革辑录一些剪影，甚至为语文课程与教学论研究的七彩画布上添上歪歪斜斜的一笔；或许这些文字只是一位教师教学之花絮，不能称之为研究。既然语文学科还不成熟，一切还在探索中，但愿笔者留下的文字也能成为语文教学探索之大潮的一朵浪花。

"记得年少骑竹马，转眼已是百年身。"（《增广贤文》）是到了回头看的时候了！

总 论

　　"语文教育学"是一门古老而年青的学科。古老是指关于这门课的研究从久远以前的时代就开始了,孔子、孟子、荀子等先贤都留下或多或少的研究文字,尤其是《学记》的许多观点穿越遥远的时空,扑面而来,至今仍在我们耳边回响。年青是指其成为独立的学科相对较晚,我国虽然很早就有相关的研究文字,有的还较为深入,但大都是与经学、史学、伦理学等多学科一起的综论,而非系统的专论。它真正独立成为一门学科应该是伴随清末废除科举后的单独设科"国语""国文"而发展起来的,只有百十年历史。首先表现在该学科没有一个相对稳定的名称,从新中国成立前的"国语教授法""国文教授法"到新中国成立后的"教法""语文教学法""语文教育学""语文课程教学论""语文课程与教学论",最近学界又呼吁改为"语文教育学",一直处于变动不居之中。"名不正,则言不顺;言不顺,则事不成。"(《论语·子路篇》)名字虽然仅仅是形式,但是一定的形式决定一定的内容。名称的变动不居表明人们对其内涵认识的摇摆。其次是关于该学科性质的认识,学界从来就没有统一过,出现过多次论争。虽然 2001 年出台的《义务教育语文课程标准》表述为"工具性与人文性的统一",但是这部出自教育部的红头文件不但没有让争论偃旗息鼓,而且又衍生出更多说法。最后是关于语文学科内涵,至今学界未有定论,很多学者期冀建立的"语文学"至今阙如。也可能有人特别是一线语文教师认为,"语文学"这些东西知道与否影响不大,几十年了我们不知道这些不还是照样教课?课是可以教,甚至教得比较好,但不明确上述理论课不能教得更好,不能一直教得好,不能普遍教得好,几十年来我们的语文教学"少慢差费"的问题不是一直得不到有效解决吗?

虽然说近年来对该课程也有一些研究,但仍嫌不足,尤其是理论深度与操作性兼具的文章更少,这与我国语文教师的总量极不相称。毋庸讳言,当前广大中小学语文教师们鲜有进行教学观察、教学研究的习惯,即使一些优秀教师也大多是在评职称时突击、拼凑一些东西,总体质量不高。其原因主要是一线语文教师有丰富的研究资源,但缺少资料,工作琐碎繁忙,没有时间投入研究,再加上长期处于基层,视野受到局限。高校研究人员资料丰富,信息获取便捷,时间相对充裕,视野开阔,但远离语文教学,对中小学语文教学了解基本上是道听途说,人云亦云,获取的多是二手甚至三手资料,研究的成果大多是一些高头讲章,华而不实。并且这两类教师互相瞧不起,中小学语文教师认为高校教师坐而论道,故弄玄虚;高校教师讥讽中小学语文教师目光短浅,难登大雅。相应的在研究领域与方法上,高校教师对理论研究情有独钟,热衷于新奇高深的理论假设、宏大的理论体系建构,对于一些方法论的东西不屑一顾;而中小学语文教师追求简单实用的操作办法,满足于拿来能用的文章,对一些高谈阔论不感兴趣甚至嗤之以鼻。高校与中小学的隔离是造成当前我国基础教育包括语文教育研究低效的因素之一。

因此,笔者认为对语文教学研究者应该既具有长期的中小学语文教学经历与经验,又有着较多学科的知识与理论。前者为研究者提供鲜活的研究案例,后者又能够为研究提供丰富的理论素养。20 世纪的叶圣陶、吕叔湘、朱自清等语文教育学家们都具有大中小学语文教育的经历就是明证。

年青代表着不成熟,不成熟也未必全是坏事,意味着有空白需要填补,内容需要完善,深度上需要挖掘,一些观点需要重构,这给我们提供了用武之地。正如潘新和曾对师范学校中文专业学生说:"语文学科,还不能算是一门成熟的学科,其科学化、理论化的程度还是比较低的,对许多问题的认识还停留在经验层面上,或处于理论争鸣之中。这固然是一种缺憾,但是,也给同学们进行语文教学科研提供了机遇。同学们既是学习者,又是探索者。"①

抱着这个目的,笔者开始了以下的学习与探索!

---

① 潘新和.新课程语文教学论[M].北京:人民教育出版社,2005:9.

目 录

❦

第一篇　语文课程篇

1

第二篇　学生篇

第三篇　语文教师篇

第四篇　语文教材篇

第五篇 语文教学篇

第六篇　语文评价论

第一篇　语文课程篇

语文课程篇，是研究语文课程的性质、作用、内容的学科，是该课程中最具理论内涵的部分。但是，多数语文教师并不热衷于这类形而上的理论研究，他们更对形而下的教材、教法研究情有独钟，认为讨论语文性质问题是华而不实的事，他们平时阅读的也是实践性强的教法类的指导用书，他们听讲座也是对考试指导类的感兴趣，与他们交谈，主题也是具体的课文分析、做题技巧之类的话题。如果从他们从事具体的教学角度上考虑，也无可厚非，因为他们毕竟是语文教学具体的执行者，但是有些教育家持这种观点就非常令人惊诧了：

> 从实际出发，它的对立面就是从概念出发；实事求是，它的对立面就是不注意探索客观事物的规律，不尊重客观规律；讲求实效的对立面就是搞形式主义，走过场，做一些劳而少功，劳而无功或华而不实的事情。咱们的语文教学在这些方面不是没有问题的。比如，语文教学的性质、目的、任务问题，50年代末、60年代初就讨论了一气，现在又讨论起来了——语文课是"工具课"？是"思想性很强的基础工具课"？思想政治与语文训练二者并重吗？如果不是并重，那么，又以哪个为主？等等。众说纷纭。再比如，语文课的"语"是语言，"文"是什么呢？有的说是文字，有的说是文学，有的说是文章，辩论得很热闹，我对这种讨论兴趣不大，觉得偏于概念的性质多了点。[1]

---

① 张志公.科学态度和科学研究[M]//张志公.张志公自选集(上册).北京：北京大学出版社,1998:223-224.

但是形而上的理论问题不解决,形而下的实践就无法开展,或者不能很好地开展。我们语文教育出了这么多问题,其根源之一是理论研究的滞后。什么是理论? 理论是从实践中总结出的普遍规律,任何方法如果上升不到理论层面,仅仅是经验之谈,就缺乏普世性。

化用一句文学理论的术语:语文学理论来源于语文教学实践,但高于语文教学实践,又指导语文教学实践。

理论研究,其用大矣!

第一章
语文是什么

　　语文是什么,估计是一个很难回答的问题,这也说明了语文的复杂性。单说"语文",大抵就有"语文学科"与"语文课程"的区别。本书在论述的时候,尽可能地指明,以便读者加以区分,但有的时候只能泛指了。

　　语文是什么,答案很多,这里仅谈一下语文的课程性质、作用与学科内涵等问题。

　　首先是语文课程的性质。新中国成立后的前三十年对此的认识一直在"工具性"与"政治性"上摇摆,20世纪80年代中后期则加入了人文性的论争,直到2001年《义务教育语文课程标准》及2003年《高中语文课程标准》提出了"语文是工具性与人文性的统一"的观点,但并没有平息20世纪末语文大讨论以来关于语文性质的争论,"工具性"与"人文性"怎么统一,二者孰轻孰重? 等等,学界又对此展开争论,接着产生了"言语说""文化说""悬置说""消解说"等多种观点①。可谓旧问题没有解决,又产生了新问题,但这不等于理论探讨不重要。不过,在所有观点里,笔者赞同"语用"说,语文不是教语言学知识的,而是训练学生运用语言的能力,包括感知、理解、鉴赏与应用等。而这一点是其他课程所不具备的。

　　其次是语文课程的作用。这是回答语文为什么教的问题,换句话就是语文是培养什么人、为谁培养人的问题。这是个非常重要的问题。新的语文课标提出核心素养的概念,其实部分地回答了这个问题。

---

① 屠锦红,徐林祥.六十年来语文课程性质研究之回顾与反思[J].课程·教材·教法,2010(6):99.

最后是语文的学科内涵。可以说从语文分科以来,对此的讨论也是众说纷纭,莫衷一是。至少有六种说法:"语文即语言文字""语文即语言文学""语文即语言文化""语文即语言文章""语文即语言文章与文学说""一语多文说"。①

大致明确了语文课程的性质、作用与学科内涵,我们就可以拟定语文课程的目标与任务,即培养学生语文知识的掌握、语文读写训练、情感的濡染以及文化传承教育。这基本是"三维目标""语文核心素养"所涵盖的内容。

一、语文毫无用处吗

有一次跟一位从建筑专业转到汉语言文学专业的学生聊天,我问她对两个专业的感受,她说在建筑专业学得非常实在,而读汉语言文学感觉非常空,学不到啥!汉语言文学专业 2003 班的一位学生利用课余时间到校外兼职,她说在她所在的培训班所有课程里,语文教师的薪酬是最低的,因为学生及家长认为语文补课效果不明显,因而补语文的学生最少。

在中小学,学生对语文课程也有这样的看法:"语文就这样,学与不学差别不大!"有一年新蔡二高对新生成绩测试,以此作为进"优班"的标准,但语数英三大门只考数学、英语,不考语文,语文成了"鸡肋",食之无味,弃之可惜。笔者作为一位多年从事语文教育专业的教师,乍听之下,感到相当沮丧,没想到我们辛辛苦苦所进行的语文教育竟然是这样的无足轻重,这就说明语文教育出现了问题。

问题出现了,就要正视,就要思考,想办法尽可能地加以解决,正如子贡所言:"君子之过也,如日月之食焉。过也,人皆见之;更也,人皆仰之。"(《论语·子张》)伤心之余开始思考:问题产生的原因是什么? 首先,笔者加以"内省",作为汉语言专业教师,没有让这位学生学到"有用"的东西,深表惭愧。另外,笔者也加以"外求",寻找客观因素,这就要从本专业课程与学科内容与特点方面剖析一下:

第一,语文课程性质具有模糊性。至少从 1949 年起,学界曾进行过较为

---

① 任文香,张天明.曾祥芹评传[M].郑州:郑州大学出版社,2020:154-161.

深入的讨论,著名的有三次:①20 世纪 60 年代初的"文道之争";②20 世纪 90 年代的"科学主义与人文主义之争";③《义务教育语文课程标准》颁布以来关于"工具性与人文性统一"的争论。每次争论都是观点纷出,都有其合理性,但莫衷一是,谁也说服不了谁。课程性质的模糊,决定了汉语言文学专业具有模糊的总特点。

第二,语文课程的学科内容具有不定性。这里要区分两个概念,一是课程,二是学科。课程是根据一定的教学目的与原则,师生为完成教学目标而进行的学习活动;语文课程就是师生为完成预设目标而进行的语文学习活动。而学科是一种知识系统,是课程学习的主要内容,譬如数学课程学习的是数学,物理课程学习的是物理学,历史课程学习的是历史学,以此类推,语文课程应该学习"语文学",但是截至现在,对于这个概念估计绝大部分人鲜有所闻。即便在理论界,"语文学"还仅仅是一个术语,一个愿景。一些学者也对此进行描绘,试图勾勒出其学科内容与谱系,但遗憾的是至今所建立起来的几种理论还未被学界普遍接受,更不要说官方承认了。理论的缺席必然导致实践上的诸多问题,譬如语文的泛化。

有过中小学学习经历与经验的教师都会有这样的感受,语文学习尤其是在复习时表现得特别明显,一篇文章不知道学啥,有一拳打个空的感觉。其他课程,譬如英语学习就非常具体,记单词,记固定句式,并且记住就有可能考,考了就有可能得分,效果非常明显。做数理化题,很有成就感,会做这一道题,能够触类旁通,就会做这一类题。但是语文呢? 学了朱自清的《背影》,你能推导出鲁迅《祝福》的中心思想与手法吗? 你知道了比喻的修辞手法,你能顺理成章地知道夸张、拟人的修辞手法吗? 语文知识是细碎的,很难成系统,只有读一篇篇课文,积少成多,慢慢摸索出某类文章、知识的大致特点,就像韩军所说的"举三反一",而不是数理化学习的"举一反三"。

第三,汉语言学习的特点决定的。汉语言专业主要培养学生的听说读写能力,当然内隐的是思维能力,最关键的是,该专业主要以读书为主,博览群书,最基本的是教师讲到某个作家时,一定要读其代表性作品,如果是古代作家的作品,则要求会背。如果只是在课堂上听教师讲讲,课后不读相关书籍,就会转瞬即忘。尤其是经典文章,需要反复诵读,达到背诵以致多年不忘的程度。笔者执教高中时，经常说的一句话："学习古诗文，如果不会背诵，等于没学！"但是由于各种原因的影响，现在的学生很难达成这个目标，形成了对语文这门学科"比较空"的印象。

第四，语文课程内容大都貌似"无用"的特点。不像理工科，本专业课程不能解决生活中的实际问题，看似没用。但是，根据黑格尔"存在即是合理"的观点，世上万物包括课程等，都有其用途与存在的价值，其作用是其他东西所没有的。就像古诗词等文学课程，没有数理化课程的实际作用，但有数理化课程所没有的价值观引领、性情濡染、人格完善的作用。只不过前者的实用价值是显性的，后者是隐性的，不易发现而已。而现在有些数理化题也以文言文的形式呈现，说明了语文这门课程愈来愈受到重视。再者，根据道家"无用"即大用的观点，本课程的"无用"焉知不是大用？老子认为："大方无隅，大器晚成，大音希声，大象无形。"之所以我们看不见该课程的作用，是因为其作用太大了，大到了我们学生暂时认识不到的程度。不但青年学生认识不到，我们成人能有多少认识到？曾几何时，我们不是对包括老庄哲学的传统文化猛烈批判吗？

第五，实用主义的文化传统。中国传统文化是以儒家为主，佛老为辅。儒家文化重实用，拒玄远；"子不语怪力乱神"（《论语·述而》），"不知人，焉知鬼？""不知生，焉知死？"（《论语·先进》）一部《论语》其实就是为人们提供的一部生活指南，规定了人们的生活行为。受此影响，中国传统文化朝着"实用"的方向发展并愈演愈烈，让人有着不能承受之重。文艺重教化，"文章合为时而著，歌诗合为事而作"（《与元九书》）。科技清一色的是"实用技术"，例如"四大发明"。教育领域，古代的教育是为了考科举，光耀门楣；现在是为了找个好工作；而教育的本来目的即人的全面发展被忽视了，至多居于次要地位。再加上当前社会普遍浮躁心态，让我们理所当然地以"实用"看待一切，这自然包括语文学习。虽然道家提倡无为，重视精神自由，但道家附属地位改变不了中国文化"实用"的底色。

当然，万事万物大都具备实用价值，这是其存在的前提与基础，但实用应该是我们的首要选择而非终极目标，是欲望而不是理想，其道理就像"吃饭"与"事业"一样，讲实用不能"实用至上""唯实用"，否则会形成极端短视,无底线。事实上,这种情况在当前社会已经成为不争的存在。

因此,为了克服专业学习的瓶颈,本专业学生学习时,至少要做到以下几点:

一是读书,多读书。多读书是语文学习的不二法门,"学富五车""满腹经纶""腹有诗书气自华""熟读唐诗三百道,不会写也会套"。这是我们古人对人才评价的标准,即认为"才华=博读"。新版《义务教育语文课程标准(2021 年版)》提出"提倡少做题,多读书",在国家层面为语文教学"多读书"提供了政策依据。然而,当前中小学语文学习流行的是多做题,这就跟语文学习的规律背道而驰了。

二是体悟,细体悟。从某方面说,语文学科,其精髓甚至知识与理论都不是教师讲出来的,而是学生悟出来的,即《沧浪诗话》提出的"妙悟说"。这与建构主义理论、接受美学、"空白填补说"大同小异。悟的基础仍是诵读,在诵读中咀嚼、揣摩、体会、品味、涵泳、欣赏、把玩、体悟其得意忘言的艺术魅力。

三是运用,常运用。学习是为了用,用是学习的最高阶段,也是学习的目的所在,学以致用,知行合一。"纸上得来终觉浅,绝知此事要躬行"(陆游《冬夜读书示子聿》),实现阅读到实践的迁移,运用学到的知识解释身边的现象,解释一些社会焦点问题,从已有文本创造新的文本内容。否则就只能觉得该专业"无用",沦为"两脚书橱"的境地。这里的"用"不是狭隘的"实用",更不是实用主义。

至于实用主义与当前社会普遍的浮躁心态,属于大环境,只能寄希望日后慢慢改变了。

二、为什么学生不喜欢语文课

我们语文教师可能会遇见一种现象,就是学生学习语文积极性不高,在语文课堂上有学生看理化教材,语文早读课上有学生念英语单词,语文辅导课上有学生做数学题,尤其是临近考试复习,这种现象会大量出现,有时甚至优秀的语文教师所教的班级也避免不了,只不过优秀的语文教师,其课堂上这种现象少些而已。著名特级教师李镇西曾以问卷的形式对自己所教两

个高一新生班 120 名学生进行"语文学习情况的调查",结果如下:

　　调查一　你对语文学习的兴趣(选择题):
　　结果:A. 浓厚 12 人(占 10%)。B. 一般 47 人(占 39.1%)。
C. 没有 61 人(占 10%)。
　　有学生特意说明:"我喜欢语文,不喜欢语文课!"
　　结果令人心惊,尤其是学生的特意说明![①]

　　问题是:为何学生不喜欢人文性极强的语文课?
　　笔者以为这是由语文学科的性质、内容、教材以及教师授课等综合因素导致的。
　　其一,从语文学科的性质讲,我们对此很少有正确的认识。新中国成立后的三十年,强调思想性,语文课上成了政治课。改革开放后的前二十年,出于对语文的纠偏,学界开始强调知识与能力,显示了语文的工具性。语文教学大讨论后,《义务教育语文课程标准》表述为"工具性与人文性的统一",但如何统一,二者是主次关系还是并列关系,如果是主次关系,哪个主哪个次,等等。理论的缺位,性质论的不明不白,必然带来的是实践的盲目。譬如语文工具性,语文课成了技艺之学、匠人之学,生动活泼的语文课堂上成了枯燥乏味的分析课、练习课、考试课,语文味全无。
　　其二,从语文内容看,知识点太散,除了语法知识外基本无规律可循,譬如字形字义、作家作品、文化典故等。至于阅读更是没有好的办法。因此,语文学习有一拳打个空的感觉,想学语文,但不知道语文在哪。
　　其三,从语文教材看,选文质量一直难尽人意。语文教材与其他教材的最大区别是选文,是教"选文",因此选文的质量决定了语文教学的质量。选文的质量一定要选文质兼美的作品,但受多种因素影响,选入文章最为突出的特点是注意到了作品的思想教育功能,漠视了其他功能,特别是审美功能。改革开放至 20 世纪末,出于选拔人才的需要,选文的知识性凸显,强调

---

①　李镇西. 做最好的老师[M]. 桂林:漓江出版社,2008:309.

逻辑性,选文突出了训练、选拔功能,忽视了情感陶冶、品格养成、审美等功能。最为突出的是,语文教材选古诗文太少,即使《义务教育语文课程标准》颁布以来,古诗文选文有所增加,但也不尽如人意。语文教材选文应以古诗文为重点,原因之一是古诗文是经历了时间淘洗后的金粒,而入选的现代文是否如此就是未知数。但有一点是肯定的,就是大量的白话文会被时间风化,甚至随风而逝。譬如杨朔、秦牧、刘建吾等作家的散文,20世纪70年代一直是教材中的固定选文,现在已经难觅踪影。

其四,教师教学水平不高,解读理论陈旧。不可讳言,由于多种因素的制约,当前语文教师课堂教学水平不高,很多教师仍是吃老本。就是这个老本也还是多年前的知识,早已落伍多少代了,譬如讲小说仍是三要素,散文还是"形散神不散",诗歌教学一直是意象分析,等等。正如有学者指出:"文学教育在文学之上,建立了一套顽固、强大的阐释体系。它刻板、教条、贫乏、单一,它把我们与文学的联系隔开了,它取代了文学,在我们这个精神已经极度匮乏的社会里发挥着使其更为匮乏的作用。"①很多教师备一次教案用多年,现在更是不备课了,拿着教参资料直接讲,没有自己的感悟,没有自己的理解,热衷搬弄他人东西,连自己都感动不了,遑论学生?

其五,功利主义教育影响了语文课的诗意味道。由于应试教育的强大功能,语文教育成了应试教育的附属,不是为了学语文而考试,而是为了考试而学语文。要求讲了就应该会,漠视语文教育潜移默化的育人功能。例如学生读了一篇课文,一部书,甚至看了一场电影,参加一场活动后,教师立即留作业,诸如写读书笔记或读后感。杨东平多年前对此进行了批判:"中学语文教学的种种问题,一言以蔽之,是人文价值、人文底蕴的流失。将充满人性之美、最具趣味的语文变成枯燥乏味的技艺之学,乃至变为一种应试训练。显然,这种弊端不只表现在语文课上,而是目前学校教育的通病。只是在本应具有人文性的语文课上,这种畸变尤其令人触目惊心。"②真是

---

①　薛毅.文学教育的悲哀[M]//王丽.中国语文教育忧思录.北京:教育科学出版社,1998:29.

②　杨东平.语文课:我们失去了什么[M]//王丽.中国语文教育忧思录.北京:教育科学出版社,1998:39.

一语中的。

看来,要改变语文课的现状,得到学生的欢迎,非多方发力不能奏效。

三、汉语言文学专业学生需要学习逻辑思维

一次随同新概念快速作文创始人曹洪彪到汝南县听了一天关于作文的讲座,听众是来自汝南县各个初中、小学的语文教师,上午的前段时间,会场不时有教师说话声,可能是议论讲座内容,也可能是聊天。主持人是汝南进修学校的副校长,是位女同志,人很干练,她在下半节开始前总结说:"咱们语文教师就是不一样,都挺能说,数理化教师赶不上!"寓贬于褒,柔中带刚!

结束后跟这位副校长交流,我表示很欣赏她的说话艺术,她则说道:"学语文的人善于长篇大论,能把一个明白的道理说得不明白!"讲座中曹老师提出语文教师要有逻辑思维,才能训练学生学好作文,这一点非常有针对性!

无独有偶,2022年12月上旬笔者到开封市观摩了省师范生技能大赛,仅就我看到听到的,至少有两位参赛选手说:"如果我们有了理想,我们就能实现!"这明显的不合逻辑,有理想仅是一种必要条件,有了理想不一定成功;没有理想则可能性不大! 如果像上述所言,有了理想就能成功,那么这个世界就变得简单了,不! 是变得复杂了,变得不可想象了!

联想到上面的实际,笔者很有感触! 我们汉语言文学专业学生太缺乏逻辑思维了,笔者在黄淮学院从事教学工作,主要面对的是汉语言文学专业学生,有着非常深的体验,让学生回答问题,大部分同学都能引经据典,侃侃而谈。往往是高论宏远,但逻辑不清晰,有时更是无关要旨、不知所云,一句话就能说明的事非要说一堆无用的话。就是他说得很精彩,你听得不明白!

这种情形当然可以从两方面解读。其一,这是由于学科特点与内容决定的,汉语言文学专业所学名篇佳作就是长于形象思维,数理化的学科内容就是逻辑思维,此长彼消。我们应理性地看待这种情况,不能内行人说外行话! 其二,可以视为汉语言文学专业学生之局限,它将限制该专业学生的全面发展。欠缺逻辑思维毕竟不是一件值得骄傲的事!

因此,我赞成——汉语言文学专业学生需要学习逻辑思维!

四、教学思维可视化：让语文课更有逻辑性

《琵琶行》是高中语文教材中的保留课文，笔者每次分析这首诗的意蕴时，就会用诗中"同是天涯沦落人，相逢何必曾相识"这句话，来分析作者运用借人伤己的手法，既表达了对琵琶女不幸遭遇的同情，更借琵琶女诉说了怀才不遇的愤懑和伤感，接着还要加一句：借他人之酒杯，浇自己心中之块垒！多少届都是这种教法，也没觉得有啥问题，直到有一次听了新蔡一高赵悦文老师的课，才知道自己原来上了多遍的课存在不足。

赵老师在讲到这一处时，并没有急着指出该文的手法，而是问一个问题，琵琶女与作者有哪些相似之处，接着引导学生分析，二人经历相似，年轻时，一个色艺双绝，名噪公卿；一个少年得志，名满京华。年老时，一个色衰爱弛，漂泊江湖；一个谪居一隅，失意苦闷。这样诗中"同是天涯沦落人，相逢何必曾相识"的一句就落到实处，最后自然而然地得出该诗借人伤己的结论：借琵琶女的不幸经历表达自己的感伤。听后觉得耳目一新，反思自己原来的讲课欠缺这处必要的过渡与充分的铺垫，造成结论生硬。

笔者再讲这一课时，就充分地吸收并加以改造赵老师的这一做法。并且在此基础上用表格形式加以突出，收到不错的效果（见表1-1-1）。

表1-1-1 作者与琵琶女相似处对比

人物	年轻时	中老年	意蕴与手法
琵琶女	色艺双绝，名噪公卿	年老色衰，漂泊江湖	借人伤己
白居易	少年得志，名满京华	谪居九江，失意苦闷	

（一）图表的作用

图表，在长期以来的语文教学中基本上处于被忽视的情形，一般人认为，图表更适宜在数理化教学中使用，语文教学应该是"动口不动手"。其实，在语文教学中更应该使用图表。

其一，语文课是分析情理的，而情理则是一种难以描述的感觉。而通过图表的形式，把情理可视化，使学生迅速地领会教学内容，提高教学效果，达

到其他形式难以完成的目的。例如上面的表格中,通过列表对比,就使作者与琵琶女的相似之处凸显了出来,为分析这首诗的主旨句"同是天涯沦落人,相逢何必曾相识",分析这首诗的意蕴奠定基础。

"意翻空而易奇,言征实而难巧也。"(《文心雕龙·神思》)在教学中我们语文教师经常会遇到这类现象,有些知识点我们费了很大劲就是说不明白,只好说:"大家仔细揣摩一下,是不是能够明白这个道理?"至于他们揣摩没有,明白没有,无法直观展示,教师也不得而知。为什么?因为语言是有限的,而我们要言说的对象尤其是思想、情感、意绪等复杂的东西,则是无限的,用有限来表达无限,则有着不可克服的困难,即庄子所讲的"言不尽意"。如果我们能把这种思想感情意绪通过一种直观的形式譬如表格表达出来,岂不更好?例如在讲陆游的《卜算子·咏梅》时,要分析这篇文章表达的情感,笼统地讲是很难说清的。但是如果列出表格(表1-1-2),引导学生完善,最后就会较容易完成这个任务。

表1-1-2 作者与梅花相似之处对比

对照项	环境	遭遇	结果	手法
梅花	黄昏、风雨交加	碾作尘	香如故	借物言志
陆游	山河破碎,奸臣当道	被排挤,被诬陷	初衷不改	借花明志

"可以言论者,物之粗也;可以意致者,物之精也。言之所不能论,意之所不能察致者,不期精粗焉。"(《庄子·秋水》)

上面《庄子》中的话表达的是言不尽意的内容,具体来说讲了言(粗)、意(精)、不能察致(不期精粗)三种情况,这三种情况如果泛泛来讲,很难让学生明白,可以运用图表法说明这个道理:

前两种情况,庄子用了一个词言(粗)、意(精)来高度概括,但第三种情况却是用"意不能察致(不期精粗)"来表达,我就发动学生模仿前两种给第三种情况造词,结果写出了"妙、至、极、化、境"等词语,形成表1-1-3:

表1-1-3　言意内涵表

表达方式	结果	哲学概念
言	粗	意识
意	精	下意识
神	妙、至、极、化、境	潜意识

长期以来我们的语文教学之所以效率低下，是因为语文本身的问题加之教师本身素质不高，教师讲不明白，学生听不明白。如果尽可能采取这些可视化的东西，把文本的内在逻辑、文脉、线索等无形的东西给展示出来，不是一个很好的策略吗？

苏轼《赤壁赋》中的情感特点如表1-1-4所示：

表1-1-4　《赤壁赋》情感分析表

对照项	动作	心态	哲学概念	意蕴
主人	饮酒乐甚，扣舷而歌	乐	超我	亦官亦民
客	吹洞箫，依歌而和之	悲	本我	矛盾心态

图表，分为图（图示）与表（表格）两种，在形象性方面，图示比表格更大，然而在实际的语文教学中，运用远不及表格普遍。

> 孟子曰："水信无分于东西。无分于上下乎？人性之善也，犹水之就下也。人无有不善，水无有不下。今天水，搏而跃之，可使过颡；激而行之，可使在山。是岂水之性哉？其势则然也。人之可使为不善，其性亦犹是也。"

显然，上文中作者运用了类比论证的方式，得出人性之善犹如水之就下一样，人之所以干坏事是因为外力的作用，原来每讲到这一段时都是这样分析，结果发现学生很茫然，于是我就进一步思考并画出图1-1-1：

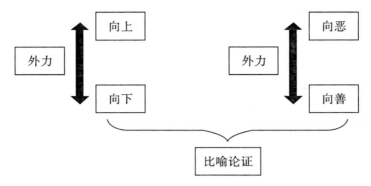

图 1-1-1　孟子"性善"论证分析图

　　在图 1-1-1 中,左边是水性图,右边是人性善图。这样讲解孟子利用类比法推出人性之善就一目了然了。

　　一般地,语文课上对知识点的分析,基本上是用语言表达的,而语言是无形的,并且也不会留存,"绕梁三日,不绝如缕",毕竟是夸张,也是一种令人神往的语言表达效果,一般人很难达到。这样在语文课堂上,学生理解起来,说好听点是体味、揣摩,难听点是靠猜。因此,如何在语文课堂上提高思维能力,是提高语文课堂效率的一个重要方法。而文本结构的层次感,思维的逻辑性可以通过表格这种可视化的形式来实现。

　　其二,突出重点,使教学内容更有条理。语文课的内容非常庞杂,涉及方方面面,如何有条理地安排教学内容是一大难点,也是语文教师要解决的问题。契诃夫的《变色龙》是初中语文教材中的经典选文,该文描写了警官奥楚蔑洛夫的言行因小狗主人的变化而变化,揭露沙皇统治制度的可笑与腐朽。笔者学生时期学习是非常认真的,尤其语文课,但是当时硬是没有明白这篇课文的内容,直到教语文课时才知道这么一回事。可能是这篇小说主要靠对话推动情节发展,这是令很多学生觉得乏味的,但主要还是有教学方法不当的因素。因为全靠教师讲、学生悟来达到教学目的,并非易事。后来我就设计一个表格(见表 1-1-5)让学生完成。

表 1-1-5 奥楚蔑洛夫态度变化表

狗的主人	不知是谁家的狗	好像是将军家的狗	不是将军家的狗	说不定就是将军家的狗	不是将军家的狗	将军哥哥家的狗	本质
警官对狗的态度	这是谁家的狗? 我绝不轻易放过这件事	它是那么小	毛色既不好,模样也不中看,完全是个下贱胚子	这是条名贵的狗	这是条野狗,弄死它算了	这小狗还不懒,怪伶俐的	媚上欺下,是一条走狗
警官的动作	让学生完成	脱下大衣		穿上大衣		裹紧大衣	

　　阅读表格,可以非常鲜明地看出警官奥楚蔑洛夫随着狗的主人身份变来变去,其丑态一目了然。另外,因为是学生自己完成,所以学生对情节发展较为熟悉,在此基础上开展教学,能收到事半功倍之效。

　　再如鲁迅先生的小说《孔乙己》,先介绍孔乙己的与众不同,但是笼统地读课文,学生印象不深,这时可以设计如表 1-1-6 的表格让学生完成:

表 1-1-6 《孔乙己》内容分析表

人物	穿着	酒菜品种	喝相	动作	花钱	结论
长衣帮	长衣	荤菜	坐着喝	踱进店里,慢慢坐喝	十几文	不合时宜自我隔绝
短衣帮	短衣	买一碗酒	站着喝	散了工,喝了休息	四文钱	
孔乙己	长衣,又脏又破	两碗酒,一碟豆	站着喝	排出大钱	九文	

　　散文,其感情变化有时难以捉摸,运用图表的方式就较为清晰了。譬如朱自清的《荷塘月色》,可以让学生找出文中表现感情变化的句子:

这几天心里颇不宁静(愁)—我且享用这无边的荷香月色好了(喜)—恰到了好处,旋律、名曲(喜)—我什么也没有(愁)—这真是有趣的事(喜)—我们现在早已无福消受了(愁)。

除了表格,教学中还可以用简易的图示来进行。譬如讲授《变色龙》,就有教师画出一条起伏有致的蛇形,用以展示警官奥楚蔑洛夫的言行变化。

(二)语文教师要学会运用图表教学法

理工科教学多采用可视化的手段。例如数学一步步推导,最后形成结论,物理课用机械装置表现力的作用图,化学更是在实验室里演示各种化学反应。我们语文之所以难教、难学、难评,虽然原因是多方面的,思维过程欠明晰也是一个重要因素!

有时我们的语文课也采用了这种办法,最普遍的就是我们的板书(指主板),或板书结构图,或板书人物关系图,或板书情节发展图,或板书感情变化图,这些就是思维的可视化。只不过我们没有把这种办法有意识地、系统地广泛使用罢了。

语文课标也就非连续文本提出了要求。相应的统编版义务教育语文教材九年级下册选文《曹刿论战》课后练习第一题就采用了图表的形式:阅读课文,梳理故事情节,仿照示例,完成下面的图表(如图 1-1-2),并据此复述课文。

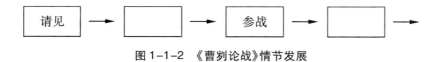

图 1-1-2　《曹刿论战》情节发展

很明显,空格处依次是"问战""评战",这就是用图表的形式为全文情节梳理进行可视化处理。

上述几个运用表格的案例,为自己以后的教学提供了一种教学思维可视化的东西,尤其是文本的内在结构,例如议论文体中论证的流程,抒情文体的感情线索,叙事的脉络等方面最常用。

五、这些是否为"非语文"

有位教师在讲授《伤仲永》时,让学生对造成仲永"泯然众人"的悲剧原因进行探讨,课堂讨论很是热闹,有学生认为是父亲的短视的原因,有学生认为是家里贫穷所致,一位学生认为王安石也有责任,等等。[①] 无独有偶,一位教师教《鸿门宴》,留下课后作业,要求在阅读《项羽本纪》《高祖本纪》《秦楚之际月表》的基础上,探究鸿门宴上项羽该不该杀刘邦,杀掉刘邦是否就能避免日后失败的结局。

偶然在一本语文权威期刊上读到这样的一篇文章:

> 一位老师在教《白雪歌送武判官归京》时,让学生根据诗中的描述作一幅画,表现边塞生活、边塞风光或送友归京时的情境。学生非常兴奋,画出了许多各具特色的画,如《八月胡天》《忽如一夜春风来》等。有一幅题为《雪上空留马行处》的画面,只见远景是皑皑白雪覆盖着群山,近景是一些让雪压弯的枯草败枝和乱石,占据画面大量空白区域的是由近及远、由大到小、由清晰而朦胧,曲曲弯弯,左绕右拐直至消失在群山之中的一串马蹄印,画中并无人马。但从画面中可以感受到诗人久久伫立在雪地里,望着愈走愈远的朋友,直到"山回路转不见君"。这幅画生动地体现了学生对该诗的审美感知,它比较恰当地表现了诗歌悠远的意境和诗人无限惆怅的心情。这位老师以自己的教学机智,给学生提供了驰骋想象的机会,大大调动了他们的能动性,有效地激活了学生的思维。[②]

语文课上画画,画课文中人物的样貌,这是"跨学科学习"还是有"非语文"之嫌?

孤立地谈论该教师的教法是否恰当,无异于盲人摸象,不得要领。而如

---

① 刘华正."节外生枝"也精彩[J].语文建设,2006(10):38.

② 刘淼.课堂教学机智例谈[J].中学语文教学,2003(9):17.

果要联系语文教学的性质,学科内涵问题就能看得更清楚。课程理论告诉我们,课程是师生进行的教学活动,而学科是一种知识体系。一般情况下每一种课程都有其对应的学科,譬如数学课程对应的就是数学,数学课上师生学习的也是数学这门学科知识;历史课程对应的就是历史学,历史课上师生学习的也是历史学这门学科知识;按照这个逻辑,语文课程对应的就是语文学,师生学习的也是语文学这门学科知识;但是什么是语文学? 早在改革开放之初,就有一些专家学者呼吁要建立"语文学"这门学科体系,然而直到今天对语文学内涵的探讨依然处于众说纷纭的状态。潘新和曾无奈地表示:"严格说来,语文学科尚属前科学范畴,其教育'范式'还只能算是一种猜想式的、经验型的'范式'。"①理论的混乱必然带来实践上的不知所措。如果按照曾祥芹先生的"一语双文"论,即语文学包涵语言学、文章学、文学三大学科,语文教学应该是品味语言文字、分析篇章结构、欣赏文学,并以此培养相应的能力,而不是去探究历史,更不能上成历史课! 有时可以了解一下历史,但也是为理解文本服务的,譬如知人论世,目的不是知人论世,而是通过知人论世更好地理解文本! 如果赞成"一语四文"观,即语言学、文章学、文学、文化学,上述教学没有问题,因为历史探讨也属于文化学的范畴,这样的话,语文课不就变成历史课啦? 对此,叶圣陶、夏丏尊认为:"一篇《项羽本纪》是历史科教材,要当做文章去理解,去学习章句间的法则的时候,才算是国文科的工作。"②张志公在1963年10月10日的《光明日报》发表《说工具》一文:"语文教学的目的主要不在于教给学生有关自然的或者有关社会的知识,因为那是物理、化学、生物、地理、历史那些学科的工作。"扬州大学徐林祥教授对此进行了较为详细的阐释:

> 语文通常是通过一篇篇课文来学习祖国语言的,每篇课文都有其特定内容。涉及学校各门学科。譬如,《讲讲实事求是》《鸿门宴》《记金西华的双龙洞》分别与政治、历史、地理相关,《统筹方

---

①　潘新和.语文:表现与存在[M].福州:福建人民出版社,2011.
②　叶圣陶,夏丏尊.关于《国文百八课》[M]//刘国正.叶圣陶教育文集(第五卷).北京:人民教育出版社,1994:403.

法》《宇宙里有些什么》《美丽的颜色》《花儿为什么这样红》分别与数学、物理、化学、生物相关。我们不能因为这些课文涉及人文社会科学或自然科学,就大讲特讲课文承载的内容,将语文课上成政治课、历史课、地理课、数学课、物理课、化学课、生物课,语文课还是要上成语文课。例如语文课教学的《景泰兰制作》,重要的是让学生会读像《景泰兰》这样的说明文,学会写类似的说明文,同时受到情感态度价值观的教育,而不是欣赏景泰蓝、制作景泰蓝,不能上成工艺美术课,无视语文学科的特点,把语文上成政治课、历史课、地理课、数学课、化学课、生物课等文化课,也就取消了语文课本身。①

笔者认为,语文课上让学生给课文人物画画,可以使学生在理解课文内容、理解人物的基础上,激发学生想象力,而想象力的培养也是语文核心素养的一项内容。但是画画技能就非语文课程所属了。因此,画画任务的布置可偶一为之,不能常用。根据曾祥芹"语文课姓'语'名'文'"的精彩论断,语文课还是应该围绕着"语""文"做文章。以此为指导,《鸿门宴》里有一句经典人物对话可以作为精彩的教学内容之一。"项王曰:'此沛公左司马曹无伤言之。不然,籍何以至此。'"透露出项羽政治上幼稚的特点,也可以看出其失败的原因。如果引申一下两人见到秦始皇仪仗的言语:"大丈夫生当如此——刘邦","彼可取而代之也——项羽。"更能加深学生对二人形象的认识,即刘邦有心机而项羽胸无城府,甚至可以说刘邦要比项羽政治上成熟,从而加深项羽之所以败、刘邦之所以胜的理解。有一本书介绍某位优秀语文老师这样制造课堂气氛:在讲《陌上桑》这篇课文时,老师引导学生欣赏其中最著名的选段,即侧面描写罗敷的美,时近中午,学生饥肠辘辘,非常烦躁,不注意听讲,偏偏有位同学在下面画画,该教师灵机一动,让学生根据书中的描写,展开想象,把罗敷画出来,结果学生忘了饥饿,热情高涨。②

这个例子中,教师在当时的教学情景下,为了吸引学生,用画画来达到

① 徐林祥.语文教育回望与前瞻[M].济南:山东教育出版社,2021:27.
② 赵馨,许俊仪.做最受学生欢迎的老师[M].重庆:西南师范大学出版社,2011.

目的。如果严格按照语言训练的"纯语文"办法,笔者设计以下几个方案可能更切合:

1."耕者忘其犁,锄者忘其锄。来归相怨怒,但坐观罗敷。"用的是间接描写,试找出你知道的与这里写人手法相似的描写:_____
_____。

参考答案:《三国演义》中"温酒斩华雄"的片段描写;古人描写人长得美,常说"沉鱼落雁之貌,闭月羞花之容";南北朝王籍的《入若耶溪》"蝉噪林逾静,鸟鸣山更幽";等等。

2.写比喻句,让学生用比喻句来描述罗敷,罗敷像_____
_____。

参考答案:(1)罗敷像一朵梅花,很漂亮,也很有骨气。
(2)罗敷像竹子,很有气节。

第二章
语文为什么教

　　语文为什么教？回答的是语文课程的作用，语文教育培养什么人的问题。

　　在所有课程教学中，语文课程对于发展人、完善人起着最大作用。语文课程决不是教学生识字、写字这么简单，它所承担的情感熏陶、思想濡染作用是其他学科无法比拟的。当年孔子所说"君子不器"就是这个道理。语文教材资深编辑顾之川先生在谈到作文教学时说："作文不仅仅是技能问题，而关系到学生的人文素养。写作所需要的健康人格、健全个性、良好态度等，不是仅靠技练所能获取的。只注意技能练，忽视对学生的人格、心灵的培养，必然导致作文教材劳而寡效。"①

　　遗憾的是包括语文课程在内的其他课程不同程度的存在着"目中无人"的现象，这是我们教育工作者所应该努力避免的。

一、"一切为了学生"

（一）"一切为了学生"不能仅停留在口号上

　　2014届汉语言文学毕业班的周楠同学告诉我一件事，在某小学实习时，随同其他教师们听了一位教师的课《将相和》。这位教师无论是课堂内容的把握，还是教学教程的设计，抑或学生的参与都比较好，当一节课结束时，她总结说："感谢同学们的积极配合，……"在评课环节，听课教师对该教

---

① 顾之川,顾振彪,郑宇.中小学写作教材改革设想[J].语文建设,2014(7):16.

师的教学情况给予了充分肯定,但对该教师最后总结的这句话进行了批评,认为它充分反映了该教师骨子里的"教师至上"观念,学生只是教师活动的配合者而不是主人,正是这句话把此前的课堂成绩给抵消了。

首先,我们认为讲课教师讲出的这句话属于典型的教学失当。小事不小,它反映了一个教师的教学理念与执教水平。正是因为是无意之言,可能更真实表达了教师的执教理念,就像弗洛伊德所认为的人的潜意识是支配人的行为最主要因素一样,这位教师无意中露了马脚,其潜意识里把学生当成被动的参与者,反映了该教师骨子里还是传统意识在作祟。意识决定行动,如果不从意识里进行一次彻底地变革,在实际的教学行为中就很难贯彻"学生为本"的理念,一些违背该理念的行为也会自然地产生。

其次,我们也欣喜地看到,"学生为本"的理念已经日益深入人心,成为广大教师的共识,一些有违该理念的行为受到教师们的抵制与批评,充分证明了教学改革所取得的成就。正如上面所讲的,听课教师对讲课教师的课堂语言的批评,非常正确,也非常及时。

再次,从教学改革的全局情况看,该教师的言语失当,无伤大雅,不宜过度解读。由于理论素养、教学水平千差万别,广大教师对于"学生为本"理念的理解与实施有先有后,有快有慢,不可能全部、同时达标,出现一些滞后者也非常正常,这要在日后的教学中逐步改变,"以学生为本"的口号要化为行动则需要很长的时间。

最后,出于可以理解的原因来看,该教师的教学行为规范,仅是一句话或者说是一个词运用得稍有瑕疵,甚至是无意之言,可以忽略不计。金无足赤、人无完人,求全责备或以偏概全不足取。

(二)为了一切学生!

以学生为本,关键是要照顾到个别学生,尤其是情况特别的学生。

给2016级专升本学生进行《语文教学能力》中的诵读考查,在反复鼓动、引导下,一些积极的学生踊跃登台,刚才还在犹豫的同学跃跃欲试,我正暗暗得意;轮到一个男生诵读时,他却说:"我不想读,我又不当老师?"一句话如一盆冷水兜头泼下,班里瞬间静了下来,大家则看着我,满脸的疑问、惊诧与等待,等待着我,看我怎么处理。

是呀,我又不当老师,为什么要诵读?记得在中学教书时也遇到过这样的例子,教文言文,有同学说我不说文言文,不写文言文,学文言文干啥?教作文课让学生写一篇时评,有个别同学则说以后生活又用不上!诸如此类。

人各有志,每个人都有选择自己职业的权利,旁人干涉不得。但汉语言文学专业的同学毕业后当老师的比例还是非常大的,但也确有一些同学不愿当老师,尤其是一些外向型的同学,还有大部分男同学;虽然男同学在班里所占比例很少。但是诵读训练不仅仅是师范训练的专项,也对其他职业也起着奠基作用。遵循"为了一切学生"的原则,我在脑海里迅速备课,制订一个较完善的"微课"。我先问学生诵读能够训练、考查哪些能力?稍微思索后大部分同学归纳出思维能力、语言表述能力,还有学生则补充了沟通合作、察言观色能力,一位同学则说可以培养自信、勇气等。

好!我总结道:"大家发言非常好,非常精准!"我又问该生以后的工作意愿是什么,虽然类似问题我已问过,但为了突出教育效果,我还是选择再问一次。"公务员!"该生回答。我则让他说出公务员需要哪些能力,该生总结了诸如领导能力、沟通能力、合作能力等。我看到时机已到,顺势说道:"大家看看,老师与公务员的能力要求是不是绝大部分吻合呀!"学生则点头称是。我则进一步"扩大战果"说:"刚才大家说的仅是能力部分吻合,再看看情感意志层面,教师与公务员两种职业都需要自信、勇气呀!"在一阵肯定的答复后,学生刚才疑虑的神情不见了,代之而起的是悟道后的愉悦与相得!

全面进攻取得胜利后,我则开始重点对待。我来到该生身边,拍着他的肩膀说:"虽说你不当老师,但诵读照样锻炼你当公务员所需要的语言表达能力,信心以及在众人面前讲话的勇气。""我明白了,那我也诵读,我先准备一下!我下节课读吧!"该生非常痛快地说。

《庄子·庖丁》中写一则寓言,大意是说解牛时要"依乎天理,批大郤,导大窾",遵循规律,最后才能"提刀而立,为之四顾,为之踌躇满志"。此刻我一如庖丁,信心满满,心里默念着一句话:"为了一切学生!"

二、起点重要,过程更重要

我刚毕业时教过的学生彭东华,昨天从驻马店坐高铁到广州,邀我小聚一下。记得他当年学习欠勤奋,语文课上表现不佳,作文有时都不能按时交上来。他谈到自己上学时没有好好学习,中考都没参加就混社会了,但到了职场才知道知识的重要,于是自学大专,接着本科,考了调酒师、建筑师,现在还准备考律师,整个人目光炯炯,意气风发,与初中时代迥然不同。

目送他远去的身影,我心情久久不能平静,接下来的两天里自己都被某种东西感动着。仔细品味这份感动,既为学生的这份精神而骄傲,也梳理了几点我们为人师者要注意的东西。

(一)起点重要,过程更重要

俗语云:"胜败乃兵家常事!"打仗不计较一时的得失。做生意不是一锤子买卖,因此优秀的企业家都善于培育市场,这是一个不断烧钱的过程,这个过程有时需要十数年以上。然而一旦成功,回报也是相当巨大的。这不是农民种庄稼,好坏就一季子。相比而言,育人更是一个长期的过程,见效慢,教学生不能毕其功于一役,不要看一次两次的考试,不要仅凭一时的表现就轻易下结论。因此,要追求好的结果,就要在过程上下功夫,只有好的过程才能有好的结果。

因此,要向成绩好的学生讲清楚,不要以为学习成绩等于一切,成绩好也不能得意忘形,忘乎所以。事实上,一些成绩好的学生存在着自视甚高、目中无人的态度,走向工作岗位自然要碰钉子,造成一个又一个的人生悲剧。其中我们老师有责任,一味宠着,不敢指出优秀生的缺点,特别是为人处世方面的缺点,或许压根就对这些缺点视而不见。其结果是他们在上学时缺失的东西,在工作中不但要补回来,而且要加倍地补回来。这方面笔者深有感触。

后进生不要气馁。原来我们教育界有一句安慰中高考落榜者的话:"榜上无名,脚下有路!"学生时代的我们觉得这完全是老师抛给我们的画饼,仅用心良苦而已,现在才知道任何话都有它一定的道理。有些事不是困难而放弃了,而是你放弃了才是困难。能有个好成绩,考上大学只能说明有个较好的起点,固然好,但这代表不了以后漫长的人生过程。哲学告诉我们,事物具有两面性,成绩好的学生起点漂亮,但不代表一定会有完美的冲刺;成绩不好的学生只要勤于学习,也能展现别样的风采。其实相似的话我们早说过:"十年树木,百年树人!"

(二)对优秀生与后进生要一视同仁

后进生只是进行时不是完成时,他们在日后工作中完全可以大放异彩,做出不凡的业绩。这一点自己原来也知道,但这次算是一个最真切的感受,或者说彭东华给我上了精彩的一课。我们教师朋友不能以学生学习成绩论优劣,不能仅盯着一些成绩好的学生,对中等生蜻蜓点水,对后进生不管不顾。事实上,每个人由于资质不同,生活背景有异,其学习成绩不可能都是优秀,总有部分同学用功了可是成绩不见起色,这受诸多因素的影响,但只要他功夫用到了,成绩不好也是暂时的,即使一直不好,也不能说明他们其他方面就差。为人师者切不要总以成绩取人。我们只要端正态度,做好自己的本职工作就行了,就如孔子所说的"尽人事,听天命"。

(三)因材施教

对不同的学生采取不同的办法,对于悟性慢、悟性晚的同学,不要着急,不要一刀切,要向前看。课堂能圆满地回答问题固然好,回答不出再仔细考虑;作业今天交与明天交都没关系,只要不厌烦学习就好。正所谓"深处种菱浅种稻,不深不浅种荷花"(阮元《吴兴杂诗》)。

三、为什么学生没有"问题"

听本院系教师吴迪迪线上讲"教师口语"课,内容是"普通话与方音方言"。该教师普通话非常规范,语言优美,与学生互动得也好,尤其是讲到方言时,让广西、云南、甘肃、东北的学生说自己的方言,瞬间引爆了课堂气氛,隔着冰冷的电脑屏幕我也能感觉到学生踊跃的情形。但也发现了一些问题,最明显的是整个过程都是老师问学生答,没有一位学生问问题的。

笔者根据自己初中、高中及大学的教学经历发现,学生问问题的积极性呈逐年递减趋势。笔者初中执教时,学生不爱发问的倾向就显现了,到了高中更明显,大学课堂静悄悄的是常态,即使有问题也不问。笔者在师专学习时,看到朱东润主编的《历代文学作品选》上对柳永《八声甘州》的分析,其中一句话是"不减唐人高处",看后疑惑很久,什么是"唐人高处"? 也没有想到问老师。直到多年之后才知道,"唐人高处"是指唐人佳句,"不减唐人高处"

是说柳永的《八声甘州》与唐人好的诗句相比也不差。

在高校课堂也有学生提出问题。有一次上校级公选课，有位同学提问。我说："非常好，我最喜欢学生问问题！""老师，咱这门课咋考试？"没想到是这样的问题，我一听就恼火。提这样的问题反映了以下几种学情，一是学习态度不端正。如果是考试课就得正式点，包括正常上课、记笔记等。如果是考查课，就应付了事。二是对学习这门课没有信心。

在初中任教时，有一次我把一个不爱发言的同学单独叫出来问问情况，恰好隔壁同事的爱人是小学语文老师，她说她的学生发言、问问题非常积极，比较头疼的是面对高高举起的小手不知道点谁为好，每次都要纠结一番。为何中小学生能在课堂上提出较为尖锐的问题，而大学生问题意识反而下降，偶尔某个学生问一个问题，老师是多么的欢欣鼓舞！按理说，大学生是思想最活跃的群体，指点江山，激扬文字。但是现代大学生存在着未老先衰，思想贫乏，行为畏缩的现象。其实毫不奇怪，中小学生之所以比大学生有着较强的问题意识，一是因为他们顾虑较少，二是升学压力、考试倒逼的结果。问题意识，其本质是创新意识，就是发现别人发现不了的问题，即古人所谓"无疑处生疑"。但是，我国现代学生做得不够好。与欧美学生相比，中国学生的创新意识不强。有人说中美课堂最大差别是，"中国衡量教育成功的标准是将有问题的学生教育得没问题，'全都懂了'，而美国衡量教育成功的标准是将没问题的学生教得有问题"①。真是一针见血。其中的利弊不难判断，但问题是，什么原因造成我国教育这样的评价标准？笔者认为原因是多方面的。

第一，由于农业社会需要力行的特点，我国从古至今，重行轻言，以木讷为美。《论语》中处处强调这一点："巧言令色，鲜矣仁"（《阳货第十七》）；"始吾于人也，听其言信其行；今吾于人也，听其言观其行"（《公冶长第五》）；"巧言乱德。小不忍，则乱大谋"（《卫灵公第十五》）；"君子欲讷于言而敏于行"（《里仁第四》）；等等。孔子也因此喜欢寡言木讷的颜回，胜过能言善辩的子贡。道家创始人老子也说"大辩若讷""信言不美，美言不信"。

---

① 邰雨春.高中语文课堂问题探讨的构建：兼谈中学语文教学现状及出路[J].现代语文教学研究版,2011(6):27.

由于圣人的提倡,木讷沉静之美遂成为国人普遍信奉的价值追求。有问题也不愿表达,久而久之,也就没有问题了。

第二,长期以来形成的"教师中心"观,学生的主体意识受到压抑,个人意识发育不良。学生学到的东西大都是"他说",很少有"己说"。在古代,"天、地、君、亲、师",教师高与天齐,学生地位与权利被漠视。如朱元璋时期,"国子监订有'监规',其中规定:讲授书史,学生立听讲解,如有疑问,必须跪听";洪武二十七年生员赵麟因受不了虐待,贴"帖子"抗议,本应仗一百充军,却从重处罚施以极刑。[①] "生员听师讲说,毋恃已长,妄行辩难"(《续文献通考·学校考》)。到了现代,出于国家建设的需要,由所谓的"知识中心"发展成了"教师中心""教材中心",学生的地位一如既往地被漠视。进入 21 世纪以来,虽然提出"学生中心""以学生为本"等理念,但在实践层面,传统思想依然有其强大且绵长的影响。

第三,评价标准使然。由于各种因素的影响,从家庭到社会,对人的评价标准之一是服从、听话。"这个孩子真听话,真是个好孩子!"这是我们经常听到的赞美孩子的话。耳濡目染之下,学生已经习以为常。

"教师中心"观让人没有了问题意识,重行轻言的传统、人才的评价标准,又让国人有问题不敢表达、不善于表达、不愿表达,以至于即使有问题也不问。

文化既是人类活动的总和,也是人类活动的环境,人们生活在其中而不自知。儿童时期,初出茅庐,面对未知的世界,"无知者无畏",年龄渐长,浸润渐深,锐气渐消,最后是如临深渊,如履薄冰,这也是造成学生问题意识呈逐年递减趋势的原因。

四、"快乐语文":亟须践行的语文观

多年来,中国语文学人做了很大努力,提出很多教学方法,产生很多教学流派,就目前搜集到的资料看,有民主语文、绿色语文、新语文、情境语文、文化语文、诗意语文、本色语文、生活语文、正道语文、深度语文等。这些形

---

① 王炳照.简明中国教育史[M].北京:北京师范大学出版社,1994:177.

形色色的语文学派,展现了中国语文教学改革的丰硕成果,也描绘了未来中国语文的美好愿景,让人美不胜收,目不暇接。可以说,每种语文教法都有其独特内涵,都是其创立者根据自己特殊的经历、思想、审美观点提出的,都有其合理性,也有其不足。不过针对很多语文课堂单调乏味的情况,一些学生不喜欢语文课的情形,笔者结合自己的语文学习与教研经历,认为语文课首先应该是:"快乐语文"! 这也是笔者很长时期所践行的语文课堂理念。

(一)"快乐语文",语文课堂的应然状态

"快乐语文"是语文教学的起点,因为在快乐中,学生才能愿意学习语文,进入语文学习的状态。"快乐语文"也是语文教学的终点,学生愿意学习,收获满满,获得快乐。

"快乐语文"贯穿语文学习的全过程:快乐读书、快乐课堂、快乐考试等。

1. 快乐读书

当前中小学生读书快乐吗? 答案不言而喻,或者说当前中小学生就没有真正为自己读书,而是考试读书,做题读书,不讲过程,直达目的。读物也不是原著,而是各式的简缩本,更有去肉留骨的书本内容的介绍。没有读书的最初的感动,没有对书中所描绘的另一番世界的痴迷,没有与作者进行赤裸裸的心灵碰撞,更没有对书本哲理情思的深入思考。他们读书完全是为了一个现实目的——考试。当读书作为一个任务,当审美掺杂了实用的杂质,当读物肢解成零碎的考题,读书哪还有快乐可言呢? 这是快乐读书的反面。

而快乐读书,是选择自己喜欢的书,静静地读,进入书中,触摸书中带有温度的文字,迷醉于书中的奇思妙想,感受作者的喜怒哀乐。读出作者,读出人情冷暖,也读出自己,不去想着读这本书要参加什么考试,得什么奖,让自己氤氲其间,不知今夕何夕……当然主观不想,书读好了,客观上会有好的结果与回报,这是两码事。

2. 快乐课堂

李镇西说过,学生喜欢语文,但不喜欢语文课。笔者理解,李老师说的语文课指的是语文课堂。由于诸多因素的影响,当前的语文课堂很难让人喜欢,教师无味的解读、枯燥的训练、蛮不讲理的答案,一起构成了死气沉沉的语文课堂。有学生说,这课文,老师不讲我还喜欢,老师一讲我就不喜欢

了。原因是什么,是我们的老师文本解读功夫太差,把好端端的一堂语文课给搞砸了。快乐课堂的反面是痛苦的课堂、受罪的课堂。"不做艰苦真实探索的、败坏胃口的种种读解,如浅表滑行的阅读,牵强附会的理解,信口开河的对话,套版反应的解读,应试做题的读文等,结果把学生原本对文学和母语的良好感觉破坏了。"①当然,老师搞砸并不全是老师的原因,可能还不是最主要的原因,而是文化、应试制度等大的环境问题。

快乐课堂倡导的是快乐学习,课堂上洋溢着轻松、快乐的气氛,让学生在心旷神怡的同时,接受语文,喜欢语文。

3. 快乐考试

在当前中国,可能再没有比考试更折磨学生的了,有道是:"考,考,考,老师的法宝;分,分,分,学生的命根。"从我们把高考比作"黑色七月",可见一斑。考试并不可怕,可怕的是繁难偏怪的试题与生硬的答案。"快乐语文"让学生喜欢考试,乐于考试,享受考试的快感。

(二)"快乐语文"的基础

1. 古代先贤们主张"乐教,乐学",留下了丰富的研究资料

(1)《论语》开篇第一句:"学而时习之,不亦说乎? 有朋自远方来,不亦乐乎?"不管自学还是与朋友切磋,都强调是快乐的事。孔子又说道:"知之者不如好之者,好之者不如乐之者。"(《论语·雍也》)在孔子的教育理念下,快乐教学是其理想与追求。他对自己的评价是"发愤忘食、乐以忘忧,不知老之将至",确实实至名归。他还为其他学生树立了"一箪食,一瓢饮,在陋巷,人不堪其忧,回也不改其乐"的榜样——颜回。

(2)亚圣孟子谈到认识万物之理时说:"万物皆备于我矣。反身而诚,乐莫大焉。"并公开宣称,君子有三乐,其一就是"得天下英才而教之"。(《孟子·尽心上》)

(3)《学记》里有"安其学""亲其师""乐其友"的论述。《吕氏春秋》则对快乐教学从理论的高度加以分析:"人之情不能乐其所不安,不能得于其

---

① 赖瑞云.文本解读与语文教学新论[M].北京:北京师范大学出版社,2013:10.

所不乐。"

古罗马时期诗人、学者贺拉斯提出"寓教于乐"的主张。这些都为"快乐语文"提供了理论基础。

2. 实践基础

（1）前辈的影响。笔者在关津初中上初一，第一次离家，需要自己照顾自己，自己做饭，自己铺床叠被，一切都得靠自己，其中甘苦，一言难尽。当时感觉在校非常难受，每天都是想着回家。让我感到安慰的是地理老师杨建敏始终洋溢在脸上的微笑，直到现在回想起来，还像冬天温暖的阳光一样，让我在艰难的日子里感到一点温情。记得在她的课上，我坐在前排，仰起脸，痴痴地看，悠悠地想，想起了家中慈爱的妈妈，一丝温润的情绪在干涸的心里生长……其实杨建敏老师教我们的时候，已是病入膏肓，只记得她一阵阵的咳嗽和始终挂在瘦削脸上的微笑。等我们升入高中，还没来得及参加高考，就听到她去世的消息。在紧张的高考复习之际，我还感伤很久，意识到那个像妈妈一样和蔼善良的老师已经不在了。斯人已逝，微笑长存。现在回想起来，自己在课堂上能始终面带微笑，可能也是受到杨老师潜移默化的影响。因此，教师的微笑是形成"快乐语文"的前提。

第二个对我影响比较大的是我在高中时期遇到的管道华老师。管道华老师的课堂，语言幽默风趣，生动形象。他的课堂上，经常有笑点，学生笑声不断。听他的课，我们感到很轻松，但是老师讲过的东西，不用复习，我们都记得清清楚楚。总结管老师的教学风格与教学方法，其实就是有意利用各种机会制造笑点，方法有以下几种。

一是语言通俗、诙谐。管道华老师一般爱用民间格言、口语、笑话等进行讲课，例如讲到赵高，模仿太监的声音说话，讲到秦始皇，用一句"伟大的暴君"进行评价，用这句矛盾的词语组合制造噱头，很能引起学生兴趣。看到大家有疑虑，他开始解释："伟大，是说他的功绩，统一天下、修长城、拒胡越、书同文、车同轨；暴君是指'焚书坑儒'。"

二是语气高低变化，跌宕起伏。记得他班上一个学生刘伟考上北京大学，他在班里读了北京大学的贺信后，突然高声说道："北京大学的大门终于被我们新蔡人踢开了！"这句话很能鼓舞人心。就文科生源不好的现状，他先是平静地讲了这一形势,指出原来成绩不好的学生,学理科不行,咋办呢? 那就学文科吧,文科不就是背背书吗? 他突然猛一转身,右手一扬,指向空中,提高音量:"现在还有学生这样想,此路不通!"

三是体态语丰富。管道华老师表情非常丰富,与讲课的情景相配合,营造很强的气场。他讲到赵高时,问了一句话:"赵高是个太监,知道太监是干啥的吗?"那时的学生不像现在的孩子啥都知道,看到同学们疑惑的目光,他说皇帝下轿的时候,有个人去掀开轿门的布帘子,说着模仿太监弯腰塌背做了个掀布帘子的动作,同时嘴里模仿对太监的配音"呃——",惹得全班同学哄堂大笑。

(2)借鉴其他人的做法。广大一线教师有很多优秀的做法可以借鉴,魏书生幽默的语言,程翔新颖的教法,韩军深情的朗诵,程少堂的"语文味",都让学生乐在其中,流连忘返。

(三)"快乐语文"实施办法

教材:经典文章,贴近学生活的美文。

内容拓展:可以根据内容拓展,譬如同体裁、同题材、同手法或者同一作家的作品。

方法:教师的微笑,表扬、鼓励的话,温和的批评,生动的语言,灵活的教学形式,学生的积极参与,重视课堂指导、课外阅读,等等。

也许有人会说,学习本身就是一件枯燥的事,特别是在当前分数压倒一切的校园里,提倡"快乐语文"好像不合时宜,会遇到阻力。"快乐语文"与提高学生分数并不矛盾,不但不矛盾而且还会对学生成绩起着很大的促进作用。试想,在快乐中学习,学生成绩提高不是自然而然的事吗?

(四)"快乐语文"实践效果

多年来,笔者或有意或无意践行"快乐语文"观,结果是学生喜欢,一堂课在轻松快乐中很快就度过了,学生获取了知识,锻炼了能力,濡染了品格,一切都在潜移默化中完成。最后通过了考试的检验。当年在关津中学1992 届 3 班的学生无论平均分还是优秀率都不错,郭贵珍同学说,他原来语文成绩不好,我教他一年(我是中途接的班),上课看起来跟玩一样,但中考语文考得非常好。

笔者主张"快乐语文",并不排斥其他语文观。"快乐语文"只是笔者所秉持的语文观之一,其他语文观都有其长处,例如大语文、诗意语文、"语文味"语文等,切中了语文课的某些特点,笔者在教学中也践行这些语文观的理念与做法。但笔者认为当下语文教育最急需的、教师最易实践的还是快乐,"快乐语文"。

五、学习文言文有什么用

在新蔡二高执教时,有一次检查文言文背诵,一位同学不能背下来,我批评他几句,没想到他脱口而出:现在又不说文言文,不写文言文,为啥学文言文?

学文言文干啥?这可能是存在于学生心中一个较普遍的疑问,对于学生这个"理直气壮"的反问,我们语文教师可能也会一时气短,但不能一直无所作为;如果不给一个满意的答复,就会影响学生学习文言文的主动性与积极性。笔者认为,学习文言文有很多目的与作用,比如能更好地学好现代文、进行思想品德教育、继承祖国传统文化等。

更好地学好现代文。新文化运动前的中国教育,其教育文本都是文言文,新文化运动的倡导者们出于反传统之需要,力主以现代文取代文言文,并引导人们书写、运用白话文,于是渐成潮流,在中小学语文教材中,文言文逐渐被去除。笔者在整个小学求学时期,教材中仅有一篇文言文《自相矛盾》。难道文言文真的没用吗?

白话文是在文言文基础上产生的,白话文与文言文有着割不断的联系,譬如一些成语、格言至今还鲜活地应用在现代人的生活里,以王勃的《滕王阁序》为例,整篇文章包含30多个成语还仍为我们所熟知,如物华天宝、人杰地灵、胜友如云、高朋满座、腾蛟起凤、钟鸣鼎食、云销雨霁、天高地迥、兴尽悲来等。即使提倡"以吾手写吾口"的那些新文化运动时期的大师们几乎无一例外地有着丰厚的文言文的滋养,他们能写出优美的现代文本身就是以文言文作为底蕴的。例如鲁迅先生,其文章中文言文的句式、用词、典故,随处可见。甚至文白兼用。"其一是手枪,立仆。""弹从左肩入,穿胸偏右出,也立仆。"(《记念刘和珍君》)台湾女作家琼瑶,文言文底子非常厚实,这从其作品《在水一方》《几度夕阳红》等书名中可见一斑。可以说,文言文为现代文的阅读与写作提供了巨大的语言宝库。"学生要提高能力,养成习惯,就要掌握好学语文用语文的钥匙。而要达到这样的境界,就要抓住一篇篇课文,而文言文更具有典范性。"①当今学生语文水平不高,原因虽然是多方面的,但一个不可否认的事实是,他们读的文言文很少,缺乏文言文的滋养。因此,要想学好白话文就要学好文言文。

如果仅从功利角度看,学不好文言文,其他课程不会学好,起码学得不够好,因为课程改革以来,这些课程都或多或少地加入文言文的元素,这从各级各类考试时不时地出现古代文化典籍中的材料得到明证。2017年安徽省中考数学第16题选了《九章算术》中"盈不足术"的问题:"今有人共买物,人出八,盈三,人出七,不足四。问人数,物价各几何?"2011年湖北省数学高考题涉及《九章算术》中的"竹九节"问题:"今有竹九节,下节容四升,上节容三升,问中间二节欲均容各多少?"据一线教师反映有些同学读不懂题意,造成不应有的失分。

文言文还是思想品德教育的绝好范本。20世纪90年代兴起的读经运动,以及当前传统文化复兴工作,其用意大多在此。孔曰成仁,孟曰取义,范仲淹"先天下之忧而忧,后天下之乐而乐"(《岳阳楼记》)。即使退一步讲,文言文里也有很多关于交友、修身之道的论述。子贡问友,子曰:"忠告而善道之,不可则止,毋自辱焉。"(《论语·颜渊》)曾经读到《大学》里一句话:"言悖而出者亦悖而入,货悖而入者亦悖而出。"真令人醍醐灌顶,振聋发聩。这样的教育格言在文言文里俯拾皆是。

最为重要的是,文言文几乎是我国古代文化的主要载体,丰富的传统文化大都写在文言文里,如果我们不读文言文,丰富的文化遗产就无法继承下来,说得严重一点,就不算是真正的中国人。著名语文特级教师韩军认为"没有文言,我们找不到回家的路"②。

---

① 徐林祥.文言文也是教文立人的好"例子"[J].江苏教育,2014(18):20.
② 教育部师范教育司.韩军与新语文教育[M].北京:北京师范大学出版社,2006:91.

第三章
语文教什么

　　"语文教什么",一直是语文教育的难点问题。十多年前,李海林就把"该教的没有教,不该教的乱教"作为语文教学的最大问题。① 从理论上讲,"语文教什么"与"用什么教语文"是不同的,前者是教学内容,后者仅仅是一种教学凭借。按照叶圣陶"教材仅仅是一个例子"的说法,语文教育应该是"用教材教"而不是"教教材"。不过在古代中国,由于一直选用经典文本作为教材,二者的内涵、作用及表现形式几乎是等同的,或者二者的区分并不明显。甚至到了近现代,语文实际教学中还相当普遍地存在着"教教材"的现象。

　　语文分科以来,语文教材进入经典与时文混编时代,人们在处理不同选文时,"语文教什么"与"用什么教语文"的问题才凸显出来。实际上,语文教学既应该"用教材教",也应该"教教材"。王荣生教授把教材选文分为"定篇""例文""样本""用件"四种类型,就是对这个问题的回答。但问题是就语文教材中的经典课文而言,大多具有这几种特性,这就需要语文教师做出抉择。这不但是智力选择问题,也是态度问题,更是语文教学的难点所在。

一、教什么很重要

　　笔者在关津中学毕业实习时,发生一件颇为尴尬的事。因为原三年级二班语文教师生病,请十多天的假,于是领导就让我顶上了,按部就班教语

---

① 李海林.如何构建一个可用的阅读教学内容体系[J].中学语文教学,2010(11):4.

文课。结果大获成功,该教师病愈后来上班,学生集体罢他的课,我也觉得很不好意思。根据学生的反映,这位教师上课内容都是课文上的,课外的一律不讲,并且讲课也不是讲课,而是"抄"课,老师念答案,学生抄答案。包括字音字义、文学常识、中心思想、艺术手法、课后练习等。

在二高工作时,有位教师很受学生欢迎,该教师爱讲故事、段子。有时一个故事一节课讲不完,下节课接着讲。

上面两例涉及教学内容的选择问题。其他课程教学内容比较具体,而语文课程一个显著特点就是关于课文的教学而非内容的教学。面对一篇课文,如何确定教学内容,是语文教师需要考虑的问题,虽然教材编辑已经给出了某些指示,例如单元提示、课文提示,课后练习题等,但是这仅仅是提示,是一种大致方向而非具体内容。教师在具体的教学活动中就要考量种种因素,优化教学内容。但由于经历、才性、情趣、思想倾向等主观因素与一些不可知的客观情况,不同的教师会有不同的选择,当然也会出现一些偏误,比较典型的就是印象式、随意性与机械化处理的现象。

(一)教学内容选定的偏误及后果

1. 偏误

(1)印象式。印象式就是语文教师在教学内容的选定上凭第一印象。读者在初读文本之时,会有一种阅读初感,用中外阅读学会原会长曾祥芹教授的话叫"前阅读"或"浅理解"。这样一种感性化、碎片化的东西,虽然真实可靠,毕竟欠全面、深入,还有待于多读、深读,形成"深解",并在此基础上制定相应教学内容与教学行为。但一些教师就是在没有进一步深入文本的情况下,仅凭这种"浅理解"急忙选定教学内容,这样的教学内容很容易是浅层的、碎片化的。

(2)经验式。有些教师特别是有一定教学经历与经验的教师,在教学内容的选择时往往凭经验而定。某专家曾对杜牧《山行》解说:中国诗人对时令的转换很是敏感,秋气萧森,引发诗人"悲秋"之感。[1] 其实根据诗中对红叶的赞美,对色彩绚丽秋色的描绘,这是颂秋无疑。因为根据印象,写秋的

---

[1]　孙绍振.经典阅读是一场搏斗[J].语文建设,2023(23):43.

文章往往"悲秋"。例如讲授小说，不管是古典小说还是现当代小说，中国小说还是外国小说，一律以"三要素"即人物、情节、环境来确定教学内容，并均匀用力。其实"三要素"仅是小说的最基本特点，它无法涵盖入选教材中小说的特点，更不是教学内容选定的唯一参照。以现行的人教版高中语文教材必修（下）第六单元为例，该单元选入了《祝福》《林教头风雪山神庙》《装在套子里的人》《促织》《变形记》五篇小说。《林教头风雪山神庙》因为来源于宋元话本，其突出特点是情节一波三折，并在其波折中展现人物性格。教学内容的选定应该主要在情节发展的分析上，而人物性格就会在这种情节变化中水到渠成地体现出来，再就是风雪等环境描写推动了情节发展，渲染了气氛，也有助于刻画人物形象。而契诃夫的《装在套子里的人》则情节淡化，教学内容主要落在人物形象及描写手法上，即漫画、夸张式，借此表现作者"含泪的微笑"的写作风格，该小说的教学内容之一应该基于此选定。《祝福》教学内容的选定，除了人物描写尤其肖像描写外，还要顾及文中深刻冷峻的议论。《变形记》更复杂，与其说它是一篇小说，倒不如说是一篇寓言，情节非理性，人物描写非个性化，它表现了现代人的异化、物化现象，可以说是对传统小说的颠覆。教学中如果不注意这些区别，一刀切地按"三要素"标准选定教学内容，就有可能犯圆凿方枘之弊。

（3）随意性。随意性是指选择教学内容时缺乏严谨认真的态度，缺乏充分预设，"不按套路讲"。这种情况主要存在于以下几种原因。其一是教师缺乏责任心。由于诸多因素的影响，一些教师工作不负责任，不认真备课或者不备课，对课文不熟悉，信奉"车到山前必有路"，教学内容东拼西凑，讲课时"东扯葫芦西扯瓢"。其二是有些教师可能"腹有诗书气自华"，自信满满，不在教学设计上下功夫，而是碰到啥讲啥，"随口飘荡，任意东西"。教学《出师表》，碰到南阳，讲关于诸葛亮的襄阳、南阳之争；碰到"三顾""草庐"，就讲"三顾茅庐"的故事。教学《〈呐喊〉自序》，碰到中医讲中医，碰到当铺说当铺。没有目的，没有侧重点。学生可能听得云山雾罩，不知所云。其三是有些教师对"大语文"观理解偏差，过度强调语文与生活的关系，强调语文课程的实践性、活动性，认为"生活即语文"甚至"一切皆语文"，不明白语文与生活的界限，因此在教学内容选择时犯了"非语文"之弊。其四，一些教师腹内空空,但"知识不够,胡乱凑",自己知道啥就讲啥,譬如讲一些段子,不论这些段子与教学内容是否关联。

(4)机械化。机械化是指一些教师由于才情所限,在教学内容的选定上仅按"套路"来,教参及辅助资料上怎么写就怎么教,完全把教参上的东西搬到课堂上。这类教师不可谓不努力,但教学内容多年无变化,一本教案用数年,教一辈子其实等于教一天。我曾看过上面那位教师的课本和教案,他是把教参上的内容几乎原封不动地抄在课本和教案上,从字音到释义,从文学常识到修辞手法,写得密密麻麻。与之相应的是教学步骤模式化,教学活动亦步亦趋,不敢越雷池一步。没有自己的理解,没有自己的思想,纯粹的"教书匠",知识的"搬运工"。这样的课堂只能是:"教师累,学生睡!"

2. 偏误的后果

以上几种偏误情况带来的结果是:教学步骤无序,教学内容浅薄,教学活动泛化,教学效果低效。

因为"不按套路讲",拍脑袋教学,相信临门一脚,教学内容随意性大,教学步骤紊乱无序,脚踩西瓜皮,滑到哪是哪。不认真设计,没有自己的理解和思想,靠照搬照抄别人的东西,不想弯下身来,"向文本更深处漫溯",只能浮于表面,蜻蜓点水,浅尝辄止。教学内容的随意性,扩大了语文课程的外延,带来的是教学活动的"泛化"与"非语文"。由于缺乏有针对性的教学设计,学生训练难以落到实处,教学效果在低水平上徘徊。学生素养的提高,只能靠自己的造化了。

(二)教学内容选定的原则

2011 年修订的《义务教育语文课程标准》对语文性质作了这样的表述:"语文课程是一门学习国家通用语言文字运用的综合性、实践性课程。工具性与人文性的统一,是语文课程的基本特点。"语文课程教学内容的选定上,就应该以此为指导。再者语文教学不是僵死的、静止的,而是一个开放的、变动不居的系统,教学内容应随时代、学情变化而变化。

1. 精粹性

精粹性即精选教学内容。教学内容的选定应该受教材、学生以及课标的制约。首先,根据学情,这是必须遵守的。王富仁曾把文本内容与阅读教学的关系分为三种情况,一是学生很容易接受的,二是学生不易接受的,三是学生需要教师点破的。并把第三种作为最有意义的内容。① 是极有道理的。例如郁达夫的《故都的秋》,主题是悲秋还是颂秋;白居易的《长恨歌》,诗的主旨是同情还是批判;等等。其次是教材,根据教材选定教学内容是无疑的。但是还要考虑教材中的其他因素。例如教材中的练习系统,它是编者意图的反映。部编义务教育八年级上册第二单元选入鲁迅先生的文艺性散文《藤野先生》,课后练习"思考探究"第三题是这样的:"本文题为《藤野先生》,可是作者还用了大量篇幅写和藤野先生无关的见闻和感受,你认为写这些内容有什么作用?"仅凭这点,教学时就应该把这部分作为教学内容之一。

2. 实践性

这一点是实际教学的需要,也是与《义务教育语文课程标准》的"实践性"理念相符合的。我们教师认识上总有一个误区,备课总把课文置于重要甚至唯一地位。其实,学生活动也是语文教学必须考虑的内容之一。大凡成功的课堂,从不是教师的独角戏,而是教师引导学生的言语体验活动。李华平讲授《氓》时,设计的活动就有"预习交流""写推荐信""改成白话""改变人称""改写作文"②等几个围绕言语训练的活动,遵循了《义务教育语文课程标准》提出的语文是一门实践性课程的理念。

3. 启发性

启发性即启发学生思维。2017 年修订的《义务教育语文课程标准》提出了"核心素养"的新概念,其中之一就是"思维发展与提升"。因此,真正的教学内容,应该是引起学生深度思维的高阶性问题,而非简单的低阶问题。譬如从诸多问题找出关键性问题,从现象看本质的问题,从现象探究原因,等等。例如讲述陶渊明的《饮酒》,可能问题很多,但是如果抓住其中的"真意"是什么?"欲辨已忘言",为什么忘言? 就抓住了理解该诗的主要内容与关键点。李华平曾针对杨绛的《老王》,提出了这篇文章是小说还是散文的提

---

① 王富仁.语文建设[J].中学语文教学,2014(3):10.
② 李华平.《氓》课堂教学实录[J].中学语文(上),2024(1):60-66.

问,并让学生辩论,以此加深对该文的理解。① 因为如果是小说,就要梳理情节、分析人物;而如果是散文,就要分析其选材与语言运用特点。

当然,要做到上述这些,教师首先要有自己的思想。当前许多耳熟能详的教学名师、专家,无一不是有深度的思想家,他们的课堂无一不闪烁着思想的光芒。毛泽东的《沁园春·长沙》,表现了毛泽东青年时的伟大志向。但是语文特级教师余党绪却认为:"不是因为青年毛泽东'指点江山,激扬文字'的情怀多么超凡脱俗与众不同,而在于他的这一个性化表达与千百万年轻人产生了深深的共鸣。青春狂热,年少气盛,是这一个年龄段的学生共同的生命体验。有的教师不去强调这共同的人性、共同的情理,而去神化伟人的与众不同,似乎只有伟人才能有如此胸怀,这恰恰将诗的理解引向了非理性。"②真知灼见,让人汗颜!

总之,教师还要深入文本与学情,精巧设计教学内容,即使才华横溢的教师也不能例外,因为语文教学不是教师的表演,而是学生的语言训练。

二、"小语文"和"大语文"

语文教学有教什么和怎么教的问题。

在20世纪90年代之前,语文教学只有一本教材,这是语文教学凭借,是例子,也是内容,教什么的问题并不突出,教师大都关注怎么教的问题。之后,特别是20世纪末语文教学大讨论,《义务教育语文课程标准》颁布之后,除了必修教材之外,还有选修教材、语文读本、课外推荐书目等,教什么的问题日益凸显,成为教师们亟待解决并且一时难以很好解决的问题。

教什么的问题其实一直存在着。

笔者在中学执教时,发现教师教学虽异彩纷呈,但大致呈现两种倾向,一种是小语文观或课堂语文观,就是教学地点与时间仅在课堂,课外作业也仅是课堂语文学习的补充;语文学习内容就是课本,基本不增加什么内容;教学方式就是教师精研课文,精讲课文,学生精读课文,期末精考课文;

---

① 李华平.文本教学解读的三大基本原则[J].语文教学通讯(初中版),2021(1):50.

② 余党绪.我的阅读教学改进之道:思辨性阅读[J].语文教学通讯(高中版),2014(10):6.

等等。这种办法可以说是把课文当作教学内容了。另一种是大语文或课外语文观,声称语文学习的主要形式是课外,学习的时间与地点大都在课外,课堂教学仅为课外学习的示范与引导;语文学习的内容是课外读物,课本仅为一个例子。教学方式是讲课本联系课外,指导课外阅读。考试内容不限于课本。这种办法可以说是把课文当作例子使用了。

本人认可并始终践行第二种即大语文观。

因为中小学语文教师一般各教一两个班,每个教师只对所教的班负责即可,因此奉行两种理念或做法的教师一般能够各行其是,平时倒也相安无事。但有时会有一些小的争论与摩擦。教学中倒没什么,等到集体评课就凸显了,前一种感觉后一种课文分析粗糙,只注意知识的广度、精度不够;后者认为前者信息量不够,视野狭窄,课文有过度解读之嫌,认为课文分析过细等于把食物嚼碎了喂给学生,美感尽失。当然这种争论很多时候是处于"潜隐"状态的,不会轻易说出口。但在试题制定的时候争论得比较激烈,前者认为出题应该重点甚至全部在课本;后者认为出题应在课外。因为是年级统一命题,统一起来就比较麻烦了。不过好在在基础教育阶段,老师自己命题不常见,多是各种考试机构推销的试题,上述麻烦很少发生。

公允地说,两种做法各有可取之处,也隐含其不足。第一种做法,选入教材中的课文是教材专家精选的结果,以此作为学习内容,精讲精练,目标明确;但作为重要的甚至唯一的学习内容,就显得狭隘了,除了课文之外不学别的,学生肯定营养不良。第二种做法则强调了语文学习的广阔性与丰富性,但不易把握,容易造成"泛语文""泛人文"之嫌。

两种做法在语文教育史上都有过相应的经历与教训。最好的办法是既要把课文处理恰切,又要以此为基点,拓展开来,拓展得当。究竟如何操作,又因不同的内容与学情采取不同的方法。前者可谓教有定法,后者是教无定法。

三、文本解读要与时俱进

笔者最近参加我院汉语言文学专业学生讲课训练,其中有几个学生讲的是朱自清的《荷塘月色》,他们在讲到时代背景时,首先介绍起当时严酷的政治形势,并用来解读作者在文本中所流露出的苦闷心情。我问学生为什么这样讲,有没有其他讲法,学生说他们上学时老师就是这样讲的,至于其他讲法没有想过。

无独有偶,笔者在网上听了一位中学语文教师的课,内容是诗词鉴赏,讲的是元好问的《雁丘词》。这位老师是位文艺学硕士,按理说解读理论与方法应该非常丰富、新颖,但让我没想到的是他还是用反问、拟人、比喻、对比等修辞手法来分析,没有其他新的东西,陈旧老套,跟中学老师分析课文差不多。笔者认为这首词最大特色是第一句:"问世间,情为何物,直教生死相许?"如高山坠石,破空而来,问出了人世间千百年来难解难分之谜,让人震撼,让人思索……

(一)语文教改进行了二十年,传统解读依然统治语文课堂

1. 社会功利性解读

在我国,文本的社会功利性尤其政治性解读有其深厚的理论基础。孔子对《诗》的作用这样描绘:"诗可以兴,可以观,可以群,可以怨,迩之事父,远之事君。"可谓滥觞。曹丕在《典论·论文》里说:"夫文章,家国之大业,不朽之盛事!"刘勰:"摛文必在纬军国,任重必在负栋梁。"至于近代,由于特殊的政治环境,文学更是与社会政治紧密相关,梁启超公开表示:"今日欲改良群治,必自小说界革命始;欲新民,必自新小说始。"无限抬高文学的作用。新中国成立后,由于政治的需要,社会功利性解读成了文本解读的标配,《故乡》揭示了半殖民地半封建社会农村破产、农民痛苦生活的现实。《孔乙己》表现了封建科学制度对知识分子的毒害。《祝福》表现封建礼教对妇女的压迫。《我的叔叔于勒》表现了资本主义社会人与人之间赤裸裸的金钱关系。从社会政治性着眼的确是一种深刻解读,但不能是唯一解读,这样容易把文学简单化了,文学所蕴含丰富的人文性内涵就被消弭了。叶圣陶指出:"我谓课本中明明有政治性文篇,明明有文学作品,宁有避而不谈政治与文学之理? 所称'不要讲成'云云者,勿脱离本文。"①

以鲁迅小说为例,如果仔细分析会得出另一番结论。鲁迅在《呐喊·自

---

① 叶圣陶.叶圣陶语文教育论集[M].北京:教育科学出版社,1980:725.

序》中说得很明白,他的写作是受了"幻灯片"事件的直接影响:"因为从那一回以后,我便觉得医学并非一件紧要事,凡是愚弱的国民,即使体格如何健全,如何茁壮,也只能做毫无意义的示众的材料和看客,病死多少是不必以为不幸的。所以我们的第一要注,是在改变他们的精神,而善于改变精神的是,我那时以为当然要推文艺,于是想提倡文艺运动了。"从这段话可以看出,国人的看客心理对作者影响非常大,直接导致了作者的弃医从文,所以作者的小说里总有一种"看客模式"。因此,鲁迅小说的主题还是与"人"而不是与"制度"相关,主要表现了国人的愚昧与麻木精神。再者说不同作品又有着独特的内涵,例如,有学者认为《故乡》中蕴含着生命的轮回和希望的形而上。① 这方面有许多研究成果可以为证。②

令人不解的是,理论界已经就文学的丰富性内涵进行了卓有成效的研究,而我们语文教师仍然沿用几十年的社会功利性解读模式,并且是唯一模式,表明语文教育与文艺研究的严重疏离。童庆炳在接受王丽的访谈中直言:"当前中学语文教学跟大学文学课严重脱节。比如我们大学里讲文学理论、美学理论,这几年不断地吸收西方的东西,二十年有许多新的研究成果,但这些东西完全没有体现在中学语文教学中。"③

2.整体式、印象式批评

这是中国传统文化的特点。受整体本位观影响,中国人爱从整体出发思考问题,多是印象式批语,很少深入细节,做局部的条分缕析,命题具有具象性、模糊性、多义性的特点。《毛诗序》对《关雎》的解读是"后妃之德也",没有具体分析,让后人猜测不已。印象式批语影响至今,孙绍振就认为"不管在中学还是大学课堂上,经典文本的微观解读都是难点,也是弱点"④。

(二)语文教学与理论界疏离的原因

一是传统习惯起着绵长的影响。由于中国文人多是各级官吏,抑或怀

① 刘俐俐.中国现代经典短篇小说文本分析[M].北京:北京大学出版社,2006:6.
② 钱理群.名著重读[M].上海:上海教育出版社,2006.
③ 童庆炳.不要错过历史机遇[M]//王丽.中国语文教育忧思录.北京:教育科学出版社,1998:70.
④ 孙绍振.名作细读:微观分析个案研究(序)[M].上海:上海教育出版社,1998:1.

有极强的家国意识,他们写文、读文多从家国的高度着眼,久而久之,成为习惯,而习惯有着强大的动力,它使人们受其影响而不自知,让中小学语文教师亦步亦趋。这样简单化的解读不费力,又不会犯方向性错误,何乐而不为呢? 学生耳濡目染,当了老师后照抄照搬,一代接着一代,人变了,方法不变。

二是考试制度起着决定性影响。从古至今的实践表明,通过考试选拔人才是一种比较先进的、具有许多优点的挑选任用方式。统一中高考,试卷统一,答案统一,大多是不容置疑的标准答案,上课时有统一的教参。这样做有其长处,但也造成语文教师不敢越雷池一步,照本宣科,不敢有自己的见解,长久后也就没有了自己的见解。即使有一两个特异分子也被同化了。"我们师大的学生毕业后到中学去教书,不得不适应中学里那套陈旧的东西,感到无所适从。"①

三是提出新观点易,实践操作难。刘勰在提到写作之难时说"意翻空而异奇,言征实而巧也"(《文心雕龙・神思》)。这种情况不但存在写作领域,在语文教育领域依然存在。理论家提出某种新观点、新理论,一个人或几个人,写几篇文章,出几部书即可,但要把这些新观点、新理论付诸教学实践就难上加难了。

四是职业特点限制教师行为。搞研究的学者,其任务是引领潮流,文化创新,主张标新立异,独树一帜,以创见新理论、新见解为乐事,最忌人云亦云,落入窠臼。而中小学教师职业主要以传承文化为己任,力求准确,合乎法度。(这在教师的着装上非常明显,相比其他行业,教师着装就显得保守。)所以中小学语文教师形成了中规中矩,缺乏创新的职业特点。

五是工作繁重琐碎占用了教师的学习时间。学习一般需要较充裕的时间与旺盛精力,否则难以完成。而中小学教师工作繁重是众所周知的,美国学者研究发现,最有压力的前十名工作中,第一位是城市高中老师。② 美国

---

① 童庆炳.不要错过历史机遇[M]//王丽.中国语文教育忧思录.北京:教育科学出版社,1998:70.

② 布伦・达科尔,德比・赫雷拉.爱上教书:教师职场压力管理[M].重庆:西南师范大学出版社,2016:2.

尚且如此,估计中国更甚。教师没有时间读书,无法吸收学界最新理论,仅仅靠学校发的教学参考书和一些复习资料来应付,"许多青年教师过分依赖'教参',甚至在自己没有认真研读课文的情况下,把'教参'的话抄到教案上,再原样抄给学生"①。这样做的结果是教师心灵壅塞,思维钝化。

六是职业倦怠作怪。认真备课需要花费大量时间与精力,有时出力还不一定讨好,所以教师们就在烦琐的教学过程中,淡漠了理想,消弭了斗志,得过且过,几十年如一日,备一次课可以应付好几届学生,省时省力。

其他诸如资料所限、职业荣誉感不强、大中小学校缺乏联系等,都造成中小学语文教师不去主动接受新的知识与理论。

(三)建议与办法

首先是废除教学参考书,鼓励个性化的解读,并使之成为评判教师课堂水平优劣的标准之一。做到这一点的前提是考试评分标准更为科学,提倡答案的多元化,鼓励有个性、有创见的答案。但是这又给试卷评判带来难度与不必要的麻烦。其次是加强理论界与教育界的联系,教师培训中把理论界的前沿观点介绍给教师。就文本解读理论而言,钱理群、王富仁对教材中的现代文的解读,孙绍振的文本细读,赖瑞云的模糊阅读理论,曾祥芹的误读理论,等等,都是非常实用新颖的解读理论。再次是学校加大图书、期刊室的建设力度,为教师读书创造良好的环境。购买与教学相关的书刊,而不仅仅是一些应急类的练习、考试资料。最后是减轻教师负担,特别是尽可能地减少或去除教师非教学类活动,消除教师职业倦怠感,让教师有时间读书学习,进行教学研究。只有这样才能提高文本解读的质量,才能使语文课堂鲜活起来。

四、没有伯乐,千里马就不存在吗?

汉语言文学 2018 级 3 班学生试讲韩愈的《马说》,当讲到第一句"世有伯乐,然后有千里马"时,讲课学生翻译为"世上先有了伯乐,然后才有了千

---

① 张翼健.语文教学的问题到底出在哪儿[M]//王丽.中国语文教育忧思录.北京:教育科学出版社,1998:150.

里马"。这时一个学生问了一个问题:"世上是先有伯乐还是先有千里马?难道没有伯乐的发现,千里马就不存在吗?"很明显他不同意讲课学生的翻译,认为没有伯乐的发现,千里马也照样存在。一个学生接着说:"应该先有千里马!没有伯乐也会有千里马,只不过没有发现而已!"我表示赞许并提出一个问题:"千里马没有伯乐的发现是不是千里马?"接着一个学生说:"没有发现,你怎么知道是千里马?"我说:"不知道就不是千里马啦?"刚才那位学生反驳说:"千里马不因有没有伯乐而照样存在着!"下面的同学对这句话的理解基本分成两派:一是千里马先伯乐而客观存在,二是没有伯乐就不会有千里马。学生辩论时,我时不时地插上一两句话,用以引导学生展开辩论,使学生思维向纵深发展,但学生无论怎样发言基本上都是在这两点上翻来覆去地打转。

这两种观点代表着两种哲学,即唯物论与唯心论,唯物论认为世界上先有物质后有意识,物质不以人的意志为转移,你不能说你没有发现山就说世上没有山。唯心论则恰恰相反,认为物质依赖意识而存在,物质是意识的产物。你没有见过山,山对你是没有意义的。回到课堂上讨论的问题:世上是先有伯乐还是先有千里马,唯物论认为先有千里马然后才有伯乐,千里马代表着一种客观存在,伯乐代表人的意识。而唯心论认为千里马如果没有伯乐的发现而寂寂无闻就不算是千里马!因为它产生不了价值,怎么衡量它是千里马?

"辩证唯物主义"是中学政治课的重点学习内容,大学公修课里也是必修内容,原本以为学生应该对此烂熟于心,并且能加以运用,但结果出乎预料,没有或很少有学生从哲学高度加以分析。回想起自己上高中时,学生就与语文老师根据唯物辩证法的原理展开争论,并分析阿 Q 精神属于唯心主义的范畴,为什么现在的本科生就不会运用呢?当然学生提出这样的问题也说明了他们的思维远非初中学生可比,笔者在初中执教时,学生是不会提出这样尖锐问题的?

其实对这一问题进行哲学分析也不全是坐而论道,起码两种观点可以产生两种翻译方法。用唯物论解释这句话就可以这样翻译:"世上先有伯乐,然后才会发现千里马。"而用唯心论则应该这样翻译:"世上有了伯乐,然后才会有千里马!""有"与"发现"完全是两个不同的概念。

五、文岂作者著

鲁迅先生有一篇散文《秋夜》,几年前选入初中语文教材,其中第一段是这样写的:"在我的后园,可以看见墙外有两株树,一株是枣树,还有一株也是枣树。"

儿子有几次就自言自语:"这不废话么,老师还讲得天花乱坠,表现作者单调、寂寞什么的,胡扯!"

我只是说:"这句话大有深意,只是你现在不懂!"

儿子当时就反驳:"是因为名人说的话,写的文章,错误也没人敢说,如果是我们学生写的,老师肯定会评为逻辑不顺!"

以后儿子多次就类似的现象表达自己的看法,譬如听到有人对孔子某句话的分析,他会说:"不是因为这句话说得好,而是因为它是出自名人之口才说得好。"面对社会上对于王羲之《兰亭集序》"天下第一行书"的评论,他说:"那是因为作者是王羲之,其实《兰亭集序》没有说得那么好!"等等。

(一)名言名作与名人的关系

仔细思考一下,儿子的观点其实反映了一种社会现象或问题,即人物的名声地位与其作品的关系:究竟是名言名作成就了名人,还是名人成就了名言名作? 好像二者互为因果,相得益彰。

一方面,名言名作成就了名人,即名副其实。名人之所以有名,原因是多方面的,但其有名言名作则是重要原因。譬如苏轼,文学上就有词《念奴娇·赤壁怀古》《水调歌头·中秋》,散文《前赤壁赋》,这些都是家喻户晓的名篇佳作,可以说人们是读了这些作品才知道或者记住苏轼的。再就是众所周知的鲁迅先生,他之所以在中国文学史上有一定地位,是因为他有似投枪、似匕首的杂文,更有深刻揭示国民劣根性的小说。莫言之所以扬名海内外,也是因为他有一系列反映中国乡土又有某种魔幻色彩的小说。退一步讲,即使存在名人抬高其作品的现象,但他们尚未出名之时,靠的还是作品质量。可以说,在名人与名言名作的关系上,一定是先有名言名作的横空出世,其次才有名人的产生。杜甫就感叹道:"名岂文章著,官应老病休。"说的就是这种情况。例如，白居易拜谒顾况时，还是一位年仅十六岁的无名之辈，因为"野火烧不尽，春风吹又生"这句诗，连顾况都为之叹服，继而一举成名，也留下了一段才高名显的佳话。张若虚之所以在唐诗中居于一席之地，不就凭着一首被誉为"孤篇横绝，竟为大家"的《春江花月夜》。曹雪芹的《红楼梦》博大精深，研究者众多，成为文学史上的奇观，但人们对作者曹雪芹却知之甚少。因此，一些名人并非浪得虚名，而是"盛名之下，实无虚士"。

当然，有些人成名，其作品要靠一些名人推荐，其人其文才得以为世人所知，例如，前面提到的顾况与白居易。再如刘勰完成了被誉为"体大思精"的文论作品《文心雕龙》，但在当时等级森严的门阀制度下，其价值无法得到认可，于是刘勰便戏剧性地利用"拦路冲撞"的办法求见当时的文坛领袖沈约，沈约认为《文心雕龙》深得文理，并经常置于几案翻阅。由于沈约的举荐，刘勰及其《文心雕龙》才得到时人的认可。茹志娟完成其短篇小说《百合花》，受到茅盾的极力推崇才蜚声文坛。但是靠人推荐，首先自己的作品要过硬，这是前提和基础，缺了这一条，推荐便无从谈起。

另一方面，也确实存在着作品因名人而成名的情况。一部作品放在普通人身上不出名，而如果是名人的话就成"名言"了。对于金庸小说存在的诸如情节拖沓、巧合太多等问题，作家王朔著文《我看金庸》进行批判，引来了很多人士观战、论战，其激烈程度与影响，为近年文坛所罕见。其实之前就有人对金庸小说提出批评，只不过这些人名气不大，没有引起轰动而已。

再就是在名家与名言名作关系中，并不总是名实相符、相得益彰，会存在着名不副实的情况。如果浏览一下文学史就可以发现，名家笔下的文字会有优劣之别，并不是所有作品都是精品、神品，也会有次品甚至有害品。但在传统社会里，由于知识文化一般掌握在一些特权人士手里，普通群众对知识阶层就会产生崇拜甚至"跪拜"心态，即名人效应，对名家名人的话语不加分析，一味肯定与追捧，这是名不副实现象产生的社会原因。表现在阅读接受方面，面对出自名家口中的名言和笔下的名作，读者会有一种盲目的崇拜，不加分析地高唱赞歌。时过境迁，再看看可能就会发现异样，甚至大相径庭。例如韩愈的一些"谀墓"的文字，很受后人诟病。我的导师曾祥芹先生，作为中国现代阅读学的开创者，著作等身，有很多精品传世，但他曾说过他的有些东西被一些诤友毫不客气地说成是"马屁"文章，话语之间流露出无法言说的苦衷。

因此，出自名家的名言和名作，存在着名副其实与名不副实两种情况，前者是普遍规律，事物发展的总趋势，后者则体现了矛盾的特殊性，反映了事物发展的偶然性。

（二）原因分析

有些人之所以吐槽后者而对前者视而不见，原因可能有以下几点：

一是，专家是指仅在某一领域有所长的人，并不是在所有领域全知全能。但是因为多种因素的影响，一些专家硬要在非专业领域抛头露面，高谈阔论，结果说了外行话，贻笑大方。

二是，随着社会的发展，教育的普及，大众认知能力提高了，对一些专家、名家不再盲目崇拜，再加上当前互联网技术的发展，打破了信息的不对称性，知识不再是专家的专利，普通人也可以"不出户，知天下；不窥牖，见天道"（《道德经》），他们一眼就能看穿一些专家、名家言行背后的意图。导致一些专家跌落神坛，光环不再。

三是，反映了普通民众对精英阶层的不满情绪。民众也逐渐认识到当今一些所谓名家，并非如我们普通人想象的那样表里如一，为天下楷模！

第二篇　学生篇

《义务教育语文课程标准》提出"学生主体"的教育理念,为我们重视学生在教学中的积极性与参与意识提供了指导。然而确立"学生主体"的同时,教师是什么"体"?师生究竟是一种什么关系,起码在哲学上无法解释。从哲学上讲主体是指对客体有认识和实践能力的人,这么看不仅学生,教师也是主体。如此一来,仅仅承认学生的主体地位而忽略教师的主体地位肯定是不全面的,如果承认师生同为主体,这种观点又等于没说。对此理论界颇有争论,譬如当代阅读学家甘其勋老师提出教师、学生"双主体"说[1],笔者非常赞同。但是这好像又回到了原点,就是"双主体"中教师与学生之间是什么关系?

　　无论如何,学生在教学中的地位非常重要,这一点不言自明。教学首先要了解学生即学情,其次才是教学内容,在此基础上制定教学目标与内容,选取教学方法,切忌"目中无人"的教育。但是长期以来我们教育中存在着这么一个当怪不怪的现象,即教师对学生不了解,表现在教学中只有课文没有学生,只有知识没有学生,只有考试没有学生,学界也缺乏对学生的研究。我们的教学问题很多,但比较突出的问题是"目无学生"。笔者认为,教育重在育人,要首先了解学生、理解学生,然后才是知识、能力与思想情感教育。套用毛泽东在《反对党八股》中的话就是"射箭要看靶子,弹琴要看听众",讲课难道可以不看学生吗?

---

　　① 甘其勋,蔡明.教学主体论的历史轨迹[J].语文学习,1989(5):11-13;甘其勋,蔡明.教学过程中的两个主体[J].语文学习,1990(6):20-23.

第一章
了解学生

了解学生,既是不易之事,又是必须之事。获得过美国加州大学伯克利分校社会学博士学及 13 个荣誉博士学位的帕克·帕尔默,在谈到教育困境之一时说道:"我们教导的学生或许比生命现象更广泛更复杂,要想清晰而全面地认识学生,并及时而明智地回应他们的切身需求,无异于苛求我们担当望洋兴叹的一身二任:既要有弗洛伊德的辨析才学,又要有所罗门的明断智慧。"①

了解学生,不但要了解整体学生,还要了解个别特殊的学生,尤其是"问题生""后进生""难教生""潜力生""贫困生"等。不但要了解其学生,还要了解其生活。了解得越充分,课堂生成越高质,教学越成功。

一、了解学生是教学的第一步

了解学情,首先要了解整体班风。本人在二高执教 1995 级理科实验班语文时,我采取的是扩大阅读面,让学生讲课、辩论等办法,这其实是一种"大语文"或素质教育的做法,但这两个班学生表现出强烈的理科生特点,明显"动手不动口",喜欢默默做题;满足于读课本,不喜欢读课外书。我当时参加工作不久,可能有点急于求成,方法欠稳妥,一些学生不理解甚至反对,再加上当时考试题大都出自课本,后来又因为学校复杂人事关系的原因,也只能黯然离去,改教 96 级实验班了。

① 帕克·帕尔默.教学勇气[M].上海:华东师范大学出版社,2022:30.

不同的学生,有不同的特点。笔者在新蔡二高执教 1998 级 2 班时,有两个女生,胡肖霞和杨树芳,二人同桌,关系要好。但胡肖霞同学作文写得非常好,在《语数外学习》《作文指导报》等报刊上发表过《水之韵》《绿》《下辈子还做同桌》等文章,这在中学生里非常难得;但是杨树芳就迥乎不同了,理科好,作文差,时常不交作文。

学生的基础、悟性相差就更远了。同一个知识点,大多数学生需要强调几遍还不一定有效,有的说一遍就行了。印象比较深的是新蔡二高 1998 级 1 班周效华同学,任何知识或技能训练,譬如议论文论据的运用要遵循古今中外的逻辑顺序排列,只要讲一遍,他都能按要求做,并且做得有模有样。最后他考上了中国地质大学。

至于人生方面的知识,学生悟性也相差甚大。在新蔡二高教语文时,有一次讲郁达夫的《故都的秋》,有位男生不理解其中一句"春女思"(现在的语文书删除了这句话)的含义,几经解释,这位学生说了一句让人好笑又让人难忘的话:"原来我以为男生想念女生,不知道女生也想念男生?"我一时都没有反应过来,接着就一字一句地说道:"你—还—不—懂—风—情!"引起其他同学一阵哄笑。

不但要了解学生学习,还要了解学生生活。在初中教语文时,常有学生迟到,特别是女生居多。一开始的时候我大多是罚站,直到在二高工作时,有位年长的女教师宋广芝幽幽地说道:"你不了解女生,女生上卫生间不像男生容易!""女生上厕所要排队!"另一位女教师补充道。

原来如此!

稍微想一下便明白了个中缘由。并且,根据常识可知,几乎所有学校,女生数量比男生多,而男女卫生间数量却一样。

长这么大,教了几年书,对学生还真是不了解。那一刻,不由得感到惭愧。后来我的课堂上,尤其是在高校课堂,学生内急可以不经请示离开。

了解学生,不但要了解学生的学习,还要考虑其他诸多因素。

有一次到新蔡清华园检查学生的实习情况,跟该校水校长交流,说起姚遥同学,我说她是湖北恩施人,土家族。水校长非常惊讶:"我印象中大学教师上课走人,大都不认识学生!"

学生与学生不同，每个学生都有自己的特点，是独特的"这一个"，教学就要了解"这一个"。最明显的是教师提问时，学生回答问题的态度不一，有的踊跃，有的沉默；有的脱口而出，有的字斟句酌。笔者执教汉语2103班的武章旭同学则异乎众人，为本人教学三十多年所仅见。老师提出问题，他就当即站起来发言，没有丝毫犹豫，不过随后说的话让人感到好笑："其实，我也没有想好……""我也不知道咋说……"说了之后接着一句话"不知道我说的对不对？"那一刻，我真的感觉到，学生与学生，真的不一样。

了解学生，其实质是落实"学生本位"的问题。在传统"知识本位"观的影响下，知识的价值凸显，学生则被有意无意地漠视，这在课堂教学中表现得尤为明显。

笔者利用清明节回老家之机，给妹妹所带的两个班各上一节语文课。此前妹妹就抱怨学生积极性差，我则回应说："主要是你没有运用针对性的办法！"因为对学生了解一些，我则主要采用提问法、探讨法来激发学生积极性，课堂颇为活跃。结束后，妹妹问了一句经典性问题："按你这个办法，内容讲不完咋办？""你不了解学生，让学生参与的时候，他们就会表现出极大的兴趣，知识的获取就水到渠成，自然而然了。"我回答道。

从教育理论上看，妹妹的看法属于典型的"知识本位"，只有知识没有学生。像这样的案例在一线教师课堂教学中表现得尤为明显，教师备课基本上是备教材、备课文、备教参，很少有备学生的。教师教案大都属于知识教案，大都是关于生字词的注音释义、句意的讲解、课文内容与手法的探寻，很少有学生活动的设计。现在学界把教案改成"学案""学历案"，就是基于此的考量。

二、每个学生都有自己的"花期"

亲戚家孩子今年刚入职，教小学一年级。她说她班上有个学生，非常笨，整天也认真听课，但就连把课文复述一下都不会，跟傻瓜一样，说起来非常生气。我说你可不能这么早地下结论，说不定人家是开悟晚，并举了我自己的例子来说明这种情况。

我是7岁上学。在20世纪六七十年代，农村学生上学都是7岁，没有上幼儿园之说,直接上小学一年级。记得当时一年级课本上有一篇课文,就几句话:"爷爷七岁去讨饭,爸爸七岁去逃荒,今年我也七岁了,背起书包把学上!"就反映了这种情况。至少整个一年级我是在懵懂之中度过的,早晨被父母喊醒上早自习,心里非常不情愿,一坐一个早晨,也不知道是干啥,早读就是在身边的小伙伴们清亮的读书声、摩挲着书页、嗅着新书特殊的香味中度过的。有时老师不在时,听三年级同学(当时我所在的是复式班)吹牛、打闹,看着他们丰富的表情与动作,觉得非常好玩。

一年级时老师就一位,语文、数学、自然等课程他全教,这位老师是军人转业,非常严厉。一次,在一年级的课堂上,记得应该是考试。我不明白为啥老师给我一张纸,我也没有看纸上写了什么,估计是看到了也不认识,我也没有在意周围的同学在干吗,好像在纸上写着什么,我也就无所事事。看到有同学把那张纸交给老师,我也交给老师,老师当堂改卷,改到我的试卷时,老师拎起试卷向全班展示并笑着说:"张天华,零蛋!"惹得全班同学哄堂大笑。我也知道同学们是在笑我,但不知道他们为啥笑我,以后才知道老师发的那张纸还要在上面写字。看着我傻乎乎的样子,老师说了一句:"这家伙傻不拉叽!"老师可能也是无意为之,但学生模仿能力很强,结果有的同学当着我的面"傻瓜""傻瓜"地叫!叫得我很忧心,特别是升小学二年级时,我们村委三个庄的学生合为一个班,面对新同学我很担心这个"外号"被他们知道了,有时夜晚睡觉时会想这个问题,弄得好久难以入睡,成为少年时代少有的一件心事。后来父亲幽幽地说道:"张天华,天天华(滑),滑到老末了,咋办?改名吧,就叫张天明!"从此,张天明取代张天华成了我的名字,一直到现在。不知道是不是因为改名字,二年级时,遇见了我上学以来对我影响很大的一位老师,我的成绩开始好起来。

这位女老师叫张培真,估计也就十六七岁吧,脸红扑扑的,相当漂亮。记忆中张老师没有冲我们发过火,恼怒的时候脸上也是挂着笑意。有一次作文课,我也不知道从哪看到报纸上的话,就抄在作文本上,大概是"我要努力学习社会主义文化课,做好社会主义接班人!"等等。结果作文本发下来后,发现满是张老师的朱批,上述的话也被老师画了波浪线以示表扬。张老师当堂读了并盛赞我的作文,可能她知道我是抄的,故意不说破,因为七八岁的孩子写不出那样的话。结果在张老师的表扬下，在同学们羡慕的目光里，我的自信心、积极性爆涨，经常找报纸杂志读，糊在学校办公室墙上的报纸，谁家摊在桌子上满是污垢的废旧报纸，路边垃圾堆里沾满蚊蝇的画报，甚至厕所里人们用作手纸后丢弃的纸张，我都要小心展开看个够，并把优美的句子抄在一个破本子上，一到作文课我就从本子上找，尽可能地套用，结果经常受到张老师的表扬。有一次在厕所里看到一张带有粪便的报纸，看到上面有一段话非常好，回到家拿着摘抄本准备记下来，结果到厕所一看，打扫厕所的大爷已经把报纸连同其他垃圾、粪便堆到一起了，当时非常沮丧。还有一次村里放电影，就是夜晚在村庄前面空地上放映，片名叫《蓝天情思》，是一部表现祖国壮丽山河的纪录片，因为事先在邻村看过，解说词非常美，所以当时就拿着本子边听边记，但是准备得很好，却扑了个空。因为是夜晚只能凭感觉在纸上笔走龙蛇，第二天一看，乱七八糟，根本就看不清写的是啥！还为此难过了几天。不过从此就养成了做摘抄笔记的习惯，尤其是到镇上中学读书后，接触的读物多了，摘抄也更多了，多年下来积攒了好几大本。

慢慢地，一位学霸就这样产生了！

刘勰在谈到作者天赋、学养有很大不同时说："然才有庸俊，气有刚柔，学有浅深，习有雅郑。"(《文心雕龙·体性二十七》)不同的学生天赋禀性也迥乎不同，因为悟道有早晚，喜好更不同。然而早慧的孩子容易被人注意，晚慧的孩子却很有可能遭到歧视与不公。但是后者却很有可能有着比前者更大的发展潜力，正所谓薄观约取，厚积薄发。据说爱因斯坦三岁才会说话，七岁才识字；牛顿小学成绩差得很，几门功课不合格，被认为智力有问题；爱迪生小时候反应奇慢，被老师逐出教室；俄国大文豪托尔斯泰大学时因为成绩太差被退学。但他们长大后却都取得了非凡成就。因此，我们老师面对晚慧的孩子一定不要过早下结论，毕竟一个孩子的发展前景谁也说不准。我们要做学生的发现者、挖掘者、引路者，不要做轻视者、打击者、埋没者。陶行知先生说过："你的教鞭下有瓦特，你的冷眼里有牛顿，你的讥笑里有爱迪生。"老师们不可不慎！

笔者在初中执教时，语文课本收入了魏巍的纪念文章《我的老师》，看到文中描写一位美丽善良的蔡芸芝老师,我就想起张培真老师,想起她的笑容……

每种花都有自己的花期:文竹喜阴,玫瑰向阳;荷花炎热里怒放,梅花与冰雪为伍;牡丹需要精心养护才能娇艳欲滴,桂花无人照看也能幽香逸人。学生也像花一样,每个学生都有自己的"花期",都有怒放宣妍的惊艳时刻,也有含苞待放时刻的默默无闻。教师的职责就是遵循学生的"花期",使其适时"开放"。

三、学生为什么发笑

朱自清的《背影》中买橘子的一段描写,是全文的重点段,文中表现的深沉的父爱令人泪下。有一次讲授这一课,我在课堂上充满感情地朗诵:"……他用两手攀着上面,两脚再向上缩;他肥胖的身子向左微倾,显出努力的样子,这时我看见他的背影,我的泪很快地流下来了……"我自己都被自己的朗诵感染了,眼睛也湿润了,全班大部分同学进入了我朗读的氛围中。"嘻嘻!"这时竟有学生笑出声来,一部分同学也跟着起哄,挤眉弄眼,静穆的气氛被轻佻疏狂所代替。

学生笑谁?我即刻领悟,学生笑文中"父亲"形象太蠢太笨,好像看电影中小丑的滑稽表演。一位慈父竟然遭到学生如此放肆地误读,我感到非常难过,好不容易创造的课堂气氛也被破坏得一塌糊涂。

学生为何发笑?为何不能正确理解文中父亲的形象?我认为这是三层隔膜造成的:

一是生活隔膜。文中的"父亲"正值中年,正是"上有老,下有小",压力最大的一代,一家人每天的吃喝拉撒,事无巨细,时刻在心。而十二三岁的初中生基本上吃饱不问事,父母的作为他们显然不能理解,也可能不想去理解。俗话说:"当家才知柴米贵,养儿方知报母恩。"因此,他们对文中"父亲"对儿子的关心认为是啰唆,对买橘子的行为可能认为是多此一举。故此,对父亲"笨拙"的行为发笑。

二是审美隔膜。初一学生一般也就十二三岁,他们与文中的"父亲"属于两代人,年龄上有代沟。两代人之间的喜好截然不同。十二三岁的初中生,正要跨入青春期,对美有自己的理解。他们是看着都市大片,嚼着口香糖成长起来的,也是追星最狂热的一个群体,俊男靓女的演员是他们的青春偶像,从发型、穿着到爱好甚至口头禅都是他们模仿的对象,当然这也是父辈们无法理解并嗤之以鼻的。当这位身材肥胖、动作笨拙的"父亲"形象出现时,他们就像看滑稽剧中的小丑表演一样,忍俊不禁。

三是语言理解的隔膜。文学是语言的艺术,文学的基本特点就是以语言为材料来塑造文学形象,来传达人的思想、情感、意绪等,对文学语言的感悟、理解、鉴赏能力是语文教学培养学生语文素养的一个重要方面。然而,限于生活背景与知识背景,十二三岁的初中生语言素养是比较有限的,他们无法理解文学语言的微言大义是非常正常的。"一个人没有接受语言的能力,他就不可能成读者。"①严格讲来,对于包含父爱之情的《背影》,初一学生还不算真正的读者。因此,他们有人在课堂上发笑,也是由于语言理解的隔膜造成的。

还有一次,艾青的诗歌《大堰河——我的保姆》中表达了对一位普通农村母亲的深情。有一次笔者在读"她死时,乳儿不在她的旁侧,她死时,平时打骂她的丈夫也为她流泪"一句时,竟有学生发出笑声,这与文本主题、课堂氛围严重不符,估计是对文中的"丈夫"前后的行为感到好玩。

又一次,笔者在讲授都德的《最后一课》,当讲到末尾部分时,"在教室后排座位上,郝叟老头儿已经戴上眼镜,两手捧着他那本初级读本,跟他们一起拼这些字母。他感情激动,连声音都发抖了。听见他古怪的声音,我们又想笑,又难过。啊! 这最后一课,我真永远忘不了!"下面也有学生嗤嗤发笑,我想,道理也可想而知。只不过,文中的小弗朗士想笑但没有笑出来,但我们的学生笑出来了。不是小弗朗士比我们的学生高明,而是处境不同而已。

有位教研员听课发现了与上面相似的一幕:一位老师讲《老王》一课时,学生笑声连连,其中讲到:"他面色死灰,两只眼上都结着一层翳,分不清

---

① 童庆炳.文学概论[M].武汉:武汉大学出版社,1989:71–72.

哪一只瞎,哪一只不瞎""简直像棺材里倒出来的……"学生更是笑声如沸。①

那么面对这种情况,我们该采取什么样的对策? 这是值得我们深入考虑的问题。

一是正确对待,把学生当学生看。通过上述分析,我们知道学生发笑只是觉得有意思,不是恶意,甚至连恶作剧都算不上,只是由于生活阅历、语言理解、审美能力不够等造成的。毕竟还是学生,教师应视之为常态,不要大惊小怪,更不要发脾气。著名小学语文特级教师祝禧认为:"语文教学中,'儿童缺失'现象比比皆是。一是忽略儿童是学习的主体;二是忽略儿童自主学习、自能学习、自主建构知识的过程;三是强调语文的工具性,忽略儿童人文素养的培育,导致语文教育脱离儿童的真实生活,变得毫无情致。"②

二是点铁成金,把危机当契机。学生对文中"父亲"形象不理解而发笑,有可能成为影响课堂教学的"危机"。但是"学生误读经典虽然是一种阅读病态,但同时也是一种原生态阅读的体现,它为教师阅读教学提供了难得的契机,教师要正视与利用这种契机"③。例如可以说:"我知道有些学生笑啥,是不是觉得这里的'父亲'形象不潇洒,还有些啰唆,不符合现在的审美潮流? 那么我们可以以'父亲'与'明星'为话题,比较一下,说一下你的观点!"如果学生还不明白你的用意,我们可以进一步引导一下:"从外表到内里加以比较!"目的是让学生读懂"父亲"的内涵。

四、学生行为是课堂教学的"晴雨表"

一线教师都会发现这样的情况,有的学生语文早读时间读英语,上语文课做数学作业。笔者多半是让他们把其他课程的课本、作业收起来,对于屡教不改的学生,就把他们的数学课本、英语课本收走,让他们的科任老师来要。如此等等。看起来这些学生也非常勤奋,但方法不对,学习效果显然不好。

---

① 刘方.乱花渐欲迷人眼,浅草才能没马蹄:一位高中语文教研员的课堂观察笔记[J].语文教学通讯,2013(34):69.
② 祝禧.祝禧与文化语文[M].北京:北京师范大学出版社,2017:41.
③ 张天明.经典阅读中的误读再探[J].中学语文教学,2011(5):17.

"风起于青萍之末",要了解学生,了解学生行为的动因。

学生上语文课做其他作业的现象,是一种示警——课堂出问题了:浅薄的知识、平庸的见识、惯常的课堂模式、单调的教法,形成了低效乏味的课堂,倒了学生胃口,满足不了学生需求。解决的办法还在教师,改变课堂。如果教师对此无动于衷,可能会发生更严重的问题。但很多教师采取"堵"的办法,或没收学生作业,或向该科教师告状,效果并不好。

这时要给这些学生讲清楚,语文课堂上应该学语文,道理如下:

一是有教师的引领作用。课堂教学是一项科学的教学活动,语文教师会在教学目标的指导下,设计教学内容,选择教学手段与方法,引领学生进行学习,在这种引领、指导下学习,学生能较快地进入学习的境界,较为精准地学习学科知识,提高学生学习效率,这是学生自学难以完成的,起码是短时间内难以完成的。譬如学习古文,即使水平不高的语文教师也会引导学生首先翻译字词,弄懂文章大意,接着找出文章深意。而这个过程要靠学生自己单独完成较为困难。

最重要的是语文学习内容非常庞杂,有重点、次重点与一般内容之分,老师讲课时会把这些纷繁复杂的内容进行仔细梳理,把其中的重点加以筛选,并以某种形式呈现出来,以利于学生掌握。即使平庸的老师对这项工作做得不够好,他手里也有教学参考书,参考书已经把上述工作做好了,教师只要按图索骥就行,最次的教师最起码能起到资料搜集与整理的作用。白居易的《琵琶行》,教学内容主要有三点:一是一些实词与虚词的用法与含义;二是精彩的音乐描写;三是诗人所表达的情感。优秀的语文教师会删繁就简,引导学生学习这几点。平庸的教师课堂内容不那么明确,节奏不那么清晰,但一般情况还是会按上面几点进行的。

二是有学习语文的课堂氛围。语文课堂有一个先天优势,就是氛围,即使这种氛围有时会因平庸的教师、无聊的课堂而欠浓烈,它也是语文课堂氛围而非数学课堂氛围、物理课堂氛围、英语课堂氛围。老师讲的就是语文,周围同学摊开的也是语文书,进行的也是语文学习活动,譬如诵读古文、理解段意、分析形象等。同一时间、同一地点、共同的学习目标与内容,构成了一种"语文学习场"。老师讲的是庄子的《逍遥游》,书声琅琅,在这种学习语文的氛围下能冷静做数学题吗？教育学上，这应该属于"负影响"。当然，如果相当多的同学抵制该课程的学习，会造成较强的消极氛围，可能就会大大强化学生的这种选择。因此，在提醒学生科学学习的同时，还是要求我们语文教师，要尽可能地为学生学习营造一个积极和谐的"课程学习场"。

问题在学生，原因在课堂，根子在教师。望语文教师了解学生，从而改善课堂，提升自己。

第二章
语文学习方法

重视学生学习,重视学生学法有一个渐进的过程。传统的中国教育重教法、轻学法。从最开始的"教授法"到"教学法",教学设计也从最初的"教案"变成"学案",再到"学历案",名称的变化反映出对学生学习的重视。不过总体而言,学界对教法的研究重视程度还是高于对学法的研究。随着"学生"本位的逐步确立,相信对学法的研究会逐渐多起来。

一、形象思维是语文学习的重要方法

荀子的《劝学》长期选入高中语文教材,是培养学生积极学习观的佳作。笔者在新蔡二高执教 1995 级理科实验班时,讲到其中一句"蟹六跪而二螯,非蛇鳝之穴无可寄托者,用心躁也",我随口说了一个成语:"百足之虫,死而不僵"。这时一位学生问:"世上有百足之虫吗?"言外之意是这句话违反生活常识,犯了低级错误。

当时笔者刚入职不久,教育学知识与理论比较贫乏,面对学生的问题竟没有给出一个圆满解释,以致这次"学生之问"一直在头脑里萦绕。直到接受教育硕士学习,特别是致力于语文教育学研究数年来,对此才有了自己觉得相对满意的解释:学生不了解文学的特点,误用逻辑思维所致。

提出这个问题属于典型的逻辑思维,遇事以生活真实为标准思考问题,这也符合理科生的思维特点,遇事爱刨根问底。问题是文学作品追求艺术真实而不仅仅是生活真实,学习这些作品也是运用形象思维而非逻辑思维。

（一）文章与文学的区别

高举狭义文章学的曾祥芹先生主张把文字作品分为文章与文学，并分析出二者有 39 处差异[①]，譬如文章追求本原真实，抽象思维为主，显逻辑；文学追求本质真实，形象思维为主，隐逻辑；等等。（见表 2-2-1）因此，学生对"百足之虫"的追问是用错了对象，是用读实用文章的办法来读文学作品，是"悖体阅读"。如果按照生活真实来看，初中语文教材中的经典选文、安徒生童话《皇帝的新装》，文中所写"皇帝光着屁股游行"之事不可能存在，现实中谁也不会相信有"看不见的衣服"。但是童话是文学，文学主要是追求艺术真实，即通过这么一个离奇的故事，讽刺成人社会的虚伪，说明说真话很难。作品能达到这一点，或者读者能读到这一点就够了。"文学形象，一方面它是假定的，它不是生活本身，有的甚至与生活本身逻辑也不一致；可另一方面，它又来自生活，它会使人联想起生活，使人感到比真的还真。从某种意义上说，文学是作者与读者达成的一种默契，读者可以允许作者去虚构，去假定。"[②]

表 2-2-1 《文章文学差异论》主要观点

序号	问题	文章	文学
1	文学起源早还是文章起源早？	口头文章早于口头文学	书面文学借鉴书面文章产生
2	文章本源与文学本源有何差异？	文章反映客观事物，文章属于社会现象	文学只反映社会生活，文学属于社会现象
3	文章真实与文学真实有何不同？	追求双重真实：本质真实与本原真实	只求本质真实（文中没有论述，笔者加以填补）
4	文章典型与文学典型有何不同？		

---

① 任文香,张天明.曾祥芹评传[M].郑州:郑州大学出版社,2020:180-181.
② 童庆炳.文学理论教程[M].北京:高等教育出版社,1992:182.

续表 2-2-1

序号	问题	文章	文学
5	文章思维与文学思维有何不同？	抽象思维为主，形象思维为辅	形象思维为主，抽象思维为辅
6	文章灵感与文学灵感有何差异？		
7	文章逻辑与文学逻辑有什么差异？	显逻辑：提出问题、分析问题、解决问题	隐逻辑
8	文章功用与文学功用有什么差异？	实用	审美
9	文章规律与文学规律有什么差异？	内部规律（层次律、衔接律、统一律、合体律），外部规律（称物律、达意律、适读律、致用律）	未加论述
10	文章用心与文学用心有何不同？		
11	文章意旨与文学主题有什么差异？	先于性（意在笔先）、明确性、直接性、一元性	终于性（意在笔后）、模糊性、间接性、多元性
12	文章情感与文学情感有什么差异？	情感层级类别：深层情感（笔者建议："隐性情感"）；情感社会内容：理智情感；激发缘由：务实性、功利性	情感层级类别：表层情感（笔者建议："显性情感"）；情感社会内容：道德情感、审美情感；激发缘由：诗意性、消遣性
13	文章事料与文学题材有什么差异？	真实，不容虚构	本质真实，容许虚构
14	文章境界与文学意境有什么差异？	实境界、实在美	空境界、空灵美
15	文章媒体与文学媒体有什么差异？		
16	文章语体与文学语体有什么差异？	应用性语体为主，以科学反映见长	文艺性语体为主，以艺术再现取胜

续表 2-2-1

序号	问题	文章	文学
17	文章类别与文学类别有什么差异？	有普通与专业之别，主要按内容、表达与功用分类	有通俗与高雅之分，主要按艺术形象模式和审美功能分类
18	文章模体与文学模体有什么差异？	讲究规范的模式、稳定的结构，文章模体改变慢	最忌固定的格式，追求结构的翻新与独创。文学模体改变快
19	文章变体与文学变体有什么差异？		
20	文章语汇与文学语汇有什么差异？	有专门术语，适用文言词汇，忌用方言，指称性强	少用术语与文言词汇，多用方言口语，指称性弱
21	文章语法与文学语法有什么差异？	注重实用性、简洁性、规范性。语法运用"五步曲"：炼秀句，写精段，就妙章，构名篇，铸异书	破格特异、模糊多义、含蓄委婉
22	文章修辞与文学修辞有什么差异？	科学修辞格：多用引用、设问、反问、排比、对比、层递、反复、警策、呼告、顶真等辞格	艺术修辞格：多用比喻、比拟、象征、夸张、对偶、反语、错综、通感、借代等辞格
23	文章章法与文学章法有什么区别？	线性结构	非线性结构
24	文章技法与文学技法有什么区别？	旨在写实显意	旨在虚构立象
25	文章声韵与文学声韵有什么差异？	多属自由型音律、综合型音律，局部押韵、篇中押韵，声韵是隐性的、内在的	多属固定型音律，整体押韵，声韵是显性的、外在的
26	文章气势与文学气势有什么区别？	以理胜，重理势。多志气、豪气。思辨力、战斗力强	以情胜，重情势。多灵气、秀气。感染力、亲和力强
27	文章神采与文学神采有什么差异？	以质采见长，重形采	以情采取胜，重声采

续表 2-2-1

序号	问题	文章	文学
28	文章疾病与文学疾病有什么差异?	病种:多在体裁、结构、语言等形式方面	病种:多在题材、人物、主题等内容方面
29	文章作风与文学作风有什么差异?	受时代风气影响较深,多通过思想整风和文风斗争来促进	受个人文风影响较大,需要民主科学的文化氛围以及作家修养来培育
30	文章风格与文学风格有什么差异?	多呈现"独家个性"	多呈现"群体个性"
31	文章美质与文学美质有什么差异?	以科学美见长:事料美、意旨美、情感美铸成的境界美	以艺术美取胜:景物美、意象美、情韵美融成的意境美
32	文章历史与文学历史有什么区别?	以下仅提出问题,没有给出答案	
33	文章伦理与文学伦理有什么差异?		
……			

文章与文学,有着不同的内容、特点,也决定了阅读的方法。

(二)用文学的方法读文学

首先,文学手法多种多样,譬如夸张、比喻、拟人等修辞手法等,是不拘泥于生活真实的艺术真实,是无法"理喻"的。"白发三千丈",如果运用逻辑思维,完全可以问:"谁的头发有三千丈? 不符合事实。"其实这里运用夸张手法,极言愁之绵长。同样道理,"百足之虫,死而不僵"也是夸张手法,极言旧事物或旧势力之强大。因此,阅读文学作品要理解这些特点,从而感悟、把握文学,不能把文学形象坐实来理解。

其次,运用联想与想象。作品是语言的艺术,是文字的连缀,而文字给人的信息是间接的,其含义不会直接呈现,需要读者进行联想等形象思维才能达到。"狗"这个字并不会显示狗的真实形象,读者只能联系自己的生活经验形成具体的与"狗"有关的形象,譬如自己曾喂养过的大狗、小狗,黑狗、白狗等。看到成语"七月流火",读者会联想许多与之相关的场景,或者骄阳似火,或者挥汗如雨;农村学生可能想到了下河玩水,城市学生可能就是空调、冰激淋;等等。有文学素养的可能会联想到"锄禾日当午,汗滴禾下土"的场景。

最后,语文课程的人文性可以通过形象思维来实现。虽然学界对语文课程的性质争论不休,虽然《义务教育语文课程标准》提出了工具性与人文性统一的说法并没有让学界的讨论偃旗息鼓,但这种说法至少说出了语文课程的特点。既然是人文性,语文课程就是濡染思想,就是陶冶性情,就是放飞想象,"精骛八极,心游万仞"(《文赋》),情感体察,揣摩作者蕴蓄着的情感大多是通过形象思维而非逻辑思维达到的。正如黑格尔说过:"感性观照的形式是艺术的特征,因为艺术是用感性形象化的方式把真实呈现于意识。"①李白的《夜宿山寺》:"危楼高百尺,手可摘星辰。不敢高声语,恐惊天上人。"只能引导学生运用形象思维,展开联想的翅膀来得到美的享受。对于这个问题,曾祥芹教授提出"适体阅读"法,用文学读文学,用文章读文章,否则就会犯"悖体阅读"之弊。

直到最近回忆这件事,到百度上查找资料,有一种解释为:"百足:虫名,又名马陆或马蚿,有十二环节,切断后仍能蠕动。比喻势家豪族,虽已衰败,但因势力大,基础厚,还不致完全破产。"

原来"百足"是一专有名词,不过这也不影响上面的理解与解释。

(三)文学选文的答案应符合文学的特点

媒体曾经报道一个语文教学案例,一位小学语文教师提问一个问题:雪化了是什么?大部分学生答:"水!"结果受到肯定;而有一个学生答"春天",结果受到批评。其实答案"春天",是小学生不自觉地运用了形象思维,展开文学想象的结果,也算对,并且更符合语文学科的特点,因为语文课程是人文性非常强的学科。试想,冰雪融化,万物复苏,一派生机勃勃的景象,多么令人欣喜若狂啊!这个案例被人们咀嚼、讨论一阵子之后,据说来了个反转:凡是答"春天"都认为是对的,而凡是答"水"的都算错!这就从一

---

① 黑格尔.美学 第1卷[M].朱光潜,译.北京:商务印书馆,1979:129.

个极端走向另一个极端,岂不怪哉!

2002年河南省高考语文试卷中的诗歌鉴赏题,是关于李白的《春夜洛阳闻笛》的鉴赏,其中有一道题:有人认为该诗的诗眼是"折柳",你是否赞同?如果不赞同,你认为哪个词是该诗的诗眼,请说明理由。高考结束后的第二天,笔者所在的新蔡二高即组织所有教师做高考题。笔者根据题干"是否赞同",对这个题的理解是,可以赞同,也可以不赞同,都算对。笔者当时回答是不赞同,选的是"故园",因为该词直接点明思乡之情,比"折柳"来得更直接,含义也较确定,而"折柳"虽有谐音"留"之义,但它有思乡、怀人等多项内容。但是对照答案,笔者傻眼了,参考答案只给一个"赞同"的答案,而没有诸如"如果不赞同,能说明理由也酌情给分"的提示。即使有这样的提示,笔者根据多年的阅卷经验,答不赞同的答案,一般说来很难得到理想的分数。

培养学生的形象思维,不但需要教师具有相关理论,积极引导,更要试题制定者对此了然于胸,并制定出科学的答案来。

二、判断·理解·迁移——培养学生思维的三个层次

(一)判断思维

判断思维是一种对事物或事件评论对错的思维形式,但中学生往往在这方面出现问题。记得刚教书时,每逢讲到屈原的《渔父》,陶渊明的《归园田居》《饮酒》《归去来兮辞》,李白的《梦游天姥吟留别》这些表现古人生活的篇目,我大都会在文本基本分析完成后抛出这样一个问题:渔父随波逐流的处世态度,陶渊明田园般的隐居生活,李白求仙避世的价值取向是否可取,你怎样看?结果学生有两种看法,有说对,有说不对的。说对的同学认为田园生活挺好;当时社会黑暗,陶渊明选择隐居生活,是其向当时社会发出的抗争;说不对的同学认为不管是当官或为民,应该干一行爱一行,隐居不仕是不负责任的行为。两种观点都有理由,谁也说服不了谁。这时我也无法评点,难以弥合两派的分歧,最后只能两方面都表扬,说得都在理,以引结束论争。但我无法说服学生,也无法说服自己。慢慢地我发现这样的是非判断是有问题的,把不同的价值追求放在道德的天平上来衡量,只能得出

一个非此即彼的判断。关键是各种价值追求,是不同的人基于各自的社会环境、生活经历、教育背景所做出的合乎自己需要的选择,本无是非对错之分。而我们一刀切地对上述选择进行是非评判,贴上道德的标签,长此以往,很容易使学生思维简单化、模式化,以致僵化!

(二)理解思维

价值判断不能用是非标准来判断,只能用理解思维。判断只能评判对与不对的问题,而无法理解人的处境与思想问题。后来再遇见这样的内容,例如苏轼的《临江仙·夜饮东坡醒复醉》中的隐逸思想,就这样设问:"词中表现了作者消极避世情绪,你如何理解?"这时就要引导学生从历史的角度看问题,站在作者的视角,设身处地理解这种情绪的合理性。诸葛亮《出师表》、张岱《湖心亭看雪》中的忠君观念,也可以采取这种办法。在古代,忠君爱国是难解难分的一体两面,忠君是爱国的一种体现,有其合理的成分。当然,我们也要明白并剔除其中的糟粕。

《普通高中语文课程标准》(2017年版2020年修订)指出:"理解和借鉴不同民族和地区的文化,拓展文化视野,增强文化自觉。"就是指导我们采取理解思维来对待人类的各种文化。

(三)思维迁移

学古是为知今,察人是为识己。学习古人作品不仅是为了理解古人,更是为了给自己提供某种思想。这就是第三点:迁移思维,迁移到当代,观其局限。譬如现在看诸葛亮《出师表》、张岱《湖心亭看雪》中的忠君观念有其"愚忠"与狭隘的一面,应上升到忠于国家、忠于人民的高度。

语文的核心素养之一是思维的发展与提升,如何发展提升,不同的人有不同的办法。而笔者通过判断思维、理解评判、迁移运用三法,仅起抛砖引玉之用。

三、语文学习八法

笔者在几十年的语文教学中,时常有学生和家长问我语文学习的事:"除了课堂上认真听讲之外,还有没有其他办法?"笔者根据自己多年语文学习与教学经历和经验,认为除了课堂学习之外,还有很多办法,诸如课外阅读、勤查工具书、做摘抄笔记、购买图书报刊、淘书、练字等八个方面。

（一）课外阅读是学习语文的重要方法

1. 语文学习就是积累，积累靠的是读课外书

大凡语文成绩好的学生没有不读课外书的，我们熟知的大家无一不是读课外书成长起来的，这样的例子举不胜举。如果单靠语文课本上面的文章，阅读量是不够的。在古代社会学堂里要求读四书五经，阅读量比较大，废除科举之后，语文分科教育，阅读量大大减少。以叶圣陶编辑的《国文百八课》为例，这套教材仅拟选 108 篇课文。笔者上高中时，《考试说明》规定了精读 220 篇课文，其实阅读范围、阅读量远远不够。因此，单凭课堂学习有限的课文，无法满足学习语文的需要，这时候可以通过阅读课外书来补充。这是需要课外阅读的逻辑动因。因此，每次语文课标都附有课外阅读书目，这是教育行政部门对课外阅读所作出的政策支持。

2. 课外阅读注意的问题

首先，要读好书。虽然也有学者譬如鲁迅先生建议扩大阅读范围，不但读好书也要读坏书，不过笔者还是建议课外阅读书目的选取须慎重些，年龄越低的学生越是如此。或者先按语文课标推荐的阅读书目读起，打下底子，再增加阅读范围，这样更稳妥些。

其次，好读书。少有功利之心，不为考试，不做突击式阅读，就是静静地读，进入忘我的境界，思绪随情节跌宕，心情与人物浮沉。与万物欢笑，与天地同悲，不知今夕何夕。有着"纸屏石忱竹方床，手倦抛书午梦长"的闲散，也有情感陶冶、灵魂涤荡、身心重塑，与凤凰涅槃式的新生。

（二）查工具书是语文学习的内容之一

笔者在语文教学时常发现这样的现象，不止一个学生问某个字词的读音、含义，或要求解释某个典故或故事，我就直截了当地告诉他们："查字典、查工具书！"而有些学生会说："查字典，耽误时间！"这是学生不了解语文学习的特点与方法所致。这时我会告诉他，查工具书可以解决你的困难，怎么是耽误时间呢？接下来会反问："你做数学题需要一个逐步计算的过程才能得出答案，那么你怎么不认为计算的过程是耽误时间呢？"

首先,查工具书是语文学习的方法之一。三维目标之一的"过程与方法"指导我们语文学习要注重过程与方法而不仅仅是结果。遇到不认识、不理解的字词、典故、俗语等内容,应该通过查字典、查工具书获取,而不是从教师教授获得。教师讲授是办法但不是最好的办法,因为再好的教师也没有工具书权威;再者,教师不可能随时随地恭候。当然学生也可以记下来,见到老师再问,但这样时效性就差了。有了问题立即通过合适的方法解决,收效最大;一旦过了这个期限,获取答案的欲望与效果会大打折扣。通过查找工具书,学生学会了一种学习方法,从而可能养成查找工具书的良好习惯,不再一味地依赖老师了,这就是最大收获。

其次,查工具书也是语文学习的内容。查找工具书不但是语文学习的一种方法,更是语文学习的一部分,是区别于其他课程学习的独特之处。其实,每门课程的学习都有其特点,做数学要计算、求证,学政治要关注新闻联播,学理化要做实验,而学习语文就是要查找工具书。

再次,通过对工具书的查找,不但可以找到所需要的答案,解决疑点,还可能扩大知识范围,有意想不到的收获。笔者讲授宋濂的《送东阳马生序》时,其中有一句"人多是以书假余",其中的"假"书中注释只有一个字:"借",此外再无其他解释。一位学生不明白,提出疑问,我就让他查字典。学生查出了"假"字有两种读音:[jiǎ]和[jià],下面附有各自的义项。学生问我该读哪个读音,我又一次没有告诉答案,并让该生自己分析,作出选择。最后学生在我的指导下找出了正确答案:读[jiǎ]时有五个义项,其中之一是"借用",并举例"久~不归、~公济私、不~思索"等成语。这样一来,学生对"假"字的读音、义项有了全面了解,并说"狐假虎威"中的"假"字也是"借"的意思。笔者执教朱自清的《春》,文中有一句"与轻风流水应和着",其中的"和"教材注释:hè,声音、语言、行动等相呼应。这个读音及注释对于我们乡下学生来说是从没见过的,于是有个学生查字典,不但查到这个字的读音,而且查到这个字有五个读音及相应字义。

最后,也是最重要的,因为是自己通过努力得到的,享受了过程,有了一种成就感,这是向教师询问所没有的感受,从而增加了运用工具书的乐趣。

(三)做摘抄笔记

笔者发现一个现象,就是语文学习程度好的学生往往阅读量大,并且爱摘抄笔记,记下读书的点点滴滴;而语文学习差的往往读书少,一般不做摘抄,也没有摘抄笔记。其实做摘抄笔记是语文学习非常好的方法之一。清代理学家李光第说过:"凡书目过口过,总不如手过。盖手动则心必随之,虽览诵二十遍,不如抄撮一次之功多也……"(《榕村全集·摘韩子读书课子弟》)具体而言,做摘抄笔记有以下功用。

一是,做摘抄笔记是知识积累的过程。俗语有"学富五车""才高八斗"的说法。"腹有诗书气自华"也是强调知识积累,积累到脑子里,不过这并不容易,知识容易遗忘。最好的办法是用笔记录下来,时不时翻阅,加强记忆。俗话说:"好记性不如烂笔头。"就是在长期的记录、记忆过程中,知识慢慢地在脑袋里驻足、安家,成为自身的一部分。因此,明代文学家张溥将自己的书斋命名为"七录斋",自有其合理之处。

二是,做摘抄笔记也是知识建构的过程。根据建构主义理论,知识不是单纯的输入,而是学习者根据已有知识重新建构的过程。在摘抄的过程中,会对所摘抄的内容进行思考、鉴赏、评判、取舍,进而重新建构自身知识体系,并在建构的过程中,丰富自己,改变自己,提升自己。

学生一开始做摘抄笔记可能没什么规划,譬如内容杂乱无章,这不要紧,这是每个摘抄者必然经历的过程。坚持一段时间之后,就可能意识到这些问题并加以改进了。譬如内容上分类排放;摘抄注明出处与摘抄日期,以待备查;写下自己的心得体会,即评点。现在还可以利用电脑进行加工整理与排放,这样效率会更高,也更便于存放。

而另外一种笔记,即课堂笔记,就要做辩证分析。

笔者有一次为一位请假的语文老师代课,讲课结束后,有一位非常勤奋的女生跟上来问一个问题:"老师,只注意听你讲课了,我有很多东西没有记下来,咋办?"这就牵涉到课堂笔记的优点与问题了。

课堂笔记是学生在语文课堂上对老师讲课内容的摘抄,便于日后翻阅学习。课堂笔记有巩固知识,深化内容的作用。但如果全心用在课堂笔记上,会影响课堂学习效果。"学而不思则罔,思而不学则殆"(《论语·为政》),可以认为这里的"学"包括记笔记,"思"就是建构。因此,学生做课堂笔记要灵活掌握,既不能不做课堂笔记,"空手上课",也不能全部记录,做一个"抄写员"。笔者根据自己的学习经历与经验提出如下建议:做课堂笔记要"重点——记""非重点——弃",有得就要舍,有舍才有得。

(四)淘书

清代学者袁枚在《随园诗话》里说过这样一句话:"书非借不能读也。"意思是读书只能借书来看,自己拥有书反而不去读了。这说出了读书人的一般特点,但有点绝对。笔者认为淘书有助于读书,或者说淘书就是读书。

所谓淘书是光顾一些书店、书摊,从中搜寻到自己喜欢的书。之所以淘书而不是买书,主要是因为学生大多囊中羞涩,买书大多是奢望,站在一排排新书面前,只能望而却步。再就是浏览一些旧书摊面,可以尽情翻阅,遇到心仪的书也可以低价拿走,置于案几、床头,随时翻阅,其心情之愉悦,无以复加。即使买卖不成,一本书已经翻阅大半。淘书的过程其实就是读书的过程。根据笔者经验所知,大凡语文成绩好的,大都喜欢淘书,享受淘书、读书的自得之乐。

也要翻阅一些时文杂志。中学生书桌上不但要有经典名著,还要有一些时文,可以扩大视野,开阔思想。语文学习跟数理化学习有一点明显不同,数理化学习需要走进来,居于一室之内做题、研算,问题都不大;但语文学习需要了解外面的世界,"风声雨声读书声声声入耳,家事国事天下事事事关心"。笔者上高中时就省吃俭用,从可怜的生活费中省下一些钱来买旧杂志,譬如《语文报》《辽宁青年》等。记得《辽宁青年》上的一些栏目深受我们喜欢,例如"散文拔萃""名画赏析"等。

(五)练字

练字是语文学习的一部分。在语文教学实践中,评判学生语文学习优劣有一个直观标准,就是看其字体。一般而言,喜欢写字、字体好的学生,不是语文成绩好就是学习态度好;反之,字体差的学生语文成绩可能不会好,起码学习态度不够端正。当然也有例外的,这里仅从大概率上来讲。

1.字体差的表现

(1)字体不工整。字体歪歪扭扭,笔画失范,横不平,竖不直。

(2)字体大小失据。男生字体一般偏大,大到出格。女生字体偏小,小到让人看不清的程度。

（3）笔画不规范甚至缺笔画。有些学生写字时笔画不到位，撇不像撇，捺不像捺。至于缺笔少画，也不鲜见。

（4）字体幼稚。有些字比较工整，看起来学生写得也比较认真，但字太幼稚，欠大气，缺乏美感，就像小学生写的字一样。

2. 字体差的原因

（1）态度欠端正。学生对练字存在着以下几种欠积极甚至错误态度，一是失败论，认为自己练不好字。笔者在教学过程中经常听到学生这样说："我练不好字！"我则反驳说："你没练，你怎么知道你练不好！这是为自己偷懒、躺平找借口！"二是速胜论，相信某些广告上的话，练字可以速成。三是自负论，认为自己的字已经不错了。或者认为自己的字不好看，是由于没认真写；如果自己认真了，字会好的。四是误时论，即认为练字是耽误时间。

（2）师生缺乏足够重视。很多教师和学生进行写字训练，也有关于写字的教材，课后也有相关作业。从教师到学生也意识到字体对语文成绩的提高、对学生的学习评判影响相当大，但有多高多大，缺乏切身感受。教师也只是草草地说一下，学生只是为了完成任务，没有把字写好的具体想法与做法。

（3）字体在考试中的分值不明。究竟字体在试卷评阅中分值多大，很多试卷没有明确规定。虽然有些作文题要求字体工整，或明确占 5 分，但在其他科类的考试中作这样要求的不多。由于考试指挥棒的作用，这样做就影响了师生对字体书写的重视程度。

（4）缺乏科学指导。因为欠重视或自身水平的制约，教师对学生写字指导不力。譬如学生字体究竟差在哪，形成原因为何，纠正办法有哪些？很多教师没有较深入的了解，甚至压根就没有了解。这就造成指导学生时缺乏针对性与有效性。

3. 改进办法

（1）选字帖，树立目标。一是选字帖，这是为自己树立写字的目标。有些学生也练字，可能练得也很辛苦，但是没有字帖比照着对练，自己写自己的。这样的练字方式，效果不大。二是选名帖，不至于走弯路，这是针对自负论而言的。三是选符合自己的字帖。对于大多数学生字体欠工整的事实，笔者建议选严谨点的字帖，譬如选田英章的字帖（有人认为田字等同印刷字,没有个性,这里置而不论)。田英章的字帖吸收了隶书、魏碑、欧体的技法,结体严谨,笔画内敛,可以矫正当前学生字体潦草之弊。如果选了《灵飞经》,笔下的字有可能真的要飞走了。

(2)方法科学,入帖训练。练字第一步是"描",即用一张白纸蒙受在字帖上,一笔一画地描,力求与字帖上的字一模一样。很多学生也有字帖,也对照着字帖练字,但仅仅止于"摹",缺乏"描"的基本功训练,没有达到与字帖合一的程度,其结果只是学到字帖的皮毛而不是精髓。第二步是"摹"。"描"完成后就要"摹",比照着字帖练。"摹"肯定没有"描"写得好,这时再"描"再"摹",如是反复多次,直到"描"的字与字帖一模一样。第三步是"背",即不看字帖写字,力求与字帖写得一样,如果不像,再"描"再"摹",反复多次,直到与字帖上的字完全相同为止。需要注意的是要"少字多练"而不是"多字少练",即练字时把一个字练无数遍,而不是把很多字练一遍。这样是为了把字一个个练好,提升练字效果。

(3)长期坚持,形成习惯。要把练字当成自己的兴趣习惯,而不仅仅是为了分数。要把练字当成自己一生的爱好,而不仅仅是一种技能。只有这样才能把字练好。

(六)疑问

产生并提出疑问也是语文学习的方法之一。朱熹说:"学贵有疑,小疑则小进,大疑则大进,不疑则不进。""人非生而知之者,孰能无惑?惑而不从师,其为惑也,终不解矣。"我们教师会有一个常识性认识,即不爱学习或学习不努力的学生是不大提出问题的,至少提不出高质量问题。笔者上初中时,语文教师刘少海经常说:"欢迎大家提出问题,最好能提难住我的问题!"有次回老家遇见自己初中时的数学教师,他回忆我当时问他一个问题:"'分解因式'与'因式分解'是否一个意思?"并评价说:"意思应该相同,问题不在于是否相同,在于普通的学生是提不出这样问题的!"

(七)写作

这里的写作不是指常规的作文训练,而是超乎作文训练之外的、自发的"心灵写作",之所以说"心灵写作",主要是自己与自己心灵坦诚交流,是自己灵魂的宣泄与解剖,是自我的放飞。没有条条框框的约束,没有文体、字数、时间的要求，随心所欲，任意挥洒，就是我们常说的"舞文弄墨"。语文老师可以发现这么一个现象，一些学生平时作文训练时抓耳挠腮、搜肠刮肚，然而私下写作却是文思泉涌，得心应手。因此，这种"心灵写作"是一种很好的写作训练，教师应鼓励学生养成并保持"心灵写作"的习惯。在中学执教时，如果某个学生偶尔不写作文，但只要有这样的写作也算完成任务。问题是有这种写作习惯的同学，一般不会忽视作文训练。

（八）交流、分享等活动

笔者上小学、中学时语文成绩不错，经常受到老师表扬。"这一次考试，张天明同学的成绩遥遥领先！"高中时的一次试卷讲评，语文老师李志衡这样说道，惹得其他同学投来关注的目光。后来成为我的同桌的李国清同学告诉我："原来我挺不服气，你看起来其貌不扬……看到你这么多课外书，听了你讲很多典故，才知道——""盛名之下，实无虚士！"我接口道。这说明交流、分享、辩难等活动是语文学习的一种方法，也是语文优秀学生的标记。

语文学习既要静静地读书，进入书中世界，物我两忘，"闭门即是深山，读书随处净土"（陈继儒《小窗幽记》）；又要走出去，与人交流，分享读书所得，并有质疑、辩难等活动。丰富了知识，建立了学谊，类似于古人的游学活动。"有朋自远方来，不亦乐乎"指的就是这种情况。其实近年来语文教材都有"表达与交流"的训练模块，《语文课程标准》对此也有专门指示，现在又出台了关于中小学生"研学"的相关法规与措施，其目的是适应语文学习的特点与要求。

上面仅列举了八种语文学习的方法。其实这也是考察学生语文学习情况的标准，语文学习优秀者的标记，是教师把握学情的参考。如果一个学生拥有其中的几种，那么他的语文成绩不会差。笔者在关津中学执教 1993 级语文时，有个李敏同学，语文成绩优秀，她的作文几乎是每次作文评讲课上必读的优秀范文。有一次我发现她有一本摘抄笔记，满是名言、典故、美文等。我也把她的摘抄本在班里传阅，让大家效仿。其实这也是教师们的惯常行为，多年之后李敏同学告诉我，我的这种不经意做法对她是莫大鼓励，对她以后自信做人、从容做事产生很大影响。

第三章
师生关系

　　师生是一种什么关系,可能无法介定。说是平等关系,但由于双方年龄、心智不对等,起码在实践层面上,无法操作。如果说"学生是学习的主人",那么教师是啥? 恐怕难以说清。

　　个人觉得,搞好师生关系关键在教师。教师如果心中有爱,爱学生,爱所有学生,那么师生关系不会差。现在有些教师不向学生奉献爱,反而一味向学生索取仰慕与尊敬,达不到目的便抱怨甚至迁怒学生,如此形成恶性循环。

　　师生关系本该是和谐的。20 世纪 90 年代,笔者在关津中学执教时,语文教材选入了一篇课文,是作家魏巍的《我的老师》。文中所描写的师生关系,令人神往,而其中的语文老师蔡芸芝先生更让笔者想起很多遥远的人和事。可以说一生中,能遇见一位像蔡芸芝这样的老师,是莫大的幸运。

一、学生童心需要呵护

　　有一次,给汉语 1904 班同学上语文教学技能训练课,有位同学讲李白的《将进酒》,她让陈泓锟同学范读,当陈泓锟要读到"烹羊、宰牛且为乐"时,他说:"下面这句我不读了,我不喜欢这一句。"看大家迷惑不解,他接着说:"众生平等,人类满足口腹之欲也就算了,竟然以'烹羊、宰牛为乐!'缺乏大爱。"陈泓锟同学学习认真,是我多年来少见的优秀学生,经常有不凡之见。见他这么说,李梦娇同学解释道:"李白也就这么说说而已,他正在喝酒哪能去杀羊、宰牛啊!"

虽然乍听之下，不愿意相信陈泓锟同学的话，倒是希望真如李梦娇同学的解释，"李白也就这么说说而已！"但是仔细分析一下还是认为陈泓锟同学道出了残忍事实：人类对环境资源疯狂掠夺，践踏生灵，以满足自己的口腹之欲，并视之为正常，正常得让我们感觉不到不正常，倒是纯真的学生成为"吹哨人"。

童心无价。童年是不曾被污染的澄明世界。青少年虽年轻气盛却不作伪，直接得让人不舒服但真情流溢，即使玩世不恭但十分透明，明丽天然，毫无心机。对老师有意见，会形于辞色，甚至与老师"硬碰硬"——就是一座毫不设防的城。

小时候，为了改善家庭条件，我家喂养了几只羊，到年末卖掉一两只换钱。喂养这几只羊就成为我上学之后的业余工作，它伴随着我度过贫穷而有趣的少年时光，放学后割草，放羊，河岸、田埂、小溪旁，可以说都留下我的脚印，留下几多人与羊的身影，让我单调的生活有了一点斑斓色彩。可以说在与羊的相处中，不但增强了我对大自然的了解与热爱，而且激发了我初步的好奇、怜悯与对弱者的关爱，温润了我的情感，这些都是书本上难以学到的。课堂上我就想着羊儿还在饿着肚子等着我，放学后就急忙挎着草筐，奔向野外，春天的木蓿草、野苋菜、夏天的劳豆秧、牛草，秋天的狗尾巴草、马齿苋等，几乎见啥割啥，冬天野草缺乏的日子我会砍野油菜，捡遗漏的玉米，捞水草，看着羊儿吃草的样子就非常开心。与猪囫囵吞食不同，羊儿吃草时下颌左右一挫一挫地动。阳光灿烂的日子，我会赶着它们走向旷野，这时它们就像放飞的鸟儿一样兴奋，有小羊走累了我就抱着它跑，至今还记得小羊毛茸茸的感觉与特有的味道。下雨时我会把它们赶到树下避雨，有谁家的狗在一边不怀好意地逡巡，我就愤怒地把它赶走。但是随着我到镇上读书，家里不得不把这些羊陆续卖掉，最后一只母羊与一只小羊被卖到镇上食堂时，我感到十分不舍，离开之时我又一次跑到院子里注视一下这只拴在树旁的羊，我又一次摸了摸小羊，有意思的是这两只羊也伸头看看我，温顺的眼睛里写满了迷惘，但我约略知道等待它的是什么，母羊的命运我能猜到，但是小羊呢，我猜他们会继续喂养，但他们知道它喜欢到处跑么？知道它最爱吃狗尾草么？"杀掉！"父亲面对我的问题淡淡地说道。我听了大吃一惊，继而难过,难以想象它小小身躯在人类的屠刀下抽搐、流血、挣扎,最后被剥皮剔骨的惨象,心里只能默默地念道:"永别了,我的朋友!"小小的年纪开始有了对弱者的同情,对朋友的眷恋,对死亡的恐惧,同时也慢慢体会到了成人世界的残忍,于是眼前的世界不再是春风吹拂,阳光明媚,开始斑驳陆离起来。

近期读到儿童图书作者吉忠兰的一句话,令我茅塞顿开:"驯养就是建立联系,其实就是相互的爱。"①在不知不觉中,在我与羊相处的日子里,开启、萌发了我人之为人的情感,并形成了我一生关爱弱者、同情底层人民的世界观。

记得高中时学习吴伯箫的散文《猎户》,文中主要是关于人与豹子的描写,尤其是豹子在村民围攻下,最后惨死在棍棒之下的情形,当时就觉得残忍。可是在成人的认知里,豹子是罪有应得,死有余辜。随着年纪增长,看惯了勾心斗角、尔虞我诈,见多了强者的飞扬跋扈、不可一世,倦怠于弱者的无助、无奈与无告,曾经柔嫩的心逐渐坚硬起来,敏感变得迟钝,纯真变得世故,视不平之事为理所当然。有一年的春节,家里买回两条十多斤重的大鱼,放在院里地上等着宰杀。当时上小学的儿子说了一句:"这鱼真可怜!"我当时笑笑,心里只是默念道:"还是个孩子!"其实那个时候,自己早已蜕变。这种变化会非常可怕,会影响与学生的交往,会与学生隔膜起来。

我院汉语言文学专业新的培养方案规定学生在校学习三年,离校实习一年,于是有学生会问这样的问题:"我们一年不在学校,学校不应该再收我们学费,起码要减免一部分吧!"听到这样的话,觉得好笑,但只能附和道:"有道理,应该全部减免。"最后戏谑道:"但我说的不算!"其实自己求学时候,也是这样抱怨学校的各种收费行为,维护自己的利益,但现在作为教师的我觉得这简直是痴人说梦,对学生的内心感受不以为然。这样的例子还有很多,为了取得好的教学成绩会对差生漠不关心,会觉得学生真诚的话为"不成熟",会屈从领导意志,会视校园的不正常现象为理所当然。抱持这样的学生观怎么会处理好师生关系,怎么会得到学生喜爱与拥护呢?

---

① 吉忠兰.从整本书精读到群书阅读[M].桂林:广西师范大学出版社,2019:15.

陈泓锟同学的话让我猛醒,就像干涸的沙漠里突然注入了一丝清泉,暗夜里一束灯光,寒冬里的一轮暖阳,让人惊喜,也让我意识到自己的蜕化,看到了自己的丑陋,始知自己与学生隔膜的原因。于是,对于陈泓锟同学,我报之以赞许的目光,不但是对同学的童心给以肯定,更是对自己的一丝期许。

因此,从某种方面而言,教育就是要呵护学生的童心,教师职业更需要童心!至少在当前相较于其他职业而言。

童心不是不懂人情事故,而是知道人性之恶依然待人真诚;童心不是年少的幼稚无知,而是看透众生后的返璞归真;童心不是天真,而是彻悟后的迷途知返。作为教师,就是明知对学生一视同仁会费时费力不讨好,但初心不改;不歧视有问题、有缺点的学生,呵护他们受伤的心灵;对需要帮助的学生不怕麻烦,用巧妙的办法施以援手;在不能说真话的时候,尽可能不说假话,不说违背良知的话。最大努力减少或阻止损害学生利益之事,至少不助纣为虐,为人帮凶。

"仁远乎哉?我欲仁,斯仁至矣。"(《论语·述而》)要做到上述要求,可以从理解与尊重学生的童声稚语始。

二、学生才是学习的主人

某次给汉语 2017 级 1 班学生讲中国古代文论,内容是孟子的"知人论世",我举了杜牧的《赤壁》诗,并列出一些历史上的评论:

1. 纪昀等《四库提要》:"(许顗)讥杜牧《赤壁》诗为不说社稷存亡,惟说二乔,不知大乔乃孙策妇,小乔为周瑜妇,二人入魏,即吴亡可知。此诗人不欲质言,故变其词耳。"

2. 何文焕《历代诗话考索》:"牧之之意,正谓幸而成功,几乎家国不保。"

3. 许顗《彦周诗话》:"杜牧之作《赤壁》诗……意谓赤壁不能纵火,为曹公夺二乔置之铜雀台上也。孙氏霸业,系此一战。社稷存亡,生灵涂炭都不问,只恐被捉了二乔,可见措大不识好恶。"

评论 1 和评论 2 是说作者采用以小见大的手法,巧妙点明战争的结果,评论 3 正好相反,说作者眼界太低,对家国兴亡视而不见,而担心两个女人。上面是两种评论,那么究竟怎么看该诗的意蕴呢? 请大家发言。

结果学生踊跃发言,比较火爆。其中刘贝同学的回答非常有意思,她说此诗说明了人的命运无常,历史充满了偶然。我当即就表扬了她,仔细想想,这种说法还真是有一定道理。

因为文本意蕴有作者之意、文本本身之意,还有教材编选者之意,更有教师、学生等读者之意,上述几种之意并不完全相同。例如作者之意与文本本身之意有时就有着某些差异,譬如《三国演义》作者创作本意是尊刘贬曹的,但作品写出来之后却出现了"欲显刘备之长厚而似伪,状诸葛之多智而近妖"(鲁迅《中国小说史略》)的情况,学生能读出异样的内容,令我意外。

给汉语 1702 班上"古代文论"课,讲的是道家"以虚为美"的文艺观,在讲了相关理论后,我给出两首以"雪"为题材的诗让学生分析:一是柳宗元的《江雪》,这首诗的文学价值与地位非常高,自不待言;一是唐代张打油的《咏雪》:"江上一笼统,井上黑窟窿。黄狗身上白,白狗身上肿。"这首诗写得也非常精彩,写景状物,惟妙惟肖。尤其一个"肿"字太精准了,太生动了。

问题是为何柳宗元的《江雪》能够名闻遐迩,妇孺皆知,而张打油的《咏雪》却不见经传? 训练内容让学生用虚实相生来分析,即《江雪》虚实相生,前两句实写,描写了一幅飞鸟绝迹、人迹罕至的冬雪图;后两句虚写,塑造了一个独钓冬雪的渔夫(生活中不会存在)形象。学生的回答自是丰富多彩,但班长王子俊却用雅俗理论分析,认为张打油的《咏雪》之所以没能名垂千古是因为其太俗,不符合主流文化"雅"的审美情趣。这种回答与我的预设不符,但也不无道理,属于典型的个性化阅读、创造性阅读,是很好的"生成"!

给 2017 级 1 班学生讲"语文课程与教学论",讲到提问的艺术时,我讲到提问要注意给学生预留时间,并举了《皇帝的新装》的例子,可以问:为什么让一个孩子揭穿谎言? 并且强调这样有难度的问题最好要预留一定的时间。正当我要顺势讲出该问题的答案(揭示了成人世界的虚伪)时,心里突然一动,何以不让学生们回答这个问题呢? 这个原本抛给初中生的问题现在抛给大二的学生试试,结果该班班长陈翰昭同学结合作者安徒生来分析。安徒生本身是一个童话作家,他的作品是写给儿童看的,其作品要满足儿童的需求,或者是从儿童而非成人的视角看世界,儿童是其作品的真正王者和歌颂的对象。故此,《皇帝的新装》最后的吹哨人是一个孩子。

上面两个教学案例充分说明,课堂是无限的,其前提是尊重学生的主体地位,充分发挥学生积极性、能动性,不要把学生当成只能接收的容器。

三、没有教不好的学生,只有不会教的老师

案例1:在初中任教时,有个李新栓同学,数学成绩好,但语文差。本人学习语文的态度也非常迫切,时常问我学习语文的方法,但效果不明显。在高中任教时,1996级有一个叫何子明的学生,学习刻苦。他数学好,经常在语文课上做数学作业,有时还在课堂上给全班同学讲数学;但对学语文不开窍,当然也时常不交作文。高考时因为语文拉分,只考上师专,毕业后回到县城工作,如今是中学教师。如果不是语文拉分,他可能考上重点,人生可能会改写。

案例2:笔者在新蔡二高执教1995级实验班时,有个叫钟露莹的女同学。该生文静腼腆,学习认真,非常有主见,乐于助人,是老师眼里的好学生,老师都觉得她应该成绩好,可结果却不如意。她的语文成绩不太好,其他课程成绩也一般。这种情形在"分数才是硬道理"的高中无疑是致命的。跟她交流过几次,成绩也不见明显提高,当时甚至动了家访的念头,最后因为其家长在外打工而作罢。

面对上面两个案例,我有一种深深的挫败感!这让我想起教育界有一句名言:"没有教不好的学生,只有不会教的老师。"据说,《中国教育报》官方

公众号曾盘点过"最坑教师的教育名言",其中这句话名列第一。① 深有同感。

"没有教不好的学生,只有不会教的老师。"这句话出自民国教育家陈鹤琴之口,在当时不知激励多少教师全身心扑在教学上,创造了一个又一个教学奇迹,但随着时代发展,这句话越发不合时宜,无论理论还是实践层面,都经不起推敲,有学者从哲学、心理学、教学实践、时代发展的需要等角度加以反驳,较为全面而深刻。② 笔者觉得仍有不尽之处,受此启发,便做以下论述:

首先,根据唯物辩证法理论,矛盾具有普遍性与特殊性,普遍性的规律是学生大都能够通过教育提高自身水平,从低到高,从懵懂无知到知之甚少,再到知之甚多,有的可能满腹经纶。但其中总会有个别学生显示出特殊性,在从低到高的某一阶段便停止不前甚至退步。因为学生不是整体划一的,生活背景、学习经历、品格性情、智力、爱好、学科发展等千差万别,把这些各方面有着显著差别的学生都教得好,是不可能的。譬如学生喜爱的科目,教师教学轻松自如,反之则困难重重,出力不讨好。

其次,根据内因与外因作用的理论,"没有教不好的学生,只有不会教的老师"的命题不成立。唯物辩证法认为,内因是事物变化的决定因素,外因是事物变化的条件,教师教学成功与否,关键在学生。教师的因素对于每个学生而言,其作用不是一定的,只有当教师教育与学生的内在需要结合起来时才会产生效果。把教学的成功与否完全与教师教育挂钩,是对内因的视而不见,这不但在理论上是荒谬的,在实践上也是行不通的。

再次,根据学生心理发展规律来看,学生有着很大的个体差异,譬如性别差异,女生较男生早熟,其自觉性与自控能力较男生强,教师教育可能相对容易;女生一般语言天赋要高于男生,语文成绩尤其作文水平要优于男生。当然,这不是说女生就没有问题,只是女生存在的问题在内容、特点方

---

① 赵永勤.对"没有教不好的学生,只有不会教的老师"命题的多学科审视[J].现代教育科学,2019(1):23.

② 王雅珍,祁秀春.对教学过程中教师作用的再认识:兼评"没有教不好的学生,只有不会教的老师"[J].江苏技术师范学院学报,2005(5):37-40.

面存在差异。因此,不同学生其学习特点与结果不一样甚至大相径庭,这些不同的学生不可能都被教师教好。

最后,从课程论看,课程不但包括教材、参考书、辅导资料等,也包括教师、学生、家长等,教师的"教"只是诸多因素中的一项,影响学生的学习与提高的因素很多,家庭的、社会的、个人的;必然的、偶然的;等等。不是教师一个因素决定或影响的。教育不是万能的,教师是人不是神。如果把学生学习的好与坏全部归结于教师,是非常片面的。

"没有教不好的学生,只有不会教的老师。"这句话虽然在逻辑上不成立,但也不能否定其价值。

一是强调了教师的能动性。陈鹤琴说这句话的本意大概是为了激励教师,不要放弃任何一个学生,尽可能地把每个学生都教育好,凸显了教师的地位与作用,有其合理性。从教育产生起,至少到民国末年,教育一直在缓慢发展,其中教师的地位与作用不容置疑,教学仍是从教师到学生单向传递的过程。"没有教不好的学生,只有不会教的老师"的观点便应运而生。

二是体现了学生整体发展的思想。要求教师要关注每一个学生,尤其是后进生。教育的一个重要功用就是选拔,为国家选拔人才,传统教育尤其如此,这是精英教育,要求教育资源与机会向优秀学生倾斜与聚集,特点是优胜劣汰。但随着社会经济的发展,教育进入普及时代,这是一种大众教育,要求教育资源与机会均等,特点是整体发展,这是时代的要求与呼唤。"没有教不好的学生,只有不会教的老师"这句话就代表了这种理念。教师不但要关注优秀的学生,达到选拔的目的,还要关注后进生,关注他们的生活与学习,从而促进教育整体的全面提高,这给广大教师提出了新的问题与挑战。

综上,要了解这句话的不足,也要理解合理之处,而不仅仅是抱怨。

第三篇　语文教师篇

对教师的研究,由来已久,但在提倡"学生本体性"的当前,不论学界还是一线教学,大有漠视教师作用的倾向。事实上,在人类教育史上,教师曾被视为与天齐高。教师是课堂的导演,是师生对话的首席,不管承认与否,教师也是教学的另一个"主体",决定着课堂教学的生命与质量。美国加州大学伯克利分校帕克·帕尔默博士对此提出:"教师拥有的力量是足以创造促使学生尽量多学或根本不学的条件的。"①因此漠视教师的作用是导致当前语文课堂效率低下的一个重要原因。但是正如阳光有多灿烂,影子也就多浓重一样。教师的低能是造成语文课堂低效的重要因素。李镇西曾说过:学生喜欢语文,但不喜欢语文课。这也让作为语文教师的我无地自容。因此,单方面提学生主体性,而对教师主体性视而不见,这样只能是瘸腿的"主体性理论",在这种先天缺陷的理论指导下,语文课堂即使能走,也走不好,更走不远。

教师的作用取决于教师的专业素养。关于教师的素养,有不同的论述,大致有"三分"法、"四分"法等几种。大连大学的盖丽娜关于语文教师专业知识素养的划分非常详尽,也比较科学,她认为应该包括专业知识素养、专业技能素养、专业情意素养②三个相辅相成的部分,每部分又有较深入的分类,本篇即根据这种架构加以论述。

---

① 帕克·帕尔默.教学勇气[M].上海:华东师范大学出版社,2022:37.
② 王玉辉,王雅萍.语文课程与教学论[M].北京:北京师范大学出版社,2015:382-388.

第一章
教师素养

　　语文教师是杂家,在拥有知识等方面首先应该广而博,其次才是精而专,这样在教学中才能运用自如,左右逢源。有道是"长袖善舞,多钱善贾"(《韩非子·五蠹》)。

　　拥有丰富的知识与理论,并不等于能把语文课教好,语文教师还要有一定的教学技能。关于语文教学技能,不同的标准有不同的分类。如果按表现层级可以分为一般技能、发展技能;按技能呈现方式,可以分为言语技能、动作技能;按表现过程可以分为备课技能、上课技能、评课技能、研课技能等。当然也有详尽的分法,曾祥芹、萧士栋主编的《语文教学能力论》一书的分类科学,就把语文教学技能分为十大类。①

　　技能属于方法论范畴。语文教学是一门科学,有规律可循,因此教学方法可以学习、借鉴,"他山之石,可以攻玉"。语文教学又是一门艺术,属于教师才情的发挥、个性的表现,讲究创新与创造,又无法复制与模仿。所谓"教学有法,但无定法,贵在得法"。

　　教师的情意素养是指教师长期形成的情感、意志、理想追求等素养。决定教师成功与否的最重要因素,是情意素养而非知识与技能素养。教学名师给我们的印象最深的往往是对教育的爱、对教育理想的执着追求等,而不仅仅是高超的教学技能。教育情怀,是专家型教师的名片。

---

① 曾祥芹,萧士栋.语文教学能力论[M].开封:河南大学出版社,1987.

一、普通文化知识素养

(一) 自然科学知识

初中文言文《蜀之鄙有二僧》中有一句"西蜀之去南海,不知几千里也"。笔者在关津乡中学讲授这篇课文时,有一个学生问:"究竟几千里?"当时刚刚毕业,不知道西蜀之去南海的实际距离,也缺乏应有的教学机智,竟无言以对。

由此可知,语文教师首先要具备一定的自然科学知识,因为语文课里涉及到一些包括地理风物、天气物候等知识。譬如《诗经》里含有丰富的自然知识,孔子就说过:"小子何莫学夫《诗》?《诗》可以兴,可以观,可以群,可以怨;迩之事父,远之事君;多识于鸟兽草木之名。"这样看来,孔子提倡学《诗》的一个目的是让弟子认识自然中的动植物。有人还写过关于诗经中植物的专著。① 伟大诗人杜甫,其诗好像一直是灰色的,但《春夜喜雨》是一例外。这首诗的"诗眼"就落在"喜"字上,对这首诗的教学除了做常规的分析之外,还要稍加点明一种情况,即我国是大陆性季风气候,夏秋多雨,冬季与春季少雨,经常会出现春旱现象,这样可以使学生加深对"喜"的理解。白居易有一首诗《大林寺桃花》:

> 人间四月芳菲尽,山寺桃花始盛开。
> 常恨春归无觅处,不知转入此中来。

这首诗里就包含有气候知识之一,即温度与海拔的关系。据科学发现,气温是由地面温度决定的,离地面越高的地方气温越低,每上升一千米气温下降 6 ℃。因此,山上的气温比平原温度低是一种科学现象,当平原地区天气转暖,进入暮春时节,山中可能残冬将尽,桃花始开。

笔者高中执教,有次讲授毛泽东的《沁园春·长沙》,有学生对"独立寒秋,湘江北去"一句产生疑问:"我国的江水都是向东流,怎么会是北去呢?"

---

① 韩育生.诗经里的植物[M].北京:清华大学出版社,2014.

我当时说江水总的来说是向东流,但不能排除在某个阶段可能由于地形地势之影响,会向其他方向流。这种解释其实是从逻辑思维角度出发。我把这个教学案例发在一个语文学习群,结果一位长沙的教师说,湘江其实就是由南向北流,当然有点偏西南至东北向。如果对此稔熟的话,一句话足矣!

(二)社会科学知识

笔者在新蔡二高教书时,有一次执教公开课,讲到人物语言个性化时,举了一个笑话。古代的一个下雪天,秀才、官员、商人和乞丐四个人在庙里避雪。秀才看到漫天大雪,诗兴大发:"大雪纷纷落地";官员拍皇上马屁:"此乃皇家瑞气";商人财大气粗:"下它三年何妨?"乞丐因为下雪无法乞讨,肚里饿得咕咕叫,听了勃然大怒:"放你妈的狗屁!"这个笑话让学生明白了人物语言的职业化特点,并博得一众教师的肯定,梅雪艳老师认为:"形象生动,胜过千言万语。"

这说明语文教师只有知识广博,才能更好地教好语文课。笔者在关津中学教书时,有位民办教师教语文。民办教师一般无正式学历,无科班训练,但是这位教师教课还不错,挺受学生欢迎。通过了解知道,该教师看过好几部古典小说,讲课时都能用上。笔者在二高教书时,当时缺语文老师,学校乡中学调来一位政治专业毕业的老师教2000级两个班的语文课。笔者当时就以一种疑惑的心理与该教师交谈,并表示自己的担忧,他说:"没事,我自学了汉语言文学本科,并且每门考试都是一次过!"看得出信心满满。但不出所料,学生意见很大,仅过一个学年,该教师离职,由笔者接手这两个班。询问个中原由,学生说:"这老师讲课非常枯燥,并且讲课内容仅仅是书上的东西,书外的东西一概不提!"过后我一直在琢磨这个事:"为什么汉语言文学本科所有课程都过关了,当语文教师仍不合格?"后来逐渐明白了一个道理:汉语言文学本科所有课程只是该专业的必修课程,讲授该专业最基本的知识素养,它是作为一位合格语文教师的最低线。除此之外,还要学习相关的社会科学知识,尤其是与文学相关的哲学、历史、文艺美学、逻辑等。如果说汉语言文学本科自考过关课程是一个人的筋骨的话,其他知识与理论就是血肉,仅有筋骨没有血肉能成为一个正常的人?再加上是仅凭几场考试获得的文凭,含金量存疑。

（三）语文学科知识

语文学科知识包括语言学、文章学、文艺学等学科知识，这是作为一位合格的语文教师所必需的。笔者生于 20 世纪 60 年代，小学时语文教师是清一色的民办教师。他们一边种地一边教书，除时间无法保证之外，最关键的是水平欠佳，知识贫乏，因为他们自己一般也只是小学水平。所谓"名师出高徒"，师傅水平不高，作为学生，我们水平也会"水落船低"。

新蔡二高教师孙长山说过一件趣事，有位语文老师教生字词，他把"葵花"的"葵"读成"jì"，当有学生问"jì 花"是什么时，他解释道："jì 花就是我们种的 kuí 花，就是向日葵 kuí。"有感于此，笔者漫成一首：

> 葵花误读成荠花，只怪当年认字差。
> 葵花如有点穴手，信口立时作哑巴。

还有一次，笔者在本村初中学习，当学到鲁迅先生的《故乡》这一课时，里边有豆腐西施杨二嫂第一次出场的话，"吓，胡子这么长了！"语文老师把其中的"吓"（hè）读作 xià，笔者当时就觉得这样读不对，但又不知道原因在哪，后来上师专学习"古代汉语"才知道，上古音里，声母 x 与 h 不分，有时 x 读作 h，《故乡》反映的是江浙一带的方音，保留了大量的上古音，因此，这个字应该读 hè。

在当前教学形势下，语文教师需要更深的、更新的文本解读理论。譬如中国传统文论。因为中学语文教材中的选文主要是汉文，用中国传统文论加以解读更为契合。有一次一位年轻的语文教师要参加优质课大赛，讲课题目是曹操的《短歌行》，他把自己的教学设计拿给我看，我当时就在文本解读上加入了钟嵘对曹操诗歌的评价："曹公古直，甚有悲凉之句"，让学生找出诗中具有"悲凉"味道的句子。结果深得评委好评，认为分析有深度。其实，曹操诗歌的"悲凉之句"在《蒿里行》中表现更突出，"白骨露于野，千里无鸡鸣"已经成为千古名句。讲白居易《琵琶行》中的情感意蕴，可以用韩愈的"不平则鸣"、欧阳修的"诗穷后工"理论来解释可能更加透彻。至于更新的解读理论可以用当前流行的接受美学、阐释学、精神分析、新批评等。

（四）思维科学知识

相比理工科讲规律、重逻辑的特点，语文课担负情感熏陶、价值观引领等教学任务，但是这不能否认语文课要讲逻辑思维。语文核心素养中的一项就是"思维的发展与提升"，因此具备语文核心素养的语文教师不能在思维方面存在短板，但实际情况却是这方面恰恰出现问题。中学生议论文存在一个普遍现象是论证简单，结论武断。例如为了论证"逆境成才"的观点，往往举一两个论据，最后来个反问："这难道不就说明'逆境成才'的道理吗？"而对"逆境沉沦"的事实只字不提，思维简单、牵强、片面。

（五）事实判断与价值判断

据报道，湖南城市学院一位讲课的老师，因在课堂上说了句"日本人精益求精"的话而被学生举报后，被调离教师岗位，到图书馆工作。[①] 该消息在社会上尤其教育界引起一些争论，有的认为该教师说的是事实；有的说教师不应赞美日本人；还有的说，这是鼓励学生举报，会恶化师生关系；等等。可谓众说纷纭，莫衷一是。

笔者也遇到过类似的问题。

有一次给播音1601B、1602B讲"中华文化经典导读"，提到孔子的一句话"唯女子与小人为难养也，近之则不逊，远之则怨"时，我讲了这句话的含意，即孔子认为妇女的缺点——非理性、依附性、格局小等[②]，结果一些女生不干了，当即反驳："女人能顶半边天！""女人有问题也是男人逼的！"有的甚至说："我们女足能拿世界亚军，你们男足呢？"我说，这不是我的话，是我翻译孔子的话，但一些女生还是愤愤不平。

课后反思，自己明明说的是事实，至少是翻译孔子的话，不代表本人的观点，为什么女生不认同，甚至反应如此激烈呢？问题出在哪，该如何正确表述呢？思考好久，不得要领，直到读到刘强的《论语新识》中提到事实判断与价值判断的解读方法才有了新的方法。后来读了一些资料后才知道刘强

---

① 湖南城市学院一学生因老师在课堂上说了"日本人精益求精"[EB/OL].(2021–11–10).http://bbs.wangjing.cn/thread-2361397-1-1.html.

② 对于这句话的理解学界有争议，河南师范大学曾祥芹教授总结了学界观点达11条之多。见曾祥芹《曾子文章学》，商务印刷馆，2019年。

的观点其实来自于英国哲学家休谟,他认为对一事物、现象、问题的判断有事实判断与价值判断两种,事实判断是对某件事或某种行为的客观性描述,是基于科学认识之上的客观判断,判断的"是不是这样",结果只有两个即真与假。而价值判断是对某件事或某种行为的主观性议论,是基于感情倾向之上的主观表达,判断的是"该不该这样",结果也只有两个即对与否。就像上述例子中笔者对孔子这句话的解读,是描述一种事实或现象,是一种客观判断,或者说我只是机械地转述孔子的话,并不是赞成这句话。

结合前面的案例分析,讲课的这位教师,他认为"日本人精益求精",只是对日本人工作态度的客观描述,是一种事实,这是不可否认的,日本二战后获得巨大的经济飞跃就是明证。但他说这句话也并不代表他赞美、喜欢日本人。当事老师有没有跟学生做这样的理性分析,新闻中没有说,笔者估计没有,只是知道学生、老师都很情绪化,连学校处理得也欠理性,这一点招致舆论的批评。

承认事实与表达喜好是两码事,但很多时候我们会把这两种情况混为一谈,例如爱我们的人会指出我们身上的缺点,我们感情上难以接受,其实他们只是善意地提示一些事实,并不是全盘否定我们,更不是代表他们不喜欢我们了。"爱之深,责之切"是也。

这样相当复杂的教育现象,解释起来矛盾重重,而采用休谟的理论则迎刃而解,这就是理论对于实践的巨大指导作用。因此,教学不但重技,还应该重道,于此可见一斑。

二、语文教师应该懂教育心理学

笔者在初一求学时,班里有位学生作文描写的是街市上很多商品,琳琅满目,接着发句感叹:"要是这些东西是我家的多好!"相信大多数处于这个年龄的学生,面对这样的情景大概也会有这样的想法,但是老师在课堂上把该生批评了一顿:"啥东西都想弄到自己家里,你咋恁自私咧!"现在想来,这是教师不了解学生心理所致。初一学生阅历简单,视野狭窄,在他们的认知世界里可能只有家庭与亲人,因此说出这样格调不高的话。对此老师可以引导学生,指出其爱心与不足,提升学生的思想境界,不应该当众批评。

相较于专业知识，我们当前广大教师的教育学科专业知识储备不足，有的甚至是空白，原因是多方面的。

一是人们一般认为教育学的知识大都是经验的总结，只要自己经验丰富，照样可以教课。造成教师对教育学知识的学习动力不足。

二是在高校，学科知识属于显学，学科课程也显得非常重要，而教育学不受重视或被边缘化，教法课显得不重要，教师也被人看不起，即使师范院校也不例外。笔者在河南师范大学读教育硕士期间，一位资深的语言学教师在课堂上这样说："我搞语言学的可以写一本教法的书，他们搞教法的能写一本语言的书吗？"于此可见一斑。

三是教法理论不深。曾祥芹说过："语文教育学，有'教'无'学'！"这也是广大语文教师不爱学习语文教育理论的客观原因。

四是在高校，教法类教师匮乏，多由其他教师客串一下，甚至由其他行政、后勤等人员顶替，造成教师队伍整体素质不高，师范生教育学素养也相应不足。

综上，做一个合格的语文教师，除了拥有丰富的学科知识与理论之外，还要具有一定的教育学知识。为此，要广泛涉猎古今中外教育学知识与理论，例如孔子的因材施教、启发诱导、教学相长，孟子的知人论世读书法，道家的不言之教，朱熹的读书法，颜氏家训等；现当代语文教育史中，陶行知的"生活教育""知行合一"，叶圣陶、吕叔湘、张志公等"三老"及朱绍禹、顾黄初、曾祥芹、周庆元、王尚文、王栋生、王荣生等教育学家的教育理论。阅读程红兵、余映潮、余党绪、李海林、李镇西、程翔、韩军、窦桂梅等中小学一线专家教师的相关论著。还要阅读国外各个时期产生广泛影响的代表性教育论著，如卢梭的自然主义教育著作《爱弥尔》、杜威《民主主义与教育》、苏霍姆林斯基的《给教师的一百条建议》、黑柳彻子的《窗边的小豆豆》，以及建构主义、接受美学、文本细读等专著。除此之外，要订阅一些语文专业杂志，如《中学语文教学》《中学语文教学参考》《语文学习》及人大复印资料《高中语文教与学》《初中语文教与学》等。

三、思维能力是语文教师的重要素养

思维内涵是什么,可能没有统一的答案,不过我们可以参照 2017 年版的《义务教育语文课程标准》的表述。课标在对"语文核心素养"这一概念论述时提出:"思维发展与提升是指学生在语文学习过程中,通过语言运用,获得直觉思维、形象思维、逻辑思维、辩证思维和创造思维的发展。"这一概念虽然是针对学生语文素养而言的,但我们可以借用到语文教师身上,语文教师不能在上述思维方面存在短板,但实际情况却是每个方面都出现问题,尤其是在后三个方面严重不足。

(一)逻辑思维

逻辑思维是一种按事物发展规律,由表及里认识事物本质的思维形式,这是一种线性思维。虽然语文课有着重情感熏陶、价值观引领等特点,但是这也不能否认语文课也有逻辑思维的特点,譬如教学步骤的有序性。一般教师与优秀教师的区别之一就是后者教学结构清晰,张驰有度,而前者步骤欠清晰、欠连贯。这些其实都是表象,本质上是其思维方法有问题,即思维缺乏逻辑性。再如从现象看本质,笔者上高中时正是改革开放初期,当时我们的政治课教师满脸兴奋地说:"《邓小平文选》非常牛,被翻译成多种文字,连外国总统都在读这本书!"我们听了也非常自豪。课下一位同学淡淡地说道:"不是这本书有多牛,外国人读它是想从中了解中国的政策。"当时感觉这位同学有点"负能量",现在想来确是明白人,才知道这位学生的逻辑思维能力超过乃师多矣!

(二)辩证思维

辩证思维就是从两方面看问题。有一次笔者进行作文训练,作文题目是"近墨者黑"和"近墨者未必黑"(1991 年全国卷高考作文题),要求学生从中选出一个。我们分析题目,关键词是"未必",即"可能黑""也可能不黑",那么论证时不论选哪个题目都应该两方面顾及一下。但是记得当时自己还是学生时,爱较真,认死理,把道理绝对化,几乎写成"近墨者必黑""近墨者必不黑",不知道辩证思维。笔者执教高中语文课文《雷雨》时,曾经结合周朴园形象给学生留一次作文训练,即如何看待周朴园。为了引导学生,笔者从正反两方面立意,写出来两篇下水作文,结果没想到反响不太好,一些学生不赞成我的观点,认为作文成为诡辩术,还有些学生甚至觉得作为一个人只能有一种看法,怎能提出两种观点,这不是自相矛盾,没有主见吗? 他们还是坚持非此即彼的观点。最为显著的是反映在议论文练习上的说理绝对化。其实中国人很善于辩证思维,这得益于《易经》的滋养。《易经》中的阴阳之道,其实就是从矛盾的两方面看问题,而不执着于一端,通俗讲避免了"一根筋",死板固执,不知变通。

片面看问题,这一点在儿童身上表现明显。最显而易见的例子是儿童看电影,出来一个人物,就会问大人:"这是好人还是坏人?"这让成人无法解释,因为现实社会上无所谓好人也无所谓坏人。孩子的经典读物可以说是这方面的代表,因为童话世界的人只有好人与坏人,不是白雪公主就是大灰狼。童话的积极之处就在于告诉儿童这个世界不是我们想象中的美好,但消极意义是把问题简单化了,钱锺书就不赞成儿童读童话,说容易把孩子教得简单了。教育其实就是帮助儿童逐步摆脱这种模式,走向辩证思维、逻辑思维的过程,但是这一过程并不是能在每一个学生身上完成与实现,有的会多多少少带着这种思维印迹走到成年,这部分人如果成为教师就会在工作中表现出来。例如不能辩证地看待学生,对于优秀学生,看不到其缺点,青眼有加;对于后进生,看不到其发展的可能与潜力,对其闪光点视而不见,一味地讽刺打击。笔者工作的二高曾经有位教师当着一个学生面说:"你八百年也考不上大学!"结果这位学生考上了信阳师范学院(今已更名为信阳师范大学),这位武断的老师进修本科也考进了信阳师范学院,碰巧与这位学生是同班同学,不知道这位教师看着昔日自己的学生有何感想。

其实有很多这种情况,在学校有一些成绩不好甚至调皮的同学,我们教师一般不会给予好脸色,但是很多时候恰恰这类学生会很有出息,这时我们就有点感慨甚至后悔,后悔没有重视这些学生,以至让我们难堪。

(三)创造思维

笔者上高中时,历史教师管道华讲了一个教学案例,用以说明自己和专家教师的区别。他说有一次听专家教师讲座,讲文艺复兴一节时,因为教材上先阐述文艺复兴的背景、意义,然后分类介绍当时的文艺大师与成就,但教材并没有一一指出其中的关系。而专家先讲人文主义精神之实质,即肯定人、否定神,接着讲达·芬奇的画《蒙娜丽莎》。重要的是专家说到这一句:"之所以画人而不画神,正是人文主义精神的表现。"把二者有机地联系起来。而自己讲的时候则是割裂开来。"和专家就差这么一点点距离,但就是这么一点点,很多教师包括自己或许永远不可能跨过去。"惋惜、钦佩之情,溢于言表。

普通教师与专家教师的这种区别,其实涉及创造思维问题。教学其实就是如何处理教材的问题,专家教师能够创造性地处理教材,达到了叶圣陶所说的"语文教材无非是例子"的程度,而普通教师则只能亦步亦趋、照本宣科了。

四、语文教师应做研究型教师

中小学语文教师不事教研、不写文章是较为普遍的现象,有时也会为了晋升高一级职称写一些豆腐块文章或为了参与各种各类的评奖写论文,但中小学教师包括语文教师写文章有以下特点:写得短,写得浅,写得散,写得晚。

第一,短,是指篇幅短,大都是豆腐块文章,一般几百字,千把字算是长文了。

第二,浅,一是指文字浅显,内容单薄显豁。二是缺少理论深度,或者压根就没有理论分析,多是经验的总结,或对教材中某个疑难字词的解释,或是对于中高考某类题型作答的思考,抑或是某种教学方法的运用,等等。这种经验的摸索有其合理之处,但理论深度与普适性都有待提高。

第三,散,是指选题散乱,欠集中,多是打一枪换一个地方,从阅读到写作,从课堂教学到课外辅导,从教法到学法,都有涉猎,但每个地方都不深,浅尝辄止。

第四,晚,是指不善关注学科前沿问题,跟不上学科发展的步伐,其实质是闭门造车,自说自话。

为何会形成这种局面?笔者认为个中原因很复杂,主要有以下几点:

第一,缺乏写的意识。从初中到高中,后来又到大学,反思不同学段的工作,笔者认为"中小学教师:事找人,高校:人找事。"中小学教师要完成上述所说的一系列工作,避不掉,躲不开,每天按部就班,最重要的是中小学教师头上高悬着高考这把达摩克利斯之剑,这让中小学教师的工作失去了生活的弹性与诗意的空间。而高校教师少了很多硬性任务,考试也是自己出题,自己打分。在这种情形下是自己有意识地找事干,譬如搞科研。在一些地方院校,科研任务不重,即使不搞科研也可以混日子。在很多院校里,有些教师一辈子只是讲师职称。

中小学教师在琐碎的任务重压下也就没有了研究意识,一切跟着指令走。写文章是要有情、有闲、有钱的,中小学一线教师恰恰缺乏这些,没有闲情逸致写文章,没有金钱买版面费,久而久之,也就没有了写作的欲望与意识了。有时即使写职称文章,也是东拼西凑,复制粘贴而已。因此,在中小学工作的时候有累感、苦感、反感,就是没有创新感、成就感、快乐感;在高校虽不说情况截然相反,但累感、苦感轻了许多。

第二,缺少写的时间。在中小学,一线教师非常辛苦,除了备课、讲课、早晚自习辅导、批改作业、监考、谈心等这些常规工作外,还有为此准备的各种计划、总结、表格,以及家访、开座谈会等辅助性工作,还有为自己职业提升的种种线下线上培训学习、作业、考试,搞课题、写论文、打磨优质课等工作,还要应付各种迎评、检查、上路执勤、扶贫等份外工作,有时这些份外工作还远比教学工作重要,教学反倒成了教师的"第二职业"。在这种情况下,教师哪有时间写教研文章呢?

第三,缺失写的能力。有很多语文教师,从学校毕业后,基本上就与阅读无缘,读的只有课本和教参,一直吃老本。"问渠那得清如许?为有源头活水来。"(《朱熹《观书有感》》)没有阅读的活水,无法从别人经验里吸取写作的营养,怎么可能写出好的文章来?笔者在高中工作期间,学校要编一本作文辅导类的书《写作导示》,每个老师都要参与。现在看来这项工作也非常简单,把学生的优秀作文加上评语,按一定的模块排列即可,就这么一项工作,好多老师都无法完成。有一位资深语文教师对一位学生的作文不满意,他给修改了一下,结果不改也还通顺,改后出现好几个病句,并且也没有了学生作文的神韵。真是不比不知道,一比吓一跳,知道了教师写作的现状。

第四,缺失写的资料。很多中小学校除了提供考试的资料外,几乎很少购买图书资料,很少有图书室、阅览室,很难为教师写作提供方便。

但是一线语文教师教研论文也存在着一些专家、学者研究论文难以企及的长处:

第一,真,是指教师教研的对象与范围一般是真实发生的案例,甚至是教师教学过程中的常态,非常鲜活。对于此的研究有着极强的现实意义。

第二,实,是指教师教研论文大都朴实无华,实实在在,拒绝玄虚,远离空泛,没有学院派的高高在上与迂阔之谈。

第三,用,是指教师教研论文大都是为了解决现实问题而展开的,办法具有较强的可操作性,不是有些专家学者的"屠龙之技"所能比拟。

当代教育家顾之川认为:"教育现代化的关键是教师现代化。"①笔者认为,现代化之一就是教师要有教研的意识与行动。徐林祥教授曾说:"课程即问题""教学即研究。"②我再狗尾续貂,加上一句:"学科即知识、课程即问题、教学即研究。"

五、做语文教师最幸福

2010 年某一天,新华社一位战地记者为我院师生做了一场讲座,笔者有幸全程聆听,其中他吐露的心声让我难以忘怀,大意就是战地记者工作的艰难:"目光所极皆尸体、鲜血、眼泪、断壁残垣,如同地狱,每次从战场下来,都得看心理医生!""多么羡慕黄淮学院教师们,满眼都是帅哥美女,恍如置身于天堂!"听了他的话,不禁感慨万千,原来许多人羡慕的记者职业是如此危险,想象中的记者应该是端着相机到处跑,等于免费旅游。至于战地记者这个职业,几乎更令每个男孩子向往,亲历实战,免费看大片,有时还可能端起枪,过把枪战瘾……那一刻才意识到原来自己所心仪的工作与现实反差那么大,才始觉原来自己一直讨厌的语文教育职业是多么的美好!

---

① 顾之川.教育现代化的关键是教师现代化[J].辽宁教育.2023(3):1.
② 郑昀,徐林祥.从"双基"到"三维目标",再到"核心素养":新中国成立以来语文学科教学目标述评[J].课程·教材·教法,2017(10):48.

　　我院张建华书记曾给中文师范专业的学生说过,读汉语言文学专业最惬意,读小说就能拿学位;做语文教师最幸福,与学生一起欣赏美文就能拿工资!

　　在后来给每一届汉语言文学专业学生授课时,我几乎都要讲到上面两个案例,来指导学生职业选择问题。

　　毋庸讳言,当前有很多学生不愿意当老师,一些学生是最后没办法,"被"当老师了,教师地位可见一斑。著名语文特级教师李镇西、余映潮上学时想当文学家,韩军立志成播音员,这大概也算是"中国特色"吧。追根求源,学生不大愿意从教的原因是什么呢?

　　先说说教师职业的劣势或困境。

　　首先,一些人认为教师职业平凡无味。有俗话说,"干一行,恨一行;干一行,骂一行"。因为人大都有一个共性,即喜新厌旧,可能刚开始对所从事的职业感到新鲜,热情高涨,但时间一长,所有情况都熟悉之后,渐感枯燥,提不起来兴致。这种现象尤以教育行业为甚,因为课堂内外,三尺讲台,平凡而琐碎,罕有惊天动地的大事,少有耸人听闻的奇谈,这也是很多学生特别是男生不愿当老师的原因。再加上近年来的师生关系紧张,上级摊派一些非专业任务,也让一些年轻人对教师职业望而却步。"教师选择跳槽的最重要的原因之一是现实的课堂体验与他们的期望不能相匹配,他们本来以为,他们将以令人兴奋的学习经历激发年轻人的心灵。但事与愿违,他们开始感觉自己像交通主管和警察。"①此言不虚,现实与理想的悖离是学生不愿从教的重要原因。并且教师职业流动性差,如果没有特殊原因,大部分教师基本上就守着一所学校直至终老。多少个春夏,无数个晨昏,红颜显沟壑,青丝染霜华。三尺讲台就是整个天地,备课、上课、改作业就是一生,粉红色的梦想在高高的院墙里慢慢风干,激情在琐碎的日子里逐渐暗淡。"外面的世界很精彩,外面的世界很无奈。""热闹是他们的,我什么也没有!"也有人豪气干云:"世界那么大,我想去看看!"但是去看看的成本太高,不是普通人所能承受的!大学生虽然还没有从教,但他们从学校走出来,对老师的

　　① 布达尔·科尔,德比·赫雷拉.爱上教书:教师职场压力管理[M].唐劲松,黄有莉,译.重庆:西南师范大学出版社,2016:87.

生活有所了解,没有神秘感,没有什么可向往的。

这种情况尤以语文教师为甚。语文是最具人文性的学科,语文教师也最具浪漫情怀,与古人言欢,悲壮志之难酬;在美文里畅游,叹红颜之迟暮。逸兴遄飞,身体拘于一隅之内;情感丰盈,灵魂枯竭于试卷之间。理想与现实的巨大反差,导致中文专业的一些学子对教师职业兴趣不大,如果不是迫不得已,一般不会从教。曾任北京师范大学教授的童庆炳在接受王丽的访谈中直言:"我们师大的学生毕业后到中学去教书,不得不适应中学里那套陈旧的东西,感到无所适从。一些很有才华的人到中学里磨上几年就变得平庸了,还有一些人觉得中学里这样讲语文课既没兴趣,又无意义,干脆就不教书,干别的去了。"①如果你调查一下语文教师的从业理想,会发现他们很多人是"被从教"。

其次,教师成就感不强。其他职业,譬如商人,每天的利润豁然呈现,让人很有成功的快感,时时处在收获的喜悦之中。譬如公务员,今天是科员,明天可能就被提拔为科长,接着再向处长冲击,目标明确,成就感爆棚。譬如警察,与罪犯斗智斗勇,惊心动魄。但是教师职业,百年育人,等到百年后才见成效,而教师早已华发满头,垂垂老矣!虽说是桃李满天下,但是在当今师生关系紧张的情况下,会有多少"桃李"知道感恩园丁的?有时反而会出现成绩好的学生不如成绩差的学生的现象,这也让教师成就感大打折扣。

再次,教师待遇不高,生活清苦。自古就有"家有五斗粮,不当孩子王"的说法,任何职业都有发财的,凭着教书发财,闻所未闻。所以,单纯的校园留不住许多年轻的心,也是可以理解的。

然而,语文教师,与青春为伴,与诗文结缘,指点江山,激扬文字,"老夫聊发少年狂",似乎回到了年轻的岁月;课堂上,"精骛八极,心游万仞",感叹《氓》中女主遇人不淑,唏嘘窦娥、刘兰芝命运之悲苦;读《项链》《我的叔叔于勒》,深知命运无常;走近《孔乙己》《祝福》,可怜小人物生活艰难;随鲲鹏之于南冥,凭虚御风,忘乎所以;沐赤壁清风与明月,心情与苏子共浮沉,不

---

① 王丽.中国语文教育忧思录[M].北京:教育科学出版社,1998:70.

知是自己变成苏子,还是苏子变成自己。美妙如斯,夫复何求！所以"做语文教师最幸福",此言不虚。

　　美国布伦达·科尔、德比·赫雷拉的著作《爱上教书:教师职场压力管理》(前言),里面有一句对教师职业的精彩评价:"教书可以是最好的工作,也可以是最坏的工作。"[①]关键看你的标准与喜好如何。人各有志,不必强求也不能强求,笔者只是强调一句,选择职业时,人们总是会陷入这样的误区:"干一行,恨一行;干一行,骂一行!"是也,非也？想起一首歌里唱的:"如果爱,请深爱;如果不爱,请离开!"

---

　　① 布伦达·科尔,德比·赫雷拉.爱上教书:教师职场压力管理[M].唐颈松,黄有莉,译.重庆:西南师范大学出版社,2016.

第二章
内功与外功都不能丢

这里所说的内功是指教师的知识与理论素养,外功指外显的技能,二者可分别称之为道与技。"形而上者谓之道,形而下者谓之器。"(《易传》)道技之争可谓是中国文化史中的焦点问题,但主流文化中一向是重道轻技的。"我亦无他,惟手熟尔!"(欧阳修《卖油翁》)或者认为理论可以转化为技能。民谚里有"秀才学大夫,快刀斩豆腐"之说,认为只要知识与理论深厚,技能会无师自通的。近代以降,出于现代化的需求,重技轻道逐渐有了市场,并成文化主流。

笔者认为,技能与理论分属于不同的学科,有其自身的特点。技能是习得的,远不是理论转化那么简单。即使能够转化也是最基本的技能,而非圆熟的技巧,更非别出心裁的技艺。当然,理论对于技能的训练起着指引、纠偏、提升的重要作用,不容小视。

一、练外功更要练内功

在近两周指导带领我校汉语言文学专业实训说课过程中,本人发现一种现象,学生言语表达比较好,语言流畅清晰,台风自然大方,但在知识与理论上往往不足,作品分析欠深,观点老旧,甚至会出现知识性错误。说得极端点,可以说是"外功内行,内功外行"。对于《沧浪诗话》中的"所谓不涉理路、不落言筌者,上也"中的"筌"字,2017 级汉语言文学专业三个班的三位学生读时均卡壳。还是这一届学生,板书"能"这个字时,有两位学生先写出上面两个"厶",然后再写下边的"月",明显地把笔顺给弄倒了。

高校教师可能都有这个发现,就是学生的语言表达、交往技巧一届比一届好,而学习的态度、理论功底则一届不如一届。跟中小学一线教师和领导交流,他们大都有一个共同的感慨,就是现在研究生相当于当年的本科生,本科生相当于当年的专科生,现在的本科生到中小学教书,明显不如原来的专科生。对于这种现象,我们作为师范教育的工作者应该进行深入思考:什么原因造成这种现象?

一是整个社会浮躁使然。所谓大气候决定小气候,当前社会,人们缺乏潜下心来学习的态度,缺乏所谓的"两耳不闻窗外事,一心只读圣贤书"的淡泊与宁静。一些学生把功夫放在"找工作"上,而不是放在学习上。本人曾碰见过这么一个极端的例子,一位学生从大三时起,不上课,参加工作了,别说作业了,连期末考试都联系不上,数门功课没有分数,最后肯定是没有学位,但到毕业之际又过来找老师要成绩。我当时就问她,考上大学不好好读书,那你还辛辛苦苦考大学干啥,怎么不直接就业呢?

二是教育的迷失。我们的教育一味迎合社会,社会需要大量的教师,师范学校则在短、平、快上做文章,强化"三字一话"(毛笔字、硬笔字、粉笔字与普通话)训练。重视"三字一话"训练是必要的,但不能视其为重点甚至唯一。笔者认为,教学应该有道、术两个方面,二者缺一不可。在师范教育中,有时"道"的教育比"技"的教育更重要,因为"道"是"技"的基础与前提,"技"主要靠反复训练来达到,"道"需要长期的阅读积累来完成。并且学生一旦踏入社会,主要是"技"的反复训练,而"道"基本上算是划上句号了。譬如中文师范生,毕业后踏入学校,每天工作就是备课、上课、辅导、批改作业,一如工厂流水线,反复、重复劳动,"技"得到加强,"道"则丢了,因为当今老师很少有看书的。

三是学校对教育方针理解、执行有偏。近年来,教育部强调办学的应用性,试图取消一本、二本的划分,力推研究型、应用型的划分标准,其指导方针是正确的,就是强调教育不是空中楼阁,而是与社会密切相关。但一些学校施行起来则剑走偏锋,取消大学语文等文化课程,淡化专业建设甚至取消理论课。有位音乐系教师透露,音乐专业为体现应用型办学定位,竟然取消"乐理"课!

十年树木,百年树人。人才培养与其他行业有一重要区别,就是其对象是人,一旦错误毁掉的就是这一代人。

曾任中国传媒大学新闻传播学院副院长的雷跃捷教授在 2007 年到我校讲学期间,比较过新闻与汉语言文学专业学生从事新闻工作后的表现,他说新闻专业学生参加工作上手快、后劲不足,汉语言文学专业学生上手慢、后劲足,个中原因不难分辨。其实,不独新闻岗位如此,教师岗位亦然!

作为教师,要内外兼修。语文特级教师王崧舟把教师要练内外功夫用武侠小说中的人物练功来比喻:"练气"与"练剑",亦剑亦气,剑气合一。意即内外兼修。① 但本人认为如果剑气不能兼得的话,还是练气更重要,因为内力充沛,可以以气代剑,伤人于无形;如果内力不足,剑术再精妙也只不过是花拳绣腿。用在语文教学上,就是内在的学养更重要,那是日积月累,潜移默化而成,不是朝夕之事。至于教学技巧可以在实际的教学中得到。

笔者上小学五年级时候,教我们的是一位民办教师叫张培基,水平不高,不过这位老师是一位非常和善的人。当时教材里有一篇课文《我的伯父鲁迅先生》,从题目中就不难理解,这应该是鲁迅的侄子或侄女回忆鲁迅的文章,后来查资料知道是周建人之女、现代作家周晔于 1945 年写成的一篇回忆性散文。然而,当时这位教师竟然说是鲁迅先生纪念他的伯父的文章,真是错得没谱了。也是年少不更事,我立即就说:"老师,不是这样的! 应该是另外一个人纪念伯父鲁迅的文章,不是鲁迅纪念伯父的文章咋弄哩!"②话一出口就有点后悔,因为我看到老师非常尴尬,脸色难看得让人心疼,不过无法挽回。如果是现在,我绝对不会说的。过后这位教师也没有找我麻烦。

还有更严重的。

改革开放前,教育事业千疮百孔,师资水平不高,乡镇中小学尤甚。听闻有一位青年教师,接班上来的,水平不行,学生不满意,结果上课时被学生从里面堵门不让进,该教师没办法竟然从窗户钻进教室,真是斯文扫地! 当时听起来就有点滑稽,也感觉到了为人师的可怕,从教之后更甚,唯恐这样的遭遇会撞到自己身上。因此,时时刻刻提醒自己,要不断学习,充实自己。

① 王崧舟.王崧舟与诗意语文[M].北京:北京师范大学出版社,2015:3-15.
② "咋弄哩",是河南新蔡、息县一带的方言,有加强语气的作用,无实义。

二、教师要注意自己不经意的行为

教师不经意的一种做法有可能成就一个孩子,也可能毁了一个孩子。

笔者在二高教 1996 级学生时,班里有一个叫熊志义的学生,学生成绩一般,各方面也无突出之处,按理说这类学生一般不会是老师关注的对象。但该生字写得不错,我有时就让他板书,或者让他到黑板上抄写诸如诗词之类的文字。没想到我这一不经意的行为会对他产生非常大的作用。多年后,他辗转联系上我,向我表达谢意,"你知道么,张老师,我在上初中之前,由于家庭条件差,长相普通,成绩也不好,所以非常自卑,觉得没有理想,人前不敢说话。自从上了高中,你教我班的语文开始,你经常让我板书,在同学们艳羡的目光里,我认识到原来自己并不是一无是处,有了存在感,找回了自信,觉得生活有了盼头。我找第一份工作时,一起面试的 4 个人,有的条件比我好,其中一位还是大学生,但面试官就是因为欣赏我的字才录用了我。后来我做到了世界五百强之一的"人本集团"高管,工作中也信心满满,游刃有余,远不是原来上高中前的畏畏缩缩的我……"

没想到,自己的一个不经意的行为竟然对一位同学的人生产生了这么大的影响。但是深入分析之后会发现,自己让该生在黑板前写写画画,其实是在肯定一位学生,或者是在展示一位学生的长处,使该生自信心得到极大的满足,在他的世界里从此阴霾尽扫,阳光灿烂! 只不过这种肯定与展示是在不经意间完成的,或者说这种不经意有着比口头表扬等外显行为更有效力。同时,我也为自己曾有意无意间伤害一些学生的自尊心而自责,给他们成长的人生旅途增加了一些痛苦而羞愧难当!

记得笔者执教初中一年级时,有一篇课文《小橘灯》,结尾有一句:"她用小手在面前画一个圆圈,最后按到我的手上:'我们大家也都好了!'"有一次小考,有一道阅读题,让回答小女孩画圆圈的含义。这道题我讲过,结果一小部分同学没有答出来,有的空白,有的答错了。看到这种情况我就非常恼火,尤其是看到王同学回答成"都死了"的时候,我愤怒了。这个同学入校时候成绩非常好(当时尚未实行义务教育,小升初需要考试选拔),应该在班里数前几名的,怎么这么差,入校考试成绩有水份吧! 对,估计也是复习几年才考上的。我越想越气,在班上讲评试卷的时候,直接点名,冲他发火:"好你个王×,竟然答成'都死了',这也太离谱了吧!"现在我还能回忆起自己当时恶狠狠的声音。

现在回想起来,有一些更好的处理办法,譬如把该生叫到办公室询问情况,为什么会理解为"都死了",或者在课下遇见时鼓励几句,等等。可能学生会有着不同于其他学生的想法,虽然不合理,但可能会符合他们那个年龄段的情况,这样就会更深入地了解学情,也便于以后有针对性地进行教学内容与方法的改进。但是过去的东西不能假设。

陶行知在谈到教育的作用时说:"学校的势力不小,他能教坏的变好,也能教好的变坏。他能叫人做龙,也能叫人做蛇。他能叫人多活几岁,也能叫人早死几年。"①陶行知在这里说的是学校的作用当然包括教师作用在内。因此,作为人师,一定要注意自己的言行,因为你的不经意做法有可能成就一个孩子,也可能毁了一个孩子。

三、爱其师,学其课

我曾经的一位高中学生向我诉说他的烦恼事,他说儿子正上初三,原来语文成绩还行,但初二换了语文老师之后,他不喜欢,因为这个老师要求太严,不苟言笑,讲课也一本正经,不允许学生有不同意见。儿子不喜欢这个语文老师,于是就不喜欢上语文课,结果造成语文吃老本,语文成绩虽然不像数理化成绩那样一泻千里,但慢慢退步,久而久之,退步得也是惊人。这也从正面说明了一个道理,要想让学生喜欢上语文课,首先要让学生喜欢语文教师,起码不反感语文教师,中国古代第一部教学专著《学记》里有"亲其师,信其道"的说法,我则以此认为:"爱其师,学其课"。

那么,学生喜欢什么样的语文老师呢? 除了教师要有较好的教学技能之外,主要体现在教师情感态度与个人形象方面。

(一)对待学生态度方面

首先,喜欢有爱心的老师。新蔡育才学校校长杜新峰多次讲过这么一

---

① 陶行知.陶行知教育文选[M].北京:教育科学出版社,1981:184.

件事,还是在他原来任职的新蔡一高,一位班主任教师抱怨说:"现在的学生不知道感恩!原来非常关爱过的某位学生考上了大学,现在街上碰面连招呼都不打!""不打招呼就对了,原来你要的不就是分数吗?你又没有教他如何感恩。'种瓜得瓜,种豆得豆'!"杜校长揶揄道。杜校长的话揭示出了长期以来我们教育中存在的问题,即教师对学生不能一视同仁,造成后进生有怨言,优秀生不知感恩。

教育就是爱,没有爱就没有教育。但是有爱心,不仅仅爱优秀生,而且爱所有学生,尤其是后进生。我们爱优秀生易,爱后进生难。后进生非常敏感,我们教师稍微给他们一点笑脸,他们就感动得一塌糊涂。当然稍有怠慢,他们可能认为受到歧视,可能会变成"问题生"。

其次,喜欢有诚心的教师。教师权威是教师在教学中形成的人格魅力表现,教师权威不是教师擅立的,而是让学生心悦诚服的;不是在威吓中产生的,而是在和谐的师生关系中形成的。进入现代社会以来,随着互联网的普及,地球村的实现,海量知识的呈现,学生可能比教师更易于获得知识,教师不再是知识的绝对拥有者与传播者,在这种情况下,教师理应开阔胸怀,把自己当作一个如饥似渴的学生,如此才能获得学生的爱戴与尊重,否则就可能被学生疏远。笔者在高中教书时,当时的学生非常佩服数学老师。一位同学说:"有一次数学课,数学老师对一道题做了好久也没有做出来,他就坦然地说:'我做不出来了,谁来做?'非常坦诚!"当时学生崇拜的神情,我还依稀记得。陶行知就这样对教师建议:"我们都是学生,教师的一部分生活也是学生,就要负学问的责任。做学问最忌的是玄想,武断,尽信书,以差不多自足,以一家言自封。"①在交通闭塞,信息传递比较慢的 20 世纪初,陶行知就发出这样的论断与号召,我们作为 21 世纪的教师更应该顺势而为。

最后,喜欢有平常心的教师。有平常心的教师能够从容面对学生尤其是后进生,不以成绩视人,不会把学生分成三六九等。阳光普照,和风遍吹,而不是"春风不度玉门关"。对这一点,后进生非常敏感,哪怕教师有一丁点的不注意,都可能被学生察觉到,有可能导致不必要的误解甚至冲突。

---

① 陶行知文选[C].南京:江苏凤凰教育出版社,2008:148.

笔者在新蔡二高执教 1995 级 1 班、2 班语文课,有一次夜自习到 1 班发练习资料,但资料不够每人一份,学生纷纷站起来要,我也就随意地发下去,当然不可能第一时间发给每个人。这时一个男生突然大声嚷嚷,说他成绩差,老师看不起他,等等。这时我才意识到他手伸出一会儿了。其实我当时真的没有看到他在伸手。也可能是自己真的因人而异,却不自知。那一刻,我深刻地意识到后进生特别敏感,甚至脆弱。

（二）个人形象方面

教师形象是教师长期濡染的内在与外在气质的综合体现,具体讲学生非常喜欢有情趣的、微笑的、温柔的、善于欣赏学生的教师。

做一个有情趣的语文教师,譬如有才艺爱好、浪漫等。还是在新蔡二高执教时,有一次元旦,每个班都举办"元旦晚会",学生吴国玉连拉带拽把我请到台前表演节目,但是笔者既不会唱也不会跳,最后只能在众目睽睽之下落荒而逃。这是笔者从教三十多年所遇到过的一次糗事,至今想来依然感觉难为情,觉得愧对学生的热情,更羞于自己才艺方面的贫乏,当时痛感多才多艺的教师受学生的欢迎程度。

笔者求学的 20 世纪 80 年代,正值改革开放,建设"四个现代化"开展得如火如荼,学校为了加强知识的传授,把认为"无用"的音乐、美术课砍掉,只在高中一、二年级留下每周一次的体育课。客观因素造成自己口不能唱,手不能画;再加上先天欠缺,自己与艺术绝缘。因此,笔者进行师范教育时,除了加强师范理论与技能外,着重引导学生培养自己的才艺方面的特长。2018 级 3 班的贾雁翔同学,会吹葫芦丝,毕业后在一所小学任教。她说,她一吹葫芦丝,学生都沸腾了。她走到哪,身后总跟着一群兴高采烈的小学生。

还有浪漫。笔者在中学教书,送走好几届毕业生,学生让我在他们毕业纪念册上留言,我一般是写朦胧诗,很受学生的欢迎。

近几年,每到新生第一课,我首先自报家门,但我不说出我的名字,而是板书在黑板上。先用草书,问大家是否认识(学生大多不认识),接着再用楷书、行书写出(如图 3-2-1)。这样总会得到学生的掌声与艳羡声。

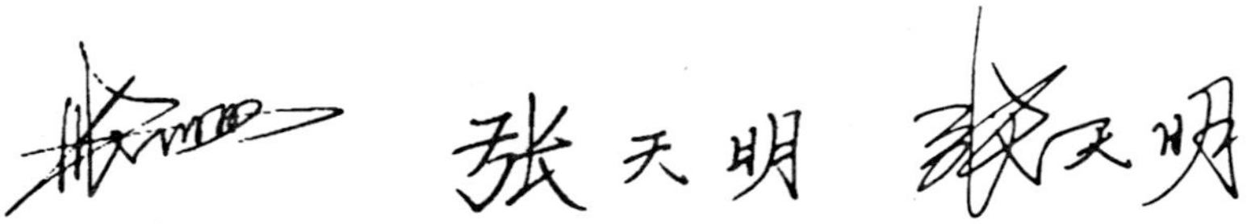

图3-2-1　笔者不同字体的签名

　　微笑是最迷人的表情，能制造舒心学习的环境与氛围。于漪作为"情感派"语文的代表，其标志就是微笑。有些教师之所以不受学生喜欢，原因之一就是在这方面有所欠缺。笔者认为，微笑应该是教师职业表情，不会微笑不准当老师！

　　除了微笑之外，让学生觉得和蔼可亲的最好办法是说话温柔，不摆架子。上面案例中的老师不苟言笑，讲课正经八百，听这样的课，如同背着石板看戏，让人产生累感。而全国语文特级教师、正高级教师、深圳市五一奖章获得者、深圳市名师工作室主持人师修武老师堪称典范，作为名满天下的专家型教师，其课堂让人流连忘返。课下遇见学生，一头白发的师修武永远都是鞠躬、点头、问好、雍容和顺，温言细语，让人如沐春风。

　　再就是教师要学会欣赏学生。教育的本质是发现、发掘、发展。发现学生闪光点，发掘学生的潜能，发展学生的个性。这一过程的前提就是欣赏。学会欣赏，你看见的满是优点；学会欣赏，感觉学生非常可爱；学会欣赏，教师就有可能受到学生的喜欢。每当听到某位教师抱怨他的学生如何差、如何不听话时，我就下意识地知道他在学生心目中不会好，因为物理学告诉我们，力都是相互的。一位高校同行说他单位有一位青年教师，博士，人长得比较帅，一开始深得学生喜欢，喜欢上他的课，但慢慢地不受学生喜欢了。学生说该教师经常批评学生。"你的水平不配跟我辩论！"他曾这样回怼质疑过他的学生。

　　教师欣赏学生，适时、适度地表扬学生的长处，对学生的影响有可能是终生的。

　　笔者在新蔡二高执教2003届5班语文时，有个郭影影同学，她的语文成绩不算太好，但作文有亮点，譬如题目新颖，个别句子有创意，我就把这些亮点拿到班里，与同学们欣赏。该生非常喜欢我的课。不久我参加了省级骨干教师培训,结束回校后就要高考了,结果郭影影同学也没有考上。后来她告诉我,接替我的那位语文老师不欣赏她,不念她的作文啦,学习也就没有劲了。听后很是感动与怅惘,没想到我无意中得到一位学生的喜欢,无意中又影响了她的学业甚至一生。早知道我也不去参加那个培训了。因为与学生一生的发展相比,任何事都无足轻重。

如果说微笑是教师的职业表情,表扬是教师职业习惯的话,欣赏就应该是教师的职业态度。

四、处理学生的话茬

《孔乙己》开头有这样的话:"我从十二岁起,便在镇口的咸亨酒店里当伙计……"笔者当时在初中执教这篇课文时,有位学生小声说:"现在不允许招收童工!"

一线教师一定会有类似上述经历,就是在上课过程中,尤其是教师讲授中,总有个别学生爱接教师的话茬,所接话茬五花八门。面对这种情况,教师办法各异,或敷衍,或讥讽;或置之不理,或怒目而视。其实,对于学生的话茬,我们不能一概而论,不能一律斥之为捣乱。学生接话茬可以分为以下几种情况,我们应该针对不同情况加以区别对待。

(一)学生的课堂参与

对于这种现象,教师要及时表扬学生,呵护学生的积极性。我们会经常遇见这样的现象,教师讲某个知识点或故事时,老是有学生接话茬,提前把教师要设置的关键点说出来,打断了教学的进程。记得有一次给学生讲自己小时候读《水浒传》的情景,说自己当时把人物名字都读错,把"晁盖"的"cháo"读作——,结果下面一位学生脱口而出:"yáo",当时讲到兴奋处,见被学生抢了先,心里有点不痛快,就像百米冲刺时突然有人挡了道一样,影响了发挥。

还有一次,在高校课堂上,讲授"语文课程与教学论",在讲到中小学生要选经典读物时,我讲了一般流行读物与经典读物的距离,并且举了一本一般流行读物《蜡笔小新》上的故事:有一次课堂上,蜡笔小新的同桌向老师告状:"老师,蜡笔小新骂我是猪!"老师说:"罚款5元!"蜡笔小新非常沮丧,乖乖地掏出 5 元！几天后，蜡笔小新的同桌又向老师告状："老师，蜡笔小新骂我是猪！"老师说："罚款 10 元！"蜡笔小新问："老师，昨天罚我 5 元，为何今天罚我 10 元！"而当我正要说"猪肉涨价了"这句话时，下面一位同学脱口而出，把这句话说了出来。我也不理他，继续说道："这就是一般流行读物，浅幽默！"但是被学生说出了答案，心里有了一种在牌场上让人看了底牌一样的不自在，受此影响，下面的讲课就缺了一种流畅感，最后草草收尾。

上面两个学生接话茬的例子就属于学生课堂参与的典型，学生并不是调皮捣蛋或怀有什么恶意。对这样的案例，教师不应该无动于衷，置之不理，而应当有所作为。最应该的是先把教学进程放一放，表扬学生："你说的很对！""你的知识面很广！""你读过《水浒传》，不错！"这样就对学生的发言给予了积极的回应，保护了他们课堂参与的热情，也对其他学生起了激励作用。

或许，有人会觉得，如果对这类的"话茬"都要积极回应的话，会影响教学进程，或影响自己的情绪。其实这也是大部分教师激情之下的本能反应。冷静分析就知道，对于"话茬"予以积极的回应，正是教学进程的一部分，会使教学进程更加丰富圆满，缺了回应，教学就会残缺不全！根据教学理论，教学就是师生学习学科内容的过程与活动，知识是教学的一部分，过程也是教学的一部分。不过最好的办法是教师引而不发，表述的时候把下半句主动空出来，让学生回答，达到师生"共振"的效果。

（二）倾吐心中的疑问

面对既定的学习内容，学生是有疑问的。这些疑问五花八门，其教学价值也大小不一，教师们往往把这些疑问当作"赘余"的东西，给"冷"处理了。其实有些问题具有极大的教学价值，是潜藏着教学价值的"金粒"，只是让我们给忽略了。

笔者有一次在讲授《孔乙己》这篇文章时，其中第一段有一句插叙的话："——这是二十多年前的事，现在每碗要涨到十文——"

当讲到这段话时，有位学生小声问了一句："为何要提二十多年前的事呀？"我当时正要引出所要讲的主要人物孔乙己，更因为仓促间也不知道怎么回答，就没有理会这位同学的问话。现在想来是不恰当的，无论如何也要回应,可以先表扬该生:"你看书很认真!""能深入思考问题!"至于问题本身,可以引导学生思考。当然,限于学生的生活阅历与知识背景,十来岁的学生很难说出个中原因,可以引导学生揣测这么一个用意:物价飞涨,人民生活困苦,等等。如果教师暂时也无解的话,可以作为思考题留给大家,最不济的就是反问一句:"你是个深入思考的学生,那你想想作者为何要插上这一句?下去查下资料,下节课给大家讲讲!"

这里也插入一句,就这个问题,笔者在2010年10月在河南师范大学召开的"曾祥芹教学思想国际研讨会"上,结识了著名学者王荣生教授,因为这个机缘,所以笔者曾电话请教王荣生老师,结果他咕哝几句,大概就是"这个是什么问题呀!",可能是这么小的问题不在王老师的思考范围里。

有一次到本院的实习基地——新蔡县育才学校检查学生实习情况,听了几节课。其中一位实习生上的历史课,讲的是"魏晋时期的文化",历史课本里有龙门石窟中著名大佛卢舍那的插图,这时坐在前排的一位小个子男生问了一个问题:"老师,为啥佛的耳朵恁长呀?"由于学生声音比较大,我坐在后排都听得清清楚楚,也对学生的问题非常感兴趣。但是,实习老师对此置之不理,继续自己的教学进程。下课后,我问这位实习生:

"你为啥不回答学生的问题?"

"因为我觉得这个问题不属于学习的内容,如果要是纠缠这个问题会影响进度呀!"该生回答说。

从回答中我们可以看出这位实习生认为学生学习的内容只是课本上的东西,多么狭隘的课程观。"努力建设开放而有活力的语文课程",这是2001年版《义务教育语文课程标准》、2003年版《普通高中语文课程标准》提出的课程建设目标,就是说语文不是封闭的、既定的知识系统,不是局限于一本薄薄的教材,而是处于开放的、不定的变化中。历史课程也应该如此。

即使抛开这一点不谈,对于学生的疑问也要给予积极的评价,以保护其主动性与积极性。如果教师本人对此也不甚明了,也可以把这个球踢回去:"你提的问题很好,你是什么看法?""课后查一下资料!"也可以以此为作业留下来,让同学们课下完成。

(三)发表观点

笔者有次执教舒婷的《致橡树》时,刚要板书题目,有位男生得意地说道:"谈恋爱的诗!"他的话引起班里一阵骚动,有人讪笑,大部分同学则盯着我,看我咋处理,我意识到该生的话可能有相当大的代表性,不解决的话就会对学生的爱情观产生消极的影响,但是由于这个话题过于敏感,多说的话可能又会产生不好的影响。于是说:"建立爱情观与谈恋爱是两码事……"。最后揶揄道:"是不是急着想谈恋爱?"当下给该生弄个大红脸。

无独有偶,有一次给汉语言文学班级讲课,讲到宗法社会以血缘为纽带时,举了吕不韦做"奇货可居"的买卖,吕不韦是秦王嬴政事实上的爸爸,一番操作就把嬴家的天下转到自己名下,我当时正为自己的一番巧妙论证而得意,这时有位同学说"秦王嬴政不是吕不韦的儿子",当时就有点不快,就没有理他,继续讲课。

下课后,反思这件事,觉得自己做法欠妥。因为该生认真听课了,并且还阅读了相关资料,提出了不同见解。因此,对该生的质疑应加以表扬。至于方法层面就好操作了,可以让该生谈一下自己的看法,比如他的观点、材料来源;也可以把两种观点交给学生,让学生自己查找资料,解决问题。但是,由于一念之差,处理失当了。

(四)恶作剧

笔者在讲授朱自清的散文《背影》时,里面有一处"父亲"对儿子说的话:"我买几个橘子去。你就在此地,不要走动。"下面就有个别男生拍着同桌改用上面的话:"我出去一下,你就在此地,不要走动。""我上厕所去,你就在此地,不要走动。"同桌不甘示弱,以语言或拳头回击,引起小小的骚动,让人又好气又好笑。有一次,笔者给汉语国际专业学生教学时,讲古代中国有轻视妇女传统的成因时,提到道家的观点,道家认为情爱伤身。这时一个男生拍着另一个男生的肩膀说:"注意哈,不能伤身体!"接着是坏坏地笑。因为内容的原因,我也不便批评,只能意味深长地瞟了他一眼,以示警告。其实可以这样回应他:"这位同学善于思考,并且学以致用!"估计能给他整个大红脸。

对课堂上学生接话茬现象的处理,体现了教师教学机智,不过,这种能力的养成不是一朝一夕所能落地的,它需要教师们长期地教学实践才能达到。当然,这要求教师要树立"学生本位"观。

五、教学失当与教学机智

教学失当是指教师由于各方面因素的影响,出现不当的言语或行为。从理论上说,每个教师都有可能出现教学失当行为,差别之处只是次数的多少,影响程度的大小而已。与之相反,教学机智是指教师在课堂教学过程中面临一些突发情况所表现出的机智,它是衡量教师教学成熟与否的重要标准,也是教师教学能力的重要体现。

(一)教学失当

笔者在读初中一年级时,有次上地理课,老师在讲桌上摆弄着地球仪,让我们了解世界各国的地理位置。当中国所在的一面在上面时,他解释说这是我们中国;他又转动了一下地球仪,美国所在的一面在上面,他说这是美国。这时我问道:"我们在下面,会不会掉下去?"相信在那个年纪的学生看到这种情形都会有这种直观的看法,现在想来非常幼稚,也非常正常。在这么一种情况下,老师应该有两种选择:上策是,根据万有引力定律来解释人不会掉下去,再根据太空理论解释人不会有头朝下脚朝上的感觉。中策是,如果解释不了,可以让学生们发表看法,老师最后归纳总结;如果觉得学生的答案无可取之处,可以让学生下去后继续查资料、思考。最下策就是置之不理,继续讲课。但这位地理老师给了我一个意想不到的解释,算是最下下策,他讽刺道:"你家的鸡下颌子都让你吃了吧!"①可以想象我当时多么窘。以后班里同学老拿老师这句话取笑我:"今天吃下颌子了吧!""你究竟吃过多少鸡下颌子,乱叫?"

很显然,地理老师属于教学失当行为,虽然有可能老师只是开一个善意的玩笑,但其消极后果是打击了一个少年强烈的好奇心、求知欲,最直接的结果是以后的课堂我不再积极发言,不再勇于探讨了。不,不是一个少年,有可能是抑制了很多同学的热情。

自己也有多次教学失当行为。

记得刚到二高教语文时,由于觉得是熟课,备课欠认真,王安石的《游褒

---

① 在我们家乡有一种说法,把一些人爱说话、爱提问题归因于吃鸡下颌子。

禅山记》中有一句"褒之庐冢也",我就想当然地把其中的"冢"翻译成"坟墓",话音刚落,一个学生说:"不是坟墓的意思,是'屋舍'的意思,课下有注释!"我一看课下注释,可不是吗?赫然写着"屋舍"二字。由于当时经验、理论的欠缺,当时就傻了,也不知道那几秒钟是怎么过来的,用呆若木鸡、手足无措来形容自己的窘态都不为过。这就是典型的教学失当。

在"语文教学技能训练"课上,讲的是板书知识与理论,其中一个环节是教大家练习粉笔字,一个叫秦魁甲的男生,字写得非常好,经常获奖,闲暇时在外面辅导班里教硬笔书法课,我就让他给学生简单讲一下粉笔字的书写知识。看着黑板上一行行漂亮的粉笔字,我建议道:"秦魁甲同学,你如果真的喜欢书法的话,你可以考书法专业的研究生!"话没说完,正在板书的秦魁甲把头扭了过来,看了我一眼,又转过头继续写字去了。

我立即意识到自己刚才的话不恰当,有点亵渎了该生对书法艺术的钟爱之情,只好自嘲地说:"亵渎了你圣洁的感情,对不起!"

有一次,汉语言文学 1802 班的××同学微信呼我,接听之后原来是咨询"导师"制的情况:

"老师,我是××,我们昨天到办公室开请假条!"

"噢!"我应道,"你是高个子的还是矮个子的?"因为昨天有两个女生去开假条,一高一矮,我也不知道是哪个,随口问道。

"老师——!"我一听就知道对方语气的不高兴,正想道歉,××同学又说道:

"你能不能问是穿黄衣服的还是红衣服的女生? 你这样问让人好伤心呀!"

"对不起,我的话伤害你了……我当时只注意高矮了,没注意衣服颜色!"我感觉解释得特别无力,可能就不是解释,而是辩解!

细究一下,教学失当的形成因素大致可以分为以下几方面。

1.教师的因素

教师虽然有着"人类灵魂的工程师"的崇高称呼,但现实中教师却很平凡,他们有着七情六欲,有着个人的困惑与烦恼,家事、单位的事、个人的事时时影响着他们。他们也会自觉不自觉地把个人的情绪带到课堂。高兴时可能会在课堂上眉飞色舞,忘乎所以;悲伤时可能会一蹶不振,面带寒霜;愤怒时会大发脾气,语挟锋芒。于是出现教学失当行为就自然而然了。对此,我们教师还是要有正确的认识,认识到无谓的发脾气在学生那里可能是看笑话,只能给自己形象减分。最好的办法是冷静,对一切事先不要发表个人看法,等火气下去之后再说。据国外心理学家实验表明,人暴怒的时长大约12秒,只要在这12秒之内控制住自己就行了。因此,发脾气时要管住自己,让自己先冷静下来,不要做过激的事,说过激的话,之后的事就顺理成章了。

拖堂是很多教师普遍的失当行为,并且尚未引起教师们的重视。笔者有一次给2021级汉语言文学专业3班学生上"语文教学技能训练"课,因为该课主要是让学生试讲,结果学生讲课超时,放学时间到了才结束,其他班的同学已经走出教室,外面走廊上响起了学生的喧闹声,但我还是坚持作了点评,其中提到"教学失当"一词,一位叫程宇航的同学问了一句:"老师,你拖堂算不算'教学失当'?"我连忙说:"属于失当,属于失当,我道歉!"最后仍是把该说的说完才下课。

课后我也进行了反思,为什么明明知道是错误而不改呢?主要原因可能是规则意识淡漠。再就是拖堂成本低,顶多招致学生的两句怨言。虽然如此,教师要认识到拖堂行为的危害,会给自己的形象减分而不是增值。

2. 学生的因素

班里每个学生都是独立的个体,千差万别,是特殊的"这"一个。记得在教高中时,给1995级1班学生讲到托物言志,我举了陆游的词《卜算之·咏梅》,又举了徐悲鸿抗战时画马的用意,接着顺势介绍徐悲鸿、张道藩与蒋碧微三人的情爱纠葛。当时由于政治原因,我仍是遵从于主流舆论对张道藩的描述,语气中透露出不屑。记得当时一个徐姓学生阴阳怪气地接过我的话茬:"这姓张的没有好人呀!"作为张姓笔者,我则非常恼火,理智又告诉我不能发作,我就盯着他好几秒钟,想说"你咋恁能哩,你咋不把这能点子用在学习上?"但又觉得这样说不够大度,学生也看着我,不知道下一刻要发生什么,场面有点尴尬。现在想来,这是典型的教学失当,弄得教师学生都没面子。其实教学失当事件里蕴含着极好的教学契机,教师完全可以转"败"为胜,化被动为主动。譬如上述事件中我完全可以这样机智处理:"不错,你能表达了对道德小人张道藩的愤恨(现在看把这件事归因于道德事件,不妥),说明你的正义感很强烈嘛,但在你眼里张老师是坏人还是好人?"这样就能避免双方的尴尬,增加教师的个人魅力。

3. 教学内容的因素

无论是课文的深度、难度,高中语文教材都比初中提高了很多,如果备课不充分就很容易造成教学失当,对此有多种方法解围。像前面提到的把"庐冢"误译的案例,解决办法如下:其一是上策,可以先表扬该生看书认真,接着说:"是'屋舍'之意,没错,这是笼统的翻译;如果分开看,'庐'是'屋舍'之意,但'冢'就是坟墓之意。"其二是中策,就"庐冢"的翻译如果拿不准的话,可以让学生讨论一番,给自己思考的机会。其三是承认自己翻译错了,检讨自己没有认真备课。无论哪个办法都比几秒钟的发呆效果好。

(二)教学机智

还是在初中教书时,有一次去县城今是中学找一位教师同学,他拿着课本准备上课。结果他正有事要办,让我代他上一节语文课,课题是臧克家的散文《老哥哥》。一到班里,全体学生眼光刷地一下齐齐射向我,热烈、兴奋,还有希冀。当时刚参加工作,缺少经验,面对陌生的同学,稍有些紧张:"同学们,今天我们学习臧克家的《老哥哥》。"为了消除紧张情绪,我转身在黑板上板书:老哥哥——,结果在板书作者臧克家时,不敢确定是"藏"还是"臧",这时如果我转过身看课本,众目睽睽之下会露短的。这时我灵机一动,说道:"大家知道'臧克家'三个字怎么写吗?'臧'字带不带'艹字头'?"我这么一问,有的学生们答道:"知道——"接着说出"臧"字的写法,但大部分同学目光转向课本了,这时我向课本瞟一眼,确定了"臧"字的正确写法了,随手板书出来……

这是本人语文教学经历中一次堪称完美的"教学机智"。

教学机智是教师长期教学过程中形成的教学应变能力,也是教师教学艺术的体现。归纳起来有以下几种办法:

一是反将法。就是古人所说的"以其人之道,还治其人之身"。上面所说的对付同学徐某的话茬,就可以这样将他一军:"姓徐的不也有个徐志摩么,你徐某日后会不会成为第二个'徐志摩',你自己说说!"反客为主,一定会给弄个大红脸。当然这种处理有点刻薄。不过反将法多用于教学内容方面。有学生问某句话的意思,你可以反问:"你认为呢?"

二是自嘲法。有一次,我让一位学生读书,该生读得非常好。接下来的环节,我到黑板前板书,因为前面地方比教室高出十多厘米,一不小心我一只脚踩空,身体踉跄一下,引得学生偷笑。这时我正了正身体,笑着说:"刚才同学们读得太好了,我现在还陶醉其中,忘记脚下了!"这番话引得一些学生的称赞:"说得好,说得妙!"

三是冷处理。暂时不管它,接着讲课,思考后再说。这种方法可能会压抑学生的积极性与兴趣。

四是坦诚法。坦诚自己不会,以赢得学生信赖。但在低年级学生中慎用,因为这样可能会破坏你在他们心中的形象,高年级学生看问题就辩证多了,能够接受教师有短板的现实。

但是,面对有些教学事件,教师也很难做到教学机智。笔者有一次给广播电视学专业讲国学,当讲到"残缺美"时,我引用了金庸小说中的杨过、小龙女两个人物形象来佐证。当我问"从中国传统观念看,小龙女是不完美的,大家知道吧?"这时一个非常清秀的女生天真地说道:"不知道!"清脆的话音刚落,便引起哄堂大笑。同桌的一位女生连忙向她耳语,估计是向她解释小龙女受辱之事。此时,我竟无言以对,觉得怎么说都不合适,又后悔自己如此一问,纯属节外生枝。

第三章
语文教师职业发展与提升

按成长与素质高低可以把教师大致分为以下几类：一般教师、教学能手、教学专家、教育家。不同的教师有其不同的内容与表现。一般教师就是我们所说的"教书匠"，照本宣科，乏善可陈。教学能手是指教学技能熟练，是教学的行家里手，许多教师通过自己的努力可以达到这种层面。教学专家是指在教学能手基础上对教育有自己的独特理解与新锐观点，例如钱梦龙的"三主"教学法、魏书生的"六步教学法"、韩军的"举三反一"等，这需要教师的才情、机遇、努力等综合因素才能达到。教育家是指教育思想丰富，能解决许多教学实践问题，长时期引领学科发展方向，培养后进。成为教育家的教师凤毛麟角，学界公认的"三老"，叶圣陶、吕叔湘、张志公即是。

教师职业发展与提升，其前提或本质是教师要有自我意识。加州大学伯克利分校帕克·帕尔默博士这样说道："与学生面对面交流时，唯一可供我即刻调用的资源是我的自我认同和自我意识。即对教学中那个'我'的认识，若无这种自我认识，我也就无法具有对学习中的那个'你'的认识。"①我们很多教师之所以职业发展与提升存在瓶颈，其原因之一是心中没有"我"的存在。

一、语文教师需要宽广的胸怀

邻居家的孩子小明原本是一个阳光的学生，积极上进，语文成绩不

---

① 帕克·帕尔默.教学勇气[M].方彤,译.上海:华东师范大学出版社,2020:42.

错,但最近一段时间似乎打不起精神,仔细询问才知道,原来他听说邻班语文老师堂上爱讲故事,非常生动,求知欲非常旺盛的小明就跑到邻班听了两次课,结果让自己的语文老师知道了,语文老师在班上冷嘲热讽:"有位同学,太骄傲,尾巴都翘上天了!"在课下也一改原来有问必答、和蔼可亲的形象,对该生的问题不理不睬。

"我就听了两节课,能是多严重的事吗?"小明非常不解。

其实我们成年人一听就知道问题所在!听两节课看似不重要,但这涉及教师的面子以及教师同行之间如何相处的问题。

一是该教师可能认为小明到邻班听语文课是对自己教学水平的否定,伤了脸面。

众所周知,语文老师大都自负,互相瞧不起。"文人相轻,自古而然"(曹丕《典论·论文》),说明基因如此。本人原来所在的县二高有语文、数学、英语、物理、化学、生物、历史、地理等多个教研组,但问题最多的就是语文组,个个自命不凡,互相看不起,互相拆台。为何语文组这么多事?这就涉及语文学科的知识性质问题了。语文知识不比数理化等其他学科知识,数理化知识逻辑性强,答案客观。而语文知识逻辑性不强,答案也是多元的,"公说公有理,婆说婆有理"。厉害的人也不一定会说,会说的也不一定正确。所以说"文无第一,武有第二"。当然,也不能说语文教师就绝对分不清高下输赢来。譬如你的知识面、学生的喜欢程度等,但这些都偏"软",刚性不强。就是在这种氛围下,养成了我们语文老师自高自大自负的性格,久而久之,我们也真的以为自己独一无二。而一旦出现上文学生到外班听课的现象,对于我们的打击是多么大呀!对此,只能拼命维护自己给自己戴在头上的光环,对于戳破光环的一切因素进行打击。于是乎,小明同学的遭遇就不可避免了。

二是非常现实的因素,如果上面分析还属于面子问题,这一条就是里子了。在中小学,同行之间有竞争,有些地方还颇为激烈。教得好不好,是与经济利益、评优评先挂钩的。一旦传出某教师教的学生成绩不佳的话,势必影响你在学生心中的形象,势必影响学生学习的热情,差的就把责任朝教师身上推,成绩好的要求转班,有第一个就有第二个,一旦造成这种"炸课"的局面就非常可怕了。

因此，自己的学生到邻班听了一两节课，"后果很严重，教师很生气"。但是根本上，教师应该提高自己的业务能力，而不是一味地禁锢学生，这才是吸引学生的正道。否则，学生总有知道真相的时候，到那个时候，教师好不容易树立起来的形象就坍塌了。

笔者上师专时，曾经到市里听过河南大学张豫林老师的文学概论课，张老师非常博学，旁征博引，如数家珍；授课能力非常强，妙语连珠，滔滔不绝，听后大呼过瘾，远非当时教我同课程的一位老师所能比，当然这一点我也认了，谁让人家是河南大学的而自己只是师专学生呢？只能怨自己当年考分未达到河南大学录取分数线，无缘河大，只能认命了。但后来我把这事告诉自己的这位老师了，当时我还天真地以为老师会表扬我求知欲强呢，谁曾想他非常严厉地把我训了一顿，什么旷课了、不踏实了等，其实真正原因，大家都知道！从此这位老师在我心目中形象就变了。

我曾经多次猜想过，这位老师在听到这件事后的诸多反应，但没有想到最后的反应是这一种。

不但一般教师如此，专家名师也未能免俗。

1998 年 3 月，还是高中教师的笔者到省城参加高考研讨会，其实就是请北京的几位专家解读《考试说明》而已。此时正值《北京文学》发表三篇重磅文章，全国处于语文大讨论之际，笔者也刚看过《中国青年报》刊发的系列语文大批判文章，包括前三篇文章，还有一篇印象最为深刻——《语文：误尽苍生》。之所以印象深刻，是因为这篇文章举的例子是高二语文第四册第一单元后面的练习题，而我则刚刚完成了这一单元的教学。初看文章题目有点不以为然，甚至有点儿恼火：这不是否定我们语文教育工作者的成绩么？但看后觉得话虽尖刻但也颇有道理，于是就带着这种心情参加了培训，没想到北京来的专家就有一位是高中语文第四册的编辑。培训最后一个答疑环节，听课的教师提出一个问题，大概意思是"你怎样看待当前社会舆论对语文的批判"。其实这么久我也预设了答案："我们大家都是语文教师，为语文教育付出了巨大心血，当然由于各个方面的原因，也存在着一些问题，譬如舆论所批判的问题，我们欢迎社会有识之士对我们的监督与批评，这样我们会把语文教育搞得更好!"或者欲说还休:"'欲知山中事,必问打柴人。'作为语文教育界以外的人,他们仅凭一些片面现象,发出一些奇谈怪论,这很正常。其实真实情况如何,语文教育是不是误尽苍生,作为语文教师,大家最清楚,相信大家都有自己的判断!"但遗憾的是,类似这样的专家表态没有出现,而出现了我意想不到、非常震惊的话:"北京有一家小杂志,发行困难,为了解决生计问题,他们抛弃了新闻人的底线与道义,刊发了一些耸人听闻的东西,对我们语文、语文教师进行大肆诬蔑……"

上教育硕士期间,同学们曾探讨过这个问题,我认为这位专家如此表态,是当时的批判文章威胁了他们的学术地位使然,这才是真正抛弃了语文人的底线与道义。

笔者在新蔡二高工作时,有一个社会人士到学校里讲作文,这人非科班出身,也不是教师,但经历丰富,出口成章。他讲作文主要不是讲作文方法,而是主办方现场命题,他即席口诵,"端的厉害!"之后在教研会上,语文组的老师一边倒的批评,有的语言非常尖刻,"审题不准""论据老套""语言直白",诸如此类,可能有多方面的瑕疵,但是一个非科班出身的外行在台上出口成文,会让台下科班出身的一众语文教师颜面扫地,甚至感受到了地位受到威胁,这可能也是一种潜在因素。

比天空更广阔的是胸怀,更多时候仅是一种奢望!

二、语文教师成长之路

有位刚入职的语文教师问我一个问题:"我们教师如何才能很快成长呢?"相信不甘人后者可能都有着这样的困惑与疑问。教师职业发展不像其他职业有捷径,譬如经商,瞅准商机,一夜暴富;譬如警察,巧破疑案,一战成名;等等。起码理论上这些职业可以如此。教师职业平平凡凡,育人周期很长,所谓"十年树木,百年树人",等学生成长成名成家的时候,我们也风烛残年了,所以想靠学生快速成名是选错了职业。但是,没有快速成长的捷径,并不等于没有成长成名的办法。

(一)语文教师成长三法

笔者根据对多位语文教育家的考察与研究发现,教师成长无外乎三条途径：一是教得好，二是管得好，三是写得好。即名师是教出来的，或管出来的，或写出来的。

一是教出来的，即课讲得好，我们知道的很多名师大都是通过讲课出名继而走上成功之路的，其基本套路就是在所在县市优质课大赛中折桂，然后代表县市教师参加全省优质课比赛，继而走向全国，成为本地区教育界的翘楚，以后经常代表省市县讲公开课、示范课，开办讲座，研讨会发言；同时也斩获一系列荣誉，如各级行政部门授予的优秀教师、优秀教育工作者、劳动模范、特级教师等。窦桂梅、李兴金、程翔、韩军、王崧舟等人，莫不如此。虽然目前各类优质课、公开课存在着诸如"作秀""水课"等弊端，但不可否认的是优质课、公开课是教师们成长的平台，是教师离开学习生活的又一次"科班训练"。

但是要想在各种比赛中脱颖而出谈何容易。首先，教师要基本功扎实，除了拥有扎实的学科知识外，最基本的是表达能力强，语言功夫过关。语言功夫包括两方面，一是读得好，二是讲得好。读，抑扬顿挫地读、声情并茂地读、入情入理地读，这是语文教师的发展能力，也是一般教师无法达到的高度。据笔者的了解，读是我们语文教师普遍存在的短板，也是普通教师与优秀教师的重要区别之一。很多教师之所以无法在教学上崭露头角，原因之一是读的功夫太差，甚至连普通话都不太规范，笔者自己就在读的方面不过关，非常汗颜。笔者至少听到两次极受震撼的朗诵，一次是2004年春季，笔者在河南师范大学读教育硕士期间，有幸听了师大附中语文特级教师周凤琳的一节示范课《安塞腰鼓》，周老师读了一遍，读得气势磅礴，让我们仅仅通过文字就能感受到安塞腰鼓这一我国西北古老艺术的震撼力，那一刻始知文章是"读"出来而非写出来的。另外一次是聆听韩军于2013年在淮阳高级中学上的公开课，韩老师讲授的是莫泊桑的小说《我的叔叔于勒》，他就随口读一句"星期天的旅行，是我们家的心事"，我就非常震惊，一句简简单单的叙述句，让他读得抑扬顿挫、余味无穷。我知道起码在诵读上自己与周老师、韩老师相比，已是云泥之别。阅读韩军老师的专著方知，他在读师范时就是学校播音员，受过科班训练，他的代表课《大堰河，我的保姆》，仅仅教师诵读就把学生感动得泪流满面。正如司马迁所云："'高山仰止,景行行止.'虽不能至,然心向往之。"(《史记·孔子世家》)我们教师要补这个短板,讲得好,语言生动,跌宕起伏,感染力强。特级教师魏书生之所以红遍全国,很大程度上得益于他的口才。

教得好还需要教学设计新颖。一篇课文,即使是内容既定的情况下,也有多种授课模式与方法,可以说"一千位语文教师有一千种教法"。想在高手如云的优质课大赛上折桂,教学设计上必须与众不同,而这需要教者丰富的理论、娴熟的技能以及精心的备课才能达到,而备课就需要大量心血。著名特级教师王崧舟老师于1994年在上虞执教公开课《我的战友邱少云》,用一个通宵完成教学设计,结束后便呕吐不止,昏迷了两天,在医院住了三个月,1995年的春节都是在医院度过的。① 我们一般人看到的是他们在台上任意挥洒的风光,谁能想到他们背后付出的艰辛!

二是管出来的,即管理班级成效显著,班主任当得好。可以说一个班级就像一个小单位,班级管理无疑是学习的重要保证,有人戏称班主任是当今社会上最小的官。但是班主任官小责任大,又最麻烦,待遇最低,任何意想不到的问题都会出现,辛辛苦苦几年,弄不好出现一起恶性事件,此前一切努力和成绩都会付之东流,并且一辈子抬不起头。也因此,在学校里没有人愿意当班主任。针对这种情况,学校就让一些不明就里的、新入职教师担任班主任。每当看到这些年轻稚气的"小主任"在班上忙碌,我都产生一种复杂的情绪,这些被连哄带蒙地当上的班主任,不久后可能会五味杂陈,有苦难言。

当然事物都是辩证的。有付出就会有收获,有苦恼也会有喜悦。管理班级的过程也是教师成长的过程,班主任在这个过程中,付出了劳动,获得了与学生相处的经验;投入了精力,获得了师生之谊,当然也获得了俗世的名利。

不知为何,在中小学,语文教师是班主任的标配,一般情况下班主任工作都由语文教师担任,也因此成就了一批名师。魏书生、李镇西等虽然是语文教师,但一个共同点是他们有着卓越的班级管理艺术与成就,这方面有可

---

① 王崧舟.王崧舟与诗意语文[M].北京:北京师范大学出版社,2015:18.

能要盖过他们的语文教学成就。

三是写出来的,即长于研究教学问题,发表一系列学术论文、专著,主持完成过各级各类课题。考察一些语文名师的成长经历,他们大都有教学研究的特长与习惯。与一些语文教师交流,他们就觉得"教学研究"很高深,只是一些专家的专利,自己作为一名普通教师驾驭不了。其实教学研究说高深也高深,说简单也简单。高深是指宏观的、理论研究,这的确是我们一线教师难以完成的,但是我们一线教师有我们的优势与专长,有着丰富的教学经历,身边有着大量的教学个案。理论欠缺,我们可以研究课本,研究具体的教法,研究学生,这是远离教学的专家、学者无法完成的。

(二)语文教师做科研要注意的问题

1. 创造科研条件

一是加入一些教学研究的组织。就语文教学而言,可以先加入一些语文教学研究会。加入这些组织的目的是为了相互交流,得到一些权威人士的指点与提携,提高科研意识。二是订阅几种语文教学杂志。著名的有山西师范大学主办的《语文教学通讯》,本杂志主要以教案设计、课堂实录为主;陕西师范大学主办的《中学语文教学参考》侧重实践类,多刊发具体的教学案例、教法、课文研究类的文章。这两种杂志十分适合一线语文教师学习。上海教育出版社主办的《语文学习》,主要刊载观点新颖、争鸣类文章;首都师范大学主办的《中学语文教学》刊发有一定理论深度又具有实践性的文章。这两种杂志适合有一定教学经历与经验的教师学习。另有人大复印资料《高中语文教与学》《初中语文教与学》,极具权威性。还有《语文教学与研究》《语文月刊》《语文教学之友》《语文天地》《中学语文园地》等。接触一些名师,可以发现他们一般爱订阅杂志。走进曾祥芹教授的住处,可以发现到处都是堆放的各类杂志,走廊上、沙发上、茶几上,几乎所有的语文教学杂志都有。语文特级教师曹洪彪坦言,他每年都要订购几千元的杂志。

2. 科研内容

语文科研有很多方面,几乎所有领域都值得研究,理论的、实践的,语文史的研究、语文现状研究,语文教师与学生、语文学习内容的研究,课堂内外研究,《义务教育语文课程标准》与语文教材的研究,课前预设、课中现象描述分析、课后反思等。不过笔者提倡要选择自己熟悉的方面,教科书、学生学习、考试等方面。笔者走上科研之路即是从课文研究入手的。

3. 科研成果

形式有多种,教学日记、随笔、问题研究等,但笔者认为最应提倡的是写教学日记,把每天发生的教学现象、问题、事件等记下来,记录的过程也是反思的过程,观点、理念也随反思而深化。李镇西就是写教学日记的高手,他的著作大都是一篇篇日记的合集。

更多的时候,语文教师成长,不是由一种途径获得的,不说面面俱佳,也是样样不差。道理非常简单,课教得好,班级管理就不会差,把这些写出来也就是一篇篇好的文章。例如李镇西,不但课教得好,而且班级管理出色,出版了多部相关专著。再如韩军,课讲得好,教研也非常优秀,他在20世纪90年代撰写的关于语文科学性和人文性的文章①,引爆了当时的论争,成为20世纪末语文教育大讨论的先声;尤其是他批判"语文伪圣化"现象,"举三反一"的教学方法极具针对性,发人之未发。

三、反思是成功的秘诀

接触了很多语文特级教师,看了一些语文名师的文章,发现他们成功的路虽各自有异,但有一条几乎是相同的,那就是反思,坚持写教学反思类的文章。

遇事先在内心省察自己的思想、言行有无过失,而不是推脱自己,这是儒家修身的重要方法。子曰:"君子求诸己,小人求诸人。""不患人之不己知,患不知人也。"后来的儒家圣贤进行了发挥、丰富与完善。孟子提出的"存心""自反"等方法。

自从人类社会出现以来,虽然历代人们极力渴望公平公正的社会秩序,并致力于公平社会的建设,但社会生活中不如意、不顺心之事十有八九。是埋怨还是做好自己,就造就了两种人。第一种就是怨天尤人,自我放

---

① 韩军.限制科学主义,张扬人文精神:关于中国现代语文教学的思考[J].语文学习,1993(1):12-15.

逐,结果是问题不依抱怨而改变,自己反而在抱怨中归于平庸。第二种是极少数一些人,他们不是抱怨环境而是经常反省自己,于是取得了成功。

反思是在对自己一天或一段时间以来的教学行为的复盘中,检视问题,分析原因,找出解决办法,从而提升自己。这方面做得比较好的当属李镇西老师。他当初的志愿是当作家,但却当了教师,按照一般人的想法可能要一蹶不振,但他却把写作的愿望与特长用在教育上。不但传授学生写作方法,而且开始了教育写作,在写作中反思,在反思中写作。例如他对"公开课"的反思,发人之未发。如此日积月累,写成《给教师的 36 条建议》《做最好的老师》等一系列可读性与理论性兼具的著作,影响很大。新概念快速作文创建者、语文特级教师曹洪彪,之所以能够成功,其中一点是坚持写教学反思,从教几十年,不算电子稿,仅纸质稿就写了近百本。许多名师也是在反思中成长起来的,也都有自己这方面的作品。江苏南京名师王栋生(笔名:吴非)的《前方是什么》《不跪着教书》、扬州市特级教师陈萍的《教师专业发展之道——我的教育叙事与生命感悟》等。其实许多教研论文、专著无一不是反思的结果。

按分类,反思有课前反思、课中反思、课后反思等几种形式,都隐藏着巨大的教学契机与价值,值得我们去探索。课前反思与课后反思比较常见,这里主要提一下课中反思。课中反思是指教师在教学过程中发现与教学预设不一样甚至相差较大的新问题,从而及时调整教学思路、教学内容、教学方法,以实现最佳的教学效果。

小学语文特级教师张祖庆有一次在外地借班讲示范课《灵犬莱西》,但是讲课中发现学生大都非常熟悉,一问才知道该课在这个班已经讲过,主办方又没有交代,如果按原计划继续进行大概率不会出彩,咋办? 张老师临时决定改变设计,"'接下来,会发生什么?'改为'这部分,哪个地方,你印象最深? 哪个地方,你记忆模糊?'"结果"柳暗花明,起死回生!"[①]

笔者也多次遇见过类似情况。有一次在高中我准备讲授欧·亨利的《警察与赞美诗》,正用他的小说《麦琪的礼物》结尾艺术来引出讲题时,有个

---

① 张祖庆.给语文教师的新建议[M].武汉:长江文艺出版社,2020:57.

女同学说他们做英语阅读题的时候读过《麦琪的礼物》，其他同学也纷纷点头。这时我迅速调整设计，提出一个问题"既然大家读过小说《麦琪的礼物》，那么我们回想一下这篇小说的特点，用简短的词语概括一下！"学生在我的引导下总结出了这篇小说结尾具有"意料之外，情理之中"的特点，这时我顺势引出讲题："今天我们再学习欧·亨利的另一篇小说《警察与赞美诗》，看看这篇小说写了什么，结尾是什么样的。"较为巧妙地化解了难题。

四、语文教研要具备的意识

（一）问题意识

我的一位在中学教语文的学生，写了一篇论文让我看，题目是《论爱心在语文教学中的作用与办法》。但是从内容看，"作用"占了绝大部分篇幅，"办法"寥寥几行。我告诉她从题目看这篇论文就不合格，因为"论爱心在语文教学中的作用"就不成为问题，谁不知道爱心的作用，爱心在语文教学中起作用？倒是如何运用是个大问题，因为一些人因为方法不当产生不良后果，譬如爱心过度的问题。经常能听到有些教师一边惩罚学生，一边口口声声地说道："我这是为你好！"其结果他没能为学生好，倒是影响了学生。因此建议她把论文题目改为《论爱心在语文教学运用中的误区及办法》。

教研缺乏问题意识，这种现象在教师教研里有一定代表性。

1. 语文教研的主要任务就是发现问题、解决问题

语文教学研究的目的是什么？是把语文教学中的问题揭示出来，研究其形成原因，找出解决办法。有专家甚至直言："课程即问题""教学即研究。"①如果不研究问题，教研也就没有进行的必要，教研论文也就成了屠龙之技，成了一堆垃圾。远的不说，我们看近年来语文教育发展史上产生重大影响的论文，都是为解决问题而横空出世的，有的甚至是"论战"的产物。1978年3月，吕叔湘先生在《人民日报》上发表了《当前语文教学中两个迫切问题》，其中写道："十年的时间，二千七百多课时，用来学本国语文，却是大

---

① 郑昀，徐林祥.从"双基"到"三维目标"，再到"核心素养"：新中国成立以来语文学科教学目标述评[J].课程·教材·教法，2017(10)：48.

多数不过关,岂非咄咄怪事!"譬如魏书生《论语文教学的科学管理》(《语文学习》,1990 年第 1-2 期)本来就是为了治理语文教学的低效问题的,可以理解为是针对吕叔湘之问而生的。而程红兵的《语文教学"科学化"刍议——与魏书生同志商榷》是针对魏书生一些做法进行的质疑。这些文章目的明确,针对性强烈,都成为中国语文教育研究的经典文献。

2. 语文教研的内容

语文教学存在着很多问题,有宏观性问题,例如语文课程的性质、学科内容问题;也有微观性问题,譬如教法、学法的问题。不过,作为一线语文教师进行教研活动,宜从小处着眼。根据不同的标准,语文教研的内容有不同的分类。宏观方面,譬如理论研究、实践研究、语文教育史研究、语文教育家研究。微观方面就更多了。作为一线语文教师,研究微观问题应该有着得天独厚的优势与条件。

(1)语文教师要善于发现教学中的问题,包括自己教学实践中的问题与他人提出的焦点问题、热点问题。

一是教学实践中发现的问题。教学中什么事都可能发生,语文教师可以把这些问题作为研究对象,分析其发生的原因,并提出一些合理化建议。教师一般认为,问题等于麻烦,碰见问题绕着走,眼不见心不烦。但是名师不同,他们往往正视困难,拥抱困难。语文特级教师曹洪彪这样认为:"只要在教学中碰见棘手的问题,我就非常高兴,因为我知道对问题加以研究,收获就要来了。"[1]曹洪彪也因此创办了影响很大的"新概念快速作文"流派,从河南走向全国。

教学实践中的问题很多,譬如学生学习语文的态度与行为,教师教学行为;课堂教学问题,课外学习问题以及各种文体的教学问题。这方面,程红兵、余映潮、黄厚江、程翔等人堪称代表。

二是焦点问题。语文教育热点一般是由个别论者提出某个比较共性的、棘手的教育问题,引起学界的关注与参与,对该问题进行持续研究,甚至产生争鸣的现象。一般情况下,上海教育出版社属下的《语文学习》杂志喜

---

① 张天明. 名师是怎样炼成的[J]. 新作文·卷首语(中学作文教学研究),2022(3):1.

欢刊发这类文章。与其他课程相比,语文教育具有时代性,也更容易产生热点问题,每个时代有每个时代的热点,只是"热"的范围、程度、持续时长不同而已。语文分科以来,最为著名的有 20 世纪前期的"形式训练"与"实质训练"之争,20 世纪五六十年代的"文道之争",20 世纪八九十年代的"科学主义"与"人文主义"之争,以及 20 世纪末开始的关于语文课程性质的教育大讨论。上述每次大讨论,都形成语文教育的热点问题,引起相关人士的关注与参与,推动了语文教育的研究与发展。小规模的更多,近年来的如语文课堂预设与课堂生成问题、语文公开课作秀问题、误读经典问题、"语文泛化"问题、"真语文"问题、整本书阅读问题、大单元教学问题等。一线教师应该关注并积极参与讨论,在与同仁的"论战"中提高自己。需要提出的是参与论争的过程中,不能感情用事,既要据理力争,又要耐心倾听别人的观点,理解别人合理的一面。既交流了思想,又结交了学谊。

对热点的关注与参与,需要教师具有强烈的职业意识、较为丰富的职业知识与理论、敏锐的洞见。笔者教书生涯中,躬逢 20 世纪末语文教育大讨论,也为当时的热点所吸引。笔者记得在 1998 年春季看到《中国青年报》发表的《误尽苍生是语文》《我们失去了什么》《文学教育的悲哀》三篇文章,很有同感,也有想说的冲动,但是由于自己职业素养有限,加上没有订阅语文专业杂志,无法更多地获取大讨论的相关信息,最后仅仅是一名旁观者,没有及时参与讨论,"徒有羡鱼情",留下无尽的遗憾。

(2)根据研究对象不同,可以分为教师"教"的研究、学生"学"的研究、教学内容研究。

一是教师"教"的研究。由于教师在教学中具有主导作用,教师行为在教学活动中的作用举足轻重。因此,教学是教学研究的重要内容。可以研究教师教学的偏误行为,分析原因,找出解决办法。譬如语文特级教师、濮阳第三中学的董金刚老师发现教师"漏点名"及其问题,撰写《别再让"漏点名"重演》(《班主任》,2010 年第 3 期),指出教师"漏点名"的几种欠当行为,并引出蔡志敏先生勇于承认自己不认识学生名字,向学生道歉等做法,很有现实意义。

二是学生"学"的研究。长时间以来,学界对学生学习的研究比较薄弱,近年来相关研究慢慢多起来,这得益于"学生本位"的确立与实施。其实教学这个词就已经包含了教师的"教"与学生"学"的研究。任何教学行为如果只关注教师的"教",而忽视学生的"学",无论教师教得如何成功,都是有缺陷的。本人在长期教学过程中逐渐认识并践行一种理念,即大凡课堂上的知识传承、语言技能的训练、情感思想的濡染等,尽可能设计一些方法让学生来完成,而不是教师代劳。

三是教学内容的研究。这方面的研究很多,就不再赘述。

(3)根据研究形式的不同,分类更多。荣维东教授曾把小学语文教研分为二十种形式:专题研究、文本解读、教学设计、教学实录、教学案例、教材研究、研究综述、历史研究、调查研究、实证研究、人物研究、译介研究、比较研究、作业研究、试题研究、教育叙事、概念研究、混合研究、图书评论、教育随笔等①。几乎穷尽了所有的研究形式,给我们一线语文教师教研提供了指南。

上面仅仅是根据几种标准的分类研究,其实还有更多、更详细的分类,譬如文体的分类研究、教学手段的分类研究等。

根据波普尔的基础工程、技术工程、应用工程等分法,语文教学研究可分为语文教育史研究、语文教育理论研究、语文教学技能研究、语文教育家研究等。由于很多与一线语文教师距离较远,也不是语文教师研究的优势,在此不再赘述。

(二)时效意识

在新蔡二高教书时,执教吴伯箫的散文《难老泉》,发现其中的一处描写:"这里矗立着多少厂矿的烟囱,浓烟弥漫,告诉人新兴的工业是多么发达;街街巷巷熙来攘往的人群,有说有笑,呈现着一种繁荣的景象,欢乐的气氛。"时值20世纪90年代,环境问题开始凸显,但这里还以工厂里"浓烟弥漫"作为繁荣的标准,已经较为落伍了。当时我就意识到这个问题,于是写了一篇指瑕类的短文,几经打磨,总是不满意。等到完稿再去投寄时,这篇课文已经从高中语文课本中删除,这篇研究文章也胎死腹中。这说明语文教研要有时效意识。

---

① 荣维东,胡丽莎.例谈小学语文教育科学研究成果的二十种类型[J].2024(3):8-11.

1. 语文教研要具有时效意识

首先,语文教育目标的变化,从 20 世纪八九十年代到 2017 年,就经历着"双基",到"三维目标",再到"语文核心素养"的变化。当前如果研究"语文核心素养"对"三维目标"的继承与发展,以及如何实施,完全有用武之地。如果研究"双基"就失去时效性了。

其次,内容方面的变化。至少在 20 世纪末,语文教学还是"教教材",高考语文试题也是直接出自课本,当时规定了 220 篇必读书目,教学中精讲这些篇目,把教材研究透彻就行了。21 世纪以后,提出试题在课外,答案在课内。就是说高考语文试题仍与课本有着千丝万缕的联系,这时候再单纯地研究教材就无法满足语文教学的需要了。之后完全脱离课本。现在再仅仅盯着教材,已经完全不可能了。

最后,教学方法的变革。由于对教学内容的关注,对于教学方法的研究不多,或者不是重点。经过 20 世纪末语文大讨论以来,讲授法受到批判,在"学生本位"的指导下,"讨论法""探究法"等以学生为主体的教学方法应运而生。接下来出现的"非语文""泛语文"之后,学界开始重新审视讲授法,要求合理对待并使用讲授法的声音渐渐多了起来。

2. 影响语文教研时效性的因素

一个时代有一个时代的语文教育,一个时代有一个时代的语文教育研究。

首先,语文教研受社会政治思潮的影响非常大。与其他课程相比,无论内容、方式和评价标准,语文课程无不受时代影响。一个时代的某种非常合适的观点,事过境迁,可能不合时宜。十几年前,笔者曾经撰写了一篇文章《论文化传统对阅读教学的制约与影响》,从目标的设立、内容的选定、教学手法的实施,到评价方式的选择等几个方面论述文化传统对语文阅读教学的制约。写成后没有来得及发表,在传统文化复兴之际,该文显然已经过时了。

其次,语文教研受审美观的影响。因为语文课程是最具人文性的,其中包含审美观。语文教研也不能不受此影响。当年于丹亮相《百家讲坛》,红遍全国之际,中国阅读学研究会会长、河南师范大学曾祥芹认为其讲授内容有误读之嫌,就以《于丹〈论语〉心得》为例,指出该书二十类错误,写成一万八千字的巨文《文章误读的"问病泉"——〈于丹《论语》心得〉公案评析》,结果一些杂志社不愿或不屑刊发,最后在于丹受到越来越多的质疑后,该文才在《焦作大学学报》发表。

最后,发表论文可能受刊物特色的影响。语文教学杂志有其特定的风格、内容甚至出版时间限制。笔者曾经写了一篇关于《秋水》课文的解析文章,寄到《中学语文教学参考》杂志社,但是编辑告诉我,文章内容不错,但邮寄晚了。因为该杂志追求实用性,刊发文章是配合一线语文教学进行的,发表时间应早于教学时间一两个月,要发只能等明年了。等到第二年该课文从课本中删除,该文已经没有刊发的必要了。

因此,语文教师教研要有时效意识。要关注语文教育的趋势,提出的观点、内容与方法要符合而不是违背语文教育发展的潮流。为此就要经常学习国家发布的一系列教育方针、政策,敏锐捕捉语文教学的焦点、热点问题。

提倡语文教师关注焦点、热点问题,不是让语文教师放弃独立的学术地位,抛弃自己的学术观点,盲目从众与跟风,而是要跟上时代步伐,融入语文教研的洪流之中,与学界同仁交流、共振,碰撞出新的火花,产生更多、更好的教研成果。

(三)理论意识

一线语文教师教研有一大特点,就是内容上多是自己的经验总结,总是"自说",说自己的做法,说自己的感受,很少引用或不用学界的"他说"。用语多是"我觉得""我认为"等印象式表达,内容缺乏全面性、深刻性、新颖性,理论性不够。

一线语文教师教研缺乏理论深度与其工作性质密切相关。与一线语文教师交流,他们往往会这样抱怨:"你别给我讲一大套理论,那是虚的,我要的是咋样做题!"他们参加业务培训与学习,也喜欢听到技能类最好是有关解题技巧类的东西,称之为"干货",对理论性的会议、讲座会毫不犹豫地走开。因为他们从事的大都是具体的实践性工作,指导学生阅读、写作、做题,期待在中高考中拿出好的成绩,一刻马虎不得。

笔者恩师曾祥芹先生在 20 世纪 90 年代曾主编一套"阅读学丛书"五

本,包括《阅读学原理》《古代阅读论》《国外阅读研究》《阅读技法系统》《文体阅读法》。据曾老师介绍,五本书中售卖情况最好的是《阅读技法系统》,估计购买者大都是一线语文老师,他们大都喜欢技术类的书籍,而远离理论性强的书籍。

虽然一线教师有其现实的压力,是不得已而为之,但是长期对理论的疏离,会使教师缺乏理论指导,实践技能越发低下,方法越发捉襟见肘。更重要的是它使一线语文教师缺乏形而上的价值追求,成为单纯追求技术的"匠人"。记得有位哲人说过:没有实践的理论是盲目的理论,没有理论的实践是低水平的实践。

道、技之争,是中国文化史上公案,产生不同的说法。由于科举取士,中国古代社会一直是重道轻技的,认为技术是奇巧淫技,旁门左道。鸦片战争之后,国人认识到西方技术的先进,于是对技术的崇拜成了一种"集体无意识",重技术、唯技术的思潮经久不衰。重技轻道只不过是这种思潮在语文教育上的表现形式罢了。

(四)创新意识

笔者与一位语文教师交流,谈到自己撰写著作的计划,她很惊讶地问道:"还要写?你不是已经晋升正高职称了?"毫不奇怪,在大多数语文教师意识里,发文章、出著作,基本上是为了评职称,职称大战结束后,就没有写论文的必要了。缺乏孜孜以求的研究精神,缺少超越物欲之上的价值追求,也就没有所谓的创新了。因为创新需要长时间对所从事的事业全身心地投入,需要对所研究问题持久关注。这是我们应有的态度,所谓态度决定一切,这是包括语文教研在内所有创新所需要的必要条件,具备了这一点才可以谈具体方法。

一是需要长期的实践探索。创新分为理论创新与方法创新两种,无论是理论创新还是方法创新,都是在实践基础上产生,是在实践中总结、提升的结果。尤其是老一代语文教育家更是如此,如钱梦龙的"三主"教学法、魏书生的语文教学科学化问题等。

二是对他人经验的借鉴。笔者认为,借鉴可以分为正借与反借两种。所谓正借是指所借经验或理论与自己观点相近或相似。程少堂的"语文味"

教学法是借鉴了中国传统文论中的"滋味"说，是把文论中的"滋味"说成功运用在语文教学中，二者类似。相同情形的还有李吉林，她创立的"情境教学法"是对中国传统诗论中"意境"论的借鉴。所谓反借是指借用的经验或理论与自己的观点相对或相反，是从对方理论中加以反推得到的。譬如韩军的"举三反一"论，明显就是对其他理工科课程"举一反三"论的反面借用。他的另一篇《限制科学主义，张扬人文精神——关于中国现代语文教学的思考》，其实是对当时颇为流行的语文教学科学化的反驳，也属于反借的范例。目前流行的诸多语文教学方法、流派，大都是在借鉴别人方法中产生的。

三是凝练词语，形成概念。这不是一种文字游戏，而是对理论提纯、加工的过程。因为名实相符、名实相映是非常重要的，所谓"名不正，则言不顺"。目前国内所知的教学流派与方法，其名称就是一大创举。例如程少堂把理想中的语文课堂概括为"语文味"，并形成"语文味"教学法和教学流派，在内涵上指出了语文课的特点，在形式上新颖别致。表 3-3-1 是目前国内部分语文教学流派。

表 3-3-1　部分语文教学流派及代表人物

语文流派名称	创立者	语文流派名称	创立者	语文流派名称	创立者
导读语文	钱梦龙	民主语文	李镇西	大语文	张孝纯
情境语文	李吉林	绿色语文	赵谦翔	新语文	韩　军
情感语文	于　漪	诗意语文	王崧舟	主题语文	窦桂梅
思维语文	宁鸿彬	本色语文	黄厚江	文化语文	祝　禧
语文味	程少堂	管理语文	魏书生		
……					

仅仅从各自取名上看，就琳琅满目，美不胜收。

曾祥芹把错用文体阅读的现象称为"悖体阅读"，把正确运用文体阅读的现象称为"适体阅读"，把创造性运用文体阅读的现象称为"跨体阅读"，整齐中见变化,妙不可言(见表3-3-2)。[①]

表3-3-2　曾祥芹"三体阅读"法

称谓	悖体阅读	适体阅读	跨体阅读
含义	错用文体阅读	用适合的文体阅读	创造性地跨用文体阅读
诠释	错用文学读文章 错用文章读文学	应该用文学读文学 应该用文章读文章	创造性地运用文学读文章、用文章读文学
举例	读《愚公移山》说"愚公破坏生态平衡"	略	用历史学、管理学、政治学、经济学读《三国演义》

不管哪一种借鉴,都需要语文教师具有较强的职业责任感、使命感,才能进行。

五、我的语文科研之路

(一)语文名师主要是写出来的

如前所述,教师成长或成名主要靠讲出来、管出来与写出来的。其中,写出来非常重要。著名语文特级教师李海林曾这样说:"我有一个判断,今后教师队伍中15%～20%最优秀的那部分,将主要是科研上出类拔萃的那部分。"[②]因为教师积极进行教学研究,撰写论文、著作,除了提高自己的理论水平,提高课堂水平之外,还在潜移默化中提高了自己的写作能力与水平,为指导学生作文奠定了坚实的实践基础。当前中小学作文教学效率之所以低下,教师觉得难教,其中一个重要原因就是教师不写东西,指导学生也是道听途说,拾人牙慧,机械地搬弄其他人的一些理论。

笔者从农村走到市区,从中学来到高校,如果说获得了一些世俗上所谓成功的话,还主要是靠写,即教学研究。从1990年7月毕业至2005年9月到高校,笔者在中学十五年的教学生涯中,参编著作4本,公开发表的和获奖

---

① 任文香,张天明.曾祥芹评传[M].郑州:郑州大学出版社,2020:391.

② 李海林.语文教师如何做科研[M].上海:上海教育出版社,2019:8.

的论文近 20 篇,单是在上教育硕士的两年里就发表了 4 篇论文,在当时的同学里也算是独一无二,也因为这个原因,笔者的毕业论文被评为优秀硕士论文(见表 3-3-3)。

表 3-3-3 笔者中学执教时撰写的部分论文及获奖情况

时间	名称	发表/获奖情况
1998-06	论文《素质教育应从"素质高考"入手》	荣获市二等奖
1999-07	论文《正本清源·初中语文教学亟待改革》	荣获市一等奖
1999-10	论文《素质教育难产,评价手段错了》	荣获省一等奖
2005-10	《中学生课外阅读指导的探索与研究》	获省教育厅征文一等奖
2000-03	论文《"红石崖"在哪?》	发表在《驻马店日报·教育周刊》
2000-12	张天明评点胡肖霞作文《〈水之韵〉点评》	发表在《语数外学习·高中版》
2003-02	指导胡肖霞的作文《绿》	发表在 2003 年 2 月 16 日《作文指导报》
2003-03	指导胡肖霞的作文《下辈子还做同桌》	发表在《作文指导报》
2004-01	论文《金庸小说导读》	发表在《作文指导报》头版
2004-05	论文《高考"作用"题的解答思路》	发表在《阅读与鉴赏》
2004-10	论文《名著妙用诗词歌谣例话》	发表在《作文指导报》上
2004-12	论文《〈荷塘月色〉结尾探胜》	发表在《阅读与鉴赏》
1999-01	与人合著《中学语文知识通释》	大象出版社
2000-03	与人合编《作文导示》	大象出版社
2002-08	合著《创新学习三级跳·语文》(高中二年级)	南方出版社
2005-09	合著《说文解章》	中国海洋大学出版社

除此之外,笔者还发表了一些诗歌作品,例如发表在 2001 年 5 月 16 日《驻马店日报·教育周刊》写给母亲的两首短诗:

风筝

看母亲放飞风筝

如看一幅最漂亮的剪影

永远点缀在儿时蓝色的天空

长大了

自己变成一幅风筝

一头扎进无际的天空

身后

母亲站成一道永远的风景

炊烟

太多的挂念

把曾是优美的身段

压成一张弓

袅袅炊烟中

游子看见了母亲站在村头的身影

听见了母亲悠长的呼唤

归来吧

孩子

　　现在看来,这些所谓的文章,不管是教研文章还是诗歌,结构简单,内容单薄,手法粗糙。但是不能否认它的作用。这些小文章主要来自亲身感知与写作实践,在反复的构思、写作、修改过程中体会到了写作的一些奥秘,再进行作文指导时就有了较强的针对性,不全是坐而论道了。例如,诗歌写作最重要的是选择并经营意象,笔者在上面两首小诗中,选取了带有童年生活气息的风筝与农村色彩的炊烟,试图表达对母亲的爱,突出了诗歌的意象性,在指导学生诗歌写作时就具有针对性。当然,这两首所谓的"短诗"意蕴欠深远,说教意味太浓。

(二)搞教研受益良多

笔者投入更大精力，写得最多的，最有成就感的还是教研文章。人的爱好有很多，但是养成一个高雅的爱好非常重要。记得一位哲学家说过，成就或者毁掉一个人有一个办法，那就是让他染上一个高雅的或低俗的爱好。

通过写作收获了友谊。通过写作结识了驻马店教研室祝念亭老师、《驻马店日报》编辑张裕学、才女温培雅、《作文指导报》编辑曾欣、《中学语文教学》杂志主编张蕾、《中学语文教学参考》杂志主编张万利，和一众文友。通过写作联系，加强了学谊。

通过写作获得了一些读者。笔者的文章《红石崖在哪儿?》发表在《驻马店日报·教学探讨》栏目，没想到不久后收到了红石崖小学老师的一封信。信中说他们看到我的文章后非常激动，全校传阅，又给我写了一封感谢信，附加一篇《红石崖在这儿》的介绍文章。编辑张裕学又把这封信在《驻马店日报·教育周刊》刊出，并配上一篇《文章架起友谊桥》的编辑文章，这在两个学校都获得了不小的轰动。

最大的收获是通过对教学问题的捕捉、分析与方法的寻找，培养了自己的问题意识，加上大量阅读相关文献，提高了自己的理论水平与实践能力，这在以后的学习与工作中得到彰显。发表在《阅读与鉴赏》的论文《〈荷塘月色〉结尾探胜》，是笔者在教学中与一位老教师聊天时得到的灵感，并通过后续的思考写成的，它启发了我要关注课文的首段与末段，关注其中的每一句话，每一个字，甚至标点符号。顺着这个思路我后来又写成了《文本细读:中学教材选文中"闲笔"解读》，发表在中文核心期刊《教学月刊》2011年第9期上。以后一发不可收，论文的理论层次、刊发杂志的档次越来越高。在看到一些文献对经典的误读的论述后，感觉现象描述的多，理论分析的少;抱怨的多，理性探讨的少;一味否定的多，建议的少。于是笔者对此进行研究，撰写《经典误读浅析》并刊发在中文核心期刊《中学语文教学》上，后被人大复印资料《高中语文教学》全文复印，在此基础上于2010年申报的课题"中学生经典阅读误读研究"被教育部人文社科规划课题立项，该课题研究期间，笔者发表论文8篇，其中发在中文核心期刊论文6篇，又有2篇被人大复印资料《高中语文教学》全文复印，标志着笔者的科研工作逐步走向深入。

"教而不研流于浅!"确乎如此。

第四篇 语文教材篇

对于语文学习,国人最直观的印象可能是从接触语文书开始。在新中国成立后相当长一段时期里,每户人家不一定有藏书,但只要有孩子的家庭差不多都有语文书。最重要的是,在那个文化匮乏的年代,语文书不但是儿童的重要读物,而且一定程度上也是成年人重要的精神食粮,是知识荒原上的一片绿洲。那个年代的人们几乎与语文书都有着这样或那样的故事,或长或短,或悲或喜。因此我们很多人也大都把语文教材甚至语文课等同于语文书。其实,教材有广义、狭义之分。广义的教材是指课堂内外师生学习的教学资料,包括教科书、助读资料、复习用书、练习册等。狭义的教材是指课本,即我们通常所说的语文书。

新中国成立后教材编写一直采用国定制,学界对于教材的研究也比较薄弱。21世纪开始的数年里,得益于教材制度的改革,教材编写与出版出现了百花齐放的局面,相应的研究也就多了起来。叶圣陶"教材无非是个例子"的观点,王荣生关于"定篇、例文、样本与用件"的论述,都是关于教材研究的经典。当然,不同于其他课程教材,语文教学存在着"用教材教"和"教教材"的情况。根据叶圣陶"教材无非是个例子"的观点,语文教学应该"用教材教",而不是"教教材",但是实际情况可能相反,不是"用教材教",而是"教教材",尤其是一些教育欠发达地区更是如此。当年陶行知先生就痛斥死抱书本的办法:"中国教育所以弄到山穷水尽,没得路走,是因为大家专靠文字、书本做独一无二的工具,并且把文字、书本弄错了。"①就属于这种情况。并告诫说:"教科书止可作为参考,否则硬依了他,还是没有的好。"(同上,第52页)

但是,在教师水平短时期难尽人意的现实情况下,教材的作用就很大了,出现的问题也更大了。鲍鹏山就直言当前语文教育的问题主要是教材质量不高造成的。②

① 罗明.陶行知文选[M].南京:江苏凤凰教育出版社,2008:263-264.
② 鲍鹏山.好的教育[M].上海:东方出版中心,2022:239-261.

第一章

语文教材编制

　　语文教材可能是所有课程教材中最难编制、最易引起关注且招致批评的。荣维东等人通过调查发现,自 2016 年以来,公众对统编语文教材的评价以负面评价为主,负面评价占评价总数的 72.69%[①]就说明了问题。如果说公众对教材的指责还大多是无中生有、不懂语文的多元价值的话,专业人士的观点就指出了语文教材的真正问题了。刘占泉在其专著《汉语文教材通论》中指出语文教材编排的诸多问题:教材的阶梯问题,文言文与白话文的主次、分教与混教问题,文学作品与实用文的关系问题,课文与作文的关系问题,选文与汉语知识的关系问题,等等。[②] 这些问题缠绕在一起,真是"剪不断,理还乱"。

一、对语文教材选文的一点冷思考

　　前一个时期曾有教师撰文认为陶渊明"官不官""民不民""人不人","做官做不好,因嫌官小而辞职";"'草盛豆苗稀',完全是一个不合格的农民";"别人请客,招呼一声就来,喝酒一定要喝醉,喝醉了就走,连个招呼也不打……活得人不像人"。并提出"不宜再以正面肯定(指陶渊明性格及诗文)的态度来误导学生……而应该将陶渊明性格及诗文作为反面的例子来

---

① 荣维东,唐玖江,姜美茹.正确看待并科学应对统编语文教材舆情[J].中学语文(上),2004(2):4.

② 刘占泉.汉语文教材通论[M].北京:北京大学出版社,2004.

教学"①,等等。这种脱离历史背景、以偏概全品评人物的粗率武断、断章取义解读诗歌的方法之荒谬不值得一驳;但该文所提出的一些看法很有启发,那就是现行中学语文教材的一些古代诗文及其作者的某些行为很值得我们思考。

当前中学语文教材选文中,古诗文占了很大比例,是对学生进行语文学习的丰富的教学资源。但是随着时代的发展,这些诗文所承载的内容并不完全适合学生,如果教师教学中不加以分析辨别,一古脑儿地教给学生,可能会给学生造成潜在的负面影响。

(一)一些诗文抒发的怨天尤人的认知态度令人担忧

众所周知,欧阳修的"诗穷后工"的说法揭示了文艺界一个颠扑不破的规律,即仕途不得意的文人往往能使他对现实有更清醒的认识,从而创作出有充实内容、有深刻思想又有文采的优秀作品。当然从古至今的语文教育选本也大都收录这些人的作品。学生学习的作品,能加深对封建社会不合理的认识,体察他们的爱国情怀,感觉作品的艺术美。然而不可否认的是,这些出自失意之人的作品所表达的观点带有很强的主观情绪,看问题有一定片面性。譬如将自己怀才不遇的原因一概归咎于他人,或主上昏庸,或小人挡道,等等。唯独不从自身找原因。这样会影响以后的职业发展。孟浩然见到唐玄宗后发牢骚:"不才明主弃,多病故人疏。"话已经很婉转了,但是还是引起皇帝的不快,孟浩然的仕途也就彻底给断送了。

(二)一些诗文抒发的消极的、柔弱的诗风可能对学生造成
###　　不良影响

儒家中庸文化的影响,形成了国人温柔敦厚的民族性格,影响到文艺便是形成一种纤弱柔媚、缠绵悱恻的诗风。并且很多文论家以此为上,以此为宗,譬如司空图《二十四诗品》就崇尚纤弱冲淡之风。当然文学史上也有刚健的作品,例如唐代的边塞诗,宋代苏轼的一些作品,但总的来说数量太少。这样的文风可能会使学生形成纤弱的性格,特别是对男生人格发展不利,不能不慎。

---

① 金文连.不能再以陶渊明诗文误导学生[J].教学月刊·中学版,2008(4):49-51.

（三）空言多于实际

中国早期就有"三不朽"之说，即"立德不朽、立功不朽、立言不朽"，加上以后由孔孟为代表的儒家思想的濡染，中国历代知识分子在年轻时大多怀有出将入相、经国治世的幻梦。于己，功成名就，不虚此生；于家，光耀门楣，福泽乡里；于国，安邦定邦，名垂青史。杜甫的"致君尧舜上，再使风俗淳"；顾炎武的"天下兴亡，匹夫有责"；等等。有远大理想是对的，但如果缺乏毅力、方法等，理想则可能变成空谈，抱负大多成为笑谈。其结果一事无成，成为一个又一个"孔乙己"。就像《三国演义》中《诸葛亮舌战群儒》一章中诸葛亮所说："坐议立谈，无人可及；临机应变，百无一能。诚为天下笑耳！"这种眼高手低的毛病会对青年学生产生消极影响。

（四）一些诗文作者的浪子形象及行为对中小学生产生不良行为

由于仕途的失意，一些文人开始放纵自己。一是嗜酒，今朝有酒今朝醉，借酒消愁。这样的例子可以说是屡见不鲜。二是纵情声色，所谓"官场失意，情场得意"。于是有了杜牧的"十年一觉扬州梦，留得青楼薄幸名"的诗句。三是消极避世，"人生在世不称意，明朝散发弄扁舟"（李白《宣州谢朓楼饯别校书叔云》），"人生如梦，一尊还酹江月"（苏轼《念奴娇·赤壁怀古》）等表现上述行为与情绪的诗文，会不会对学生产生影响？

如此，语文教材的编选陷入一种悖论之中，入选的优秀作品大都出自失意人之手，而得意之人大多无作品传世。文如其人，读文等于读人。耳濡目染之下，失意之人会不会影响学生性格？值得考虑。

二、七年级语文上册教材指疵

翻看统编版七年级上册语文教材，发现一些问题，产生了一些思考。

一是第一单元选入四篇课文，前两篇课文是朱自清的《春》和老舍的《济南的冬天》，笔者认为这两篇课文不宜这样编排。

上册课文是在学生秋季刚入学时使用，我国很多地方中小学开学在8月中下旬，这时候正值立秋过后，但依然骄阳似火，酷暑难耐，这和《春》《济南的冬天》所描写天气相差甚远，这时安排学习这两篇课文，在感知上难以获得学生的认同。如果放在七年级下册第一单元学习，即新年过后学习，此时正值冬末春初,既有冬天的余威,又有早春的气息。学生感同身受,效果更好。

或许有人认为,十几岁的中学生已有季节更替的经历,冬去春来,寒来暑往,已是他们人生的一部分,即使在夏季学习描写冬春的文章,他们也会把课文内容与生活认知联系起来,不会产生不理解的现象。但是,教育是一项系统性的伟大工程,涉及教育时间、教育地点、教育环境等因素,应该在最佳的时间、地点,创造最佳的气氛教育学生,否则,事倍功半。

二是《〈世说新语〉两则》,课前的阅读导引写道:"《世说新语》中记录了东汉、魏晋时期一些儿童的智慧故事,本课所选的就是其中著名的两则。预习课文时,注意感受古代儿童的聪慧机敏和良好的家庭教养。"这应该就是教科书编者给定的阅读导向,但笔者认为不是这么简单,如果这样的话,学习这两则笔记有什么意义?要知道"儿童的聪慧机敏和良好的家庭教养"基本上是没法选择的。笔者认为应该让学生学习其语言的机敏与良好的文学素养,为学生树立一个学习目标。"聪慧机敏"没法学,而语言的机敏可以通过锻炼达到。

三、课文编选还是原汁原味的好——由课文《草船借箭》想到的

义务教育小学四年级下册部编版语文教材选入《草船借箭》一文,内容是根据《三国演义》改写而成的,其中改动最大的是把原文言文改成白话文。古代原著采用"文不甚深,言不甚俗"的浅近文言,简洁优美,雅俗共赏。而改成白话文,原文的韵味就失去了。

众所周知,文学是语言的艺术,或者说语言是文学的最显著特征,具有独特的个性,也是一部作品区别于其他作品的重要标志,作品的意蕴、风格、美感以及作品创作动机、倾向等都是通过特定语言运用来达到的,学生通过对作品语言的诵读、品味,体会其区别于其他作品的不同感受。具体到《草船借箭》一文,改成白话文以后,上述内容就可能失去了。例如当诸葛亮说三天就可造十万支箭时,原文是:"瑜曰:''军中无戏言。''"简练明了。而教材却改成:"周瑜说:'军情紧急,可不能开玩笑。'"意思虽明,神韵尽失。当

诸葛亮提出与曹军作战用箭,周瑜表示赞同时,原文是:"瑜曰:'先生之言,甚合愚意。'"其中"愚意"是中国古人表达谦虚时的用语,表现了中华民族丰富的礼仪文化,对传承传统文化,加强学生礼仪文化教育起到潜移默化的作用。然而改编成课文里则是:"周瑜说:'对,先生跟我想的一样。'"就没有这个意思了。拿这样的教材内容教育小学生,他们只能达到了解大致情节的目的,大量的文化信息都失去了,真可谓得小失大。

也可能编者觉得小学四年级学生读不懂文言文,白话文对小学生更适合,其实这大可不必。由于《三国演义》"文不甚深,言不甚俗"的特点,把原文不加改动地选入课文,学生也能大概了解,即使有不懂的地方,通过教师引导,问题也能迎刃而解。再说,学习名著也不能立即让学生对所学内容全部弄懂,这是一个长期的过程!

再者,古代语言是现代汉语的源泉,有些现代语言就直接取自于古代汉语。随着社会的发展,一些古代语言消失了,但有些词语、句子并没有完全消失,而是进入现代汉语,成为现代人语言的一部分,展现了强大的生命力。就像上面的"军中无戏言"一句,仍是我们当前的流行语,且言简意赅,远非"可不能开玩笑"所能比拟。

为了适合学生的阅读能力,教材编者有时把原著中很长的内容,加以删减改写,其中一个办法是把蕴含丰富内容的语言描写用一句简单的话来加以概括,简直得不偿失。课文《草船借箭》开篇第一句就是:"周瑜看到诸葛亮挺有才干,心里很嫉妒。"其实阅读原著就知道,周瑜对诸葛亮的态度不是嫉妒那么简单,从周瑜对鲁肃的一句话我们就可以引导学生加以揣摩,"此人决不可留!吾决意斩之!"这里更有周瑜清除对手,以免后患的长久打算。

因此,对于古典作品的课文编选,还是尽可能原汁原味。否则,弄巧成拙,出力不讨好!

四、呼唤魏巍的《我的老师》回归语文教材

笔者中学时代,课外偶然读到魏巍的回忆性散文《我的老师》,当时就有一种一见钟情似的心动。作者回忆了自己学生时代语文教师蔡芸芝先生的几件小事,抒发了对蔡老师的喜爱与依恋之情,真挚感人。其中描写蔡芸芝

老师教学生读的一首诗，即周无的《过印度洋》，笔者初读之时就喜欢上了，并抄在摘抄本上，时不时地欣赏。笔者少小离家到镇上读书，一周仅回去一次，想家的念头一直萦绕在心头。因此读了这首思乡诗，内心特别地触动。尤其让我喜出望外的是，笔者教书时，课文里选了这篇文章，但是当时怎么教都难以教出其精髓。现在这篇散文早已从课本中删除了，太可惜。

教材选文一般要遵循文质兼美、切合学生及时代性的要求，而魏巍的《我的老师》都切合这些要求。

首先，该文是学生作文训练的范式。这篇散文主要叙述了自己与蔡老师相处的一些细节，多用白描，不事渲染。兼有抒情语句，语言质朴，是语文教师作文训练中，启发学生选材、立意、行文的基本范式，即王荣生教授所说的"例文"。尤其对于一些不知道作文写啥，怎么写，甚至编造作文，因文造情的学生，是一个很好的借鉴。亲情、友情、师生情，成为学生永远讴歌的素材与主题。

其次，该文也是教育学生"爱"的范本。《我的老师》主要记叙了自己与蔡老师相处的七个片断，描写了蔡老师爱护学生，学生依恋教师的动人情形，师生深情，至真至淳。尤其写自己夏夜迷迷糊糊寻找蔡老师的细节，让人忍俊不禁，也让人感叹师生情感的美好。而语文教学要以立人为目的，应以健全人格、濡染性情为旨归，让学生受到爱的教育。当读到蔡芸芝老师"笑惩"学生的动作，以及学生依恋蔡老师的情景，可能会激活学生隐藏在心底的老师关爱自己的经历与体验，从而点燃爱与被爱的火焰，温润他们的情感，身心得到健康发展。

最后，该文也是一篇教师教育的范文。蔡芸芝老师对学生的爱，源自她有一颗善良的心，温柔对待学生。特别难能可贵的是，蔡老师能超越时代的局限，关心与保护"我"这位有着特殊出身的学生，这不仅仅是爱，更是心地的纯良。在师生关系紧张的今天，在普遍反映学生难教、难管的情形下，我们教师应该思考一下，我们是否也像文中的蔡芸芝老师那样爱学生、微笑面对学生，像朋友一样相处，像关心自己孩子一样关心学生，能够公平对待一些"问题生"。因此，该文也是一面镜子，照出我们教学中的缺点与不足。该文也是一面猎猎旌旗，指引着教师们行走在教育的"爱"途上。

据笔者不完全统计,在当前所有的中小学语文教材选文中,只有一篇以师生关系、师生之情为题材的课文即鲁迅先生的《藤野先生》。在教育早已普及化的今天,在教育惠及所有人的国度里,这是非常奇怪的事。是师生关系真的降为冰点,是师生之情真的成为被人遗忘的角落了吗? 还是教师真的成为让人厌弃的职业? 曾几何时,我们不还高唱"教师是太阳底下最光辉的职业",我们不还是信奉"一日为师,终身为父"吗? 难道这仅仅是一句口号,或是给教师一张虚幻的画饼?

在此,笔者不禁深情呼唤,魏巍的《我的老师》尽快归来。

五、袁枚的《苔》为何被教材忽略

最近一段时间,有一首诗爆红,即袁枚的《苔》:

> 白日不到处,青春恰自来。
> 苔花如米小,也学牡丹开。

初读——喜。喜爱这首诗歌咏了人们忽略的卑微的苔,突出了它不甘寂寞,一如既往地生长,开花,展现了青春的亮丽,释放了生命的精彩。一个"恰"字,突出了苔逼人的生命力,一个"也"字强化了苔不卑不亢,敢于比肩强者的可贵品质。很显然,该诗寓意深远,表达了任何一种生命都有自己的价值,都有展现自己的权利,是一首非常好的励志诗。再者,这首诗充满着一种欣喜之情,而了无一般励志诗所具有的做作、空洞之弊。

继之——惊。惊诧于该诗手法运用的深入浅出。从艺术手法上看,该诗托物言志,而又无说教色彩;语言朴素畅达,略无生涩之感;音韵优美,节奏和谐,是一首思想内容与艺术手法结合非常好的励志诗。从篇幅上看,全诗仅20字,小巧玲珑,内容丰厚。

再读——惑。在反复品读的同时,一丝困惑袭来:为何这么一首好诗没有进过各类教材,甚至连一些儿童助读诗歌选也没进? 笔者自幼喜欢古诗词,学的也是汉语言文学专业,保存的各种诗歌选本也有一些,但是直到近年才看到这首。问题是,为何这首诗一直籍籍无名? 最让人迷惑的是小学语文课本选入了袁枚的《所见》：

> 牧童骑黄牛，歌声振林樾。
> 意欲捕鸣蝉，忽然闭口立。

这首《所见》仅仅突出了牧童的神态，充满童趣。除此之外，了无新意，并且这首诗读起来比较拗口，远不如《苔》顺口。因此，教材选用《所见》而弃用《苔》，不合理。

笔者认为，课文入选应该照顾到思想性、艺术性与适切性等标准。思想性与艺术性，不难理解，适切性是指选文适合儿童的程度，一些思想性与艺术性兼美的作品，也不一定适合做教材选文，还要看与儿童认知背景是否切合。但这些在《苔》这首诗里都应该没问题，思想性、艺术性俱佳，短小精悍，仅20个字，易于理解，从哪个方面看都适合少年儿童读。然而，这首诗却没能进入教材编造者的法眼。

为了说明问题，笔者把这首诗与叶绍翁的《游园不值》加以比较：

> 应怜屐齿印苍苔，小扣柴扉久不开。
> 春色满园关不住，一枝红杏出墙来。

思想性：《游园不值》寓含着新事物具有蓬勃发展的生机；《苔》蕴含着无论生命如何卑微，都应展现自己的价值，开放出青春的光芒。两首诗不相上下。

艺术性：《游园不值》借景抒情，《苔》托物言志；前者首句有点拗口，后者用词朴素，语音上朗朗上口，学生读起来没有丝毫的语言障碍，以至于有些学生认为是现代人所作。因此，后者优于前者。可能有读者会说前者有名句"春色满园关不住，一枝红杏出墙来"，后者无名句。但是所谓名句是因为人读的多的缘故。再者"一枝红杏出墙来"，有"少儿不宜"之嫌。《苔》略胜于《游园不值》。

适切性：前者表达一种哲理，后者励志。后者更适合儿童，更有教育意义。

两诗相较,《苔》优于《游园不值》。这只是笔者的分析,如果是这样,《苔》应该作为经典篇目进入教材。

六、关于整本书阅读的思考

现行部编版高中语文教材把费孝通的《乡土中国》和曹雪芹的《红楼梦》列为整本书阅读的必读书目,并作为教材的一个单元。笔者认为,提倡读整本书是可以的,从内容上看这两本书均属经典名著,问题是全国中学生都读相同的两本书,这种做法值得商榷。

(一)全国学生同读两本书的问题

1. 选择性太少,与口味不一的学情难以相符

众所周知,对于读物的选择,不同的学生有不同的口味,有不同的喜好。如果以类化分,男生一般喜欢武侠小说,女生喜欢言情小说;20 世纪 80 年代,男生读金庸,女生读琼瑶,就是证明。再就是不同的人对同一本书可能有不同的反应与收获。一些人尤其女生读《红楼梦》可能会流泪,一些人则可能没有感觉。笔者非常喜欢读书,因为偶然原因,小时候读了《水浒传》,受益匪浅。但读了几次《红楼梦》,都读得稀里糊涂,读得昏昏欲睡,读得都怀疑读书的价值了。因此强行指定两本书,会让一些学生有不适感、茫然感,甚至反感,可能会劳而少功,甚至劳而无功。

为了实施整本书阅读的理念,笔者认为可以按《义务教育语文课程标准》中的推荐书目,引导学生自由选读,读出感觉,读出自己。如果觉得有困难可以改换其他书,一段时间后再读就可能懂了,达到事半功倍的效果。

2. 与才情不一的教情不符

进行这两本书的教学,至少要做到以下三点,一是教师必须读懂这两本书,二是选择恰当的教学内容,三是选择适当的教学方式与方法。这三个难题不是并列的,也不仅是时间上的前后关系,而是在逻辑上呈链式分布,即必须读懂这两本书,才能选定恰当的教学内容,之后才能选择适当的教学方式与方法。前一个问题解决不了或解决不够好,势必影响下一个问题的解决。从难度上看,这三个问题呈逐步加深的阶梯分布,一个比一个难度大。但是根据全国语文教师队伍看,别说解决这三个难题,就第一个难题,即读

懂甚至通读完这两本书的教师数量,应该不容乐观。跟郑州十二中高中语文教师袁四零交流,他说郑州的学校真正进行《红楼梦》整本书阅读教学的老师不到三分之一。这还是在郑州,还是在这位名师的带领下的情况,其他学校,尤其是小县城,这个比例应该更低。估计大部分教师自己就没有把《红楼梦》这本书读完,更别说后两个问题了。很多教师是提出几个思考题,让学生带上这些问题,自行阅读,至于阅读情况如何就不得而知了。

（二）整本书阅读书目的建议

从语文分科至今,语文教材选文主要有两种,一是单篇课文,二是节选课文,即节选整本书某一章节。读节选文,教节选文,语文教师首先应该通读整本书,因为只有阅读整本书才能对节选课文有较为全面、深刻的领会与理解,这是阅读整本书的逻辑依据。虽然叶圣陶在 20 世纪前半世纪就提出了整本书阅读这一理念,但是真正实行起来,还有不小的困难,选定哪些书目就是问题之一。

为了照顾不同地区、不同教学水平的教师和学生的阅读口味,笔者建议可以扩大推荐书目的范围,由当前的 2 本增加到 10 本左右。《普通高中语文课程标准(2017 年版)》推荐的阅读书目就可以作为参考。

第二章
语文教材开发

近年几经修订的《义务教育语文课程标准》都强调课程资源的开发问题。课程资源开发的重要内容就是教材资源的开发。在一线教师意识里,教材资源开发纯属教材编辑的事,教师能好好利用教材就行了。其实几乎所有教师都在自觉或不自觉地进行了教材资源开发活动,譬如教学内容的拓展,课堂故事分享,提出自己的理解。从宏观角度上讲这些都是对教材加以拓展与延伸,无疑属于教材资源的开发,只不过缺乏科学性、系统性、深刻性而已,或者属于"潜开发"状态。如果能在此基础上加以提纯、深化、系统,再加以物化,就更好了。

一、教师要有教材资源开发的意识

有一次给学生上课,正值下雪,顶风冒雪而来。想起在中学教书时,每当瑞雪飘飞的时候,笔者给学生补充一些关于下雪的古诗文,其中《三国演义》中《三顾茅庐》这一章节中有一首写雪的诗非常有意思:

> 一夜北风寒,万里彤云厚。长空雪乱飘,改尽江山旧。
> 仰面观太虚,疑是玉龙斗。纷纷鳞甲飞,顷刻遍宇宙。
> 骑驴过小桥,独叹梅花瘦!

此景重现,已是二三十年后的今天,顿有隔世之感。现在除了与学生分享上面一首诗外,另外又想起金圣叹临刑前作的一首《绝命诗》:"天公为我报丁忧,万里江山皆白头。明日太阳来吊孝,家家户户泪珠流。"

　　还有一首最近很火的诗,据说是现代人写的,虽然平仄方面问题太多,但很是传神:"梅花爱雪雪不知,开在雪中做情痴。芳心碎落三千瓣,片片香魂皆成诗。"

　　突然想到,这算不算课程(教材)开发呢? 下雪在我们这个地方也算是冬天的慷慨馈赠吧,把描写冬雪的诗当作语文教材内容的补充来加以整理运用,可以达到教育学生了解本地文化、热爱生命的目的。当然这种开发还是萌芽,还停留在浅层次上,不能算是真正意义上的教材开发,但应该是教学资源的开发无疑!

　　我们教师尤其中小学语文教师,因为有统一的教材,所以上课就讲教材,除此之外啥也没有。这样的话,学生会营养不良。按照叶圣陶的观点,教材只不过是个例子,因此,语文教师在教学中,要多引例子,即引入课外教学资源。譬如下雪了,就让学生回顾关于写雪的古诗词,下雨了,就背诵以雨为题材的著名篇章,过节了就讲有关该节日的典故,等等。教材开发不仅仅上面几种,一线教师只要有教材开发的意识与能力,教学资源随处都有。课程资源开发主要还是根据课堂内容进行,譬如讲了送别诗后,可以为学生引入一些这类题材的诗词。当然诗词不限于古诗词,可以引入一些现代人的作品。

　　教材开发可以从下面几个方面着眼:一是节日。遇到节日,可以为学生引入关于该节日的诗词名句、掌故、传说等。二是天气,譬如遇到下雨,可以引入有关雨的诗词。至于下雪的有关资料就更多了。三是与当地有关名人、风物的传说。四是时闻,把当时发生的一些事件有选择地引入课堂。

　　课程资源有很多,要巧妙开发、利用。有一次上"语文课程与教学论",讲的是诵读一节,正巧学校教学督导组成员、音乐系的沈艳芳教授听课。课堂结束前 10 分钟,我说:"真正的课堂是开放的,生成的。所有这个教室的人、物都是课程。沈艳芳教授是研究声乐的,对发声技巧把握得非常熟练。现在就请我非常尊敬的沈艳芳教授为我们指导几句!"沈老师果然非常专业,把如何运气练声讲得头头是道,10 分钟时间很快过去,同学们听得意犹未尽,也很好地诠释了课程开发的理念。

有次给 1601 汉文班上学期最后一节课。进班发现班里前排坐着一位同学很陌生,询问后才知道他也是 2016 级即将毕业的英语专业大四学生,和他聊了一会考研、就业等问题,就接着上课了。说是上课,其实是讲下学期学生实习、就业的问题,每次学期末的最后一节课我都是如此安排,从初中到高中,再到大学,这个习惯保持了下来,讲职业规划、讲人生理想、讲人际关系的处理等。最后,在下课乐曲的悠扬声中,在我的祝福与希冀中结束了2019 年最后一课,也是本课程的最后一课。在学生陆续走出教室的时候,才突然想起应该让英语系的该生谈一下他上汉语专业课的动机、谈一下他在我的课堂上的感受。结果,一个很好的课程资源被白白地浪费掉了。

二、叶圣陶"教材无非是个例子"的理解与运用

叶圣陶在多种讲话与文章中提到"课文无非是个例子"的观点,该观点从某些方面概括了语文教育的特点,一定程度上符合语文教育的规律,指引了语文教学的方向,其作用不容低估。但是语文教材又是独特的例子,忽视这一点,在教学中就有可能出现简单化处理教材的现象。

(一)"语文教材无非是例子"的积极影响

叶老"例子"说,揭示了语文教材具有有限性特点。语文教材只是语文教学的凭借与材料,而不是语文教学的内容。在教学上,启发了我们不能满足于教教材,不能把教材当做语文教学的唯一内容,更不能拘泥于教材。而是"用教材教",把教材当作例子,对教材进行拓展,重视课外阅读。当前提倡的大单元教学、群文阅读等就是为了整合教材,从而弥补语文教材有限性的办法。教材编写上,从原来仅有必修教材向语文必修、选修配用,到语文读本、课外阅读书目共存的转变,促进了课程开发与建设,校本教材、乡土教材以及其他特色教材也应运而生。在教学评价方式上,由 20 世纪 90 年代前的考教材,到考题在课外、答案在课外,再到 90 年代以来考试基本脱离教材的转变。

(二)"语文教材无非是例子"可能带来的消极影响

第一,"例子"说可能使人忽略了课文与其他课程例子的区别,忽视了"例子"的独特教学价值,其结果是出现对教材重视不够,简单化、随意处理

的现象。因为语文教材与其他课程教材不同,其例子具有经典性、独特性、不可替代性。是独特的"这一个",可谓"有意味的形式"。"它是一种具有无限丰富内涵的例子,除了字词句篇语修逻文等知识外,更重要的是还有课文作者对自然、对社会、对人生的认识和感悟。"①近年的语文教材曾先后选入朱德的《我的母亲》、胡适的《我的母亲》、孟郊的《游子吟》、史铁生的《秋天的怀念》等"母爱"主题的文章。但是这几篇课文除了具有母爱这一共性外,还各自具有自己的独特教学内容,朱德的《我的母亲》中母亲勤俭持家,史铁生的《我与地坛》中除了表现母亲对瘫痪儿子的愧疚、担忧与痛苦外,最明显的是对生命意义的拷问。最为突出的是胡适的《我的母亲》,文中母亲的隐忍恬退、顾全大局,尤其是对儿子的严厉教导,使人联想到历史上孟母等成功的母亲形象。至于艺术手法上的区别更为显著。与其他几篇重渲染铺叙不同,孟郊的《游子吟》采用大写意手法,托物比兴,把母爱比作太阳的光辉,是对母爱的最高礼赞。如果不能辩证地看待叶圣陶关于"课文仅仅是个例子"的观点,在上述教材选文的实际教学中就有可能简单地抽象出一般的、共通的教学目标与教学内容,即歌颂母爱的伟大以及培养学生对母亲的爱,而对各篇课文的独特内涵就有可能有意无意地漠视了,这使本该丰富多彩的课堂教学就成了千"堂"一面的情形。

　　第二,"语文教材无非是例子"带有语文"工具性"的影响,难以彰显"人文性"特点。叶圣陶于 1978 年 3 月在北京语言学科规划座谈会上《大力研究语文教学,尽快改进语文教学》的讲话中指出:"语文教材无非是例子,凭这个例子要使学生能够举一反三,练成阅读和作文的熟练技能。"这句话包含了一种认识观,即语文教材是有规律可循的,按照这个规律能够学一知十,以已知证未知。不可否认,语文教材呈现出一些规律性,这主要是指诸如字、词、句等这些具有很强工具性的语文知识。"学生学习字词句段篇语文知识,进行语文能力训练的一个个'例子'。"②譬如学习汉字的造字法,我们掌握形声字的发音、字义特点,可以推知一些形声字的大致读法与含义。

---

　　① 丁传军.语文教材是一种特殊的例子[J].语文教学通讯:高中(A),2007(12):12.

　　② 许双全.对叶圣陶先生"语文教材无非是例子"论断的思考[J].小学语文,2008(5):17.

但同时语文教材也含有大量的非规律性的或规律性不明显的东西,譬如主旨意蕴、思想情感等。了解了让人"哀其不幸,怒其不争"的孔乙己形象之后,在不读原文的情况下你无法举一反三地推知祥林嫂、林教头、别里科夫等形象。即使是具有很强工具性的语文知识,其规律也不像理工科那么井然有序。如规律性很强的形声字,我们只能根据其声旁来大致推测而不是断定该字的读音一样。据此可知,叶老"例子"说,其实揭示了语文教材规律性的一面,但却无法顾及到非规律性的一面。这就为"工具性"的知识学习与训练找到了口实。

(三)深入理解与运用"语文教材无非是例子"的理论

与"用教材教"对立的观点即是"教教材"。"教教材"注意到了教材的经典性、独特性、不可替代性,发挥了语文教材这一"例子"的独特作用。但"教教材"可能忽视了教材之外学习材料的广泛性与丰富性,把师生拘泥于教材中,限制了师生的能动性。

辩证地看,"用教材教"与"教教材"皆有其长,也都存在着不足,片面地提及一点都会厚此薄彼。只不过针对当年一门课程等同于一本教材,一本教材等同于教学内容的情况下,叶老提出了"语文教材无非是例子"的观点,为"用教材教"立言,有其特定的背景、语境与内涵。情随事迁,当前如果仍一味强调"语文教材无非是例子",就会使当前"教教材"不足的现象愈演愈烈。在实际教学中,一些老师没有让学生走进课文,就匆忙地提出几个思考问题;有些教师在学生还没有对课文深入了解的情况下就急忙拓展,就是如此。

实际上,语文教材中的选文非常复杂,既有"教教材"的情况,例如承载中华民族重要价值观的古典诗文;也有"用教材教"的情况,例如一些应用文体,是进行应用文写作训练的"例子"。当然也存在着二者兼具的情况,多是一些时文,例如吴晗的《谈骨气》,既承载了一定的民族精神及价值观,又是议论文练习的"例子"。比较深入思考这一问题的是王荣生教授,他根据内容与作用的不同,把教材选文分为"定篇""例文""样本""用件"四种类型①。其中的"定篇"就相当于"教教材",而"例文""样本""用件"三种类型则与

---

① 王荣生.语文科课程论基础[M].上海:上海教育出版社,2003:315-369.

"用教材教"相似,即叶老所说的"例子"。这种分类比较清晰地阐明了不同的选文所具有的"例子"与"内容"的功能,避免了人们对叶老"例子"说的偏误理解,对教师教学具有指导意义,作用之大,不可低估。

三、语文教材应该入选一些灾难类课文

统编版小学五年级语文上册第四单元选入了《圆明园的毁灭》这篇课文,这是一篇反映旧中国遭受欺凌的灾难性文章,使学生受到爱国主义教育。如果把这篇文章看作是"灾难"类文章的话,也颇具警示性,警示人们牢记过去,奋发图强。笔者读书、教书时,学习过一篇说明文《记一次大型泥石流》,受到很大震撼,明白人与环境要和谐相处。联系近年不断发生的灾难,笔者以一个教育者的眼光看,中小学语文教材应该入选一些灾难类的课文。这里有一个问题,为什么当前中小学语文教材里很少出现灾难类题材的课文? 笔者认为有以下几种因素。

(一)制约入选一些灾难类课文的历史与现实因素

一是我们缺少直面灾难的文化传统。孔子不语"怪力乱神",汉代儒生把它发展为"温柔敦厚"的诗教,这个"怪乱"应该包括各种灾难。因此,中国文化对灾难一类的"怪乱"之事基本上是失语的,发展到明清戏剧形成所谓"大团圆"结尾。抹杀矛盾,消解苦难,微笑面对,"不怨天、不尤人""既来之,则安之"日益成为国人言行的座右铭。所以世上诸多灾难,在我们的文化语境里,被成功转换为个体成长必不可少的逆境、群体强大的不可多得的因素,所谓"生于忧患,死于安乐"是也。

二是报喜不报忧的民族心理。我们习惯性地认为如果承认了一些灾难,会彰显我们的阴暗面,打击国民的信心,对于激发积极向上的民族精神不利。这当然有一定道理,但是另一方面,就像马克·吐温说过:"历史不会重演,但总会有惊人的相似。"为了避免灾难再次发生或者使灾难的破坏后果小一些,我们必须为此做点工作。

三是现实的需要。《现代汉语词典》(第7版)对灾难的解释为"天灾人祸所造成的严重损害和痛苦"。据此,灾难可分为自然灾难与人为灾难。自然灾难往往也有人祸的因素,人为灾难更是人们有意无意造成的,而历史上

很多灾难的发生是因为封建统治者不作为、乱作为引发的恶果。按理说灾难后人们应该反思,反思灾难发生的背景与因素,以此减少或者避免灾难再次发生。但是,反思意味着揭示真相,揭示真相意味着一些人与集团要担责,这样就有可能对他们造成潜在的威胁,因此就会遭遇阻力。缺乏反思其实是不能反思,这也是缺乏反思灾难的现实原因。

(二)入选一些灾难类课文的必要性与可行性

一是随着社会的发展,以人为本的理念日益深入人心,反思精神有了制度的保障。其实灾难是人类面临的共同敌人,世界各国都在努力应对。日本地处亚欧板块与太平洋板块交界与碰撞地带,火山、地震、海啸、风灾频发,为防范这些灾害,尚不清楚日本语文教材中是否有关灾难的选文,但是日本中小学开设了一门新课程——安全避难训练课。训练项目有防震、防火、防风、防火灾等避难路线和安全疏散演习,并聘请消防警察亲临指导,以及学习简单的急救常识、人工呼吸,放映有关地震、火山、大雨、台风等科教影片。①

二是当前处于社会转型期,社会矛盾加剧,影响社会安全的因素增加,各类灾难几乎防不胜防。但是入选灾难性课文,学生在对灾难的知识与理论了解的同时,可以提高在灾难面前自救与救人的技能,可以减少、减轻甚至避免灾难的损失。例如,"1983 年 5 月 26 日午后 12 时 18 秒,秋田县以西海面,日本海中部,发生里氏 7.7 级强烈地震。秋田县沿岸死者、行踪不明者总计 81 人。这次地震造成全国死亡、行踪不明者共 102 人,其中秋田县占80%"。然而,该校(秋大附小)从国情出发,按需设置"安全避难训练课程",因情施教,平日安全避难训练有素,防范措施得当。全校师生在这次大地震中,按预定计划路线、场地,安全疏散、转移、安全避难。因此,平安无事,安全无事。② 因此,当前在中小学选入反映灾难的课文非常必要。

---

① 于素兰.日本为防范自然灾害在中小学开设的新课程[J].外国中小学教育,1998(6):6.

② 于素兰.日本为防范自然灾害在中小学开设的新课程[J].外国中小学教育,1998:(6):6.

（三）代表性灾难课选文

中国古代文学史上不乏反映灾难的篇章,以战争居多。例如杜甫的"三吏""三别"、《春望》等。也有反映自然灾害的文章,著名的如韩愈的《祭鳄鱼文》等。除了收入灾难课文外,可以适当开设一些灾难课,以应对当前灾难频发的形势。

四、课文中的脏话怎么处理

20世纪八九十年代,中学语文课本选入的有吴伯箫所写的记述性散文《猎户》,里面有一句话:"弄杆枪打狗日的。"学生尤其女生每读到这句话时,声音就会低下去或者停下,还会引起一些学生窃笑。笔者当时刚入职,不知道采取必要的方法来减少这种尴尬的情形。

后来在讲老舍的《茶馆》节选部分时,笔者已经有了一些教育经验,具备了一定的教学机智。这篇课文里有一个字"屌",出现有五六处,这是"大兵"和"警察"说话时的口头禅,表现其无赖流氓的嘴脸。当时是分角色朗读,一个女生读的是大兵的话,当快要读到这个地方时,我才发现问题,脑海迅速转动,寻找解决办法。还没有找到办法时,这位女生已经读到这个地方停下了,于是我说道:"出于可以理解的原因,下面这个字就略过去不再读了。"以后每讲这一课或又出现类似的现象我都如法炮制,也非常自得,经常与同仁分享这种做法。

不曾想,有教师竟然提出了不同的意见。

在一次驻马店市教育局教研室召开的全市语文交流会上,我向与会教师分享了这种做法与心得,并引以为豪。但上蔡县二高翟华君老师认为,语文教材是专家精心组织编写而成的,既然这样的词能进入教材,让学生读出来就没问题。限于当时教育教学理论的贫乏,本人觉得翟老师的说法似乎有道理,但凭直觉认为,让当时十来岁的小女孩去读这些脏话有些不合适,但又说不出充分的理由。如果是现在,我完全可以说:教材编写专家也不是万能的,他们虽然秉承思想性、艺术性的标准来筛选文章,但往往难以兼顾,在这种情况下选入教材中的课文也会有这样和那样的问题,不能奉课文为神明!即使入选课文没有瑕疵,达到思想性、艺术性双赢,一线教师在实行起来也完全可以因时、因地、因学生而制宜。教师不但是教材的使用者，也是教材建设的参与者。因此，教师就要发挥其主体性与能动性，不能"唯教材编写者是听"，亦步亦趋，而是主动地对教材加以处理。

当然也有一些案例值得探讨。

笔者在讲授曹禺的《雷雨》这篇课文时，按惯例我还是采用分角色朗读的办法。记得课文里有鲁侍萍几句台词："年三十的晚上，我生下你的第二个儿子才三天。""我亲生的两个孩子，逼着我留在你们家里。""我的孩子再伺候你生的少爷们。"这几句台词里有"生（育）""我的孩子"等字眼，成人读起来没有什么问题，但让十几岁的学生尤其女生朗读却有违和之感。结果有一组有位女同学读的是鲁侍萍的话，我也正想让这位女生略过这几句话，没想到这位女生大声地读出了，当时我自己就感觉有点脸红耳热，班里静悄悄的，不知学生是沉浸在剧情里，还是反复品味这位女生朗读的"特殊意味"。此后，讲授这一课，再分角色朗读时，我就把这几处略过去了。

正如叶圣陶所言，"教材仅仅是个例子"。因此，语文教师不是被动教教材，而是能动地使用教材。

五、课文插图教学问题

图文相映，在我国古代文字作品中历史悠久。所谓"凡有书必有图"[①]。因此当前中小学语文教材选文也沿用这一传统，配有很多插图，它和课文系统、助读系统、练习系统一起，成为教材的有机组成部分。然而，在教学中，我们很多教师忽略了它的存在价值，着实可惜。

如果按所在的位置分，课文插图可以分为封面插图、单元插图、课文插图、助读系统插图等；如果按内容分类，可以分为作者图、课文配图、附加图。按来源，可分为摄影照片与绘画图；等等。不同的插图作用不同。

（一）课文插图的作用

课文插图除了具有美观、激发学生审美情趣等作用，还应具有以下作用。

---

① 叶德辉.书林清话[M].沈阳:辽宁教育出版社,1998:17.

1. 印证作用

特别是一些摄影照片能起到这类作用。有些课文内容是关于各地风物名胜的,作者妙笔生花,让人浮想联翩,也难以再现真实的胜景,但是课文插图可以与文字内容相呼应,能部分地解决这个疑难。宋代史学家郑樵认为:"图至约也,书至博也;即图而求易,即书而求难。"①充分说明读图的作用。梁衡的课文《壶口瀑布》②,读到描写壶口"集纳了海、河、瀑、泉、雾所有水的形态,兼容了喜、怒、哀、怨、愁——人的各种感情"这句话,穷尽所有想象也无法得到真实的样子。而教材采用都本基所绘的《壶口瀑布》,较传神地表达了课文内容。印证作用特别适用于说明文等实用文中的插图,笔者执教《中国石拱桥》这篇课文时,教材还没有配备插图。当时学生不知道"拱""大拱""小拱"的含义,笔者只能在黑板上画出一个个简图来作辅助教学,后来教材有了实物的照片,很好地印证了文字内容。插图更能弥补一些描摹远古文物、遗迹的文字内容。九年级下册选入了毛宁的《梦回繁华》,配有名画《清明上河图》中最具代表性的"拱桥"的一部分。因为该画相当写实,很好地印证了文字内容。2024 年新版义务教育语文第七册上选入《〈论语〉十二则》,配图竹简照片,让学生直观认识到古书的样子。说明文中摄影图片大部分起印证作用。如《苏州园林》《蝉》等课文的插图采用的就是摄影照片。

2. 补充作用

有些课文插图能起到课文不能起到的作用。汉初贾谊的政论文《过秦论》,课文中配有"秦灭六国形势图",这在某种程度上交代了当时的历史背景,补充了文字的内容。人教版高中语文教材选入《荆轲刺秦王》,文中描写荆轲在大殿上追刺秦王,直至功败垂成,失败被杀,整个过程惊心动魄、让人惋惜。然而非常奇怪的是,在荆轲只身犯险时,他的副手,那个十三岁就敢杀人的秦舞阳干啥去了,文中没有交代,笔者当年执教时也有学生这样

---

① 郑樵.通志略[M].上海:上海古籍出版社,1990:10.

② 如果没有特殊说明,这里所说的初中语文教材皆指部编版,人民教育出版社,七年级上、下册,为 2016 年版;八年级上、下册,为 2017 年版;九年级上、下册,为 2018 年版。

问,但当年教材没有插图,也没有给出一个很好的解释。但是看了王婷婷老师的课堂教学才发现个中情形。她的学生从课文配有的插图(图4-2-1)中发现了答案,原来秦舞阳还在地上趴着,也可能是吓瘫倒在地上①,这就对课文描写省略之处做了补充。看了插图,让人感叹,如果秦舞阳也能像荆轲刺秦王一样勇敢加入,恐怕历史就要改写,但是历史无法假设。

图4-2-1 荆轲刺秦(汉画像砖)

注:图片来源于普通高中教科书(必修1),人民教育出版社2007年版

3. 附加作用

就是超出文字所表达的内容,起到文字所无法表达的作用。"作为图像种类之一的插图,必然与当时人们的生产方式、生活习惯、制度习俗、审美风尚等存在千丝万缕的联系,必然包含诸如地理环境、房屋建筑、衣帽服饰、生活方式、行为举止、人情礼仪、社会风俗等丰富的文化内涵。"②九年级下册选入了苏轼的《江城子·密州出猎》,配了一幅插图。图上除了有表现该词所描写的内容外,也给我们尤其是十几岁的中学生补充了古代军戎知识,图中数人,锦帽遮头,身披战袍;斜挂箭袋,跃马挺枪;旌旗猎猎,马嘶犬叫,动感极强,让人遥想当年紧张的军旅生活,这是文字没有交代的。人教版高中语

① 王婷婷.激活·引发·唤醒:我这样教《荆轲刺秦王》[J].语文教学参考,2015 (7):26.

② 蒋传红.中学语文教材叙事作品插图及其应用价值[J].语文建设,2014(11):27.

文第四册选入的《廉颇蔺相如列传》,所用配图是汉画像砖"完璧归赵"。图中人物峨冠博带,衣服纹饰鲜明,显示出先秦贵族服饰特有的样貌。九年级下册选入了爱国诗人文天祥的《过零丁洋》,下面配有毛泽东的书法作品(局部,只出现"人生自古谁无死,留取丹心照汗青")。类似的还有同一册选入秋瑾的《满江红》课文,配有周恩来总理的题词:"勿忘鉴湖女侠之遗风,望为我越东女儿争光!"让学生在学习诗文的同时,又欣赏了革命领袖的书法作品,拓展了诗歌教学的容度。

(二)课文插图应注意的问题

插图连同课文成为教材的一部分,是珍贵的教学资源。因此,教材插图要科学、合理,但因为各因素的影响,很多时候难以做到尽善尽美。

1.图文相符

课文插图首先在硬件上要与文字内容相符,但有时会出现一些问题。《醉翁亭记》中"有亭翼然临于泉上者"一句,根据课文下边的注释可知,"翼然"解释为"(亭角翘起)像鸟张开翅膀一样"。但插图中亭子的四角却不具备这个特点,和当前普通人家的屋角差不多,与文字不符。

教材插图应与文字内容一致,但并不是说插图只能是文字的机械图解,事实上课文插图是作者对课文创造性的理解,是二次创作。鲁迅的《孔乙己》,配了一幅插图(图4-2-2),该图为丰子恺所画,较为传神地揭示了文字所表达的意蕴:哄笑的众人、尴尬局促的孔乙己。意想不到的是,一扇门上贴有"羣賢畢至"(群贤毕至)几个大字,非常醒目,可以说是画家的匠心独运,它与沦为笑话的读书人孔乙己相对,极具讽刺意味,是对文字内容的拓展与深化。再如九年级上册《范进中举》一文中,插图上除了有发

图4-2-2　《孔乙己》插图,丰子恺作

注:图片来源于部编语文教科书九年级下册,人民教育出版社2019年版

疯的范进、惊呆了的乡邻、捋起袖子正要出手的胡屠户,画家还创造性地画了一只狗正怪异地看着手舞足蹈的范进,让人想起成语"鸡飞狗跳",表明范进发疯,闹得鸡犬不宁!又让人想起了明末清初思想家李贽对读书做官人的讽刺:"阳为道学,阴为富贵;被服儒雅,行若狗彘。"(《三教归儒说》)辛辣地讽刺了范进的可笑行为。

2. 古代诗文插图要符合中国古人的审美习惯

中国古典诗文善于写虚,追求言外之意,插图应该给人更多的联想空间。九年级上册第六单元是古代小说单元,选入了《三国演义》中的《三顾茅庐》一节,在单元提示里附有一张"三顾茅庐"插图,有茅庐一角,可以隐约看见诸葛亮向里而卧的侧影,给人"只见其首不见其尾"之感;插图正中方向是门外刘备的背影。刘备拱手向里肃立,留给读者的仅有头戴方巾、身披战袍的背影,恭敬如斯。一角处是关、张二人在耳语什么,似乎在抱怨诸葛亮的"无礼"。整幅插图与文字内容非常切合。张岱的散文《湖心亭看雪》,采用白描,语言简练,而意在言外;与之相应的插图也是一幅水墨画,只有大片空白、极简的景物,引人遐想。

七年级下册选入陈子昂的《登幽州台歌》表达了作者的孤独与寂寞,想象中的画面应该是这样的:大片的空白,远处天高云飞,画角处有一高台,台上人小如豆,形销骨立,正作思考状,或呼啸状,这样与诗中天地悠悠、生命不永之意境相符。但课文插图采用的是当代画家刘旦宅的画作,该画作太写实,高台及人物太大、太突出,且处于插图正中央,给人联想与想象的空间不够。再者图中人物太肥,身形壮硕,可能是表达唐人以肥为美的观点,但是这与诗中所抒发的孤独感不甚相符。

(三)课文插图的教学运用

1. 课前运用

(1)预习运用:教材附有包括作者在内的很多人物肖像图,我们老师一般忽略了其教学价值,譬如先让学生观察朱自清肖像图,再读他的《荷塘月色》,看看其人其文是否相符?讲授鲁迅先生的《从百草园到三味书屋》,可以让学生预习课文,可以让学生先观察一下课文中"三味书屋"布置、教学情景,带着"私塾学堂与现在的学校教育有何区别"这样的问题预习课文。

（2）导入运用：教吴均的《与朱元思书》时，可以让学生先欣赏课文所插的《富春山居图》，让大家用一段文字给插图作解说词，学生或许会感到困难。然后告诉学生其实我们有一篇文章作解说词，这样就导入了新课。有位教师是这样导入新课《祝福》的："可让学生先欣赏文中祥林嫂的一幅插图，并适时提问学生画中人物的身份（乞丐）和年龄（看似六七十岁，实则四十多岁），这样就激发学生对祥林嫂的兴趣，然后教师可提问：是什么原因使一个正值壮年的女子看似一个六七十岁、朽木似的老太？这样导入新课，能扣紧教学重点，引导学生去挖掘主题。"①

2. 课堂运用

（1）利用插图，了解故事背景。七年级上册选入《世说新语》二则，其中之一是《陈太丘与友期行》，配有一幅图，但是拉车的不是马而是牛。可以对此设问："为什么是牛拉而不是马拉车？"可以提示学生，当时人们信奉老庄，轻衣缓步，所以牛的地位上升，当时乘牛车出行成为一种时尚。"士人开始争相骑牛，模仿老子骑青牛出函谷关这一场景从而表达自己的最高人生理想状态和志向，牛车清谈之风开始在士大夫中发展起来。"②同样道理，高中语文选入了演说词《我有一个梦想》，插入了一幅马丁·路德·金演讲的图片。举手演说的马丁·路德·金、密密麻麻的听众，再现了当年美国人民反对种族歧视的盛况。

（2）结合插图，加深对主题的理解。史铁生《秋天的怀念》，表达了母爱的伟大以及对母亲的深深怀念，但是配图中作者史铁生笑得非常开朗纯净。可以设置这样的问题，你认为作者图像与文章主题、风格符合吗，为什么？答案可以是开放式的。可以答一致，因为课文在深深的怀念中，表达了对生活乐观的态度，与文中反复出现的一句话"好好儿活，好好儿活"相照应。也可以答不一致，与全文基调不符，也与想象中的作者不同。想象中的作者应该是究天问地的苦苦思索，应该选用作者凝神深思的照片更为恰当。

（3）结合插图，理解教学难点。《廉颇蔺相如列传》中的"负荆请罪"，是

①　尤凤娟. 中学语文教材插图谈[J]. 常熟理工学院学报，1998（2）：53.
②　宋艺婧. 先秦至魏晋马车与牛车的地位变迁及其原因探析[J]. 今古文创，2024（11）：72.

古人一种特有的谢罪方式,学生对这样的内容非常陌生,不知道是怎样的情形,而课文插图正好解决了这个难题。人教版高中语文第五册选入了梁思成的《中国建筑的特征》一文,其中,中国古代建筑的翼角,对学生可能是个难点,文中插入了一幅"沈阳昭陵隆恩殿翼角"图,对师生理解这个难题有一定帮助。这类插图特别适用于科技说明文中介绍一些难以直观的景物。

(4)文图对比,发展思维。2020年修订的《普通高中语文课程标准》提出"思维发展与提升"的核心素养,并提出"通过语言运用,获得直觉思维、形象思维、逻辑思维、辩证思维和创造思维的发展,促进深刻性、敏捷性、灵活性、批判性和独创性等思维品质的提升"。通过图文对比,发现插图的超越与不足,也是实现思维发展与提升的办法之一。譬如有教师引导学生发现《孔乙己》插图中孔乙己衣服上有补丁,这与课文中的描写不符:"穿的虽然是长衫,可是又脏又破,似乎十多年没有补,也没有洗。"但是这句话中有一个词"似乎",并不确定。因此插图这样处理并无不妥。

3.课后运用

八年级上册《藤野先生》课文后附有藤野先生的人物照及照片背面留言签名,可以问这样的问题:看了藤野先生照片,与你想象中所描写的形象是否相符合? 等等。

课文插图是一种不可替代的教学资源,能起到文字教学无法起到的作用,几次修订的《义务教育语文课程标准》都对图表(非连续文本)的阅读提出要求。因此,在当前"读图时代",教师们应该利用课文插图培养学生读图的意识与习惯,提高读图能力。但也有教师主张让学生根据课文内容自制插图①,这是否有"非语文"之嫌? 因此应慎重提倡。

---

① 朱瑛.课文插图:语文教材的第二语言[J].教学与管理,2010(1):45;阚艾力.论初中语文教材中插图的利用[J].中学教学参考,2010(12):13.

第五篇　语文教学篇

教学篇是研究如何教学的,讨论的是过程、手段、方法等。与课程研究相比,教学研究在中国教学史上文献宏富。孔子的"温故知新""启发诱导",孟子的"以意逆志""知人论世"解诗法,尤其是朱熹"二十四字"读书法更为全面系统。

我们一线教师比较热衷于教学的研究,也取得了一些成绩。但总的说来,这些研究还多停留在经验的层面上,理论深度不够,系统性也不强,很少达到"论"的层面。当然,这是一个教学研究者必经之路,河南师范大学王文延曾撰文认为,教师教研要经历"研究教学内容—研究教学法—研究教学思想"三个由浅入深的阶段,是不无道理的。

语文教育界对于教学的认识,有一个逐步加深的过程。在中国长期的教育史上,甚至直至20世纪末,"教师本位"一统天下,教学过程主要是"教"的过程,重视教师的能动性,漠视学生的主体地位,这门课程也叫"教法课"。随着人们知识水平的普遍提高,电脑技术尤其是互联网的普及,海量信息时代的到来,学生主体意识逐渐觉醒,"学生本位观"领风气之先,《义务教育语文课程标准》(2001)提出:"学生是学习和发展的主体。语文课程必须根据学生身心发展和语文学习的特点,关注学生的个体差异和不同的学习需求,爱护学生的好奇心、求知欲,充分激发学生的主动意识和进取精神。"但由于多种因素的影响,在实践过程中走向另一极端,片面强调学生的积极性,忽视教师的主体性,以致形成了有学无教的局面。因此,又有人提出在教学过程中教师不能缺位,要发挥教师"首席"作用。这样说来,教学是教师的"教"与学生"学"的高度统一。但是,这样说远没有解决问题,怎样统一,二者是什么关系,谁为主,谁为次,等等,这些还需要进行深入研究。

"教"与"学"的关系问题,是一个理论问题,又是一个实践问题,这个问题不解决,教学中出现的种种问题就不能得到很好的解决。事实上,我们的语文课堂上之所以出现一些乱象,究根结底,只不过是这种关系的外显而已。

第一章
语文教学准备

理论上讲,教师教学行为与过程分为备课、讲课、说课、评课与考课几个环节,而备课,是教师教学的第一步。当前教师备课存在诸多问题:重内容,轻学生;重教法,轻学法;重课内,轻课外;重训练,轻感悟;重显性目标,轻隐性目标。教案多备知识内容,少备活动方式;是教案,不是学案;等等。

一、语文新教师如何备课

我的一位刚毕业的学生,入职教语文,谈及教案书写情况,她说学校除了发一本教材之外,又发了两本教学参考资料,内容非常全,包括教学目标、教学重难点、课后练习以及补充资料等。说别的老师大都是直接拿着资料直接讲,也有的在百度上复制别人的教案。自己也觉得这种办法不对,但由于各种原因,自己也无法抗拒。

备课是教师对教学活动所作的预设,是为上课而进行不可或缺的准备活动,不但要备教学内容,还要备学生,了解学情,从而制定相应的教学方法。别人的教案仅仅是对内容的解读,对教学方法所作的一般性的预设,根本顾及不了每个地方、每个层次的学生,而这些个性化的要求有时恰恰是课堂教学成功的关键。别人的教案只能是参考资料,作为"用件"嵌入到课堂中,根本不能照抄照搬。

但是作为新入职教师,面对的教学内容与学生都是陌生的,让他们备好一篇课文是有相当难度的。那么能不能有些简便方法把基本的内容照顾到而不至于出现大的问题呢?

（一）备课备什么

笔者根据自己的教学经历认为，备课有两种，一种是"浅备"，另一种是"深备"。

1.浅备

浅备即备基本内容，包括课文、课前提示、课下注释、课后练习及单元总结等。

关注课文，课文是语文教学活动的重要凭借，很多人一度把课文等同于语文书。虽然很多时候选文就如叶圣陶所言"课文就是例子"，但这不影响我们绝大部分老师把课文当成教学内容，对于一些经典篇目尤其如此。我的经验是，首先把课文认认真真地读上几遍，如果是古典诗文，应该达到背诵的程度。笔者在一高上学时，教我们历史的李世深老师，讲课时口若悬河，有些内容跟课本上的一字不差，过了才知道，他在上课前都要把教科书上所讲的内容一字不落地背诵下来。相对于历史课程来说，语文课的内容更应该背诵，尤其是一些经典的选文即王荣生教授所说的"定篇"一定要能背诵，只有阅读成诵才能形成感性认识，然后归纳、提纯，形成理性认识，诸如文本写了什么，怎么写的，表层意思是什么，有何深层意蕴，等等。在研读课文前最好不要参看资料特别是教参，避免形成思维定势，影响最初感受与判断，妨碍对课文的理解、分析，甚至误读。当前一个怪现象就是有些教师备课时不仔细读课文甚至不读课文，直接抄看教参，教参上怎么写就怎么备课，有时可能连抄教参这一步都省了，直接拿着教参上课，成为知识的"贩子"，这样连自己都难以感动，更不用说师生与课文文本之间所产生共鸣、震憾等情感体验了。

了解单元和课前提示语。初中教材在每单元、每篇课文前面还有提示语，提示课文的某些内容，或思想意蕴，或情感表达，往往对讲授本课具有某种指导、启示作用，对教学设计起着指导作用。这一点，往往被刚入职的教师忽略了。

阅读注释。为了帮助理解文本，就需要对选文的助读系统加以了解，首先是课下注释，它是理解选文不可或缺的资料。我们教师要知道，写在教科书上的东西，每一句话甚至每一个字都不是可有可无的，都是教材编写者反复思考的结果,不读注释有时会造成教学失当。笔者有一次讲授《滕王阁序》时,文中有一句"孟尝高洁,空余报国之情",想当然地把"孟尝"解释为战国四公子之一的"孟尝君",并大讲关于孟尝君与鸡鸣狗盗的故事。但一位学生指着课下注释说:"老师,孟尝不是战国人,是东汉的!""怎么会是东汉的呢?"一仔细看注释,果然是我理解错了。这应该是我任教史上遇到的一次比较难堪的情形。

再就是课后练习题。语文课上起来也简单,教学目标与教学内容基本上都体现在课后练习上,语文课后的练习往往前一两题是着眼于字句,文言文一般要求背诵,接着是对课文意蕴,及艺术手法设题,再接着就是活动类的习题。如果不知道怎样备内容,可以参考课后练习,把练习题置入到课文内容中,作为重点讲清讲透,这样即使不是教学内容的全部,但也不至于有太大的失误。笔者在初中执教时,有时顾不得备课,就用这种办法救急,特别是自读课文比较适合。当然,偶一为之无妨,如果经常这样就浅薄化了。因为严格讲来,课后练习还只是教学的部分内容而非全部,不能仅仅讲了课后练习就万事大吉,更不能把课文分裂成习题的形式,否则就成了解剖僵尸了。

2. 深备

上述只是备课的基本做法与步骤,是底线。要想上好一堂课,上面几点是远远不够的。不仅要备上面所说的几个方面,还要大量阅读相关资料,还要备学情,根据教学目标制定适度的教学内容、恰切的教学方法、选取一定的教具等。所谓"学无止境",同样,教也是"无止境",即"深备"问题。

一是内容要备得深。对于教材内容,除了要吃透其基本内容外,还要"向文本更深处漫溯"。做到这一点,首先要学习,掌握丰富的专业理论知识,只有这样,课堂才能"宽"起来。其次,还要阅读与课文、与作者相关的东西,例如在讲《鲁智深拳打镇关西》《林教头风雪山神庙》时,最好阅读历代关于《水浒传》的评论,特别是明清著名评点家李贽、金圣叹的点评。例如李贽评点鲁智深:"仁人、智人、勇人、圣人、菩萨、罗汉、佛。"例如在讲李清照的《声声慢》时,不但要细读文本,还要了解作者的人生经历,尤其夫死、南渡之遭际,这样,课堂才能"深"起来。

二是内容备得新。课堂教学的理想状态是每节课有不同的上法,每篇课文即使同一篇课文在不同的班级、不同的时间也有不同的教法。然而很多教师教书几十年等于上了一节课,几十年的课上得毫无区别。因为这些教师只是参考一些教参上的内容备课,了无新意。更严重的是有些教师一本教案用多年,不管要求有没有改变,学生隔了几届,也不去更新,有的只是在一些细节上做一些修补。当然,如果抱着积累经验,继承过去一些有益做法而用旧教案是完全可以的,也是应该提倡的,但实际情况是很多教师或出于懒惰,或为应付任务了事。

备得新不容易,教师得多读书,多读语文专业报刊资料,掌握学术动态,了解学界最新观点。譬如鲁迅的小说,新课改之后,钱理群、王富仁、孙绍振有着耳目一新的解读。唐代诗人张继的诗《枫桥夜泊》,名传千古,如果要讲出新意,就要翻阅大量资料。当代阅读专家甘其勋就搜集了学界关于该诗的种种解读,归纳出"常解""别解""新解"等三种解读,之后又对"新解"加以纠正,认为所谓的"新解"其实是一种"误读",在此基础上提出第四种解读"正解",即自己的看法。① 笔者曾看过一篇分析《林教头风雪山神庙》细节的文章,并在教学设计中加以借鉴。在一次全县高中语文教学大赛中获得好评,连一向要求非常苛刻的主管校长都赞叹不已。

三是范围备得全。包括字、词、句、段,作者情况,注释,习题,等等,否则就会出错。我原来读俄国作家契诃夫的"诃"读成"kē",直到给汉语言文学班里讲课,学生纠正说应当读"hē",才意识到自己一直处于错误之中。所以,备课不但要备授课内容,还要备学生,了解学情,备教法、学法,只有这样充分地预设才能上好课。

当然,要备得全,不是简单了事,通常是要费一番功夫的,否则,挂一漏万。苏霍姆林斯基听了一位优秀教师的课,课下这位教师说:"这节课我准备了一辈子,而且,一般地说,每堂课我都准备了一辈子。但是,直接针对这节课的准备,也可以说是实验室的准备,则仅花了约十五分钟。"②发人

---

① 甘其勋.一诗多解的启示:读《〈枫桥夜泊〉新解质疑》[J].中学语文园地(初中版),2002(10):9-12.

② 苏霍姆林斯基.给教师的建议[M].武汉:长江文艺出版社,2018:27.

深省。原来教说明文，只是按说明文教学的五个方面，即说明的对象、说明事物抓特征、说明的顺序、说明方法、说明语言等，就是没有注意说明文倾注的作者情感，忽略了"思政"价值。法布尔的《蝉》，不但是一篇标准的说明文，更可看作是一篇充满人文情怀的散文，这可以从文末最后的抒情段上分明地感受到：

> 四年黑暗中的苦工，一个月阳光下的享乐，这就是蝉的生活。我们不应当讨厌它那喧嚣的歌声，因为它掘土四年，现在才能够穿起漂亮的衣服，长起可与飞鸟匹敌的翅膀，沐浴在温暖的阳光中。什么样的钹声能响亮到足以歌颂它那得来不易的刹那欢愉呢？

短短一段文字流淌出的对弱小生命的赞美、理解与同情，让人感觉到作者悲天悯人的情怀。每次读到这里，笔者都有一种流泪的感觉，谁还能仅仅把蝉当作一个低级的昆虫看待呢？估计很多语文教师没有注意到这一点。

二、缺少学情的备课是"瘸腿"的备课

备课，第一要备教材，第二个要备学情，即了解学生。而很多教师备课只备教材，不备学生，这是"瘸腿"的备课。语文特级教师熊芳芳说得非常干脆：备课即备人。①

今天讲《郑伯克段于鄢》，一番诵读、疏通大意后，我让同学们用两到三个关键词为姜氏、共叔段、庄公画像。对于前两个人物形象，大家观点一致，偏狭、任性的姜氏，愚蠢、贪得无厌的共叔段，只不过用词稍有不同而已。譬如对于姜氏，有的用偏爱、有的用偏心，我及时引导学生认识这两个词与偏狭相比欠深刻，偏爱、偏心只是人之常情，不足以引起大的祸害。但对于庄公形象，大家看法分歧较大，基本上有两种，一种认为庄公深谋远虑，在母亲如此对待自己的情况下，还依然孝顺母亲，只是短暂生气之后就认识到自己的不是，及时把母亲接到身边赡养；对待弟弟也基本做到仁至义尽。大多

---

① 熊芳芳.备课即备人[J].中学语文教学参考(上旬刊),2014(8):46.

数学生持这种观点。少数学生则持相反观点,认为庄公心机太重、薄情等。

每次讲国学课中的"春秋笔法"时,这篇文章是必讲篇目。学生对庄公的理解也都呈现出上述两种情况,只不过非汉语言文学的课堂上,持前一种观点的人数更多,持后一种观点的仅有一两个而已。在汉语言文学专业课堂上讲该篇,情况也基本如前。

到了总结阶段,我说:"我们大多数同学被骗了,一个是被庄公骗了,另一个是被孔子和左丘明'骗'了。庄公实际上是大奸大恶之人,不孝不悌!"接着我从题目中的"克",文中的"姜氏欲之""纯孝也""公伐诸鄢"三处分析,得出庄公以弟为敌、不认母亲、自私形象,也可以用一个词来形容,那就是"伪善"! 最后我说:"我们没有认清庄公的真面目,是因为我们太善良了,对人性之恶缺乏足够深刻的认识。这是我们的人生经历与经验所局限的。"第二个就是被孔子和左丘明"骗"了,接着解释了"春秋笔法"的含义,就是作者不去对人物加以褒贬,而是通过叙述、描写来表现人物,含有让事实说话的意味。当然所叙述、描写的片断是作者精心选择的。

建构主义理论认为,学生学习不是单纯地接受知识,而是要对这些知识重新加以取舍、排列、建构,建构要受到学习者生活背景、知识背景所形成的认识水平决定和影响。学生没有丰富的阅历,对人情人性缺乏足够的认识,由此导致对庄公形象认识上的不足甚至偏差,也是可以理解的,我们的教育就是提前"介入",在学生人生阅历还不够的时候,提高他们对社会人生的认识水平,为以后的生活打底。

(一)"备"学生的生活背景

生活背景指学生的生活阅历与经验,一个人的生活经历与经验决定他的认知水平。美国著名教育家杜威就非常强调经验在教学中的作用,甚至提出"没有经验就没有学习"的观点,虽然说得有点绝对,但却是一语中的。记得小学数学课堂上,教师讲百分数,练习题上有关于个人储蓄的应用题,讲到个人存钱、银行付利息的问题,我就不懂,当时想个人把钱存到银行,银行给你看管金钱了为何还要付给个人利息,应该个人付给银行一定的看管费才行啊,老是想不通,一直纠结这个问题了,也影响了对该部分的学习,直到以后才明白。

　　鲁迅的小说《故乡》，多年被选入初中语文教材，其中有段话是描写"豆腐西施"杨二嫂的："我孩子时候，在斜对门的豆腐店里确乎终日坐着一个杨二嫂，人都叫伊'豆腐西施'。那时人说：'因为伊，这豆腐店的买卖非常好。'"这句话含有暧昧的成分，上中学时不明白其中的含义，当然也没有多加关注，只当一句稀疏平常的句子滑过去了。长大之后才知道"豆腐西施"这个词语色情意味颇重。可能也是因为上述原因，教师教学时也会一略而过。

　　法国作家都德的《最后一课》，对其中的韩麦尔先生在课堂中的表现，即使作为教师的自己都无法完全理解，何况学生。但多年为人师后，每学期末的最后一课，看到即将离校的学生们，我都被浓重的伤感情绪所包围，这时对《最后一课》中韩麦尔先生的表现有了更深入的理解。

　　《林教头风雪山神庙》一直是高中语文教材的经典选文，笔者曾经讲这一课时，有个学生提出这么一种疑惑：为什么林冲那么怂？笔者小时候读《水浒传》时候，也有这种疑问，为什么林冲面对种种不公而不反抗？

　　笔者高中执教时讲了几次，都是泛泛分析林冲的性格特点，而没有问为什么。最近几年，笔者有外出学习的打算，但怎奈父母年事已高，笔者汤药侍疾，又要忙于家事，再加上儿子上学、就业、婚恋等，被家事所累，外出学习的打算只能泡汤，心中委屈又无处诉说，突然明白了林冲的隐忍之因，是由于中年的责任、义务使然。

　　中年在人的一生中是一段特殊时期，"上有老，下有小"，生活的重担让人不可能像青年人一样无所顾忌。刘欢为电视剧《水浒传》所演唱的主题歌曲《好汉歌》，"该出手时就出手"，只能是青年人的标配，与中年人断然不符。林冲出场时，是三十四五岁年纪，这个年纪在古代社会正值中年。书中交代他上有岳父，有一美貌妻子，至于有没有孩子、有没有父母兄弟等，书中没有提及，可能为行文简便也略去不提。正值中年的林冲，面对强加在身上的种种不平、非难甚至牢狱，是不大可能"该出手时就出手"的，因为一旦出手就要承担后果，自己可以一走了之，但殃及亲人怎么办？这是善良的林冲所不愿看到的。实际上书中曾仔细描写过林冲的矛盾，当面对高衙内调戏自己的妻子时，"林冲扳将过来，却认得是本官高衙内，先自手软了"。

但是,这种情况是正值十六七岁的高中生所难以理解的。与中年人相比,年轻的学子们一般没有生活的重压,没有顾虑,他们疑惑甚至埋怨林冲的"怂"是非常符合他们的心理特征的。因此,这样解释《林教头风雪山神庙》中的林冲之逆来顺受、苟且偷生的形象,学生就容易理解了。

前年驻马店市汝南县举办一场传统文化的活动,我们文化传媒学院几位教师应邀参加,同时受邀的还有我们院已退休的一位老教授。汝南县离驻马店有一个多小时的车程,我们在一起等大巴的过程中,这位老教授说:"我不去了,我得上厕所。"我说:"上厕所就去呗,上一趟厕所也就几分钟,不会影响你坐车参加活动!"他看着我慢慢说道:"我半小时就得上一趟厕所!""噢,器官退化!"当时我立即想到这个词,突然想起上高中时学习的一篇课文的内容,原来的疑惑瞬间烟消云散。

这就是辛弃疾的词《京口北固亭怀古》,末尾有一句"凭谁问,廉颇老矣,尚能饭否?"课下有注释:"……廉将军虽老,尚善饭,然与臣坐,顷之三遗矢矣。"当时不理解,上厕所咋了,谁不上厕所? 现在明白了,身体机能老化了,一会儿就得上一次厕所,打仗正激烈的时候需要上厕所咋办? 一直憋着,影响正常打仗,正常排放吧,误事。至此,我对三十多年前的课文有了更真切、更深刻的理解!

但是,不同的学生,其生活背景不同,教师无法完全了解与掌握,这时往往会发生教学失当行为。

笔者刚在关津教初中时,第一次担任初一四班的语文课,记得课本里第一单元第二或第三课是臧克家写的《老哥哥》,里面有一个"跛"字,我随口就问道:"这个是什么字,会不会读?"学生齐声道:"会,念'bō'!""知道什么意思吗?""知道,'瘸子'!"随着学生的声音,这时我看到很多学生把目光转向一位靠墙坐的女同学,这位女生把头压得很低,整个脸几乎埋进书里,当时就觉得坏了。后来我悄悄观察发现,这位女生长相瘦削,一幅弱不禁风的样子,梳着齐耳的短发,青白脸色,似乎营养不良,最为重要的是,她是一名腿上有残疾的学生!

那一刻,我后悔得肠子都青了,埋怨自己怎么没有早发现这个情况! 以至于在全班同学面前揭了这名女生的短,伤害了她的自尊心! 想当面道歉,也不知道从哪说起。后来不知什么时候,这位女生就不见了,问了班主任,说是退学了!一直怀疑,这位女生的退学,有我的原因!并且我再也没有当面解释和道歉的机会。

(二)"备"学生知识背景

知识背景是指学生的知识广度与深度,它深刻影响着学生对文本的认识与理解。

笔者在中学执教时,有一次讲民歌《木兰辞》,里边有:"东市买骏马,西市买鞍鞯,南市买辔头,北市买长鞭。"有个学生小声嘀咕:"为什么不在一个地买了?"这是学生文学理论水平所限造成的误读。我当时就问学生,根据我们的生活经验,"骏马、鞍鞯、辔头、长鞭"这些马上用品有可能在一个市场还是不同的市场集中销售?同学大多回答是在同一个市场,我接着又问"那么为何这首诗违反常理,写了在不同的地方销售与购买?"通过仔细研读,同学们能大致明白上面这段话用了排比、互文、夸张、对偶、反复等手法,用来表现木兰代父出征前的繁忙准备,有力地烘托了木兰的英雄形象,为以后情节的展开和人物描写做了铺垫。

知识背景还包括学习者的理论水平,理论水平高了对文本的认识就高,反之就低。事实上,由于多种因素的制约,学生的理论水平不可能很高,而选入教材的课文又是古今经典文本,其内容与手法即使具有一定理论水平的教师有时还颇费踌躇,更遑论十几岁的中学生。

笔者读书时看过一篇文章,说是文学家需要天真。我当时就不明白,文学家都非常睿智,所谓"人情练达即文章",为何说是"天真",以后随着阅历、知识的增长,才逐渐明白了个中缘由,这里所说的"天真",是指对待世界的认真态度,而非认知能力。

记得在小学时读柳宗元的《江雪》,一直不明白一个事,为什么会有人在天寒地冻的江上"独钓"?到初中时虽有老师的讲解,还是懵懵懂懂的。直到上了大学,学习《文学概论》,了解了文学有实写、有虚构,《江雪》显然不是对现实的如实描绘,而是曲折的反映。特别是参加工作后,对人情事故慢慢有了体会,才明白该诗的意蕴所在,即表达了不同流俗的高洁志向和迁客骚人所特有的孤独寂寞、孤芳自赏之情。

鲁迅先生的《一件小事》曾是我们那个年代的初一语文课文,是多少人的记忆。其中末段中的一句,作为十来岁的孩子,恐怕会很费解。

这事到了现在,还是时时记起。我因此也时时煞了苦痛,努力的要想到我自己。几年来的文治武力,在我早如幼小时候所读过的"子曰诗云"一般,背不上半句了。独有这一件小事,却总是浮在我眼前,有时反更分明,教我惭愧,催我自新,并且增长我的勇气和希望。

其中的"子曰诗云",含有讽刺之义,如果没有一定的知识与理论是很难理解的。

中学时候,广播电台评书节目就是人们重要的娱乐资源,吸引了如我一样的很多青少年。有一次听评书,说书人好像是袁阔成,说吴起从师于曾子,在母亲去世时,没有回家奔丧,而是对着家乡的方向大哭三声就算代替了,接着学习如故,被曾子认为无法理解而逐出门墙。当时觉得不可思议,就因为没有回家葬母,被断绝了师生关系,是不是有点小题大做? 一气之下关上收音机,不再听他胡扯! 这就是典型的缺乏中国古代礼仪知识造成的。随着以后的学习才知道,在中国古代为父母送葬、守孝是天大的事,父母故去,子女要守孝三年,官吏也要离职,叫丁忧,一般人不敢违反这一制度,否则名节有亏,会被人弹劾的,轻了撤职,重了掉脑袋。除非有皇上下旨继续留任,叫"夺情",被"夺情"的官员无论如何也要再三上奏,表明自己身心俱疲,哀不自胜,朝廷要再三挽留才罢。即使如此也会被认为贪恋权位,招致指责甚至弹劾。因此也产生了很多令人啼笑皆非之事,例如明嘉靖年间重臣张居正就因此事遭人非议,成为日后被清算的罪状之一。竹林七贤之一的嵇康被杀,虽然真正原因是不与司马氏政权合作,但罪名是不孝,因为被指在丧母期间喝酒。最重要的是作为孔学传人的曾子一系重"孝",以"孝"立派,对古代中国文化产生重要影响,而吴起的行为是曾子难以接受的,最终被逐出门墙。当然,这些知识是以后学习中得到的。

有人说，世上最难办的两件事，一是把别人的金钱装在自己的口袋里，这是做生意赚钱；一是把自己的知识装在别人脑袋里，这就是教师职业。确是至言。

三、教学设计须注意处理几组关系

众所周知，教学设计是一种预设，书写出来也称作教案或学案。教案是课堂教学的蓝本。但在实际的书写与使用中要处理好几组辩证关系，当前一些教师由于重视不够或者经验、才情不足等原因，对这些关系处理不当，从而一定程度影响了语文课堂教学的效果。

（一）教学理念：讲授知识与学生学习的关系

教学活动是一项系统的、复杂的工程，涉及的因素很多，最主要有两个，即讲授知识与学生学习，教学设计要处理好二者的关系。按优劣高下的标准区分，教师教法可分为"灌输"与"引导"两种。"灌输"就是不管学情如何，把知识讲授出来。而根据教学内容及学情，运用一定的教学方法促使学生掌握知识，这叫"引导"，也是我们提倡的方法。平庸的教师一般重"灌输"轻"引导"，对于教材特别重视，备课时把每个知识点都考虑到。而对于怎么呈现这些知识点，即具体教学方法不太关注，备课时基本不予考虑，只是到了课堂临场发挥一下算了，随意性非常强。建构主义理论认为，知识不是授予的而是学生根据自己已有经验建构的。那么，寻求激发学生建构知识的方法就更为重要。例如，讲授朱自清先生的散文《春》第一段："盼望着，盼望着，东风来了，春天的脚步近了。"对于这一段的教学，知识型教案往往会这样备课：反复，突出盼春的急切心情，为下文绘春张本。

这种做法的实质是重教学内容，轻学生，没能落实"学生主体"的理念。其实在 1992 年，教育部颁布《九年义务教育大纲 全日制初级中学语文教学大纲（试用）》，就将"课文""能力训练""基础知识""课外活动"一并列入教学内容，但是由于习惯成自然，一些教师仍把学生训练、活动类排除在教学内容之外。

然而，如果用方法教案，应该这样备课：

第一遍,齐读;

第二遍,找学生读,应该突出怎样的心情?

第三遍,找出"高兴""欢快"等表示心情的词语,引导学生读的时候读出"高兴""欢快"的心情。

(二)教学目标设置与实施:显性目标与隐性目标的关系

教学目标是对教学活动达成结果的预设,它是教学活动的导向与归宿。任何教学活动都要进行教学目标的设定。与其他课程教学相比,语文教学目标具有潜隐性特点。根据三维目标的理论,语文课要在"知识""技能""情感态度与价值观"三个方面设立教学目标,而前两个属于显性目标,后一个属于隐性目标。在进行教学目标的设计与实施时,既要实现显性目标,又要追求隐性目标。没有隐性目标,课堂教学就可能失去应有的张力与弹性,沦入工具主义的泥淖。当前许多青年教师易犯这种错误,就是过于重视显性目标,忽略隐性目标。最突出的表现是在教学实施环节,譬如对于字词的默写,某种手法的运用等显性目标搞得扎扎实实,而对于情感濡染、品德教育等隐性目标则缺乏实质性的办法,或一略而过。当然这也与隐性目标无法把握、不易量化有关。也有一些教师重视隐性目标有余,重视显性目标不足。

(三)教案形式:详与略的关系

教案有详案与略案之别。初写教案的教师往往在是否写成详案或是略案的问题上纠结。详案需要对学习内容与学生背景详细了解,方方面面都要加以考虑,为教学活动提供具体的、准确的蓝本。但详案书写耗时费力,且讲课中也不一定全按教案讲,否则就等于念教案,课堂教学就失去了灵动的色彩。写成略案吧,省时省力,但内容语焉不详,讲课失去准确性。

是写成详案还是略案,其实没有定论,完全因授课内容,因教师本人与学生而异。新手最好写详案,有一定经验的教师可以写略案。必读课可以写详案,自读课可以写略案。教师熟悉教学内容可以写略案,反之最好写成详案。

（四）内容处理：重点与非重点的关系

备课要明确重点，恰当处理重点与非重点的关系。既不能不分轻重，胡子眉毛一把抓，又不能仅备重点不计其他。如果仅教重点，就割裂了重点与非重点的联系，重点内容也讲不好，还会使教学内容单薄。如果轻重不分，会使教学内容非常繁杂，给学生接受带来困难。例如王勃的《滕王阁序》，教学重点应放在字词梳理、理解作者怀才不遇、壮志难酬的不平及不甘沉沦的乐观态度上，但是文中有很多典故，这是非重点，处理好这些典故是完成重点任务的前提。既要讲好这些典故，又不能遮蔽重点。再如鲁迅的《拿来主义》，文中的重点是理解"拿来主义"的内涵及具体做法，但是难点是鲁迅先生提出"拿来主义"的背景，即对"闭关主义""送去主义"历史的了解。这些东西如果不讲，就无法凸显"拿来主义"的必要，如果细讲，又冲淡了对重点的教学。如何处理，是教学难点。

（五）侧重点：单篇与单元、整本书、整套教材的关系

刚开始教书时，即使教材里都有单元小结，笔者眼中也只有孤立的一篇篇课文，没有把单元中的几篇课文联系起来教学，也没有对单元小结中的知识进行教学，更没有整本、整套教材的意识。

教材选文一般按体裁组元与主题组元两种方式。无论哪种方式，把一个单元的选文作为一个整体，在这个整体观照下处理单篇，与孤立地处理单篇，其作用是不同的。以部编版义务教育八年级上册第五单元为例，该单元是说明文单元，收录了茅以升的《中国石拱桥》、叶圣陶的《苏州园林》、法布尔的《蝉》、毛宁的《梦回繁华》四篇说明文。仅从说明顺序上看，四篇课文分别采用了总—分—总顺序与从整体到局部相结合的顺序、总—分—总顺序、空间与蝉生长的时间结合的顺序、空间与逻辑顺序相结合的顺序，几乎穷尽了说明文所有的说明顺序。再就是从题材上看，四篇选文涵盖了人文世界中的建筑、工艺品与动物世界中的昆虫，反映了古今中外的人类杰作，与自然生物的神奇生活。如果不从整体单元上来设计单篇教学，就有一叶障目之嫌。这就关系到大单元教学。

在当今教育改革的浪潮中，大单元教学作为一种创新的教学模式，正逐渐在中学语文教学中展现出其独特的魅力和优势。人教版高中语文必修下

册第三单元的主题是"探索与发现",涵盖了《青蒿素:人类征服疾病的一小步》《一名物理学家的教育历程》《中国建筑的特征》等课文。在大单元教学的设计中,首先明确单元的教学目标。不仅要让学生掌握基本的语文知识和技能,还要培养学生的科学精神、探索意识和创新思维。

大单元教学过程打破了传统的单篇课文教学的模式,将整个单元作为一个有机的整体进行统筹规划。在导入阶段,通过展示一些科学探索的视频和图片,激发学生的兴趣和好奇心,引导学生思考探索与发现的意义和价值。

接着,采用群文阅读的方式,让学生同时阅读多篇课文,比较和分析不同作者在探索与发现过程中的经历、方法和感悟。例如,在《青蒿素:人类征服疾病的一小步》中,屠呦呦团队的坚持不懈和勇于创新;在《一名物理学家的教育历程》中,作者加来道雄对科学的热爱和执着追求。通过对比阅读,学生能够更深刻地理解探索精神的内涵。

在课堂讨论环节,组织学生分组讨论以下问题:科学探索需要具备哪些品质? 如何在日常生活中培养自己的探索精神? 学生们各抒己见,思维的火花不断碰撞。

为了进一步深化学生的理解,可以安排实践活动。让学生选择一个自己感兴趣的科学领域,进行简单研究,并撰写研究报告。在这个过程中,学生不仅运用了课堂所学的知识和方法,还锻炼了自主学习和合作探究的能力。

在评价环节,采用多元化的评价方式,包括学生的自我评价、小组评价和教师评价。不仅关注学生的学习成果,如研究报告的质量,还注重学生在学习过程中的表现,如参与度、合作能力、思维能力等。

当然能做到,但是很难,需要老师们要具有这种大单元教学的意识,然后慢慢地付诸教学实践。而且笔者也发现,大单元教学特别适合复习备考。它能够将语文知识系统化、序列化,举三反一,从而使教学目的逐渐清晰,达到事半功倍的效果。

(六)目标设置:取与舍的关系

与其他课程教学内容不同,摆在老师面前的不是教学内容,而是一篇篇内容与形式各异的课文,并且每篇课文都有其丰富的内容,有人概括为八字原则:字、词、句、篇,语、修、逻、文,其实远不止这些。曾祥芹教授就认为再加上"书"更合适,"书"即整本书,现在整本书阅读已经作为正常的教学内容。从中也可以看出曾祥芹见识之高远。

如何选择这些内容,就涉及取与舍的关系问题了。所谓取就是采用,所谓舍就是弃而不用。不可能每项内容都要设计,都要讲,语文教学就要处理取与舍的关系。实用文体的教学问题不大,例如说明文,主要讲事物的特征、说明顺序、说明方法与说明语言等方面,稍带提及文本所反映的社会、时代以及作者的某些内容。但是文学文体就复杂多了,即使有统一的选择标准,也要因文制宜。例如《在烈日和暴雨下》,内容很多,但可以仅选景物描写,其他诸如人物、情节等不讲。请看一篇讲授《端午的鸭蛋》的教学目标:

1. 学生学会读、写课文中的生字词语;

2. 了解课文中介绍的端午节习俗,并能说出其地相关民间文化习俗。①

上述教学目标的取舍上明显欠妥,把这篇散文平淡自然的语言以及作者对家乡的热爱之情弃之不用,并且让学生说出其他民间文化习俗,有泛语文之嫌。

再如文言文教学设计、教学重点应该是一些实词、虚词的用法与含义,文中所表现的思想感情及艺术手法、艺术特点等。但是每篇课文又有其各自独有的内容与特点。

(七)知识传授:继承与创新

中小学语文教学应以继承为主,继承古今中外健康的、先进的知识与文化。但是也有一些不合时宜的知识我们要进行剔除,并在此基础上加以创新。例如古文中的一些消极情绪、尊卑观念,要及时指出来。王羲之《兰亭集序》中对生命无常的感伤,苏轼《念奴娇·赤壁怀古》流露出年华老大、功

---

① 阿咪.《端午的鸭蛋》教学设计[J].云南教育,2010(10):40.

业无成的感慨,陶渊明诗文中的消极避世情绪,李密《陈情表》中的忠君思想,以及中国古典小说里普遍存在的因果报应思想,这些在教学中要加以甄别与剔除,同时肯定其积极之处。要看到《兰亭集序》对生命的珍视,《念奴娇·赤壁怀古》中对建功立业的渴望,《陈情表》中对祖母的拳拳孝心。讲授白居易的《长恨歌》,在批判统治者荒淫误国的同时,要肯定诗歌对美好坚贞爱情的歌颂,肯定这一超越时代的、阶层的、人类共同的理想追求。

(八)设计立场:坚守与借鉴

教师教学设计首先要坚持自己书写,写出自己的观点与看法,在此基础上借鉴吸收他人的做法。有自己的观点,才能在课堂上立得稳;吸收他人的做法,才能放得开、走得快。目前教学设计中最普遍的问题是"无我",教师不去仔细阅读课文,没有自己的情感体验与理解,直接抄袭现成的教案,用别人的分析代替自己的看法。正如袁枚论诗时说:"作诗,不可以无我;无我,则剿袭敷衍之弊大。"(《随园诗话》)搬用别人的东西,心口不一,可能会险情不断。犹如穿别人的鞋,是走不好路的。由于学情不同,搬来的东西在自己的课堂上可能水土不服,学生难以消化。譬如对古诗词浸润不深的教师,盲目采用诗意语文代表王崧舟的教案,很可能难以驾驭。

即使当前强调集体备课,教师也要有自己的见解。当前教师备课主要有以下几种形式:一是一人为主,其他人补充,最后形成一份教案。二是共同备课,对每项内容大家发表看法,最后选取大家普遍认可的理解来确定教案内容。三是分工备课,将一篇课文的备课任务分解给不同的教师,拼凑成一份教案。这样拼凑而来的教案,教师要审慎地对待,不能简单地用集体的共性来消弥自己的学术个性,更不能把集体备课的"大杂烩"不加选择地拿来己用。

(九)设计过程:教学预设与教学反思的关系

很多教师写教案,都是预设的内容,很少甚至没有教学反思。教学反思是教师对自己既往教学目标、内容及行为的一种再审视,这种"回头看"能够分析教师教学过程中存在的问题,找出原因及矫正办法,以便提升自己,也是教师专业成长的重要方法。可以说,很多语文教学名师无不凭借这一办法得以成功。同样道理,很多教师也因为没有重视教学反思而默默无闻。

既是反思,就需要反思问题,对教学预设进行调整与改进。很多学校教案设计都有此硬性要求,但能否认真反思还需要教师自律,否则也只是走走步子,做做样子,充充面子。可以说许多课堂之所以低效,很大程度上是因为教师不注意、不注重教学反思造成的。因此,一堂课结束后,要及时复盘,反思成功与不足,及时写在教案里,或专门记录在案,形成一本"教学反思录",为以后备课作参考。

(十)教学理想与教学实际的关系

教学设计是一种设想,一种应然状态,它要受教学实际的影响与制约。教师进行教学设计时,要考虑教学理想与实际情况的差异,充分考虑当前教育政策与实施、社情民愿等大环境,也要考虑班情、学情及物质、技术条件支撑情况等小环境。否则,会问题不断,影响教学的顺利实施。

四、教案书写

记得刚教书的时候,有一次县教育局进行教学检查,其中一项是教案检查,当时检查人员看着笔者教案封皮上的漂亮字体,想到内容应该不错,结果看到内容非常简单(简案),大发脾气,领导转述当时的情景,让我这位新人很惶恐。其实我的教案只是写了一个大致的条目,自己知道就行,没有打算让其他人一目了然。

对于语文教案书写,一线教师特别是青年教师,大都有着许多难忘的经历与感受。每课都得写,太费时间,即使写了也不一定按教案上课;不写就影响上课,况且学校也会检查。一句话,在很多教师眼里,教案书写成了鸡肋,永远是工作中说不完的"痛"。

对于语文教案书写,笔者认为要搞清楚以下几点:

第一,语文教师一定要写教案。不像其他课程,语文教学可能是内容最丰富、最琐碎的,要把这些内容有序地整合起来,就得备课。有些教师可能认为不写教案不是不备课,"我也备课啦,打的腹稿,只不过没有写下来而已"。腹稿与纸稿其效果不可同日而语,打腹稿这种形式虽然比啥都没有准备要好,但在课堂上往往会"忘词",或者随心所欲,讲到哪是哪。而写教案就不同了,教案就摆在讲桌上,在面前摊开,它就像运动场上的赛道一样,防止跑偏。虽然可能在课堂教学中都没看教案一眼,但在写教案的过程中,已经把预设活动较为完整地展示出来了,用笔写在纸上,这个过程比打腹稿更规范、更详尽,更能加深教师的记忆,跑偏的概率要小得多。

特别是青年语文教师更应该写教案。教案是教学预设的物化,是教师专业知识、教学能力的体现,教案书写的过程也是教师对课堂教学总设计的过程,涉及课堂教学方方面面的考虑。青年教师只有经过一段时期较为严格的、科学的书写训练,才能破茧成蝶,快速成长。

因此,任何事都不能成为不写教案的理由,教师不能有不写教案的想法,缺了一次教案,就会有第二次,一旦成为积习就难改了,并且为了应付突击检查写教案更费力伤神。对于有些非常熟练的课可以不备课,张祖庆老师就坦承:"我的大部分公开课,还真没有教案。没有教案,不表示我没备课。我备在心里,备在 PPT 上。"①当然,这是特例,不能推广。

第二,语文教师尤其青年教师一定要按标准写教案。任何实用文本都要有其特有的格式,语文教案书写也不例外,包括教学目标的拟定,教学内容的选定,教学步骤的设计,教学方法的选择,等等。一定的形式决定着一定的内容,书写过程其实就是思考的过程,如果没有这些形式的约束,会造成教案书写无章可循。虽然课堂教学不能照本宣科,亦步亦趋,但如果没有一个方案,教师可能会手忙脚乱。教案不能解决课堂上的所有问题特别是高难问题,但是教案残缺不全,可能连一些基本问题都解决不了。

第三,有格式但不能唯格式。笔者见过很多学校的教案本子,条条框框非常详尽。笔者在初中教书时,学校每学期一般要对教师教案抽查评比,评比以全、多、净为标准。全,即全面,要求备课最好面面俱到,从大的方面就有教学目标、教学重难点、教学设想、教学方法与手段、过程设计、板书、反思等,小的方面单是教学过程就有导入、作者及背景介绍、课文分析、问题设计、板书设计、作业等,教学活动有朗读设计、提问设计、讨论设计等。多,是在全面基础上要内容丰富,全不等于多,即使上述每个模块都有,但内容简略,也不行。多的一个最直观体现就是字写得多,篇幅长,备一篇课文最好

---

① 张祖庆.给语文教师的新建议[M].武汉:长江文艺出版社,2020:75-76.

能有七八页。净,即字迹干净,如果书写了草,不能算优。评比结果一般会跟老师的奖评挂钩。

从管理角度来看,这样要求是为了提倡认真书写教案的态度,杜绝应付敷衍的现象。但以全、多、净为标准来评价教案,可能会造成教师书写教案只讲形式,不讲内容;只讲字数多,不讲质量优的情况,从而间接影响教学质量。还会造成有些教师抽查前突击完成教案的情形,或对资料上的东西剪头去尾,或直接照抄他人的教案,等等。

讲到语文教案的形式与内容,就要探讨一下语文教案的功能了。毫无疑问,语文教案首先要具有实用性,是为讲课用的,教师能看懂自己的教案,并运用教案进行课堂教学就行。但在现实教学中,教案书写不是自用而是"他用",即要接受教育主管部门或学校的检查,而这些检查人员一般由退休人员、教育行政人员或其他非教学人员,甚至不同学科人员组成,他们对教案书写的一般格式可能不会生疏,但对内容方面特别是对一些有创见的教案会有不同程度的隔膜,说严重点就是"外行检查内行"!

如果严格按照全、多、净标准书写教案,会占用大量的时间与精力。语文教师除了上课、辅导、作业批改、讲评等大量教学工作外,还有培优补差、家访等一些其他非本职工作要做,譬如要做各种迎评的资料,参加各种会议,以及烦琐的家务事,等等。再者,在中小学语文教师一般兼任班主任,仅是班级管理工作就让语文教师手忙脚乱,哪有更多时间写教案。因此,语文教案格式严格统一,有很多弊处。笔者刚到黄淮学院教学时,有一次检查教案,当时笔者所在的汉语言文学教研室主任王森,征求大家意见:"教案应该不应该统一格式?"结果都持反对意见。最后做法是,只要有教案,就算过关,这是笔者经过教案检查中最开心的一次。放在中小学,这是不可能的事。

第四,语文教案书写应该提倡创新,不能千人一面,千课一面。至少从形式上看,教案书写会受到教学主体与教学内容的制约。其一,每个教师都有自己的独特教学风格,面对课文都会有自己的感悟与理解,虽然语文新课标规定了语文核心素养的一个方面是文化的传承而不是创新,但提倡教师要有自己的风格,才能很好地培养学生的语文素养。特别是青年教师,总想打破框框,突破常规,做一些新奇的东西,但又不愿意让别人看到,这样在面对各种要求时就纠结了,教师可能会为了一些常规性的要求而舍弃创新。其二,就是教材中的每篇课文不但有文体、主题、内容、形式等的不同,也会有不同于其他篇目的东西,是独特的"这一篇",这样就会带来教学要求的不同,例如必修与选修,课内讲读与课外自读,等等。因此,对每篇课文的教案就应该有所差异,而不宜搞一刀切。

五、语文旧教案能否新用

笔者在中学执教时,每学期学校都要检查教师教案书写情况,好的表扬,差的批评。但一些教师是在老教案的基础上加以改动、添加而成,学校对这样的教案不满意,认为有偷懒的嫌疑。但大部分教师认为旧教案添加新的内容后,更加丰富、完备,更加实用,重新写一遍,要占用很多时间,纯粹就是外表好看。

问题是:语文旧教案能否新用? 笔者认为,要具体情况具体分析,不能一概而论。

首先,如果教师仅仅嫌麻烦而用旧教案就不应该了,学校的要求有了可取之处。

由于教育体制、教师工作繁重等多种因素的制约,我国的教育行业基本上是集体作战,不认真备教案甚至不备教案上课的现象时有发生,一本教案用多年的事更是屡见不鲜。因此,每到教案检查前夕,挑灯夜战,突击补教案就成了校园一道特殊风景。在这种情况下,学校反对旧教案新用的办法倒有一定的积极意义,其目的是为了倒逼教师做好常规性备课工作,规范教师教学行为。再就是语文课程在所有课程里更新是最快的、最大的,包括教学理念、选文、教学方法等,语文教案应该处在常写常新状态中。

其次,如果教师是以积累经验,节省时间,提高工作效率为目的,旧教案完全可以新用。教案是教师上课的预案,旧教案反映的是以往教学的准备情况,是教师对当时教学内容与学情全面细致考察、分析的记录,这种教情、学情有一定的延续性、普适性,不管承认与否,所有教师新教案都是在旧教案基础上加以丰富与深化的结果,不同的是有的旧案新用,有的重新书写。

因此,完全可以对旧教案加以修改、丰富与深化,做到旧教案新用;没有必要非要让所有教师把旧教案重新抄写一遍。再者,旧教案对于教师来说可能更实用,教师自己知道哪些是重点,哪些是应该注意的东西,从而提高课堂教学效率。当然,能重新写教案更好,这样更好看,新的本子、新写的字体、新的感觉,但是这是高要求,不能拿高要求作为教案书写的底线,因为重新书写教案要花费更多的时间与精力,很多教师可能做不到。

旧教案新用的情况遭到学校反对,明显的原因是这样的教案显得旧、脏、乱,字迹不一,字色杂乱,到处是涂抹的痕迹,有的甚至添页,纸张新旧相杂等,于美观方面有所欠缺,并且给学校管理人员查阅带来不便,但深层的原因正如有人指出的:"暴露了学校在教案检查管理上的弊端:用习惯的集权主义的理念,追求整齐划一的形式主义,排斥灵活多样的形式主义教案。"[①]在我国传统价值取向中,重整体轻个体,追求整齐美轻视参差美。把整体与个体对立,用整齐划一代替参差多样。因此,学校管理层对教案的硬性规定就是这种价值取向的具体体现。

最后,如果教案检查过于刻板,会导致教案书写流于形式,重形式轻内容,重常规书写轻创新,挫伤教师的积极性。从哲学上讲,教学是一门科学,有规律可循,这就要求教案书写有一定的程式与规范。但是教学又是一门艺术,体现了教师独特的才情,这就要求教案不能唯形式。

因此,教师要有高度的职业责任感,认真备课,书写教案,这样的话,旧教案新用或重新书写教案都只是形式问题了。

如何判断旧教案新用属于哪种情况,就需要检查人员结合教师本人平时的工作态度来判断,而不是仅从教案的旧与新方面下结论。

总之,旧案新用,不能一概而论。

六、语文作业预留要符合教育规律

2017 年 11 月 12 日,湖南沅江第三中学发生一起学生弑师案,作为一名教师,笔者看了这则新闻,在惊诧与谴责这位学生之余,也从教师教学失当

---

① 徐永生.“老教案能重复使用吗?”[J].教书育人:校长参考,2008(9):47.

方面分析这起事件发生的原因。当前个别教师的教学失当主要体现在：过度占用学生时间、留作业的方法欠妥、催缴作业的方式有问题等。

一是过度占用学生时间。经常看到这样的老师，不论是不是自己的课，只要看到班里没老师，就进班讲课。经常霸占学生自习甚至课间、课外休息时间，搞题海战术，大量挤占学生时间，学生不胜其烦。

众所周知，任何工作或活动，提高效率无外乎两种办法，延长劳动时间与改善办法。但是很多教师对前一种办法乐此不疲，"办法不行，时间上凑"。笔者高二读书期间的班主任就是这样的怪人，他平时不对学生作要求，却爱在周末、放假时期加班加点，一遍遍地点名，没来的同学得说明原因。不让学生正常休息，遭到学生一致反感。有些人可能认为这样的老师责任心强，工作敬业，这一点或许不错，但是犯了另外一个错误，即不讲方法，不按规律办事。搞教育就要遵循教育规律，有学习，有休息，一张一弛，文武之道。违反教育规律，只能适得其反。这样的教师是不称职的教师，起码不算一个好教师。好教师有许多标准，最基本的就是遵循教育规律，按教育规律教学。

二是留作业的方法欠妥。从非常简略的报道来看，鲍老师留作业的方法不太恰当。看了一个视频就让学生谈感想，写体会，违反了语文学习的规律。语文学习目标中的情感目标具有潜隐性、延时性特点，而看视频写感想，很大程度上属于情感目标，不是外显的、即时的，不能看了一个视频就要求学生立即写出一篇感想来。

语文作业包括作文的预留是一项非常科学的教学活动，应该严格遵循教育规律，不是拍脑瓜决定的。原则之一是适切性，作业要适合学生的认知背景，"把学生当学生看！"成人看了一个视频，参加一个活动，可能感想颇多，但十几岁的学生不会有。学生即使写出来，也是内容空洞、感情虚假。原则之二是突出语文性，属于语文作业而不是其他科的作业，其范围应该是"听说读写"，不在此范围的就要慎重。例如有教师执教《林黛玉进贾府》，其中一项作业是画一幅林黛玉"进贾府"的路线图。有人认为画图很明显不是语文而是美术课的学习范围，如果让学生口头复述林黛玉"进贾府"的路线就更切合语文课的特点了。再如学习了《祝福》，可以问"假如祥林嫂问你同样的问题,你如何回答?"学习了《卖炭翁》,可以让学生想象"卖炭翁被抢后是什么样子"。这样的作业切合语文学科特点,训练了学生的思维能力,培养了学生的想象力。原则之三是新颖性。黄厚江在讲《孔乙己》时,留下的作业是为孔乙己写碑文。为了给不了解碑文的学生做示范,黄老师就以自己为例写了两个碑文:一是中式的——语文教师黄厚江之墓;一是西式的——这里躺着一个热爱语文的人。① 既新颖别致,又切合了语文的学科特点。

三是催缴作业的方式有问题。在中学校园,总有学生不能按时交作业,甚至不交作业。这就是事实,就是学情。对此,老师要问明情况,是不想写还是不能写,要对症下药,不要采取粗暴的方式。当前十来岁的高中生压力之大,非一般人所能想象,越是成绩优秀压力越大,父母的期望、教师的厚爱、亲戚邻居的羡慕像大山一样压在一个十来岁的孩子肩上,让他每天绷紧了神经,身体像拉圆了的弓,周围的人,包括教师、家长及亲戚邻居,应该是把箭射出去,上的劲给卸下来。但是,班主任鲍老师还要向该生父母告状,等于在弓上又加了一把劲。于是,弓断了——发生了不应有的悲剧。我在这里不是指责班主任鲍老师的不对,斯人已逝,于情于理都应该对鲍老师及其家人表示应有的尊重,学生此举也会受到应有的制裁,但我只是从学生角度来理解并阐释学生举动的心理学原因,给广大同仁提个醒,注意方式方法,避免类似现象再次发生。

另外,看了这个案件之后,真有些后怕,本人也曾经干过类似鲍老师的办法:不交作文,不准放学吃饭,写不出来加班写,啥时候交上来啥时候放学。面对下面苦思冥想的学生,我曾得意地讲:"我这样做是侵犯你们的权利,你可以告我,但我这个办法用了多年,也没有一个学生告我。"现在想想,是自己太幸运,没有遇上鲍老师遇上的学生。

---

① 黄厚江.黄厚江与语文本色教学[M].北京:北京师范大学出版社,2016:191.

第二章
语文教学设计

　　教学设计是教师对教学的一种预设,包括教学目标、教学内容、教学方法等。写在纸上就是我们通常所说的教案或学案。既然是预设,就与真实的课堂情境不完全一致,那么我们的教学设计还有什么意义呢?其实这个问题曾经一段时期内学界争论得很热闹,即预设与生成的问题。虽然成功的预设不一定有成功的生成,但是不成功的预设产生成功的概率要低得多。在以课标为指导的前提下,教学设计主要参考两个因素,一是学情,二是教学内容,教学设计就是在学情与教学内容上寻求最佳结合点。接下来就要思考教学模式问题。

　　模式①是一种模型和范式。严格说来,教学模式应该分为文本教学模式与课堂教学模式(步骤)两部分,文本教学模式是在遵循文本内部规律下对文本处理的模式,而课堂教学模式是在遵循学情与教学内容的情况下所采取的课堂步骤或模式。课堂教学模式以文本教学模式为基础,与文本教学模式尽可能地高度契合,正因为如此,人们大多把二者等同起来对待。例如苏轼的《赤壁赋》,其文本结构是乐—悲—喜,课堂模式就要遵循这个模式。

一、语文课堂教学模式

　　《田忌赛马》被当作博弈论的经典案例,它在内容、质量不变的情况

---

　　① 对于"模式"这种说法,有的研究者用"意脉"这个术语[如,汲安庆.教学意脉与文本意脉的合一或重构:余映潮《狼》教学实录评析[J].中学语文,2018(1):52-56.],意思差别不大,但笔者认为"模式"这个术语更形象易懂。

下,通过程序的变化来改变结果,其实它同样可以用于教学设计中。语文教学中,在授课内容不变的情况下,仅仅通过前后程序、步骤的变化即可产生不一样的结果,这叫模式。模式又因文本体裁不同而不同,因此可分为诗歌教学模式、小说教学模式、写作教学模式等,以写作手法看,有叙事类、说明类、议论类文体等。对于长文、疑难之文,模式的设计能够起到纲举目张、事半功倍之效。

(一)教学模式选择的原则

1. 实用性与新颖性的统一

教学模式的选择有多种,但总有普通与新颖之别。如果按常规的逐层推进的话,就是"分段并概括段落大意""归纳中心""总结艺术手法",但这种手法不但陈旧,而且效率低下。但是目前一线教学中,很多教师还是采用这种办法,因为简单,不用花费精力,只要照抄照搬就行了。我们看名师课堂尤其是公开课,其模式大都在"新"上做文章。语文特级教师窦桂梅讲叶绍翁的《游园不值》,其模式为:与文字相遇—与文学相遇("怜"苍苔,"怜"柴扉,"怜"红杏,和红杏对话,和园主人对话,回到不值)—与文化相遇。[①] 三个相遇,使课堂教学脉络清晰,且内容逐步加深。韩军讲《我的叔叔于勒》,是设计一道作文题,模仿于勒与我父亲的通信;李镇西讲《在马克思墓前的讲话》,主要是让学生提问,师生共同解答。

再者,教学模式的选择本身就是以服务教学为目的,要求具有很强的可操作性,模式选择再新颖,如果操作性不强甚至无法操作,都不是好的模式,这就需要在选择教学模式时要朴素实用。譬如"走进文本—走出文本"是阅读教学模式的基本要求,然而我们常见的有教师在没有完成对文本大意粗浅了解的情况下,就要求学生有感情地朗读,或者谈认识,或者急忙地拓展,走出文本,其结果是得不到想要的结果。

2. 高效性与简洁性的统一

任何教学活动,其宗旨是为了优化课堂教学结构,提高课堂教学效率

---

① 窦桂梅.窦桂梅与主题教学[M].北京师范大学出版社,2006:175-185.

的,教学模式的选择也不例外,它要求选择一种教学角度,在平实朴素的同时,能最大限度地串起教学内容,既高效又简洁,又能够化繁为简、以简驭繁。

(二)教学模式选择的办法

1. 梳理情节

该办法主要运用于故事性文本,故事性文本主要以情节线索为主,如鲁迅先生的小说《药》,以"买药、吃药、谈药"为主线,教学时就可以从梳理情节入手分析人物形象,这一步完成后,教学中要解决的人物形象、文章的中心也就呼之欲出了。蒲松龄的《狼》,是一篇情节性较强的文言小说,读后可以梳理出全文的情节:遇狼—惧狼—喂狼—评狼,按照情节切入教学环节就容易多了。再如《林教头风雪山神庙》,可以从梳理情节即林冲活动线索切入:

> 沧州遇旧(人物:忍,善良安分)——买刀寻敌(人物:不忍,怒火中烧)——接管草料场(人物:忍,苟且偷生)——复仇山神庙(人物:不忍,奋起反抗)

从情节梳理入手,通过不同的情节发展分析林冲的情绪变化及性格,继而得出官逼民反的社会现实,这样就把情节、人物分析及中心、教学重点及难点给解决了,最后再分析一下环境描写的特点及作用,教学任务就完成了。《变色龙》全文是以描写警官随着狗的主人变而"变"为主线,可以用以下问题贯穿:狗的主人变了几次,警官对小狗的语言是什么样的,态度有何变化? 警官变来变去,是以什么为着眼的? 以此判断警官是一个什么样的人? 反映了什么? 这些问题弄明白之后,课堂教学的基本任务包括人物形象特点、中心也就弄明白了。再如《记念刘和珍君》,这篇记人散文头绪繁多,兼有抒情、议论,情感浓烈,是高中阶段难以驾驭的课文之一。教学中以"刘和珍是一个什么样的人,做了什么样的事"来梳理全文情节,以此为主线展开教学。

2. 分析逻辑线索

从上述论述可知,叙事性文体的教学模式基本上可以遵照文本情节进行,但并不是所有叙事文体都可以这样做,因为并不是所有的文本线索与结构都能够成为教学的步骤,这在一些情节性不强的叙事文体中体现得更为突出,因此在教学中就要考虑其他方面,因为文本是学习的内容,而语文学习是一项活动,其活动结构受到教学目标、教学计划、学情以及考试制度诸多因素的影响,远比文本复杂,这时就要关注教学重点、细节内容、文眼、教学模块等。如果说情节是文本的外显,逻辑线索就是文本的内隐。当然,不仔细分析与品味,其逻辑线索是很难把握到的。

例如《渔父》,全文主要是靠渔父与屈原的对话来展开的,情节性较弱,如果按照二人对话切入,按照对话顺序展开教学,基本上了无新意。那么学习这篇短文时可以分析其内在的逻辑线索。有学者撰文从三重对话解读文本:文本直接对话、主人公与自身心灵的直接对话、学生自我心灵与世界的对话①。受此启发,笔者认为其线索可以分四个逐步深化的层次,第一步,屈原与渔父人生态度的冲突,引导学生理解屈原与渔父的对话,进而得出二人不同的人生观与处世哲学。第二步,屈原与渔父人生态度的冲突可以理解为屈原内心的冲突、矛盾与挣扎,这里的渔父只是一个虚拟人物,是屈原思想的另一种存在,是"本我"。教学中就要引导学生理解屈原内心两种力量的争斗,用以揭示屈原内心的活动,丰富其形象。第三步,跳出课文,再看屈原与渔父人生态度的冲突,可以是司马迁面对现实的两难选择,教学中就要引导学生理解这是司马迁内心两种力量的争斗,在经过"李陵事件"后作者艰难选择。第四步,可以理解为古今中外所有人包括学生自己生活中两种价值观的冲突与选择。这样就突破了时代界限,使文本有了超越时空的价值与意义。

3.分析课文结构

这种方法多用于一些议论文、说明文等文体上,譬如议论文,主要从其论证结构入手。议论文的论证结构,从全文看有以下几种形式:总—分—总结构、分—总结构,从局部各部分关系看有并列式结构、递进式结构、对比式结构等。教学中如果从此切入,就可以达到事半功倍之效。

---

① 杨安俊.以"三重对话"解读文本:以《渔父》为例[J].中学语文教学参考(上旬刊),2013(5):21—22.

如果是说明文,说明顺序往往就是它的主线,教学时可以从其说明顺序入手。说明文的说明顺序有时间顺序、空间顺序、逻辑顺序等。例如叶圣陶的《景泰蓝的制作》,全文按照做胎、掐丝、点蓝、烧蓝、打磨的时间(也可以认为是逻辑顺序)展开,《人民英雄纪念碑》是按参观的空间顺序展开,《核舟记》就是按照船体—船头—船尾—船背的空间顺序来行文的,《故宫博物院》就是沿着游览参观路线,按照从南到北的空间顺序有主有次地介绍故宫的建筑物和建筑布局。《死海不死》是按死海"死—不死—死"的逻辑顺序展开的。教学中可以从其入手,一步步展开教学步骤。

4. 着眼重点内容

散文内容繁杂而难教,教学中可以抓重点内容或中心事件。譬如朱自清的回忆性散文《背影》,是中学语文教材的常规篇目,文章通过对父亲背影的几次描写,抒发了浓浓的父子深情,但真正要讲好这篇文章并不容易。教学中可以其重点"背影"的描写入手,让学生找到四次描写背影的内容、角度、方法及表达的情感,这样不但解决了重要的教学内容,也把其他内容带动起来。余光中的《听听那冷雨》着重描写了各种感观下的雨以及由此产生的联想与思考,教学中可以此为教学主线,让学生梳理。

5. 关注细节

《祝福》以描写祥林嫂为主线,这样就要让学生找到对祥林嫂的四处肖像描写,看有何不同,说明了什么? 接着让学生思考造成祥林嫂悲剧的原因,再就是思考环境描写的作用,顺着这个思路下来,教学任务也就完成了。

笔者曾在一本杂志上看了一篇文章,是分析《林教头风雪山神庙》的细节描写及作用,诸如两次偷听,还有对花枪、葫芦、石头等物件的分析[1],我反复品读并参考了其中的一些分析,融化到自己教案中,效果非常好,后来凭借这一课参加县比赛,获得好评。

6. 找文眼

清代学者刘熙载说:"揭全文之旨,或在篇首,或在篇中,或在篇末。在

---

[1]　姚炳辉.《林教头风雪山神庙》中的物件功用[J].语文教学通讯,2001(8):25.

篇首则后者必顾之,在篇末则前者必注之,在篇中则前注之,后顾之。顾注,抑所谓文眼者也。"(《艺概文概》)也就是说,文眼是文章的精神凝聚点,能点出文眼,就是读懂文章的一个标志。《济南的冬天》抓"宝地"一词,可以问,为什么说"济南是一个宝地"? 这样可以引导学生理解全文都是围绕着"宝地",来写冬天的济南,这样一来本文的教学线索就梳理出来了(如图5-2-1)。

图5-2-1　《济南的冬天》教学线索

　　《陈情表》的文眼是"狼狈",可以问作者写自己"实为狼狈",哪些地方狼狈,为什么狼狈? 接下来就是分析"孝"与"忠"的矛盾。围绕"孝"写了什么? 围绕"忠"写了什么? 二者的矛盾反映了作者怎样的心理? 至此文章的主要内容、中心就豁然开朗了。

　　《社戏》结尾中有一句话:真的,一直到现在,我实在再没有吃到那夜似的好豆——也不再看到那夜似的好戏了。教学中可以抓住这一点,设计教案:好戏—原因是什么—说明了什么。本课的步骤就形成了。

　　如果一篇课文篇幅较长,内容丰富、意蕴丰富的话,就不能用一种简单的办法来进行了,可以采用以下两种办法。

7. 模块分析法

　　譬如《琵琶行》,可以分三块,首先诵读,解决一些文言实词和虚词,如言、为、遂、凡;其次,诵读并分析文中音乐描写的手法;最后,分析文本意蕴。分析文本意蕴时可以问一个问题:"'江州司马青衫湿',作为江州司马的作者哭了,那么问题是:作者哭谁?"按照这个步骤展开教学。

8. 分析重点句子法

　　长文教学一直是语文教学的难题,容量大,问题多,对这些东西不讲的话教学效果不佳,讲的话费时费力。史铁生的散文《我与地坛》,篇幅很长,内涵丰富,如果笼统讲授,给学生印象会很模糊;受学时所限又无法讲得细致。如果引导学生赏析文中的句子,效果就不错。

"删繁就简三秋树,领异标新二月花。"(郑板桥《赠君谋父子》)恰当的教学模式能使课堂简约、高效。当然,最理想的状态是每篇课文有着自己独特的教学模式,譬如,李镇西课堂常以学生读出问题,接着分析问题作为基本模式,体现了他倡导的"民主语文"观。

模式只是一种宏观的设想,运用中要因学情而变,否则就可能犯机械主义、"一招鲜,吃遍天"的错误。"现在有不少专家、学者挖空心思试图打造一个放之四海而皆准的教学模式或方法,我认为这是不顾语文学科特点的想当然。所谓教学模式或方法都不具备普遍意义,教学是一种极具个性化的活动,教学方法应根据教师的个人素养、喜好以及教学对象、教学环境、教材等具体情况而确定。既然方式方法尚且不能固定,又何谈什么教学模式?我们常说的'因材施教''因人施教',正是如此。"①

二、语文教学目标具有潜隐性与延时性

前不久和一位毕业生聊到其他学生考研成功、考公上岸、考编在册、出国深造的事,这位学生喟叹道:"朱老先生说得好,热闹是他们的,我什么也没有!"高中学习《荷塘月色》,其中一个知识点,几年之后,这位学生学会迁移运用了。

有独有偶,参加一次学生聚会,其中张效磊同学一直重复一句话:"奋六世之余烈!"讲自己的现状说这句话,评论他人也是这句话,意思是一个人的成功要靠基础,靠家族传承;就连喝酒也说这句话,能否喝酒、酒量大小要靠祖上基因。我当时就说,二十年后,你对贾谊《过秦论》中"奋六世之余烈"一句有了深刻感悟,并能迁移运用!

上面两个例子,说明一个道理,语文课堂目标尤其情感态度与价值观目标的达成具有潜隐性与延时性,不像数理化,具有显明性与即时性特点。

(一)语文教学目标的潜隐性与延时性

一是情感与价值观的培养具有延时性。自从语文课标提出"三维目标"以来,立即成为语文教学的金科玉律,其中把情感态度与价值观的培养作为

---

① 赵成昌.教无定法,随机应变[J].中学语文教学参考(上旬刊),2015(7):19.

一个维度给固定下来,使语文课程的"人文性"有了着力点。但是如何培养,尤其如何评价情感态度与价值观这一目标的达成,是教学的一个难题。因为在语文教学中,情感态度与价值观目标不像知识与能力目标可即时达成,而是具有延时性特点。或者三五天,或者一两个月,甚至十数年。"此情可待成追忆,只是当时已惘然。"(李商隐《无题》)南京大学教授莫砺锋先生到我校讲学时讲到他到美国做访问学者,有一年的中秋月明之夜,看到皎洁的月色,想起了国内的老婆、孩子,想到她们可能也在月下想念异域的自己吧,这时他就突然想起了多年来读到的杜甫的《月夜》诗:

> 今夜鄜州月,闺中只独看。遥怜小儿女,未解忆长安。
> 香雾云鬟湿,清辉玉臂寒。何时倚虚幌,双照泪痕干。

　　眼前情景与诗中描写非常契合,不同的只是地名而已。对于莫砺锋教授而言,几十年后,该诗的情感目标才算真正达成。

　　"规矩虚位,刻镂无形。"这样一来,情感目标既难考查又相当重要。"让人真正受用终生的不是那些符号知识本身,而是其背后所隐含的内在价值,是其内具的思维方式、价值观念以及在知识学习过程中所获得的丰富的情感体验。"①

(二)语文教学要符合语文教学目标的特点

　　语文教学目标具有潜隐性与延时性特点,这就要求我们在语文教学时要顺应这些特点。

　　一是语文教学目标的达成上要注意潜隐性与延时性特点。三维目标中,除了知识的汲取可以即时考查外,能力的训练需要一定的时间做保证,情感的熏陶与濡染更需要较长的时间来完成。因此,对学生学习目标的考查中,就不能要求"讲了就会""会了能写""写了就能得分",也不能一刀切地要求所有学生当堂完成。讲授《致橡树》,对于诗中表现的两性或人与

---

① 姚林群,郭元祥.新课程三维目标与深度教学:兼谈学生情感态度与价值观的培养[J].课程·教材·教法,2011(5):14.

人之间既互相独立又相互依存的关系,学生可能有粗略的认识,但是这种价值观是否建立起来,建立得怎么样就无法考查,至少是无法当堂考查。再如《蒹葭》,情感目标之一是体会模糊美这个中华民族美学标准,不是短时期所能达成的。可能越是优秀的作品,越是如此。

二是语文作业尤其作文的预留,要考虑潜隐性与延时性目标。有些实用文体的作文,尤其是应用文,诸如信函、请假条、通知、申请、启示、说明书等,有较固定的格式,讲授结束可以要求学生写出来,只要按格式完成即可。而审美文体的训练,就要慎重些。看了一次电影,参加某次演讲会、报告会、书画展,不可能立即产生丰富的感想、高深的认识。对于亲情、友情等人世间美好情感的认知与感悟,学生也正处于情窦初开的年纪,年少懵懂,非要让学生完成一篇"正能量"作文,只能是一厢情愿。北京师范大学中文系教授刘锡庆认为:"现在学生书读很少,就读那么几篇课文,你就非辨别是非他得到了什么,有什么启发,什么收获,非得说出个一二三不可,好像读过一篇文章就会立竿见影,给他什么收益。实际上,有些东西读过之后,要在肚子里慢慢'发酵',慢慢地'悟',突然哪一天,他会悟到什么。"①

三是语文作业的预留一定要注意学生的差异性,不能一刀切。"其他学生都能交作业,为啥你没完成?"相信我们不止一次听过类似的话。其实教育的困境就在这里,每个人都是特殊的个体,是独特的"这一个"。因为生活背景、知识背景以及心智、情绪等因素存在或多或少的差别,同是听课,有的学生若有所思,有的可能恍然大悟,有的可能不甚了了。同是看一场电影,有的学生可能莫名兴奋,有的学生可能泪流满面,有的学生可能无动于衷。所以庸师会用一种办法要求所有的学生,而名师知道"一把钥匙只能开一把锁",会对全部的学生用全部的办法,对个别学生"特事特办"。这就是因材施教,不追求整体一致。孔子当年提出因材施教的教育原则,非常伟大,就凭这一点,他就可以荣膺教育家的称号。笔者青年时不懂这个道理,只要一个学生缺作业,心里就不爽,要求全部交齐,有时甚至闹成小小的摩擦事件。

---

① 王丽.中国语文教育忧思录[M].北京:教育科学出版社,1998:78-79.

三、导入语,让你"一鸣惊人"

笔者在教高二语文时,有一次讲授《为了六十一个阶级兄弟》,我是这样导入的:同学们,由于多种因素的影响,当前我国道德水平整体滑落,连老人摔倒了能不能扶都是问题,不扶,让人寒心;扶,有可能被讹;这种现象只能说明当前人与人之间的信任、友爱消失了,令人痛心。但是原来我们的社会不是这样的,人们争着做好事,做无名英雄,于是就有了我们可爱的雷锋叔叔,他出一趟差,好事做了一火车。那么,过去的世风究竟如何呢? 过去已经成为过去,但是记录当时的文字还在。我们今天就学习一篇表现当时社会友爱的文章,去感受一下当时的世风世貌,接着板书:为了六十一个阶级兄弟。不料话音刚落,学生连连叫好:"咦,转得好,转得妙!"

近三十年过去了,当时的情景仍历历在目。我想之所以获得学生的好评,是因为导入语用得好,由感叹当前的世风转到对以前世风的向往上,自然而然地导入到本节的课文教学,又引起了学生学习的兴趣,所以好的导入能起到很好的作用。

由此笔者想到了课堂导入语的问题,有道是:"好的导入等于成功的一半!"好的导入能起到引导学生进入学习状态,激起学生兴趣的重要作用。但是我们很多教师在平时的教学中不大重视课堂导入,由此产生一些问题。

(一)当前语文课导入存在的问题

1. 没有导入,直接切题

直接点明要讲的课文题目,没有设计导入环节,使本该引导学生进入学习状态,激起学生学习兴趣的作用大打折扣。这是当前语文教学中相当普遍的一种现象。有论者认为这是开门见山,也是一种导入。但笔者认为开门见山是一种导入法,这种方法偶尔运用一下尚可,但经常性的使用就不能算是导入法了,而是无法,没有章法。譬如很多教师包括笔者自己在讲授莫泊桑的小说《项链》《我的叔叔于勒》时,往往在导入时只是对作者进行简单介绍,介绍时也是平铺直叙,引不起学生太多兴趣。而王开东老师在讲授莫泊桑的小说《蛮子大妈》时,是这样导入的:

王开东：他是世界短篇小说巨匠，他只活了 43 岁，就英年早逝。

他在短暂的生命里，共写了 6 部长篇小说，三百五十多篇中短篇。

他是我们中学语文所选作品最多的外国作家。

世界文豪屠格涅夫认为他是 19 世纪末法国文坛上"最卓越的天才"。

托尔斯泰认为他的小说具有"形式的美感"和"鲜明的爱憎"。

左拉，对伟大的左拉，用一个伟大的语句来表达对他的崇敬。他的作品"无限地丰富多彩，无不精彩绝妙，令人叹为观止"。

甚至连伟大的革命导师恩格斯也不例外，"对于他，我们应该脱帽向他致敬"。

他，就是法国一代文豪——莫泊桑。

（学生惊叹不已）①

试想这样波澜横生的导入，怎能不引起学生兴趣呢？

2. 不重视导入语的作用，随便应付了事

由于工作忙等多种因素的影响，有些教师没有认真设计导入语，而是遵循"车到山前必有路"的习惯，靠临场发挥。当然，教案里的导入只是基于对学情大致了解的一种预设，教师不可能亦步亦趋地完全照搬教案，有可能根据新的情况做微调甚至做大的变动，即所谓的"生成"，这样即兴的导入可能更精准。但是完全不设计导入语这一环节，全靠临时拍脑袋，随心所欲的"生成"，极有可能会使导入语的运用上呈现"生硬"状态，即兴式地导入，也应该在预设的基础上"即兴"，否则可能变成"随兴"。著名语文特级教师窦桂梅备课，非常重视导入的设计，她曾坦言讲《秋天的怀念》时曾设计了十种导入。②

3. 导入语太简单，缺乏与所引课文的深度融合

看下面导入设计：

---

① 王开东. 深度语文[M]. 桂林：漓江出版社，2015：23-24.
② 教育部师范教育司. 窦桂梅与主题教育[M]. 北京：北京师范大学出版社，2006：8.

【例一】出示骆宾王的《易水送别》："此地别燕丹,壮士发冲冠。昔时人已没,今日水犹寒。"问,这首诗写了一个什么事?

【例二】"斩首行动"是现代战争中常用的一种军事手段,其核心是斩杀对方最高军事指挥首脑,在 2003 年对伊拉克的战争中美国就使用过这一手段。殊不知,在 2200 多年前的中国,就有人使用过这一"现代化战争手段",只不过它完全靠个人的力量。这就是发生在我国战国末期著名的"荆轲刺秦王"的故事。①

上面两种导入仅仅是引出所要讲的课文,导入内容与课文之间并无深度的联系,是在情节的某些方面有些相似而已。如果要从深度上导入,可以用下面两例。

【例三】关于荆轲,历来仁者见仁,智者见智,北宋的苏洵称其为"始速祸焉",朱熹认为他"匹夫之勇,其事无足言",但司马迁却认为其"名垂后世"。陶渊明称其"其人虽已没,千载有余情"。为什么会有这样迥异的评价,相信我们学了这篇课文,会对其有更深入的了解。今天,我们来上新课——《荆轲刺秦王》。

【例四】萧伯纳曾经说过:"生使一切人站在一条水平线上,死使卓越的人露出头角来。很多人生前未必显名,但死后却哀荣日盛,不知这是幸运还是不幸。历史上,孔子、屈原、杜甫等人皆是如此。"……(同上)

例三导入涉及课文人物行为的不同评价,直接触及到了课文的重点与难点。尤其例四用萧翁的话引出对生命意义的思考,是对人物的深度评价。两种导入其实是对课文的深掘与拓展,与课文教学内容有了高度融合。

4. 有些导入忽视学生的生活背景与知识背景

有些老师设计的导入内容可能学生就不熟悉,例如用一首学生不知道

① 陆亦斌.例谈引导学生自主深入阅读文本[J].语文教学之友,2014(4):30.

的生僻的诗词或典故导入,等等。

5.导入偏离了语文学习的目标与内容

语文学习的目标是什么? 根据三维目标及语文核心素养看,语文学习离不开语言的积累与运用、语文写作能力的训练、情感的濡染与熏陶。导入中要指向这些目标与内容。但有的教师在语文课导入中一味地求新求奇,就有可能偏离了语文学习的轨道。例如讲段子、讲离奇的故事等。

6.现代技术的滥用

当前很多教师爱用多媒体导入,图片、音频、视频俱全,"乱花渐欲迷人眼",学生兴趣是有了,但不是学习语文的兴趣,这就造成手段与目的的错位甚至悖离。凤凰传奇演唱的流行歌曲《荷塘月色》,唱腔优美,充满了水乡的柔媚与清幽,但这是欣赏音乐,不是品味散文《荷塘月色》的语言美。男中音歌唱家杨洪基演唱的《三国演义》主题曲《滚滚长江东逝水》,嗓音浑厚低沉,有一种沧桑感,但这是影视欣赏,而非品味《念奴娇·赤壁怀古》的意境美。笔者就曾用音乐和视频之类的现代技术导入新课,一曲终了,学习新课,让人始料不及的是有学生说:"我们还听歌吧!""我们还看电影吧!"看来吸引学生的是影音资料而不是语文课,这只能是语文课的失败。如果我们能用诗一般的语言引导学生,让学生在品味语言美的同时进入新课的学习中,无疑在一定程度上达成了语言建构与运用目标。

当然,语文教育不是一律拒绝多媒体,作为一种辅助手段,适度地运用多媒体不失为一种很好的办法。著名语文特级教师窦桂梅讲叶绍翁的《游园不值》,在导入时就播放音乐,唱起《让我们荡起双桨》导入(并且可能是为了首尾的贯通,课堂结束时,老师和同学们把《游园不值》填进《让我们荡起双桨》)①。收尾中填词的做法,切合语言运用能力训练的目标,颇有新意。当然,任何事情又不能一概而论,是否可以运用多媒体导入有时要因具体情况而定。语文特级教师于永正在讲授《月光曲》这篇课文时,就是播放钢琴曲《月光曲》来导入。② 因为这篇课文所写的中心事件就是《月光曲》,这样

---

① 教育部师范教育司.窦桂梅与主题教学[M].北京:北京师范大学出版社,2006:175.
② 魏本亚.于永正经典课例评析高年级阅读教学卷[M].北京:语文出版社,2016:2.

导入为接下来的教学设置了情境,欣赏钢琴曲《月光曲》也正好是教学活动的一部分。

特级教师韩军说得好:"我们欢迎多媒体之于语文教育的神性,也要警惕多媒体之于语文教育的魔性,运用适当就是神性,运用过度就是魔性。"①

(二)语文课导入遵循的原则

1. 学生主体性

学生是课堂的主人,要把课堂还给学生。这些话不是空洞的概念,而是要实实在在地落实到教学中去。程翔在讲授鲁迅先生的《论雷峰塔的倒掉》时是这样导入的:

> 师:同学们,我写一个成语,看谁能讲清它的含义。(师板书:借题发挥)
>
> 生:就是借着某个事物发表自己的看法。
>
> 师:基本正确,还不够准确。请同学们查一下词典。
>
> (生查字典)
>
> 生:借谈论另一个题目来表示自己真正的意思。
>
> 师:对。你们学过借题发挥的文章吗?
>
> 生:没有。
>
> 师:今天,我们就来学习一篇借题发挥的文章,就是鲁迅先生写的《论雷峰塔的倒掉》(师板书:论雷峰塔的倒掉)②

该导入紧扣语言积累与训练,激发学生的积极性,是非常经典的语文课堂导入。

2. 语文性

就是说语文课堂要切合语文的特点与学习方法。就像上例中程翔让学生理解成语"借题发挥",带动学生查字典,就是突出了语文的特点与方法。

---

①　教育部师范教育司.韩军与新语文教育[M].北京:北京师范大学出版社,2006:133.

②　程翔.语文课堂教学的研究与实践[M].北京:语文出版社,1999:9.

有位教师教林海音的《窃读记》，是这样导入的：先在黑板上板书一个"窃"字，并问学生是什么意思，然后让学生做一个游戏，查字典找这个字的意思，看看谁的速度最快。① 这个导入就切中语文学科的特点，抓住了语文学习的任务之一即能够借助工具书进行自主学习，同是设计游戏的教法，调动了学生的参与意识。著名语文特级教师王崧舟在讲张继的《枫桥夜泊》导入时，也是利用多媒体和歌词的办法，但妙的是王老师不是让学生唱，而是用幻灯片打出歌词让学生读②，很好地切合了语文教学的目标。

3.新颖性

法国哲学家笛卡尔说过这样一句话："最有价值的知识是关于方法的知识。"也可以这样理解，方法的创新是最有价值的。我们阅读名家课堂实录，无不钦佩其方法的新颖性。如何创新，这就是一门艺术，属于"无法之法"，变化之妙，存乎一心。新蔡二高教师张吟湄执教《项脊轩志》这篇文章时，采用了猜谜语法：衣锦还乡（打一人名）。在教师的启发下，学生终于恍然大悟似地回答：回来有光——归有光！教师赞赏地点点头，然后重重地写下这三个字。接着又问同学们：仅仅是归来有光吗？通读全文，看哪里还有光？在教师的引导下，依次找出"陋室不陋，因为有光""点滴日常，细节有光""亲人之爱，人生有光"。从而顺利地完成教学，学生脸上也都光彩熠熠的。

（三）语文导入方法

语文课堂导入方法有多种，如开门见山、讲故事、提问题、猜谜语、制造悬念等。不过，语文课堂导入要突出"语文性"，最佳的方法应是诗性朗诵，这种方法比较"出彩"，最具诗意、文化味。譬如：

> "黯然消魂者，唯别而已矣！"高唱离别之悲；"风萧萧兮易水寒，壮士一去兮不复还！"是铁与血的离别，是生死考验；"劝君更尽一杯酒，西出阳关无故人。"殷殷之语，是对友人的祝福，是对友人

① 李悦新.有一种教育叫微笑[M].北京:北京师范大学出版社,2017:116.
② 王崧舟.王崧舟与诗意语文[M].北京:北京师范大学出版社,2015:221.

未知之旅的牵挂;"但愿人长久,千里共婵娟。"是对离别的宽慰,是对亲情的讴歌。……今天我们学习现代人的一首离别诗,体会一下现代人的离愁别绪。板书:再别康桥。

四、阅读教学的切入艺术

文本解读、阅读教学内容的选定、教学内容的呈现(实施),是语文教师阅读教学的三大能力。而教学内容呈现的第一步就是切入。不同的切入有其迥异的效果。那么阅读教学如何切入才能达到先声夺人、引人入胜之效呢? 笔者认为要根据不同的学情、不同的文体与阅读内容而定。

(一)当前阅读教学切入存在的问题

1. 无切入

有些教师特别是从教多年的老教师,没有切入的设计,教学实施中按课文段落顺序,从开始讲到结尾,没有关系整个教学内容的提问,没有学生的深度思考。这种"小猪吃甘蔗,一节节来"的办法,效果当然不佳。原因可能是设计切入费时费力,也不一定产生实效,于是采取最简单办法,直截了当,省时省力。长期下去,习惯成自然,积习难改,也不愿意改,课堂教学一直在低水平上徘徊。

2. 切入突兀,违反循序渐进的原则

切入是教学模式实施的第一步,是课堂教学的起始,因此切入要与教学模式相契合,自然圆润。有位教师讲授李密的《陈情表》,是这样切入的:本文作者不愿与司马氏合作,假托对祖母尽孝骗过朝廷,最后如愿以偿。那么本文是怎样"骗"的? 用"骗"来切入就与教学目标有距离。因为这篇文章主要内容是谈"孝"的,谈尽孝带来的急迫之情、不得之情、尽忠之情、两难之情,也是对学生进行孝道教育的。如果抓住这个"孝"字来切入就会起到纲举目张的作用。而"骗"虽然是该文的一个内容,也可能是其显著内容,但它不是教学目标与内容,与接下来的教学活动衔接欠圆润。

3. 切入难以符合学生思维规律,无法使学生思维与教学内容产生联系

人类对事物认识活动的基本程序一般是:是什么? 为什么? 怎么样?

第一个问题没有解决,往往会影响下一个问题的解决。如果这样切入《祝福》的教学:祥林嫂的故事都是发生在春天,思考有何特殊意义? 这样就不符合学生的思维规律,因为这个问题属于"为什么"的范畴。教学中应该先学习祥林嫂是什么形象,其次才是为什么造成了这样的形象,最后是怎么样的评价。具体到《祝福》这篇课文,如果问"找出对祥林嫂的四次描写,看祥林嫂有哪些变化,为什么?"这样切入可以自然而然地实施教学步骤,完成教学任务。讲授鲁迅先生的《拿来主义》,可以从"是什么",即拿来主义的态度(挑选、占有等)入手,接着问为什么采取拿来主义呢? 这就自然衔接到几种对待文化遗产的错误态度与办法上,然后是"怎么样",即拿来主义的具体做法,这样切入就符合"是什么—为什么—怎么样"的思维顺序。

综上,切入要符合文本逻辑顺序,又要符合学生认知规律,在二者契合处入手,达到事半功倍之效。

(二)阅读教学切入的方法

1. 从题目切入

有些题目就是文章的主要人物、事件、线索甚至主旨,因此,从题目入手是阅读教学的最佳切入点。譬如《记念刘和珍君》,其中的"刘和珍"是文章的主要人物,可以这样切题:"'记念'一般用在有贡献的逝者身上;'君',敬称,一般是对男性的称呼。而作者把这两个词语用在自己的女学生刘和珍身上,让人疑惑,那么刘和珍做了什么有贡献的事,值得作者如此敬重?"这样就自然而然地开启了教学之旅。《装在套子里的人》,其中"套子"是中心事件。有教师"以套子为抓手,数套子、品套子、套住了谁、议套子,一线贯穿"[①]。朱自清的散文《背影》描述了父亲的背影,突出了父爱的伟大。教学中可以采取分析题目"背影"切入,让学生找出描写"背影"的片断,并加以分析。曹文轩的小说《孤独之旅》,题目点明了中心,就可以从解题切入,让学生找出哪些地方表现了杜小康的"孤独",继而延伸到少年成长的主题。再如刘禹锡的《陋室铭》,可以问"陋室"陋吗? 它有哪些特点,顺势带出本文中心。

---

① 刘丽霞.论语文课的非语文倾向[J].中学语文教学参考(上旬刊),2014(1-2):153.

2. 从文眼或诗眼切入

"文有文眼,诗有诗眼。"所谓文眼和诗眼是一种比喻的说法,意指能够窥见文章的中心或主旨的某些字词或句子。在教学中如果抓住文眼或诗眼作为切入点,展开教学,能够起到事半功倍的效果。曹操的《短歌行》,其诗眼就是"何以解忧"中的"忧",那么教学中可以从作者所"忧"之处切入,分析作者所忧内容:忧人生之短,忧人才难得,显示了作者博大的胸襟与抱负。契诃夫的小说《装在套子里的人》,塑造了一位沙皇统治的维护者与牺牲品的别里科夫形象,具有典型意义。首段第二句"他也真怪",这里的"怪"可谓是全文的文眼(也可以认为文眼是"套子"),学生预习之后,教师可以用一个问题切入:别里科夫"怪"在哪? 通过引导让学生找出他的穿着怪、生活习惯怪、教课内容怪、思想怪、言行怪,再研究"怪"的原因是什么,反映了什么。至此教学任务完成了。陶渊明的诗《饮酒》,其中"此中有真意"中的"真意"是全诗的诗眼。教学中可以从此切入,学生熟读之后,让学生说说"真意"的内涵,这样可以直抵文本的深处,即全诗的主旨,不枝不蔓,干脆利索,使教学重点更加突出。类似的还有《济南的冬天》中的"济南可真个宝地",郁达夫《故都的秋》中"清、静、悲凉"。

3. 从情节、线索结构切入

叙事作品,例如中国传统小说,情节曲折,教学中可以情节为切入点。有教师执教《廉颇蔺相如列传》,这样切入:"文中写了几个故事,请分别用简明的语言概括出小标题,并找出相应的起止段落。"①

但描写抒情类文本没有所谓的情节,怎么切入,就要"因文而异"了。一般来说,这类文章的教学可以从情感线索来切入。譬如讲授范仲淹的《岳阳楼记》,可以从文中抒发悲喜两种感情切入。有些文章感情不是单一的,而是比较复杂,切入较为麻烦。譬如《滕王阁序》,大肆铺陈,长于用典,这时可以从分析每段的感情内容切入。还有些文章抒发感情非常含蓄甚至隐晦,譬如以景写情,以景寓情。朱自清的《荷塘月色》,描写了月下荷塘之

---

① 宗世勇.《廉颇蔺相如列传》教学案例[M]//王相文,胡小环,孙立军.语文教师专业发展成果选编.长春:东北师范大学出版社,2021:314.

景,蕴蓄了作者当时较为复杂的心情,即喜悦与忧愁的多次变化,呈现出一种若隐若现的感情线索,教学中可以此作为切入点。先让学生通读全文后,找出景物描写,表现了怎样的情感;或者说哪些段落表现喜悦,哪些段落表现忧愁。当然文中所表现的喜悦与忧愁相当淡,要用心体会才能找得出,这一点需要教师提示或引导才能完成。

4. 从中心事件切入

叙事文本,其重要内容是描述一个中心事件,并藉以表达作家的情感意绪,教学中如果能抓住这个中心事件,以此为切入点,就可以触摸到事件背后隐藏的主旨及其重要内涵。鲁迅的《故乡》,记述了"我"回故乡的所见所闻所感,有对故乡的美好回忆,也有对破败现实的残酷描写,内容颇多。但中心就是一个字"变",故乡之变、闰土之变、杨二嫂之变。教学中可以从"变"中切入,让学生依次找出"变"的内容,再分析原因,等等。这样就能删繁就简,举重若轻。契诃夫的小说《变色龙》,塑造了一个沙皇统治的奴才形象。全文描写了警官奥楚蔑洛夫围绕着狗的主人来回变化的事件,那么可以此切入:狗的主人变了几次? 警官奥楚蔑洛夫围绕着狗的主人身份是怎么变化的? 探究了这两个问题,小说的主旨也就呼之欲出了。

5. 从关键句子切入

有些文章中的句子虽然不是文眼或诗眼,但很关键,或是促使情节发展,或是烘托人物,等等,教学中可以此为切入点。莫泊桑的小说《项链》第一句"她也是一位美丽动人的姑娘",这句话中有一个"也"字,意蕴非凡。因此我们可以这样切入:"这句话中的'也'起何作用,能不能删去?"通过分析知道,这个"也"是一种比较,是路瓦栽夫人和其他女人(譬如她的朋友伏来思节太太)相比较:"我也是一位美丽动人的姑娘,为什么我不能嫁给一个有钱的丈夫?"这样就写出了主人公的愤愤不平,接下来路瓦栽夫人借项链,在狂歌乱舞中丢项链才有可能。这样以"也"字切入,直接关连到小说教学的两大要素即情节与人物的教学。

关键句子之所以关键,是因为它能起到牵一发而动全身的作用。杨绛的《老王》末句:"那是一个幸运的人对一个不幸者的愧怍。"就起到这样的作用。教学中可以这样切入:托翁在他的名著《安娜·卡列尼娜》扉页上这样写道:"幸福的家庭总是相似的,不幸的家庭各有各的不幸。"作家杨绛也在他的作品《老王》中写了老王的不幸,那么大家阅读文章后找出老王有哪些不幸?

汪曾祺回忆性散文《金岳霖先生》第一段中一句"西南联大有很多有趣的教授,金岳霖先生是其中的一位"。其中的"有趣"应该是本文的文眼,教学中可以在这个地方切入:试找出文中描写金岳霖先生趣事的句子,这样就宛如红线穿珠,把文章内容串了起来成为一个整体,避免了教学内容与步骤的碎片化。

6. 从意象分析切入

诗歌中有大量意象塑造,意象分析是教学的重点也是难点,教学中可以从分析意象切入。戴望舒的《雨巷》中的"雨巷""油纸伞""丁香"意象,是非常独特的。在熟读几遍之后,可以从分析这些意象所传达出的情感内涵切入。再如徐志摩的《再别康桥》、舒婷的《祖国啊,我亲爱的祖国》等,都可以采用这种办法。

如果是多个意象,就组成一幅幅图画,创造了独特的意境。那么其中任何一个意象都难以起到整合其他意象的作用,如果再以此为切入口,就无法与全文文脉及整体教学模式相一致。这时我们可以从图画切入,把整个意象串连起来,达到"撮辞以举要"的目的。一位教师讲授《沁园春·长沙》,这样设问:诗歌描写了哪些图景? 继而明确:独立寒秋图、湘江秋景图、峥嵘岁月图、中流击水图。① 以此展开教学。

7. 从景物描写切入

这种办法适用一些写景散文。写景散文的中心即写景抒情,教学任务也是分析景物描写,继而揣摩其中蕴蓄的情感。讲授朱自清的《春》,在学生掌握大意之后,可以设置问题:整体感知后,文章给我们勾勒出哪几幅图画?之后明确:春草图、春花图、春风图、春雨图、迎春图。讲授郁达夫《故都的秋》,有些教师多从其文眼即"清、静、悲凉"入手,笔者认为这样切入难度颇大,因为要得出"清、静、悲凉"的结论必须通过对秋景的分析才能达到。因

---

① 张晓蕾.《沁园春·长沙》教学设计[J].中学语文教学参考,2011(6):23.

此,不如从秋景的分析切入:文中描绘了哪些秋景?之后明确:秋花、秋槐、秋蝉、秋雨、秋果。

8.从比较阅读切入

事实上,比较阅读法就是一个微单元阅读法。比如在讲柳永《望海潮》时,就可以和姜夔的《扬州慢》进行比较。同是宋代作品,同是运用大量意象,但一个赞美一个悲慨。《望海潮》中,如"烟柳画桥""风帘翠幕""云树绕堤沙""怒涛卷霜雪"等,描绘了杭州的美丽景色和繁华富庶。《扬州慢》中也使用了许多意象,如"荠麦青青""废池乔木""清角吹寒""冷月无声"等,渲染了扬州的荒凉和寂寞。艺术手法也不尽相同,《望海潮》采用了铺叙的手法,详细地描绘了杭州的景色和生活,给人以强烈的视觉冲击;同时,还运用了对仗、夸张等修辞手法,增强了作品的艺术感染力。《扬州慢》则采用了今昔对比的手法,将扬州的过去和现在进行对比,突出了扬州的荒凉和寂寞;同时,还运用了拟人、通感等修辞手法,使作品更加生动形象。如此切入,就扩大了学生阅读体验,帮助学会迁移和运用。

特别提出的是,教学的切入不是孤立的教学行为,而是教学模式的第一步。因此,在设计时要通盘考虑,注意它与前后教学行为的有机联系。再就是课堂切入是一门艺术,显示了教师的才情,因此在实际应用过程中,应力求创新,既朴素实用又新颖高效。

五、课堂高潮是语文课堂最具魅力之处

2004年在河南开封举行的河南省教学大赛上,确山县一高一位邱姓语文教师执教《陈情表》,当邱老师讲到李密为了尽孝辞官不就时,学生对尽忠还是尽孝问题产生了争执,并主动要求辩论,搞得教师有点措手不及。最后教师放手让学生辩论,课堂上出现了高潮迭起的局面。

笔者上高中时,管道华老师的课讲得非常漂亮,课堂多次达到了高潮。他讲到秦始皇、赵高时,曾模仿太监赵高的动作和公鸭腔,引起学生一阵笑声。

教育学理论把这种现象称为"课堂高潮"。课堂高潮是指在教学中出现全班同学积极参与、精神高度集中、场面热烈的情景。其实许多教师在执教过程中,都或多或少地有过课堂高潮的经历。尤其语文教师课堂教学中更

容易出现这种场面,因为与数理化具有逻辑性、严谨性不同,语文课堂具有情染性,更需要也更容易制造热烈的气氛。可以说课堂高潮是语文课堂区别其他课堂的重要特点,也是其最具魅力之处。浙江师范大学王家伦教授就认为:"优秀的语文课堂,就该有一个高潮。在这个高潮中,教师与学生共同进入亢奋状态,而课堂教学目标也在此时得到最好的体现。"①

课堂高潮产生有两种情况,一个是课堂生成的,一个是预先设计的。显然,上面两个课堂高潮的例子就分属这两种情况。但是很多人认为高潮是不可控的,只能是生成的,也因此很多教师压根没有课堂高潮教学设计的意识与行为。当前学界对此也很少研究,很多教师教学等专业书籍里,很难找到相关章节,笔者在知网、维普网仅搜到4篇相关文章。其实,课堂高潮也是在预设基础上的生成,或者说,有充分的预设可能有高质量的生成,但没有充分的预设,就不太可能有高质量的生成,既使有高质量的生成,也不太可能有高质量的把控。

那么,课堂高潮怎样预设呢?

1. 认真备课,设计学生感兴趣的问题与话题,寻找触发点

我们知道,在讲课时有些课文容易出彩,例如故事文体,包括小说、戏剧等,有些不容易出彩,例如说明文、议论文。一些课文比较平实,没啥讲头,但某些段落可能吸引人。教师教学中就要着重在这些容易出彩之处认真思考,设计出足以掀起课堂气氛的高潮。

(1)重点处:每篇课文内容很多,但教学重点部分往往只有一两处,这些重点不但是文本颇具魅力之处,也是教学中着重强调的地方。教学中要仔细研究这些地方,设计一些办法,达到高潮的目的。李吉林教师在讲授《卖火柴的小女孩》这篇课文时,就在"冷"这个重点词语上做文章,先让学生找出课文中带"冷"的词语或句子,接着让学生用"冷"组词,最后引导学生理解"冷"的含义:寒冷的天气、冷酷的世界,这个设计具体翔实,步骤分明,实施过程中学生热情高涨,掀起一阵阵课堂气氛。②

---

①   王家伦.论课堂评议的多维建构[J].中学语文教学参考(上旬刊),2014(4):8.
②   李吉林.李吉林与情境教育[M].北京:北京师范大学出版社,2019:290.

（2）疑难处：几乎每篇课文都有疑难处，例如鲁迅小说《孔乙己》末尾一句话"大约孔乙己的确死了"，"大约"与"的确"是否矛盾，究竟表达什么意思。《愚公移山》里有一难点：怎样看待愚公搬山的行为？是搬家还是搬山？杨绛的《老王》最后一句："那是一个幸运的人对一个不幸者的愧怍。"这句话有两个难点，一是谁是幸运的人，谁是不幸者？二是"愧怍"的含义。《五柳先生传》末句："无怀氏之民欤？葛天氏之民欤？"教师不要放过这些疑难之处，要认真进行设计，通过各种办法展开。王崧舟教师在一次讲《我的战友邱少云》时，一个男孩发言了："邱少云，你真是一个傻瓜。"王教师本能地反应："傻瓜？你才是傻瓜，坐下！"过后，王教师对此进行痛定思痛的反省，并重新对这一环节进行设计，结果在不久的公开课上，还是讲《我的战友邱少云》时，相似的情景又出现了，一个学生说道："邱少云，假如我是你，我就打几个滚先将火灭了，说不定这个时候山上的敌人正在睡觉呢？"由于有了充分的预设，王教师进行了巧妙的引导，结果台下响起热烈而持久的掌声。①

（3）关键处：课文中总有一些关键性语句，或揭示背景，或渲染气氛，或交代某些信息，是理解中心、主旨的关键。再如《祝福》的首段，"旧历年的年底毕竟最像年底"，为什么？为什么公历年的年底不像年底？教学中可以让学生在这些地方进行仔细研读，发言，就可能预设出高潮来，当然是否出现课堂高潮，高潮的质量如何，还要看实际情况，因为包括课堂高潮在内的教学活动受各种因素制约。

（4）空白处：是指课文中有意无意省略之处，譬如莫泊桑《项链》、沈从文《边城》的结尾。教学中可以设计学生展开联想想象加以填补，答案可能五花八门，形成课堂高潮。

2. 让学生参与，激起兴奋点

长期以来，一些学生之所以对语文课缺乏应有的兴趣，原因虽然是多方面的，但忽视学生的自主性与能动性，不让他们参与到课堂中去，是主要方面。因为教学活动是教师与学生共同完成的，不是教师一个人的独角戏。因此，使用各种办法，让学生动起来才是正道。让课堂气氛达到高潮，最好

---

① 王崧舟.王崧舟与诗意语文[J].北京:北京师范大学出版社,2015:23-24.

的办法还是发动学生。具体办法如下：

（1）设计各种诵读方法。尤其是一些经典古诗文，需要反复诵读，如果教师只是简单地让学生去读，不做具体的读法设计，学生很容易疲惫。因此，可以在诵读上做文章，例如齐读，在朗朗的齐读声中，学生能受到感染，气氛可能会达到高潮。再如竞读，按不同的标准把学生分组，展开诵读竞赛。再如对读，有师生对读或生生对读。李白的诗《蜀道难》，感情激越，气势豪迈，最能体现这一特点的是文中三次反复句"蜀道难，难于上青天！"可以把学生分成两组，让教师或声音大的组如男生组专门读这三句，剩余学生读其他部分，就是在这种一浪高过一浪的读书声中，形成了高涨的气氛。再如接龙诵读、对读、分角色朗读等。最重要的是，每种方法都有可能产生高潮，当然也可能令人失望，关键是教师要对每一种读法进行研究，在细节上打磨，才会提高高潮的机率与质量。一句话："只有好的预设，才有好的生成。"

（2）分角色扮演。人物对话，特别是戏剧选文中的角色对话，可以让学生角色扮演。戏剧，其情节都是依靠人物对话展开，用传统办法很难讲授，更难以达到高潮。笔者执教戏剧单元，尝试让学生分角色扮演，获得不错的效果。例如在讲曹禺的《雷雨》时，前面一节是鲁侍萍与周朴园的对话，我把学生分在几个组，先研讨二人的形象特点，在此基础上每组推选人选扮演周朴园、鲁侍萍，以及读舞台说明的幕外人员，共三个人。几个组进行竞赛。第二节涉及到的角色更多，除了上面三个角色外，另有鲁大海、周萍、周冲、繁漪等，这样几乎全班同学都能参与其中。扮演及比赛过程中，学生非常投入，因为每个学生的性格不同，比赛风格差别很大，但高潮迭起，引起学生的阵阵掌声。

（3）辩论。例如学习《愚公移山》这篇课文，怎样看待愚公搬山的行为？可以让学生辩论，达到明白文章情节安排的意图。

（4）质疑。古人云："学贵有思，思始于疑。疑是思之始、学之端，小疑则小进，大疑则大进。"说明质疑的教育价值。教师可能感觉到现在的课堂缺乏质疑，尤其是学段越高的课堂，质疑越少。我们课堂上不缺质疑声，有教师质疑，也有学生质疑，只不过教师往往把学生质疑给忽略了，久而久之，课堂上质疑的火花就很少闪现甚至熄灭了。事实上,课堂上学生的质疑是其主动性、积极性的表现,蕴藏着巨大的教育价值。教育是讲时机的,在最好的时机进行教育是最佳的。学生质疑之时就是这样的时刻,因为此时是学生关注了该问题,甚至对该问题进行了一番思考,这时如果教师重视这一时刻,就有可能进一步激发学生的学习热情,制造课堂高潮。

（5）移情。这是人本主义心理学创始人之一的罗杰斯提出的。将移情引入到教育教学中时,意味着教师必须设身处地从学生的角度,用学生的眼光进行教学,而不止是教师目无学生地讲授。《我的伯父鲁迅先生》长期以来都是小学语文教材的经典选文,其中对车夫肖像描写用到"饱经风霜"这个词,仅靠字典上的解释肯定不行,著名语文特级教师王崧舟老师在讲这篇课文时,就对这个词进行了重点设计,采用移情办法,先请学生回忆在生活中有没有看到过饱经风霜的脸,并描述出来,对此学生反应相当活跃,纷纷发言。王老师进一步启发学生,从这张饱经风霜的脸上能看出什么来,学生反应更加热烈,有的说车夫肯定非常累,有的说车夫家里肯定很穷,吃了上顿没下顿。还有的说车夫身体肯定不好。最后王老师动情地说:"同学们,如果你就在现场,你会怎么做?"学生都沸腾了,争先恐后地回答,有说把车夫送医院的,有说捐钱的,还有说让当医生的爸爸给车夫救治的,等等。[①]

（6）分享。让学生把自己生活经历中的某些事与教学内容结合起来,吐露自己的感受,制造活跃的课堂气氛,笔者也运用过数次。记得有一次讲"语文课程与教学论"中的教师能力章节,我让学生回忆一下自己在中小学求学经历中,有哪些你认为优秀或不好的教师,他们优秀或不好的地方在哪,借以总结经验教训。结果有两个学生回忆自己小学挨了教师的打,一个学生边说边哭了起来,其他学生也受到感染,全班气氛比较浓郁。16级一个学生说,他在初一时的语文老师在课前爱让学生齐声喊"充实、快乐、有收获"等口号,我说这跟传销差不多,不过挺能制造气氛的,咱大家也试试,但学生喊不起来。这说明这个办法对高年级学生可能不太适用。

其他还有演讲、竞读、竞猜等。

----

① 　王崧舟.王崧舟与诗意语文[M].北京:北京师范大学出版社,2015:43-44.

3. 扬长避短，施展教师的亮点

能读则读，能写则写，能说则说，能唱则唱，能演则演。"语文教师应该是多面手，每位教师也肯定有其最擅长的某一方面，或表演，或绘画，或歌唱，或朗读，或长于煽情，或工于析理……在教学中，如果遇到最能展示才华、魅力的地方，教师应该大胆地表现，这样就一定使学生上课时兴趣盎然，也有可能对教师产生崇拜，进而喜欢语文课。"①譬如著名特级教师韩军，他多次执教《大堰河，我的保姆》，仅仅读了一遍，就把学生震撼了，执教《大堰河，我的保姆》也成了韩军老师的代表课。沈文涛老师讲授柳永的《雨霖铃》，"踏着邓丽君《雨霖铃》的歌声走上讲台，随后，他深情地朗读他改写的小散文。无论是听课教师还是学生，都被深深地打动了。"②笔者所在的文化传媒学院王倩教授，才华横溢，尤其善于写作，教研之余出版了几本诗歌、散文集，她每讲一篇课文几乎都要写一首诗或一篇简短评论。当她在班内朗读她的诗篇或评论时，下面聆听的学生满是惊异、艳羡、钦服的表情，接着就是阵阵叫好声、掌声。

唱歌不但能使语文课堂气氛热烈，也是教学内容的需要。孟子曰："仁言不如仁声之入人深也。"（《孟子·尽心上》）最为典型的就是一些戏剧作品，本身就是为舞台演唱准备的底本，最适合演唱。譬如《长亭送别》，本身就选自元杂剧《西厢记》，上课时不管用什么调子唱上两嗓子，定会渲染气氛，把课堂推向高潮。再如鲁迅先生的《阿Q正传》中有一段唱词：

> 得得，锵锵！
> 悔不该，酒醉错斩了郑贤弟，
> 悔不该，呀，呀，呀……
> 得得，锵锵！得，锵令锵！
> 我手执钢鞭将你打……

① 高英辉.课堂高潮艺术刍议[J].福建教育学院学报,2008(2):34.
② 贾会彬.让"她"遇上最好的时间[J].中学语文教学参考,2014(12):45.

记得上高中时一位教师,讲这一段时,是自己一字一句读出来,当时就觉得不对,但又不知道哪里不对。直到高三复习,换了一位教师,是位老先生,据说上过私塾,会拉二胡,会唱豫剧,他用的不知是什么腔调唱了上面这段唱词。可能是我们那个年纪不懂戏剧艺术,感觉唱得不怎么好,跟当时邓丽君的歌曲差远了,但也觉得非常新奇,同学们非常兴奋。但他教我们时间不长,不知为何不教了,很久之后同学们说起这位教师,就提到他唱的戏,其他东西全忘了。

值得注意的是,课堂高潮设计有三忌:一忌"远",就是高潮内容与教学内容太远甚至无关,纯粹是为了高潮而高潮。二忌滥,不能泛滥、过度,课堂热烈而有度,要在教师可以把控的范围内。三忌俗,所采取的办法不能庸俗,譬如挤眉弄眼、挖苦人,拿有些学生的短处开玩笑。课堂是育人的地方,一切教学设计都要引领学生求知、向善、崇美。

六、收尾应该是课堂完美的一环

与导入设计相比,教师们对收尾的重视度可就差远了,很多教师没有收尾设计的意识,而是像孙绍振批评的那样,脚踩西瓜皮,滑到哪算哪,没能发挥收尾的重要作用。设计收尾可以从教学内容与学情上着眼,在当前的教学实际中,语文教师多从前者着眼。

收尾有着导入无法替代的作用:或总结升华,或左右勾连,或提出希望,等等。李镇西教《在烈日和暴雨下》,该课最后一句是"祥子抖得像风雨中的树叶"。李老师收尾时说:

> "老舍抖得像风雨中的树叶。"学生说:"错了,错了!不是老舍,是祥子抖得像风雨中的树叶!"听课的老师也说错了。而李老师却说,我说的不错,三十年后,老舍遭遇到了和祥子一样的社会的暴风雨,只不过祥子堕落了,而老舍选择了以死抗争……"这时下课的铃声响了,而学生连同听课的老师还在沉思之中。①

① 李镇西.关于李镇西教《在烈日和暴雨下》的争鸣(上)[J].语文教学通讯:初中B,2004(9):11—12.

这个结尾有以下妙处：一是加深了作品深度；二是把作品与现实联系起来；三是巧妙介绍了作者情况。笔者看了这个收尾后，对李老师非常佩服。说实在的，听了很多教师的课，也看了很多名师的讲课实录，但像李老师这样收尾给我极大震撼的还不多，也因此这个收尾经常在我脑海里闪现。"余音绕梁，三日不绝"，这大概就是经典的魅力吧！

至于方法，有很多。可以从总结课堂入手：这节课我们一些同学踊跃发言，值得表扬，希望其他同学向他们学习，下节课也积极发言。这样既表扬先进，又鼓励后进，也可以用诗一般的语言深情告白，等等。

七、课堂生成是一种宝贵的教学资源

（一）真实的课堂什么都会发生

笔者妹妹告诉我一件课堂趣事。她执教《荆轲刺秦王》一课，采用分角色朗读法，让两位学生分别读荆轲与樊於期的话，学生读到荆轲要求樊於期献上人头，樊於期偏袒扼腕而进曰："此臣日夜切齿拊心也，乃今得闻教！"遂自刎。而那位扮读樊於期的同学没按书本来，而是说："我不干！"而读荆轲的那位同学一脸茫然，问老师："我咋读？"这一幕引起全班同学的笑声，都在看老师咋处理。妹妹说她当时是这样应对的："你是荆轲，你自己处理！"但是该生仓促之下不知咋办。妹妹则结束了二人的对读，开始了下一个教学环节。

这是一个典型的由学生引起的课堂突发事件，极大地考验着教师的教学机智。妹妹的处理较好，但欠完美。开始让学生来自己处理，比较恰当，因为分角色朗读，学生扮演荆轲，就应该把自己当作荆轲，这样才能读出人物应有的风采。但是当学生无所适从的时候，教师就应该适时引导，樊於期"不干"，荆轲"咋办"？可以交给学生讨论、辩论"怎么办"，或者让学生发挥联想想象，应该"这样办"，补写接下来的情节发展。

（二）预设要随着课堂生成而改变

有一次回新蔡二高，应妹妹要求，在她所教的班上了一节课，讲曹操的《短歌行》。在诵读环节，我设计了单读、齐读、分组比赛读的办法，其中一个办法是让男女生分开读，看哪组声音整齐、响亮。之后，我问："男生读得好还是女生读得好?"女生没反应,有几个男生说"男生读得好!"其中一个声音非常响亮。我笑着说:"缺乏绅士风度! 你应该说女生读得好,效果就会不一样。"为了赶进度,就接着下一个环节了。

下课后,我对该环节进行了反思。英国人推崇绅士风度,其实就是国人所讲的君子之风。什么是君子之风? 其实完全可以搞一个活动,让男生齐声说:"女生读得好!"女生齐声说:"男生读得好!"之后,再问问他们听到被对方赞美时的心情如何。一场真切的体验代替了空洞的说教。

还是太在意事先的预设了,为了急于完成这个预设,把一个好的生成给忽略了。

无独有偶,给汉语言文学 2018 级 2 班讲《郑伯克段于鄢》,翻译之后,我让学生品味文中的"姜氏欲之,焉辟害"这句话,用以理解庄公直呼其母为"姜氏"的"春秋笔法",并且引导说"实际情况下,庄公不应称其母为'姜氏'"。这时一个女生说:"称其母为姜氏也非常正常呀!"我说:"正常吗?"但我不知道先秦时国君对其母的称呼,就没有再纠缠下去,而是直接按教案设计,扔出问题的所谓"标准答案":"文章这样写,含有庄公不以其母为母的意味!"学生见我否定了她的观点,也就知趣地不吭声了。

课下反思中,我认为自己对学情缺乏了解,现代的学生毕竟对古代子女称呼父母名字的忌讳不熟悉。更重要的是自己缺乏必要的教学机智。例如可以让学生查资料,了解先秦时期国君对其母的称呼,下节课来说一说。这样做既积极回应了学生,又让学生学会查资料的方法,一举两得! 很可惜,把这样一个很好的教学资源给浪费掉了。

有一次给汉语言文学专业学生讲授《廉颇蔺相如列传》,提到作者写缪贤推荐其舍人相如,赵王勇于纳谏有何深意? 笔者还特意提示要结合作者的身世来理解,以此减低难度。我预设的答案是作者借人伤己,表达对统治者不能不纳谏言的不满。但是两个班同学大都理解成为下文廉颇接受蔺相如的传话做的铺垫,有位学生理解为是交代相如低贱的地位,为下文廉蔺之争埋伏笔。这两种理解虽与我的预设答案不符,但有其合理性,属于课堂生成,应该对此积极回应,但我不置可否,最后亮出预设答案了事。

课堂实施有两种情况,一是沿着教师预先设计的路线与步骤行进,二是教师针对产生的新情况作出新反应。在理论或实际的课堂上,教学的实然状态与教师教学预设的应然状态永远不会完全重合,总是有着或多或少,或大或小的错位即课堂生成。教师应该随时注意这种生成并加以利用。

(三)利用课堂生成应成为教学常态

2017年12月5日,给统计数学0602班学生上大学语文课。讲课的内容是"以虚为美",讲的是《道德经》第十一章中的一段,"三十辐共一毂(gǔ),当其无,有车之用。"当念到"有车之用"的"车"(chē)时,有个学生问,为什么不念jū?这倒出乎我的意料,如果在平时,因为教学进度的因素,我会听而不闻。但今天郭永勤老师听课,为表现"生本"意识,我只能不甘情愿地说"上网查",结果同学们说没法查,因为他们的手机都已放在前面桌子上了(本院规定,上课时学生手机一律交出放在前面桌子上)。这时我只能停下课直接上网查了。结果是读jū的时候只有一个意思,即"象棋棋子之一"。我于是表扬该生:"学习要有探究的精神与态度,今天我们的学生做到了,希望大家继续发扬。"

课下反思,为何有教师听课就能注意课堂生成,并迅速调整教学步骤,加以实施,而常态化教学就可能忽略?还是自己对"学生本位"重视不够,执行不力,要由外力强加才行。

八、课堂教学步骤的流畅与跌宕

教师设计课堂步骤有以下两个原则:一是流畅自然,是指各步骤之间衔接自然,行云流水,一气呵成。二是跌宕起伏,有高潮,有低谷,参差错落,高低有致,动静结合,既有热烈活动,也有默默思考。实现这些理念就要有具体的实施办法,而课堂衔接语、课堂空白、课堂高潮就是较为可行的具体办法。

(一)课堂衔接语

成功的课堂有很多标准,其中一个标准就是课堂的流畅度。好的课堂,过渡巧妙,衔接自然,浑然一体。就像苏轼所言:"大略如行云流水,初无定质,但常行于所当行,常止于所不可不止,文理自然、姿态横生。"(《答谢民师书》)而要达到这个目标,方法很多,其中一个重要方法,就是课堂衔接语的运用。

衔接语是教师课堂教学中运用的,衔接各个教学单元、教学环节、教学步骤及其内部联系语的统称。宏观上看,它是除了内容讲授语言之外的课堂组织语言,包括课堂导入、收尾、提示、引导、总结语等。如果说丰富多彩的课堂内容是一颗颗散乱的珍珠的话,衔接语就是一条红线,它把各个分散的课堂内容与环节串联起来,既使课堂结构井然有序,前后勾连,又使整个课堂浑然一体。

然而在实际教学中,许多课堂教学出现衔接语不自然,甚至无衔接的现象。

1. 衔接语过于简单

有些教师没能充分认识到课堂衔接语的重要作用,因而在实际教学中衔接语运用简单粗糙。例如,"上一节课我们讲到了,现在我们接着学习","我们看下面一部分","我们已经了解了……下面我们来继续学习……"。这些衔接语仅是时间顺序的同义语,只是起前后的衔接作用,缺乏内在的逻辑联系。

2. 课堂衔接语生硬

有教师讲授朱自清的《背影》,在让学生阅读"买橘子"的描写后,直接说:"这处描写表现了父亲哪些特点呀?"无疑,教师是直接引导学生往"父爱"的主题上思考,其实细读课文再结合生活常识就知道,用上述提问作衔接语太生硬,结果是学生对"父爱"这一主题认识并不深刻。如果先问一句:"为什么文中把父亲的动作写得那么'笨',形象那么'难看'呢?"接着引导学生理解父亲是因为年岁大了,又有病痛,即使如此父亲还坚持亲自给儿子买橘子,这样写使得父爱这一主题更加鲜明突出。

有教师讲授《林教头风雪山神庙》,让同学们梳理了小说的故事情节后,这样说道:"了解了本文的情节后,我们再看林冲这一人物形象。"其实,在教学中分析林冲形象是在梳理情节中完成的,那么在梳理情节的过程中,我们可以这样说:"情节不仅是故事发展的脉络,更是人物形象的动态显现,人物只有在剧烈的矛盾冲突中才得以完美的彰显,所谓'时难英雄现',就是在一波三折的情节发展中,展现了林冲怎样的性格呢?"这样引导,学生就会较容易地明白林冲由原来的委屈求全,逆来顺受,到最后的忍无可忍,奋起反抗,充分揭示了"官逼民反"的社会现实。这样就把情节梳理与人物形象分析融为一体,又适时地点明中心。在接下来的环境描写教学中可以这样说:"恩格斯曾有过典型环境中的典型人物的著名论断,小说三要素中,人物是中心,环境与情节都是为人物服务的,那么小说在描写林冲从忍辱苟且到复仇反抗这一性情的转变中,又是如何通过环境描写来加以推动的呢? 我们来看一下文中关于风雪的描写!"这样就把前后两个教学环节水乳交融起来。

3.缺少必要的衔接语

有些教师的课堂甚至没有衔接语,完成了上面一个教学环节,直接开启下一个教学步骤,前后教学过程"硬接触"。例如,没有导入语,上课第一句话就是:"今天我们学习某课文。"没有必须的课堂收束,教学任务完成即下课走人。这种情况特别出现在学生自动发言等突发情况上。例如在提问环节完成后,或许是学生回答不够完美,教师没有及时点评,而是直接讲出自己的看法与结论,这样既显得课堂突兀,破坏流畅度,又抑制甚至打击了学生的参与意识。例如笔者最初在讲述《庄子·秋水》中的一句话:"井蛙不可以语于海者,拘于虚也;夏虫不可以语于冰者,笃于时也;曲士不可以语于道者,束于教也"时,直接指出含义:"井蛙、夏虫比喻我们生活中见识短浅的人。"这样处理,学生可能领会不了,至少领会欠深刻。

笔者后来又执教这一课,做了这样的引导:

> "其实井蛙、夏虫比喻曲士这一类人,这一类人具有什么特点呢?"学生若有所思,我停顿了一下,随手在黑板上写下这么一个填空题:曲士是_____的人。
>
> 有的学生在苦苦思索,有的似有所悟,我进一步启发道:"譬如夏虫,没有冬季,生命不长。"
>
> "经历短!"一个学生说道。
>
> "对,经历短,其实还有一个词更贴切,井蛙、夏虫就是!"
>
> "孤陋寡闻"! 一个学生说道。
>
> "眼界太窄"! 一个学生说道。

"见识短浅"！一个学生说道。

非常好，因为经历短，因此见识受到影响，作者所说的曲士就是这样孤陋寡闻、见识短浅的人，当然，生活中也不乏这样的人。

上述教师的话把问题与结果巧妙联系起来，又便于学生理解，并且整体更流畅了。

再如，讲授周敦颐的《爱莲说》时，如果阅读了关于莲花的描写即得出莲是"花之君子"，就显得突兀。而如果加上一句："大家想想，文中的莲花'出淤泥而不染'是不是也像我们生活中的有些人一样啊，那么像哪种人呢，大家思考一下。"如果同学们的回答不得要领，但是教学答案已是呼之欲出的时候，可以适时点明："其实文中已经告诉我们了，大家找找！"这样学生就容易找到"花之君子者也"这句话，莲花的寓意也就水到渠成地揭示出来了。再如在讲授《生于忧患，死于安乐》结束后，不仅是让学生背诵，完全可以用下面的衔接语结束："课文我们已经学完了，但是我们对文中观点的领会与践行才刚刚开始，那就让我们在未来的日子里勇敢地面对困难，在拥抱困难中战胜困难，成长起来吧！"

细究起来，在课程教学中，衔接语其实起到一个解释说明与铺垫的作用。没有这个铺垫，教学目的就无法生成。当然，很多教师省略这个环节，直接说出答案，这不叫"生成"，而是"完成"。程翔回忆教《济南的冬天》，让学生分析文中的一个词"看护妇"，提问了几个学生，都答不上来。意识到学生对"看护妇"不理解，就解释说"看护妇"就是护士，学生理解了，问题也解决了。① 在这里程翔老师的解释就是必要的衔接语，起到铺垫作用。读一些名师课堂实录，他们有很多巧妙的课堂衔接语，让人拍案。

（二）课堂教学中的空白艺术

课堂教学中的空白是教师在课堂教学中有意制造的停顿处，用以引起学生注意、深思或缓解疲劳的作用。课堂空白是教师机智的表现，也是优秀教师与一般教师的不同之处。

---

① 程翔.语文课堂教学的研究与实践[M].北京:语文出版社,1999:51-52.

1. 空白艺术是优秀教师与一般教师的区别之一

一般教师的课堂内容安排得非常满,各个教学环节与步骤一个接着一个,之间没有一点停顿与空白。而优秀教师上课,各个环节与步骤之间疏密相间,张弛有度。紧张时高潮迭起,让人目不暇接;空白处风轻云淡,让人心旷神怡。空白处、停顿处不是简单的空白,而是蕴积着下一个环节的到来。

之所以造成这样的差别,主要还是出自不同的认识上,一些教师或许认为课堂应该是内容越多越好,教程越紧张越好。其实课堂内容的安排也要有度,课堂进程也要讲究一张一弛,就像书法中的留白、音乐中的休止符一样,"此时无声胜有声"。经验表明,课堂教学内容如果安排过满,就会显得紧张、臃肿,给学生沉重、劳累之感。

需要指出的是,这里所说的课堂空白不是教学过程的中断,不是教师思维的断片儿,而是一种教学艺术。一个优秀的课堂有很多值得称道的地方,诸如教学目标的达成度、教学设计的新颖度、学生的参与度等。但"空白美"无疑是评价一堂课是否成功的标准,也是很多教师忽略之处。著名特级教师李镇西就曾坦言:"我不喜欢把课堂填得太满,而喜欢留一些空间给学生,留一些空白给自己。"①那么如何设计课堂教学的"空白"呢?

2. 语文课堂教学空白设计方法

(1)课堂开始与结束前的空白。很多教师上课时喜欢直接开讲,甚至连台下的学生也不看一眼,之所以这样做是因为这些教师把整个精力都放在教学内容而不是学生身上,属于"目中无人"的课堂。我们知道,在生活中我们打招呼也要正视对方,那么在课堂上我们为何不看学生呢? 在课堂上打招呼可以有多种方法,其中一个最简便的就是,用目光静静地与学生打招呼,把整个课堂慢慢扫视一遍,让每个学生都觉得你已经关注他了,他们受到你的尊重了,而没有漠视他的存在,为师生共同学习营造信任的氛围。这样的"空白"还有一个好处,就是突然寂静下来,让一些还在开小差的同学意识到异样,从而回归课堂,进入学习状态。也不要把课堂讲得满满的,有的讲到下课铃响起甚至拖堂,最好是在离下课铃响起前一两分钟结束。(具体

---

① 李镇西.李镇西与语文民主教育[M].北京:北京师范大学出版社,2015:199.

时间灵活掌握)结束时不要招呼不打,直接拎包走人,而是用两三秒钟的时间扫视一下课堂,再宣布下课或放学。

（2）提问后的空白。有些教师习惯性地提出问题后,不预留思考时间,立即找学生回答,导致学生仓促应战,不是回答不出,造成冷场;就是答非所问,离题甚远。因此,提出问题后应视问题的难易、学生基础的高低等情况,停留几秒甚至十几秒,让学生静静地思考,教师也默默地观察学情,准备迎接学生的回答。例如讲授张溥的《五人墓碑记》时,经过诵读,清理疑难字词,了解大意阶段,可以提出这样的问题:"全文写了诸多人和事,周公被逮,贤士声义,吴民噪动,中丞匿于溷藩,五人死难,以及大阉逡巡,等等。这些人和事其实是围绕一种行为展开。是哪种行为,可以概括为一个字,它是＿＿＿＿?"说到这最好能稍作停顿,眼光向班内扫一遍,给学生留下思考的空间。

（3）引导语后的空白。教师课堂语言要具有启发性,尤其是在引导学生学习时更应如此。例如不要把一句话说完说满,而要留下空白让学生填补,达到与学生互动的目的。我们阅读优秀教师的课堂实录,可以发现这样的例子俯拾皆是,堪称设置空白艺术的大全。例如窦桂梅教师讲叶绍翁的《游园不值》:

师:雨过天晴,我们跟着叶绍翁一起——（生答:"游园"。）

师:在游园的路上推敲推敲这——"不值"。（学生接后半句。）

师:"值",按教材中的解释,意思是?（生答:"相遇"。）"不值呢?"（生答:"没有相遇"。）

……

师:就是这一枝红杏,我们想象出红杏"千枝万朵压枝低",又让我们想到了一句"红杏枝头春意——"（生齐接"盎然",老师改成"闹",笑声。）①

---

① 教育部师范教育司.窦桂梅与主题教育[M].北京:北京师范大学出版社,2006:176-177,182.

在上面例子中,窦老师总是一句话说半句留半句,留半句就是笔者所说的"空白",引导学生填补,这样就能激发学生的积极性与参与意识,避免了教师唱独角戏的尴尬场面。

李镇西老师更是引导学生的高手,他经常运用空白艺术引导学生,这在他的课堂上经常出现。他有一次在讲《一碗清汤荞麦面》时,有一处是这样引导学生的:

> 我说:"怕别人看不起自己?很好,这种心理叫做——"我有意停顿了一下,
> 　好几个学生说:"自卑。"①

与大多数教师直接说出答案不同,李老师这里的有意停顿,就是设计的空白,用以引导学生思考。

(4)突发情况后的空白。课堂没有彩排,每堂都是直播,因此课堂上出现一些意想不到的突发情况是非常正常的,面对突发情况,教师最好不要立即表态,而是给自己留出几秒钟时间,以便筛选出最优方案,否则,仓促应对可能极易出现失当行为。著名特级教师王崧舟在讲《我的战友邱少云》这一公开课时,一个学生说道:"邱少云,假如我是你,我就打几个滚先将火灭了,说不定这个时候山上的敌人正在睡觉呢!"全场一片愕然,就是在一片寂静中,"(王老师)不动声色地沉默了足足十秒钟,这十秒钟,我是用来掌控课堂情绪的节奏,也是借以调整自己行将面对学生的精神状态。"由于有了充分的预设,王教师接下来进行了巧妙引导,结果台下响起热烈而持久的掌声。②

(5)教学环节之间的空白。教学环节要有必要的衔接语,这是应该的,但是教学环节之间也要有空白。课堂上的空白,是指课堂各个环节之间的短暂的停顿现象,给学生回味、思索、联想、想象、放松心情、调整情绪等教学技巧。譬如讲授《项链》,读到结尾这句话:"佛来思节夫人感动极了,抓住

---

①　李镇西.李镇西与语文民主教育[M].北京:北京师范大学出版社,2015:224.
②　王崧舟.王崧舟与诗意语文[M].北京:北京师范大学出版社,2015:24.

她的双手,说:'唉! 我可怜的玛蒂尔德! 可是我那一挂是假的,至多值五百法郎……"。读了这句话后就要接着下面一个教学环节,即提出这样的问题:"玛蒂尔德听到这句话会是怎样的反应? 心里是如何想的? 请用一段话加以描述。"但是在读完这个结尾到提问之间最好要停顿 3~4 秒钟,目光在每个学生脸上缓缓扫过,之后再提问,就是为了让学生充分感受这种意料之外事件带来的冲击力,好好地酝酿情绪,为下面的提问等教学环节做充分铺垫。课堂教学最忌讳,也是最常见的是,一些教师完成一个教学环节后迫不及待地开启下一个环节,他们可能觉得这样更流畅,如果停顿了,课堂就出现了断片儿、冷场等尴尬问题,这还是认识不到位造成的。

教育心理学理论认为,人们对于一种特定事物的关注不会超过 20 分钟,过了 20 分钟就会疲惫。所以多年来笔者的一贯做法,就是课堂教学大约 20 分钟之后我会让学生稍稍休息 1 分钟,其间可以闭目养神,可以通过窗户向远处张望用以缓解眼睛疲劳,也可以啥也不想,只是换下坐姿。必要的情况下放一首歌听,1 分钟结束后再继续上课。这样的课堂就有了张弛之美。

(6)提示重点前后的空白。教学重点是一堂课的着重点,是教师教学设计的最基本、最核心的内容,譬如议论文教学中的论证方法、小说教学中的人物分析、诗歌教学中的意象与意境,教师应多方发力加以完成,而其中一个最简便的方法就是在讲到重点的前后留下空白,供学生思索。讲授余光中的现代诗《乡愁》,在明确了邮票(母子情)、船票(夫妻情)、坟墓(生死情)之后,要适当地停顿几秒钟,留下空白,目的是引出并分析海峡(家国情)这个教学重点,这是爆发前的平静,预示着高潮就要到来了。而在结束这个重点后也不要急忙地开启下一个环节,要稍稍停顿一下,有一个空白期,为的是让学生对刚才的重点更好地品味、消化。李镇西老师于 2005 年 10 月 15 日在湖北宜都讲公开课"山中访友",清理了一些疑难字句后,开始范读课文:

> 山中访友,李汉荣……
> 我突然顿了顿,看看同学们,说道:作者姓李呀! 我发现姓李的人都会写文章啊! 我得意地笑了,学生们顿时哄堂大笑,舞台上

洋溢着轻松、快乐的气息。①

在中学语文教学中,文章的作者也是一个重点,它是进入作品内容的门径。因此,李老师在这里巧妙地停顿,能够起到提示的作用,以引起学生重视,加深印象,为下面文本分析做必要的铺垫。

课堂教学衔接语与课堂空白、课堂高潮等艺术的综合运用,使语文课堂步骤相互勾连,相互映衬,形成一个浓淡相宜、张弛有度的活动系统。

---

① 李镇西.李镇西与语文民主教育[M].北京:北京师范大学出版社,2015:203.

第三章
语文教学方法

　　吟诵式、感悟式是我国传统教学方式,即通过反复诵读,进行品味、咀摸、感悟等,对全文有一个全景式、印象式的把握。但是语文独立分科尤其中华人民共和国成立后,在全面"破旧立新"政策指导下,这种教育方式受到批判,代之的是讲授、理解、归纳、抽象的逻辑思维方法。"主要从数理化等理科教学中形成的教育方法,成为目前课堂教学的主要模式,这种模式偏重智力教育,推崇能力主义,重视训练记忆、理解、概括、抽象等智力教育,重视逻辑思维能力,而较忽视情感、态度、意志、兴趣等非智力因素。"①这种抽象的方法对于理工科可能较为适合,但对于以语言感知、情感熏陶、思想濡染为主的学科则是圆凿方枘,水土不服。笔者记得上初中学习鲁迅先生的回忆性散文《从百草园到三味书屋》,文中有老先生让学生诵读的情节,语文老师对此大加批判,称之为毫无意义的背诵。我自己执教初中语文时,也是这样讲的。但现在看来,是我们错了。

　　因此,语文教学的方法仍是以诵读、体悟为主,以理性思维为辅。

一、语文教学的两种方法

　　笔者曾听一位老师讲朱自清的散文《荷塘月色》,他先讲了文章的时代背景与作者情况,然后分析课文,分析课文中作者的淡淡的忧愁,以此来印证前面所讲述的社会形势,这样一来,课文分析只是论证前面观点的论

---

　　①　王丽.中国语文教育忧思录[M].北京:教育科学出版社,1998:42.

据,而不是根据前面的介绍来分析课文。如果从逻辑学上讲,这种分析方法属于演绎法。

演绎法与归纳法是两种思维模式和方法。在实践层面,两种方法在语文教学中都有较广泛的运用,然而理论层面,学界对其研究至今仍是空白,笔者在知网上仅搜索到一篇硕士论文,笔者认为该论点与实际情形不符,因此有必要对此加以研究。

(一)演绎法与归纳法在语文教学中的运用

演绎法是从一般到个别,以一般的原理为前提去论证个别事物,从而推导出一个新的结论。例如教师讲授朱自清的散文《背影》,一般这样提问:本文体现了父亲对儿子的爱,这从哪些地方体现出来,阅读后请指出来? 接着教师指导学生阅读课文关于"父亲"的描写尤其是对其穿过火车道、买橘子、翻过月台一段的描写。这种先有结论(父爱)再找具体例子(描写)来加以印证的方法即是运用了演绎法。也有教师采用如下方法,先带领学生反复阅读上述父亲买橘子的描写,接着问:"此处描写父亲的言行,表现了什么?"接着引导学生体会父爱的平凡与伟大。这种由个别现象(描写)推及到一般(父爱)的思维方法即是归纳法的具体运用。

上面两种教师教学方法最为常见,可以说每个教师每堂课都在使用。然而这两种方法所依据的理论基础与带来的结果是迥乎不同的。

(二)演绎法教学法与归纳法教学法的实质

1.演绎法与"教师中心"相关,归纳法则体现了"学生中心"

既然演绎法是先给出结论的思维形式,这个结论必定是教师根据预设给定的,因此演绎法具体表现在课堂教学中主要就是采用讲授、论证等方法,这样一来"教师中心"就成为必然。因此,在语文教学中运用演绎法一般是"教师中心"的体现。而归纳法是教师先引导学生阅读具体描写,然后从中得出结论的方法,大都采用启发诱导、体悟等教学方法。这种思维形式是"学生中心"的体现,学生是教师首要考虑的个体。

2.演绎法体现"知识中心",归纳法突出"学生素养"

演绎法是把既定结论当作教学内容,它反映了在教师教学观念中,知识是首要的、系统的、封闭的与不可置疑的,师生都是围绕着这个既定的目标展开。而归纳法先从大量的现象着手,引导学生向未知的知识探索,它体现了知识是开放的、生成的。

(三)演绎法与归纳法综合运用

从哲学层面考虑,演绎法与归纳法只是人们认识世界的两种思维方式,两种方法各有其优劣,都有其适用范围,不能厚此薄彼,而是综合运用的。但是,"两种教学方式中归纳法和演绎法相比,从思维特点上看,归纳法教学可以使学生的思维得到锻炼,在讨论和归纳中激发灵感,更容易被初中阶段的学生接受和理解,因此从这个角度而言是拥有一定优势的。"[①]仍如朱自清的《背影》,可以用归纳法的思维形式,让学生对文中"父亲"的言行描写(特殊)体会父爱(一般)的伟大;可以根据"父爱"的立意,让学生写一篇表现"父爱"(一般)的记叙文章,写生活中表现"父爱"的各种片断(特殊),包括语言、动作、表情等。

二、辩证地看待讲授法

在初中教书时,我参加一次优质课比赛,其中讲到顶针格时,我简单地说了一下这种修辞格的特点后,就举了一个顶针格的例子:"三月桃花随风飘,飘落河边过小桥。桥边金鱼双戏水,水边小鸟理新毛。"收到良好的效果。同事王洪生老师认为生动形象,我自己也颇感满意,以至于以后几天自己还洋溢在这种自满里,颇有孔子"三月不知肉味"的感觉。

回首这个教学案例,当时情景仍是穿越时空,扑面而来,巨大的幸福感在内心里流淌。以至于在以后教学岁月中,讲授法成为本人教学的首选。但是新教改以来,讲授法如过街老鼠,人人喊打,代之而起的是探究法、活动法等学生参与的方法,教师不敢讲,不敢多讲。"在课堂教学中,大多数教师都首选自主、合作、探究的方法,讲授法成了被忽视的方法。"[②]但让人始料不

①　邓芬.归纳法和演泽法在初中语文现代文阅读教学中的探索和应用[D].武汉:华中师范大学,2018.

②　蔡桂真.新课程背景下讲授法的优化发展及有效运用[J].现代教育科学,2010(6):18-19.

及的是,讨论、探究等新的教学方法带来了另一结果,课堂热闹了,但效率却下降了。学生参与了,却成了"非语文""泛语文",声势浩大的教学改革却生了这样一个"怪胎"。著名语文特级教师窦桂梅这样担心地说:"有些教师把引人入胜的讲授视为不尊重学生;把有时的升华拓展当作炫耀、拔高——宁愿要肤浅的合作、讨论,也不要沉静的思索和如饥似渴的聆听与汲取。"①在这种情况下,学界开始重新审视讲授法的价值与功用,这就要全面辩证分析该法的优缺点以及如何运用,等等。

(一)讲授法的优缺点

讲授法是教学法的母法,但是需要与时俱进。讲授法是在我国古代、近现代非常普遍流行的一种最基本的教学方法,是其他教学法的基础,在人们观念里该法与教学法等同,我们经常会说某教师课讲得好,某某不会讲课,于此可见一斑。讲授法作为一种最古老的教学方法自有其合理的地方,但随着社会发展,教育技术的日新月异,该法也应该吸取其他方法中的有益之处,使之臻于完善。

讲授法便于系统地讲授知识,但受教师水平与学生接受能力的制约,有时教学效果难如人愿。根据"三维目标"的要求,语文教学目标之一就是知识传承,而系统性传授知识非讲授法莫属。新教改所提倡的学生探究式方法在"系统性"方面就具有明显劣势。一线教师会发现这样的情况,当我们采用讨论法、探究法、活动法等学生积极参与的办法时,预定的教学任务往往无法按时完成,最后课堂草草收尾,只得采用讲授法弥补。因此,"讲授法只是一种教学方法,或者说是教学的一种手段,其利弊得失完全在于教师在课堂教学中能否有效而合理地使用它。不考虑讲授法使用的场合、时机、程度、效果,就直接定性其缺点为置学生于被动接受地位,实在是有些委屈了讲授法"②。

讲授法便于体现教师的引导作用,但容易造成"一言堂"。为了体现学生主体性的理念,强调学生的主体地位,但结果矫枉过正,从一个极端走向

① 教育部师范教育司.窦桂梅与主题教学[M].北京:北京师范大学出版社,2006;22.
② 唐志强.中小学应用讲授法的争议与思考[J].教学与管理,2017(2):102.

了另一个极端。教学活动虽然是围绕学生展开,但师生是相辅相成的统一体,缺了教师积极参与的有效教学活动是不存在的。事实上教师尤其语文教师对学生课程的学习起了很大作用,优雅的仪表、优美的语言、漂亮的板书、丰富的学识、令人倾倒的才情,会极大地唤发学生学习语文的热情。语文学习存在的一个普遍现象是,学生喜欢语文教师后,才喜欢上了语文课!当然,如果讲授法使用不当,就有可能出现教师唱独角戏的现象。但我们不能因为某些教师讲授法的不当来否认讲授法本身。有学者指出:"将讲授法符合教育教学特性而存在的'天然'特质而因操作不当或使用偏差产生的'人为'失误遮蔽起来,显然也是违背了教育教学的本质与规律。"①

(二)讲授法存废的本质

1.讲授法的存废是不同的课程本位观的反映

课程观受社会需求、学生认知水平与学科知识的综合影响,在不同的社会发展阶段,各因素的影响与作用并不均衡,因而表现出社会本位观、知识本位观与人本主义本位观。在古代由于宗法制度与农耕文明的影响,以经验为主要教学内容,因此教师被抬高到与"天、地、君、亲"相并列的尊崇地位,加上当时主要以私塾教育为主,教育并未普及,因此凸显知识本位观的讲授法没有引起社会的强烈关注。在以班级授课制成为主要授课形式的今天,独立、自由等现代观念日益深入人心,讲授法因其无法顾及学生个性而受到学界的批评,人本主义本位观大行其道,其外显形式诸如"个性化阅读""小组合作""探究学习"成为新宠,受到师生的热捧。

2.关于讲授法的论争也反映了当前理论研究的缺失

《义务教育语文课程标准》(2001年)、《普通高中语文课程标准》(2003年)的"课程的基本理念"中都提出"学生是学习和发展的主体"的观点,但教师是不是主体?答案是毋庸置疑的。从哲学上讲主体是对客观施以认识与行为的人,是人自主、能动的活动特性,与客体相对。因此,教师在教学中担负起组织、引导作用,属主体无疑。当前学界只承认学生主体

---

① 唐志强.中小学应用讲授法的争议与思考[J].教学与管理,2017(2):102-104.

性,不敢提甚至否认教师主体性的存在。当然,这也是对过去"教师本位"观的矫枉过正。

关于讲授法的论争,其实质反映了理论界对于教师主体性与学生主体性理论的博弈。理论对于实践具有指导作用,理论的缺失必然带来的是"摸着石头过河",走一步看一步。因此,承认教师主体性与学生主体性并存,是正确对待讲授法的关键。

(三)讲授法实施的原则

1. 因人而异

首先,因教师而异。俗话说:"方法是死的,人是活的。"讲授法成功与否主要看讲授的人,要看讲授人的学养与语言表达能力如何。"长袖善舞,多钱善贾。"(《韩非子·五蠹》)满腹经纶,出口成章,就可以讲;吞吞吐吐,言语无味,最好少讲。有的经验丰富、阅历丰富,可以侃侃而谈;有的言简意赅,思维清晰,可以在引导学生讨论、探究、演示方面多做文章。因此,教师要根据自己的情况,合理选用讲授法,最大限度地发挥自己的特长。

其次,因学生而异。讲课要看学生,视学情使用讲授法。学生基础较好,可以多讲;否则少讲。不仅每个学生不同,每个班级,每个学校学生也不同,但长期以来我们语文教学最大弊端是不视具体的学校、班级与学生一律采用或弃用讲授法,典型的"目中无人"。

最后,因教学内容而异。教学内容如果高深系统,宜多讲,反之,少讲。例如鲁迅的《拿来主义》,作者的写作背景即百年来国人对待传统文化及外来文化的态度变化要讲一下,不讲的话,学生可能对文章的写作目的、观点理解不深,对其中的概念诸如"大宅子""姨太太""烟枪、烟灯"无法理解。

2. 少讲多导

少是指在教学内容上,有些东西少讲是对知识本身少讲,多是在引导上。可以说,引导水平的高低是评判一个教师教学艺术的重要指标。著名特级教师程翔是引导的高手,例如他在讲授《庖丁解牛》这篇课文时,讲到关于描写庖丁解牛的过程后,他让同学用成语来形容庖丁高超的技艺,于是同学们纷纷发言:登峰造极、出神入化、左右逢源、随心所欲、巧夺天工、身手不凡、身怀绝技、炉火纯青。讲到一旁观看的文惠君的表现时,也要求学生用成语表示:目瞪口呆、瞠目结舌、眼花缭乱。①

3. 多法并举

如果单一使用,再好的讲授法,也可能给人"炫耀"之感。事实上,讲授法之所以被人批评,最主要原因还是很多教师以讲为主,甚至满堂讲,败坏了讲授法的名声。人们反对的不是讲授法,而是对于讲授法不当使用的人和课堂。因此应把讲授法与其他教学方法结合起来,综合使用,时时给学生新颖的感觉。

(四)讲授法的实施策略

讲授法该如何实施呢? 笔者认为讲授法要因内容而异,有三讲、三不讲的情况。

1. 三讲

一讲:即必要的知识要讲。一些作者介绍、背景知识介绍等可以交给学生来做,可以锻炼学生搜集资料、语言表达的能力。但复杂的东西还是由教师操作。例如毛泽东《别了,司徒雷登》的写作背景,司徒雷登其人其事,最重要的是司徒雷登所处年代与从教从政的复杂性,这些东西不详细介绍会影响对作品的理解,详细介绍学生也不一定把握住。特别是鲁迅的作品,背景介绍往往很多,不讲不行。再就是学生对一些知识点上可能了解一点,但缺少系统的建构,这时教师就要讲授一下。例如杜甫的诗《登高》里有一名句:"万里悲秋常作客,百年多病独登台。"学生对杜甫一生的辗转流离可能知道一点,但不全面,不系统,这时教师最好能引导学生回顾杜甫的生平,从年轻时登泰山留下的"会当凌绝顶,一览众山小",到"致君尧舜上,再使风俗淳";再到客居长安时的"朝扣富儿门,暮随肥马尘";回家途中满眼饿殍,小儿饿死,写下了"朱门酒肉臭,路有冻死骨"的诗句。安史之乱漂泊成都,有《茅屋为秋风所破歌》留下"安得广厦千万间,大庇天下寒士俱欢颜"的美好愿望,写下了《春夜喜雨》《闻官军收河南河北》等快诗。晚年写下了《蜀相》《登高》。通过对杜甫生平际遇的回顾,才能对"万里悲秋常作客,

---

① 程翔.语文课堂教学的研究与实践[M].北京:语文出版社,1999:259-260.

百年多病独登台"有一个较深入的理解。

二讲:重难点要讲。例如《子路、曾皙、冉有、公西华侍坐》中,孔子的喟叹"吾与点也"应该是教学的重点与难点,这里涉及到孔子礼乐治国的理想,应该讲。韩愈的《马说》,其教学重点是采用托物言志手法,表达了历代统治者压抑人才的现实,抒发了自己怀才不遇的愤懑;难点是伯乐与千里马的关系。这些如果不通过教师的讲授,估计学生无法理解。《拿来主义》的论证方法,特别是比喻论证的运用要讲,其中提到的"鱼翅""鸦片""烟枪""烟灯""姨太太",以及"孱头""昏蛋""废物"的含义,这是本文的重点与难点,不仔细讲学生很难懂,仔细讲又显得沉闷。

三讲:疑点要讲。例如林觉民《与妻书》中的一句"吾不能学太上之忘情也",涉及到古人关于修养的一种观点,需要解释。都德的《最后一课》,里边有韩麦尔先生对法国语言的赞美:"法国语言是世界上最美的语言,——最明白,最精确。"可以简单介绍一下法国语言精确的特点,诸如副词有人称变化等。鲁迅作品有许多深奥难懂的句子、饱含深情的段落,不讲学生是无法明白的,甚至浅讲都不行。例如《祝福》中的第一句:"旧历年的年底毕竟最像年底!"中间议论的句子:

> "这百无聊赖的祥林嫂,被人们弃在尘芥堆中的,看得厌倦了的陈旧的玩物,先前还将形骸露在尘芥里,从活得有趣的人们看来,恐怕要怪讶她何以还要存在,现在总算被无常打扫得干干净净了。魂灵的有无,我不知道;然而在现世,则无聊生者不生,即使厌见者不见,为人为己,也还都不错。"

就上述这段话,即使成人,如果没有一定的知识与理论,不仔细思考都不一定理解,何况十几岁的学生?

2. 三不讲

一不讲:学生已经了解或者通过查资料可以了解的内容不讲。例如名作的背景资料、作者介绍等,可以让学生自己解决。一些疑难字词的读音、释义,句子的含义等,可以让学生通过查找字典及其他工具书解决。经常遇见学生问某些字词的读音及含义,这时教师不要简单地告诉他们答案,而是让他们查字典,自己寻找答案。之后再给他们讲"授人以鱼不如授人以渔"的道理。遗憾的是很多教师把生字词注音、释义写在黑板上,让学生记,抹杀了学生的能动性。

二不讲:浅显的东西、讲过的或众所周知的知识不讲。浅显的东西即不用教师解释,或者学生借助工具书就能解决的字音、字义。原来出现过的知识不用讲。还有一些耳熟能详的东西,例如一些文史知识,一些简单的文化常识,等等。

三不讲:非重点内容不讲。有些东西固然有意思,讲起来也可能很吸引学生,但不是重点,应该略去不讲。如鲁迅的《阿长与山海经》,如果大讲《山海经》中的故事,就欠妥了。

当然,该讲不该讲,有规律可循,属于科学。但是该讲不该讲又只是相对而言,二者并没有严格界限,它要视具体情况而定。譬如王勃的《滕王阁序》,是一篇骈体文,疑难字词很多,按说课下注释也较为详尽,但如果不讲,让他们自己解决,效果并不理想,尤其是对于基础较差、学习主动性不大的学生更是如此。再者文中有很多用典,几乎每一句话甚至每个词都是一个典故,譬如最后两小段就牵涉到十多个典故。讲,易流于琐碎沉闷;不讲,学生印象不深刻。如何处理,就是艺术了。

(五)讲授法的要求

如果采用讲授法,至少有以下要求,否则难以成功。内容方面可以用料、理、情、趣来概括。

料,就是课堂中要有故事,有关语文课故事,文学的、历史的、励志的、生活的,当然也包括一些奇闻轶事等,择其精要者来讲,但要注意度,不要喧宾夺主。

理,在讲故事中讲道理,讲学文、做人的道理。讲故事不是目的,而是为讲为文、做人做铺垫。譬如讲李白"钢杵磨针"的故事,就是告诉学生学习要有毅力。讲理要寓于形象之中,不要干巴巴地说教,否则会使课堂枯燥乏味。

情,就是在讲课中渗透情感教育。语文课不同于其他课程的一个特点就是情理兼备,甚至情盛于理,对学生进行感情的濡染与熏陶,而不是冷冰冰地说教。一句感人肺腑的话语,一段声情并茂的朗读,一个感人的故事,以期感染学生。

趣,即有趣,妙趣横生。让学生感觉到学习语文不但是有用的,而且还是有趣的,在趣味中培养学习语文的兴趣。譬如,讲不要写白字,可以举一些著名的白字先生的笑话;讲勤学苦练,可以举王献之练字的典故;讲生活是写作源泉的理论,可以举"江郎才尽"的典故;等等。

形式上,要把握讲的时机,收获最佳效果。如内容的关键处、学生疑问处等。再就是教师的讲,不是教师个人的表演,而是引导,与学生互动、互学,达到共长的目的。

三、问答法需要设计细节

有一次听一位教师讲课,有一位学生回答问题,教师只是说"好,好,回答得不错!"最让人意外的是结束后教师也没有示意学生坐下,学生站也不是,坐也不是,过了几分钟,学生干脆自己坐了下来,教师对此视而不见,未置可否,仍是自顾讲课。相信这种场面在中小学课堂上不是偶然现象,说明问答法在实际运用过程中有很多细节要注意。

问答法,也叫提问法。在当前中小学语文课堂教学中,问答法是除了讲授法之外,教师运用最为广泛的教学方法,它是师生互动最重要的形式,是提高学生积极性与主动性最为简便经济的教学方法。然而,一线教师知道,问答法其实是较难掌控的教学方法,因为学生的回答具有不定性。其实完成一次问答教学,牵涉到三个因素:教师、学生与问答内容。三个因素中的一个因素缺失,都会影响问答法的实施和质量。

(一)学生回答的几种情形

面对教师提问,学生一般会出现引而不发、引而乱发的情况。

1. 引而不发,没有学生回答

这是教师提问后常见的情形:老师反复动员,鼓励,仍是没有学生回答。老师把征询的目光投向某学生,该生连忙把头低下。老师有时甚至走到某生身边问:"能回答么?"该生忙不迭地说:"不,不! 还没想好。"对此,老师也是徒唤奈何。造成没有学生回答，课堂冷场的原因很多。从学生因素考查，有的是不会，无法回答，有的是觉得知识掌握不牢没有信心回答，有的是胆量不足不敢回答，有的可能是怕被别人嫉妒干脆就不回答，还有的可能觉得问题太简单不屑于回答。从提问内容看可能是偏难险怪。在这种情况下，教师最好不要点名提问，而是让学生自动甚至竞相发言，避免上述几种情况的发生。

2. 引而乱发，学生回答不符合教师心中的答案

有时学生回答倒也积极，尤其是低年级学生，纷纷举手，但往往浮在表面，瞎扯乱套，离题胡说。因为老师在提问时心里会有一个预设答案，提问只不过是老师把学生往这个预设答案上引，但引而乱发，引而不中的情形很让老师着急。王崧舟老师曾讲过这么一个笑话：

> 一位老师上《秦始皇兵马俑》，快结束时出了个问题，"面对世界第八大奇迹，你最想感谢的是谁？"一个愣头青回答："我最感谢秦始皇。"把老师给气得，心说：完了！我这节课就砸在你这个秦始皇身上了。他脸一沉，眼一白："秦始皇是个暴君，有什么好感谢的？拜托，给我动动脑子好不好？"第二个学生说："我最想感谢第一个发现秦始皇兵马俑的农民。"老师心里那个急啊，甭提了！"农民？农民长什么模样，你见过吗？""没见过。""你都不知道他长啥样，你感谢他干吗？"第三个学生说："我最想感谢作者。没有作者，我还不知道有秦始皇兵马俑呢。"老师已经忍无可忍了，都快急疯了，心说"你这叫怎么说话？没有秦始皇兵马俑，哪来的文章？哪来的作者？"终于有个学生给出了老师想要的答案："我最想感谢的是古代劳动人民。"这下把老师给乐得，一个箭步蹿过去，紧紧握住那孩子的手说："你真是我的知音啊！"①

这个笑话说明当前课堂教学中提问之难，既想让学生争相回答问题，又

---

① 王崧舟. 王崧舟与诗意语文[M]. 北京：北京师范大学出版社，2015：102.

想让学生答案符合自己预设。因此,问题表现在课堂,根子在教师,在于教师对于问答的内容、方法运用不当。

(二)提问的方法

作为一种教学方法,提问法有其艺术性,不能随便提问。教师要做到人无我有,人有我优,人优我精。要在细节上精心设计、打磨。

1. 创造宽松的气氛,让每个学生都敢说

宽松的气氛不是一朝一夕制造的,而是长期形成的。最首要的是让学生成为课堂的主人,无顾虑。学生没有举手回答时,教师也不要失望、发脾气,而是鼓励。当前课堂上见惯了老师提问不做铺垫的,上来就提问,很有点突然袭击的意思,十来岁的孩子面对这种情形,怎能应付?

2. 做适当点拨,让学生会说

专家教师与一般教师的一大区别就是点拨的功夫,下面是李镇西老师于 2005 年 10 月 15 日在湖北宜都讲公开课《山中访友》的实录:

> 我说:"'山中访友'中的'友',指的就是大自然,那么大家想想,作者为什么要采用拟人的手法?注意,这个问题是有难度的,这可是一个科研难题哦!"我"故弄玄虚",以刺激学生的思考欲望。①

点拨一:"山中访友"中的"友",指的就是大自然。点拨二:故意突出问题之难,挑起学生的好奇心、争胜心。

3. 预留思考的时间,让学生可以说

上海洋思中学校长刘金玉在讲授《皇帝的新装》时以学生口语交际活动收尾:"游行大典完毕,皇帝回宫后,事情将会怎么样呢?请大家展开想象的翅膀,三分钟后,比谁说得入情入理,富有情趣。"②刘老师问题提得好,并且预留了较充分时间。

---

① 李镇西.李镇西与语文民主教育[M].北京:北京师范大学出版社,2015:204.
② 刘金玉.刘金玉与阳光语文[M].北京:北京师范大学出版社,2015:203.

4. 顾及全体学生,尽可能让更多学生说

有些教师爱提问几个发言积极的学生,当然这些学生往往能够如人所愿,但是如果一直提问这几位学生,对大多数不爱发言的学生不闻不问,久而久之,一些爱发言的同学也有可能不好意思再发言了,无法形成热烈积极的班级气氛。因此,提问时要尽可能地让全班同学都动起来,形成人人参与,竞相回答的场面。

5. 提问角度好,让学生喜欢说

《愚公移山》里有一句话:"邻人京城氏之孀妻有遗男,始龀,跳往助之。"钱梦龙在讲到这里时,是这样提问的:这个小孩去帮助挖山,他爸爸同意吗?不直接提问,而是采用曲问,巧妙地引导学生对本句中的疑难字词"孀妻"的理解,堪称提问法的经典。除了曲问,还可以大题小做。例如《渔父》为什么不写成《渔夫》?《雨巷》中"我渴望逢着一个丁香一样的姑娘",为什么不是"玫瑰""茶花"一样的姑娘? 有位教师讲授《雷雨》第一层即周、鲁会面后,提出这样一个问题:"如果来一次时光穿越,重新给周朴园一次选择的机会,大家说说他三十年前还会不会让侍萍离开周家?"结束后又提出这样的问题:"鲁迅先生讲过,悲剧就是将人生有价值的东西毁灭给人看。那么在《雷雨》中,哪些有价值的东西被毁灭了呢?"①

6. 提问的时机好,让学生水到渠成地说

从某种角度而言,包括提问在内的所有教学活动其实也是时间运用的艺术。先问、后问、中间问或者不问而问,效果是不同的,即孔子提倡的"不愤不启,不悱不发"。譬如沈从文的《边城》,其题目能不能改为"翠翠",《祝福》题目能不能改为"祥林嫂"? 如果放在课前、课中提问都不恰当,因为这两个题目或一语双关,或反语衬托,只有理解了全文中心之后,再对此提问就自然而然了。

7. 适时表扬鼓励,让学生下次还想说

教师要不失时机地表扬学生的发言。李镇西是这样表扬学生的:

---

① 陆岩松.上好语文课,问题是关键:以《雷雨》为例谈阅读教学中的问题设计[J].中学语文教学参考(上旬刊),2013(3):27.

坐在后排的一个学生一直举着手,可我刚才竟然没有注意到,于是,赶紧请他发言。他站起来,大声地说:"我认为大自然本来就是我们的朋友,作者采用拟人的手法就把他们写得更生动、更亲切了。"

我情不自禁地大声喝彩:"真好! 说得真好! 他把我要说的话都说出来了! 唉,我真不该点他发言哪! 本来我还准备在总结的时候说这句话的!"①

试想,这样的表扬对学生来说是多么大的鼓励呀! 学生时期如果得到这样的表扬会高兴一辈子的。

表扬回答得对的学生不难,一般教师都会做,学生回答不对咋办。试看李镇西的做法:

我怕学生的积极性受到挫伤,赶紧补充说:"其实,他的也不是完全不对,拟人显示了人与大自然的亲密。大家说的都有道理,大家各抒己见,道理就会越说越明。"②

8. 提问的难易、大小、多少要有度,让学生会说

最常见的是问题范围太大。譬如讲授《师说》一课,如果要问"学习本文后的感受"就太大,而要问"你有问题是怎样解决的,如果要问的话,你喜欢问谁?"这样的提问角度就小得多。笔者在高中历史课学习,当讲到郑和下西洋时,历史教师管道华问了一个问题,也算是一次失败的提问:为什么明成祖派郑和领导下西洋? 全班同学没一个能回答,鸦雀无声。老师让我回答我也回答不出来。原来答案是郑和是回民,而他出使的南洋诸国大都是信奉伊斯兰教,便于联谊。这个问题太难,教师又没做好前戏,所以失败。

---

① 李镇西.李镇西与语文民主教育[M].北京:北京师范大学出版社,2015:205.
② 李镇西.李镇西与语文民主教育[M].北京:北京师范大学出版社,2015:205.

9. 提问要有梯度,让学生深入地说

对于鲁迅的小说《故乡》的教学可以这样提问:作者笔下的故乡是一个什么样的景象? 作者用了哪些富有特征的词语传神地勾勒出这些景象? 用这些词语描写故乡反映了作者怎样的心情? 为什么会有这种心情?[①] 由浅入深,逐层推进。有一次听河南大学文学院原院长张忠良教授讲了司马光找皮球的故事,很有教育价值:

司马光小时候跟几个伙伴在树下玩皮球,不小心皮球掉到树洞里了,其他小伙伴束手无策。只见司马光拿来一个水盆,往树洞里倒水,不大会皮球漂上来了。说明司马光是爱动脑子的孩子。

这个故事传到日本,日本一位教师把这个故事加以改造,引发学生思维。

这位教师首先问学生:"司马光用灌水的办法找皮球的办法,好不好?"

学生:"好!"

教师:"除了这个办法外,还有没有其他办法?"

一生:"用手掏!"

一生:"用夹子夹!"

教师表扬了回答的学生,追问:"如果树洞深,手和夹子够不着,咋办?"

一生:"用竹竿拴个网兜,把皮球兜上来。"

教师:"这个办法不错,但是这个树洞不是直洞,而是弯曲的,咋办?"

一生:"还是用水灌。"

教师表扬了该生,又说还是司马光的办法好。并追问:"这个洞是个漏斗洞,用啥办法?"

一生:"用铁锹挖,把洞挖开!"

---

① 袁秋杰.浅谈语文课堂教学提问的方式[J].语文教学之友,2014(6):17.

教师："这个办法不错,但是这个洞是石头洞,挖不了,咋办?"

(学生思考不语)

一生:"不要了,让我妈再买一个!"

听后不禁觉得日本人太可怕了,他们竟然能把中国一个很普通的故事改造成这么经典的教育案例,也启发了我们,答案要具有发散性,让每个学生都能回答;问题前后相接,组成一个问题链,使学生思维逐渐加深。

需要注意的是,提问内容应涉及不同层次的语文能力。如果按纵向分布,语文能力可分为记忆、理解、鉴赏评价、迁移运用等(现在称之为"核心素养"),这是一个由浅入深、由简单到复杂的过程。有些教师提问内容往往集中在前面较为低阶的层次上,特别是缺乏迁移运用能力的考查。例如,讲授《邹忌讽齐王纳谏》,不能仅仅让学生了解邹忌的语言艺术,还要迁移运用。例如提问:"平时与人交往有没有意识到自己说话方式的问题?"接着两人一组,分别使用直白和婉约的方式,给对方提意见,最后找学生谈谈自己对这两种言语方式的不同感受,加深认识并初步掌握婉约的劝谏方式。再如讲授安徒生的《皇帝的新装》,可以这样问:"在生活中面对一些谎言,你是怎样对待的?"等等。

四、教师如何朗读

从教几十年来,听过不少中小学教师的语文课,也包括高校教师的课,觉得我们教师需要提升的地方很多,其中一点就是朗读的技巧。不朗读、不会朗读,是教师教学的普遍现象。这里的"朗读"不是平常所说的读。平常的读只是读得文从字顺,读出大意,因此才有平淡无味的读、和尚念经式的读,而这里的朗读是运用气息的读,是包含诸多技巧的读,读出抑扬顿挫,读出喜怒哀乐,读出作者,读出自己。那么朗读要运用哪些技巧呢?

(一)气息运行:课文朗读的前提

我们一般的读大多是用喉腔,这样的读显得单薄、苍白。而我们所说的朗读首先是要学会运气。运气包含胸式呼吸、腹式呼吸、胸腹联合呼吸三种。在朗读中一般要用胸腹联合呼吸,在此基础上的朗读就显得淳厚、响亮。

1.气息运行训练

先吸气,吸到肺容量的三分之二左右,或者吸满气,小腹肌肉控制着肺部徐徐吐出。如是多次,达到气韵悠长的目的。

2.气止音停

吐气时发声,字音随气流吐出,有时是气止音停,停顿就是换气的时候,这样的发声能使发音饱满淳厚。但一般情况下句末气止音不停,这样读来更显得气韵悠长。譬如读"春眠",字音随气流一起慢慢吐出,"眠"字要随气流拉长一点,如此反复几次。接着用该法读"不觉晓"。再把这句话连读。需要注意的是在读"春眠"结束后换气。

3.声断气连

每个发音单位都是有机联系的,在朗读时就要读出它的连贯性来,即声断气不断。譬如"春眠不觉晓",先吸满气,读的时候,每个字的发音停止了,但是气息不能停,其长短根据内容而定。譬如上面这一句可以这样读:"春-眠—不觉-晓——"。如果不会运气,单靠喉腔发音,可能会一个字一个字蹦出来,显得生硬、呆板。

(二)课文朗读的要点

1.基调

指作品中主要的音调,它是作品风格的体现,是在朗读中遵守的基本调子与音色。作品基调千差万别,为了教学方便,朗读时把基调大致分为三组六类,即高扬与低沉、轻快与迟滞、激烈与平静。一般情况下,高昂的、欢乐的内容,读来用响亮、轻快的声音,音位往前移;内容低沉、悲伤的要用低音、缓慢的,音位往后靠。当然一首诗的基调就像其意蕴一样,不可能是单一的而是复杂的。例如李白的《将进酒》,既是高昂的、激越的,又是悲怆的。读时应注意这个特点。

2.语气

语气一般分为陈述、疑问、祁使、感叹四种语气。即使文字相同,语气不同,表现的内容也不同,甚至大相径庭。

我爱你。陈述语气,只陈述一种事实,语气平和。

我爱你？疑问语气,读的时候用升调,表示不可能。这就跟用陈述语气读出的内容截然相反。

我爱你！祈使语气,读的时候,"爱"字用重音,表示自己的决心。

我爱你！感叹语气,要读出喟叹来,表示自己情感所系。

当然,语气的运用有很多技巧,朱月明老师就分析了不同语气的运用:"喜则气满声高""悲则气沉声缓""爱则气缓声柔""憎则气足声硬""急则气短声促""冷则气少声淡""惧则气提声抖""怒则气粗声重""疑则气细声粘""静则气舒声平"等。① 非常详尽,且具较强的操作性。

3. 停顿

句子与句子之间的停顿较为容易。一句话之间的停顿需要分析。五言绝句一般是 2/3 式,七言往往是 4/3 式:

孟浩然《春晓》:
春眠/不觉晓,处处/闻啼鸟。夜来/风雨声,花落/知多少。
杜牧《泊秦淮》:
烟笼寒水/月笼沙,夜泊秦淮/近酒家。商女不知/亡国恨,隔江犹唱/后庭花。

这些只是大的停顿,其实还可以细分,例如:

烟笼//寒水/月//笼沙,夜泊//秦淮/近//酒家。
商女//不知/亡国//恨,隔江//犹唱/后庭花。

每篇作品有不同的停顿,教学中要仔细分析。

4. 轻重音

朗读中为了强调某些字词而加重语气称之为重音,反之是轻音。当然,一篇文章朗读时不仅有轻重音这么简单,而是有次重音、次轻音等多种

---

① 朱月明.语气在朗读中的运用[J].语文建设,2011(3):72-74.

情况,在实际朗读中应该读出各自的不同来。例如李白的《夜宿山寺》,其重音可这样处理(在其下用"·"标出)。

危楼高百尺,手可摘星辰。不敢高声语,恐惊天上人。

沈尹默《月夜》:

霜风呼呼地吹着,月光明明地照着。我和一株顶高的树并排立着,却没有靠着。

对于重音的处理,不同的人可能有不同的理解,例如上面两首诗的重音也可以这样读:

危楼高百尺,手可摘星辰。不敢高声语,恐惊天上人。
霜风呼呼地吹着,月光明明地照着。我和一株顶高的树并排立着,却没有靠着。

在朗读实践中,重音的呈现方式有几种办法:一是加大音量,二是声音拉长,三是在重音前后要停顿,目的是把重音字词突显出来。

5.声音的虚实

朗读中有些字句要读得饱满厚实、响亮,称之为实读,有些要读得细微轻柔,称之为虚读。实读用实线(____)表示,虚读用虚线(……)表示。

床前明月光,疑是地上霜。举头望明月,低头思故乡。

"明月光""霜""故乡"宜虚读,"疑是""举头"宜实读,其他处于虚实之间。

再如"长太息以掩涕兮,哀民生之多艰"。这句诗是屈原《离骚》中的名句,表达了悲天悯人的情怀,因此整个基调是悲怆的。为此,"长""掩""哀"

"多"等字要实读,而"太息"要拉长,这两个字随气流缓缓吐出,"涕"应重读,"艰"应虚读,且读成颤音。

6. 升降调

一句话里,如果非重音在前而重音在后,就应读成升调,反之降调。升调:↗;降调:↘。

李白《山中问答》:

> 问余何意栖碧山? ↗
> 笑而不答心自闲。 ↘
> 桃花流水窅然去,↗
> 别有天地非人间。 ↘

这首诗四句话的读法分别是:升—降—升—降,造成一种跌宕起伏的节奏美。

7. 声音的顿挫与延长

朗读时有些字句要戛然而止、掷地有声,表示某种决心或对下文有提示作用。譬如《上邪》:

> 上邪,我欲与君相知,长命无绝衰。山无陵,江水为竭。冬雷震震,夏雨雪。天地合,乃敢与君绝。
> 驿外断桥边,寂寞开无主。已是黄昏独自愁,更著风和雨。无意苦争春,一任群芳妒。零落成泥碾作尘,只有香如故。(陆游的《卜算子·咏梅》)

《上邪》中每句话最末一个字,《卜算子·咏梅》中的"妒""故"要急停,读得斩截,突出决然、决绝的态度。

有的词句读起来需要声音的连续不断,有尾音,有余音绕梁、回味无穷的作用。分两种情况,一是句子之间的连续,一是一句话结束后的连续。一般情况下,前者连续要短些(用"-"表示),后者要稍微长些(用"—"表示)。

李白《山中问答》：

> 问余–何意—栖碧山—？　笑而–不答—心自闲。
> 桃花–流水—窅然去—，别有–天地—非–人–间——。

8. 快读与慢读

一般情况下，基调昂扬兴奋的宜快读，基调压抑悲伤的宜慢读。譬如杜甫的很多诗宜慢读（《春夜喜雨》例外），李白的诗宜快读。有时一首诗或散文里存在着截然相反的调子，就要用上快慢两种读法了，例如舒婷的《祖国啊，我亲爱的祖国》，全诗共分两层，分别描写了苦难贫穷的旧中国和充满希望的新中国。第一层慢读，读出压抑、沉重感；第二层快读，读出兴奋与希望感。

当然，朗读技巧要受文本内容的制约，而文本内容是千差万别、丰富多彩的，朗读技巧的运用就要随之变化。下面以几篇作品为例，具体谈谈如何进行朗读。

（三）朗读例析

1. 陆游《示儿》析

> 死去原知/万/事/空，但悲不见/九州同。王师北定中原日，家祭毋忘告乃翁。

首句应读得稍平，"万事空"三字要稍重，"空"字要读出一种哭音。这句要读出沧桑感，有一种大彻大悟的清醒，当然更有一种悲凉。第二句在前句的压抑之下暴发，一字一顿，字字含恨，尤其"悲"字要重读，"见"字拉长，有一种不忍说还要说的激愤，"同"字要虚读，以读出其无望甚至绝望。第三句是一种期盼，读得要低沉，一字一顿。因为作者一生的愿望没能实现，却要以此种形式告慰自己，也是迫不得已。末句中的"毋忘"二字连读重读好像是迫不急待，加上顿挫音，并稍作停顿，换气，为下面三字作蓄势。"告乃翁"三字一字一顿，并顿挫，给人以不容置疑的命令感。

2. 李煜《浪淘沙》析

这首词写自己梦里欢乐与梦外残酷的情形,自己只能在梦里偷欢,对比中显得更加悲凄。全词有一种对繁华逝去的无可奈何,又有一种自嘲的口吻。读时要把握这种特点。

> 帘外-雨-潺潺——,春意-阑——珊——。罗衾-不耐——五更寒——。梦里-不-知——身-是客,一晌——贪欢。独自——莫凭栏,无-限-江-山,别时-容易——见-时-难。流-水-落-花-春-去也,天上——人间——。

首句"帘外雨潺潺,春意阑珊"要轻读,慢读,像是自己对自己或者对知己娓娓叙说,帘外二字读后要稍作延长,好像有一声喟叹,雨字要重读,潺潺二字要读虚,拉长,如有不尽之意。春意阑珊四字处理方法基本与上句相同,阑珊二字要读得稍重,并且有力不自胜之感。读时要双眼平视,略为扫视前方,作看雨状。"罗衾不耐五更寒"句中的"不耐"重读,拉长,后三字读得更重,有一种悲怆感。读这句可以看自己身上衣服,与内容相配。梦里不知身是客,这句要读得比前面略为轻快,有一种自嘲的口气,最好能有一种颤音,其中"不知"与"客"两个词要读得稍重。下阕写的是梦醒影像,总的来说调子要更加悲伤,有一种绝望感。"独自"二字提起下阕,有呼告意味,特别是无限江山句,要读得有一种哽咽感,流水句要一字一顿,有一种心不甘情不愿的情形。读这句时应一支手举起与眉头平,作挥手状。"别时容易"要读得轻,特别是"容易"要读虚,与难对读,天上人间要读得低沉,有一种悲不自胜的感觉,并且两词之间要停顿,"天上"要读实,"人间"要读虚,起到对比、突出作用。读"天上"时应略为仰视,而读"人间"时应俯视。

3. 贾谊《过秦论》析

这是一篇政论文,指出秦统治的过失,给朝廷提供借鉴。先看首段。首段介绍背景,介绍当时秦国咄咄逼人的气势。这一段分两层,第一层到"并吞八荒之心"句末,要读出一种霸气,一种"山雨欲来风满楼"的紧张形势来,第二层要读得轻松,突出秦人获得胜利之轻松。

秦孝公/据崤函之固，拥/雍州之地，君臣固守/以窥周室，有/
席卷天下，包举宇内，囊括/四海之意，并吞/八荒之心。当是时
也，商君佐之，内立法度，务耕织，修守战之具，外连衡/而斗诸侯。
于是秦人拱手而取/西河之外。

"秦孝公"三个字要读得平实，下面从"据崤函之固"至"并吞八荒之
心"，这一层要读得饱满响亮，一字一顿，读出雷霆万钧之势。从"当是时也"
至段末这一层要读得轻松、畅快，突出秦国获得战果的轻而易举。

当此之时，齐有孟尝，赵有平原，楚有春申，魏有信陵。此四君
者，皆明智而忠信，宽厚而爱人，尊贤而重士，约从离衡，兼韩、魏、
燕、楚、齐、赵、宋、卫、中山之众。于是六国之士，有宁越、徐尚、苏
秦、杜赫之属为之谋，齐明、周最、陈轸、召滑、楼缓、翟景、苏厉、乐
毅之徒通其意，吴起、孙膑、带佗、倪良、王廖、田忌、廉颇、赵奢之伦
制其兵。尝以十倍之地，百万之众，叩关而攻秦。秦人开关延
敌，九国之师，逡巡而不敢进。秦无亡矢遗镞之费，而天下诸侯已
困矣。

本段分四层，四公子贤良，国广人众，谋士如云，说士众多，名将林立，大
肆铺陈，令人眼花缭乱。在诵读时，衔接语、解释语宜慢读，而铺陈语（人名、
国名）则快读，并且五段铺陈，读时逐渐加快，给人以间不容歇、排山倒海的
气势。接下来稍顿，从"尝以十倍之地"开始至段末，语速正常，语调轻松，与
上面形成强烈对比，加强讽刺之意。

朗读技巧的运用是复杂的，它随文体、文本内容不同而改变。朗读技巧
远非上面几种技巧所能涵盖的。譬如有人就提出了一些特殊技巧：气音、笑
语、哭语、拟声。① 非常具体、实用。可以说，文本的内涵是读出来的，而不是

---

① 朗读中特殊发音技巧的运用[J].语文建设，2010(7–8)：156–158.

作者写出来的。笔者有一个基本判断,如果一位语文教师不会朗读,那么他的课堂基本上难以成功。

五、多媒体:师生之间的"第三者"

(一)教学现代化不止是技术的现代化

我们教研室的郭永勤老师从上海开会回来,领导安排她在下周二例会上讲一下学习的情况。她问:"我是实话实说,还是修饰一下?"我们问咋回事,她说开会期间她到复旦大学听了两节课,老师们全堂讲授,全程不用多媒体,一直板书,写满一黑板再换另一板面,一节课写满好几个板面。而我们学校正在开展多种形式的教改,主要是反对讲授,提倡与学生互动;特别是要用课件,并且推进各种软件。反复动员老师使用,但老师们兴趣不大,用这个软件学生就得全程借助手机来完成,而这样的话手机就更加泛滥了。如果真实讲述所见所闻,是否与学校层面的教改大方向相冲突?周例会上怎么讲,这就看郭老师情商了。

给汉语言文学 2016 级学生上"语文课程与教学论"的课,由于投影打不开,我就采用板书的方式授课,这是传统教学方法回归。也可能是久违的方法重新出现在课堂,学生的欣喜之情溢于言表,中间我询问学生,他们也认为不用多媒体教学效果更好。当内容讲完之后,我下到讲台,从教室后排以听课的角度重新凝视黑板时,清晰的内容结构、漂亮的字体就静静地定格在眼前,一种古朴、大方的课堂让人耳目一新,少了花哨,多了实实在在的内容;少了现代技术的喧嚣,有了静静回味与从容,一种温暖、自得的波流在心中流淌!结合时下轰轰烈烈的教学信息化改革,想到我校"雨课堂",心中升起无限感慨。笔者认为,教学现代化不止是技术的现代化!如果仅指物的现代化,技术的现代化,那么还是不要这个"现代化"更好。

(二)使用现代化教学手段要看具体学情

笔者教学中第一次接触现代化的技术是在刚参加工作时,有一次跟随县教研室的教研员祖今尧老师去关津乡中学听陈奇老师的课,听课的还有宋岗乡中学、练村乡中学的资深教师。记得那天讲的是毛泽东的词《沁园春·雪》,陈老师先是用一台录放机播放一位名家的朗读,那个时候录放机性能不太好,胶带不时地被卡住,播放效果不尽人意,还不如班里一位从城市中学转回来的一位女生读得好,但由于是新鲜玩艺,学生兴致很高,读书的热情也较平时高。在后来的教学中,为了提高学生学习的积极性,激发学生学习兴趣,我就尽可能地采用录音机、投影仪等,虽然使用起来比较麻烦,但也算是运用了现代化的教学技术,如果参加教学竞赛是加分的。

所谓"真理再跨一步,就成了谬误"。现代化教学技术的使用也是如此。

出于对现代科技的崇拜,现在一些学校尤其是偏远的地方学校,要求上课必有多媒体,光、电、音、影一应俱全,结果语文课上成了影视课,正所谓"种了别人的地,荒了自己的田",课堂倒是热闹,学生收获少了。在现代化手段的狂轰滥炸下,教师不敢发声,害怕被贴上"填鸭式"教学的标签,害怕有"不尊重学生主体地位"之嫌。结果教师的主体地位被取消了,教师的才情、人格濡染不见了。并且教师由于操作多媒体,影响了与学生的交流与互动。因此,有人说,多媒体是师生之间的"第三者",形象、深刻!

(三)使用现代化教学手段要看具体课程

深入地分析可以知道,多媒体等现代化教学手段对于理工科课堂教学还是非常必要的。例如医学专业可以借助多媒体展示人体内部结构,机械专业可以借助动画演示各种机器的工作原理与流程,这是讲授法所无法达到的。但对于文科教学则不同。以语文课程为例,该课程的教学目标就是通过品味语言来感知文学的魅力,激发学生想象,濡染其情性。上中学时学习贺敬之的现代革命抒情诗《回延安》,里面有一句"脑畔上还响着脚步声",每每读到这一句话,眼前就浮现出人在窑洞上走动的画面来:一条窄窄的小路从窑洞一边长满灌木与杂草掩映中斜挂下来……春天黄花满蹊,夏天绿意盎然,秋天枯草满径,冬天则似一条舞动的白练。想象中孩子的脚步轻盈快捷,成人的脚步应该是沉闷而缓慢,就觉得蛮有意思。及至后来听一位年轻教师讲授该课,看了他展示的窑洞图片,心中的画面便茫然无存。《红楼梦》描写林黛玉的美"闲静时如姣花照水,行动处若弱柳扶风",原来的教学是通过品读可以让学生想象"姣花照水""弱柳扶风"是什么样子,既让学生感受了汉语言的美,无形中又激发并培养了学生想象力。但现在一些教师简单地读过甚至略过,直接展示出演员陈晓旭的剧照。剧照是美,陈晓旭也非常漂亮,但学生感受到的是陈晓旭的美而不是汉语言的美。

(四)现代化教学手段只是辅助工具

教学手段与技术是服务于教学的,一切以提高课堂效率为旨归。从教师层面讲,如果教师理论素养与教学水平特别高的话,就可以大胆运用讲授法。试想,新颖的观点、生动的语言、漂亮的板书,对学生是多么大的影响呀,更勿用说教师优雅的教态与不可言说的人格魅力了,相形之下一些所谓的现代化教学手段就显得多余了;如果教师讲授功力不深,可以适当采用一些必要的教学手段包括多媒体。正如语文特级教师韩军所言:"语文课可以用多媒体,但只能是学习语言的辅助,绝对不能冲击语言文字,绝对不能喧宾夺主,反客为主!"①

关于工具带来的不便,其实两千多年前的庄子就借"汉阴丈人"的寓言故事来讲述这个道理。"汉阴丈人"不用先进灌溉工具,却用一种最笨的办法,抱着一个坛子到水里舀水,再一步步走上来,去灌溉菜园,用力多而功效低。为何在使用工具上弃优取次,汉阴丈人说出了"有机械者必有机事,有机事者必有机心"的道理。意思是使用了麻烦的机械,必然有麻烦的事,有麻烦的事必然让人的心情不再纯良,老想着投机取巧。

六、读书是语文学习的不二法门

经常听到一些学生和家长的询问,怎样才能提高语文成绩? 这时我就毫不犹豫地说:读书,并且特别强调不能像学习数学一样做题。原因如下:

首先,语文学习靠的是读书积累,而不是做题。"读会唐诗三百道,不会写也会套",说的就是读书积累知识的作用,这是我国古人对于学习语文的经验总结。厚积薄发,功到自然成。因为相比数理化,语文知识逻辑性不强。数理化课程的知识可以按大类分,譬如加减法的运算规则,譬如勾股定理,都有一个既定的做题模式,会做一个例题,可以举一反三来做其他题,但语文不行,你会写"语"字,但你无法根据"语"字来推导出"文"字怎样写,你

---

① 教育部师范教育司.韩军与新语文教育[M].北京:北京师范大学出版社,2006:133.

只能一个一个地识记,除此之外,别无它法。语文的某些知识,特别是归纳出来的词法、句法,呈现出规律性知识,但这在语文学科里所占比重甚少,也无法遮掩语文课程非逻辑性特点,因为纷繁复杂的语文知识是无法用一种或几种规律来全部囊括的。更为重要的是语文学习的内容不是止于学习这些语法知识,而是训练运用知识的能力即"语用"的学习,这一点有且只能通过大量的阅读才能实现。因此,20 世纪 80 年代,有些学人试图追求语文的逻辑化、科学化,例如建立"语文知识树",其结果只能失败。语文学习的这个特点,韩军总结为"举三反一"。① 真正点出了语文学习的奥秘。

其次,做题主要锻炼做题技巧,譬如读清题干要求,辨别分析选项差别等,而对于知识积累、能力提高作用不大。如果说做题对于学习语文有用的话,那就是巩固旧知识,反馈学习结果。笔者小学二年级时,学习"望"字,一直以为其中的"月"字里边是空白,没有两横。一次考试时,拼音注汉字,就考了这个字,于是就这样写。试卷发下来时发现这个地方被老师打了个红叉,整个卷面得了 99 分,这个地方扣 1 分,非常惊诧,要知道我每次考试都是100 分,对照书本后才发现自己一直错了。但这样的功能往往只限于一些记忆性知识,对于情感思想类的内容的考查功能就大打折扣了。语文学习更多地是唤起学生的学习热情、对未知世界的幻想,但这个目标具有延时性与潜隐性,不是即时性,很难即时考查。

再次,读书形成语感,这是做题所欠缺的。语感是对语言文字的直观感受能力,它应该包括对语言文字感受的敏捷性、信息获取的准确性、内容的深刻性等几个方面。而语感的质量是通过大量阅读实现的。例如语感强烈的读者一看到"枯藤老树昏鸦"这句话,眼前可能迅速地出现相应一幅凄凉的行旅图,语感一般的读者可能会无动于衷。

最后,解剖式做法破坏了文本的美感,与读书所带来的感觉无法相提并论。做题是把知识碎片化,其情形无异于把一座美妙绝伦的宝塔拆下来指出其优美的地方。有些教师不是引导学生赏析文章,而是把文章析出若干问题,一问一答,答完了事。著名的特级教师李吉林就认为语文课堂有两座

① 教育部师范教育司.韩军与新语文教育[M].北京:北京师范大学出版社,2006:33-34.

大山压得学生喘不过气来,一是问答式如山,一是习题训练如山,并对后者进行精彩描述:

> 其特点有三:一是量大,二是名目多,三是无意义。小学生语文题目之多是令人吃惊的,单句子练习形式,就有把句子补充完整,乱词排句,乱句排段;按标点符号写句子,修改有病的句子……小学生不堪重负。翻开小学生的练习册,许多稀奇古怪的题目,令学生手足无措。[①]

笔者在执教高一语文时,受应试教育的影响,也曾对说明文单元的几篇课文《南州六月荔枝丹》《景泰蓝的制作》《蝉》《泡桐》,采取"应试教法"或"问题教法",即不是以每篇课文为学习单位,而是以一个单元为学习单位进行串讲,即按说明对象、说明对象的特征、说明对象的顺序、说明的方法、说明的语言,对上述几篇课文进行"问题"设计,通过提问等教学方法进行教学,完成表5-3-1。结果发现,没有阅读初感,学生很难抽象出规律性的认识。且通过练习学语文,课堂无味,学生反感,笔者从此不再使用该法。

表5-3-1　问题解答表

课文	说明事物的特征	说明顺序	说明方法	语言特点
南州六月荔枝丹				
景泰蓝的制作				
蝉				
泡桐				

读书学语文,涉及两个问题,一是读什么样的书,二是怎样读书。

首先,读书要选择有价值的书,最好能读中国传统经典。"取法其上,得乎其中;取法其中,得乎其下。"原中国阅读学研究会会长徐雁教授就提出读

---

① 王丽.中国语文教育忧思录[M].北京:教育科学出版社,1998:167.

书内容的选择是分阶段的,学童时期读经典,为人生打底。青年时期读名人传记,借鉴他人做事处事的办法。老年人读修身养性的书,用以颐养天年。经典是人类创造的文化中的精华,是立人经国之本,在童年时期,诵读经典,对于人一生成长能起到无法估量的作用。

经典虽然没有一定的标准,但根据童庆炳的观点,经典要符合三个标准,一是流传时间长,二是读的人多,三是无穷的内涵。古诗文起码经过了较长时间的检验,是大浪淘沙的结果。而白话文毕竟产生年代较晚,能否经历住时间的淘洗还说不定。华东师范大学施蛰存教授对于教材选文的要求是"要选那些经过历史考验的,文言文要选老文章,就是过去人都读的、历代传诵的名篇;白话文也一样,解放后的文章都不能选,没有经过历史考验的不能选做课文"①。当然,这话说得有点绝对。历史上的一些著名作家、学者,他们大都有丰富的读书经历,尤其是读古典书籍的经历。新中国成立以来,我们的教育虽然也走了弯路,但知识水平普遍提高是不争的事实,可是我们为什么没有培养出大师? 我们所熟知的那些大师,诸如王国维、钱锺书等人的求学经历都在新中国成立前。季羡林逝世之后,媒体就哀叹最后一位大师走了。之所以会出现这些情形,与新中国成立后我们的教育方法有关,把一些经典如《论语》《道德经》等视为反动的东西,语文教材选入大量的时文。传统的背诵、感悟式语文教学方法受到批判,代之的是分析理解式。这等于人为地制造了文化断层,经典文化没有被我们继承。

其次,读书要潜移默化,不能搞突击式,不要有很强的功利性。"秀才志于道,慎勿怪,勿杂,勿速显。"(《柳宗元集·报袁君陈秀才避师名书》)读书要静静地读,细品文字,咂摸其中的味道,感受其中人物的一颦一笑,联想情节会怎样发展,想象书中的光怪陆离,向往英雄豪杰的快意人生,等等。"读书切忌在慌忙,涵泳功夫兴味长。"(《象山先生全集·语录上》)联想到当前,受应试教育的影响,学生读书大都是突击式,省略了过程,直达目的,品味、体验等活动一律去除,读了就考,考后就扔。这是我们语文教学低效的原因之一。

---

① 　王丽.中国语文教育忧思录[M].北京:教育科学出版社,1998:87.

笔者以自己的语文学习经历来说明上述道理。笔者出生于 20 世纪 60 年代末，"文革"末期上小学，那时候的教材清一色的政治性内容，记得上小学一年级时，语文教材几乎都是口号。初一第一册的课文有《浣溪沙·和柳亚子先生》《红军鞋》《挺进报》等，从中可见一斑。不过对这些课文的学习没有任何难度，因为没有含蓄的东西，也没有什么微言大义类的艺术特点。有一次，大概是在三四年级的时候，发现父亲不知道从哪弄到一套三卷本的《水浒传》，我连忙看了起来。以我当时的语文水平，读起来非常吃力，一些字不认识，例如晁盖的"晁"我误读为 yáo，但这不太影响读。开头的内容是《张天师祈禳瘟疫，洪太尉误走妖魔》，不太感兴趣，只觉得有点新奇。于是就漫不经心地往下翻，专捡刺激性的地方看。直到描写九纹龙史进的地方，特别是写鲁达的章节才觉得好看，不过当时也不知道鲁达是谁，一直到鲁达改名鲁智深时才恍然大悟，原来鲁达就是鲁智深，就这样用了半年的时间，断断续续、有一搭没一搭看完了。因为当时没有文娱活动。那时候作业都是当堂完成，就没有家庭作业，放假也没有补课一说，所以没事可干，于是又拾起扔在抽屉里的《水浒传》读了起来，这次读的时候较为认真，一字不落地看了一遍，发现了原来不曾发现的地方，譬如语言的优美。可以说《水浒传》是一座语言的宝库，仅成语就让我惊喜不已，像寡不敌众、不计其数、南柯一梦等。于是又仔细看了第三遍，这一遍注意的东西更多，像人物的绰号、故事的重点等。这样整整用了一年多的时间，把《水浒传》读了三遍，基本做到烂熟于心。笔者就是在那个文化最贫乏的年代，在没有考试压力的情况下，用一年多的时间，随心所欲地细读了一部中国古典名著，也使自己活在了书中所描写的世界里。从此，生活不再匮乏，思想不再荒芜，情感不再贫瘠，内心世界逐渐丰盈起来。

其实，道理也非常简单，这种读书方法暗合了语文学习的规律，即读书学语文，读经典学语文，默默地读学语文。

没有想到，"无心插柳柳成荫"，我读《水浒传》的过程与方法，与语文学习的规律高度契合。它使我在自己最需要营养的阶段，吞下了中国古代文化的一枚硕果，其中的营养慢慢地被吸收，化为身体的一部分，为我以后的成长提供源源不绝的动力。就像金庸小说中经常描写的一样，郭靖误喝千年蛇血,张无忌误打误撞吃下异果,段誉吞下"莽古朱蛤"。当然这只是作者的虚构,现实中没有这样的事,但有类似的现象,笔者一直以为金庸小说是一部人才成长的寓言,小说中的"蛇血""异果""莽古朱蛤"这些意象,就像笔者在小学时期吞到肚子里的《水浒传》一样。不经意发现自己的学习有了质的变化,成绩已经遥遥领先。并且我能时常发现语文老师讲课中的常识性错误。

2022 年春天,看到教育行政部门新颁布的《义务教育语文课程标准》"课程理念"一章写道:"倡导少做题,多读书、好读书、读好书、读整本书",这为我们学习语文尤其在处理做题与读书的关系上指明了方向,意义深远。但是究竟何为少,何为多;少到多少量,多到多少程度,这里没说。因为语文课程标准只是给出了一种理念即指导意见,而不是具体办法,至于量上如何把握,可能还因学生、学段而异。个人根据几十年的学语文、教语文的经历,觉得如果不是面临考试,教师指导非毕业生语文学习在做题与阅读的时间上,可以控制在 1∶5 左右,毕业生面临选拔考试可以加大做题量,锻炼一下做题技巧,目的是把自己会的东西显示在试卷上,因为能会不一定能写,能写不一定能写好,能写好不一定能让改卷老师觉得你写得好。这就需要考试的技能,这种技能可以通过适当的做题来实现。

读书学语文,其怡然自得之情非做题可比,这方面古今学者不吝赞美之词。这里笔者不禁想起自己非常喜欢的宋代蔡确的诗《夏日登车盖亭》:

> 纸屏石枕竹方床,手倦抛书午梦长。
> 睡起莞然成独笑,数声渔笛在沧浪。

七、怎样运用语文课堂教学的笑点

笔者于 2020 年曾到汝州某中学观看了一次语文观摩课,教师用的是一种网络平台,学生每人面前一台学习机。讲课内容是《论语十则》,全程几乎一直是老师问,学生答。学生答题情况全部在教室前大屏幕上显示。教学过程也非常清晰,内容也颇为丰富,但就是课堂太冷静,师生都是冷冰冰地分析,一板三眼,非常严肃,少有轻松幽默的语言,课堂上不闻笑声,并且全场都是老师问,学生回答。一堂课听下来感觉非常累。为何会是如此,这就要分析一下课堂的类型问题。

(一)课堂气氛失当的两种类型

根据不同的评价标准,语文课堂可以分成很多类型,如果以课堂气氛为标准,就可以分为严谨理性型与生动活泼型。严谨理性型的课堂,教学步骤严密,教师讲解详细,答案精确,给人以理性美。但如果操作不当,容易理性过度,上成纯知识的"工具课",给人以刻板单调、枯燥乏味的感觉,甚至像背碰上石板看戏,让人难受。生动活泼型的课堂,气氛热烈,生动轻松,让人如坐春风。这种课型,教师讲课可能会出现天马行空,离题万里的情况,让人如坠雾中,不知所云。一节课下来,学生可能收获不多。

上述两种情况在当前语文课堂教学中普遍存在,尤以第二种为多。再加上中小学生对感性的东西非常感兴趣,譬如喜欢听故事,看教师夸张的动作神态等,这就给语文教师提出了要求。一些教师也着意在这方面下功夫,在授课的过程中,有意无意地制造一些笑点引学生发笑。笔者认为在语文课上适度加些笑点是可以的,也是应该的。但问题是语文课堂不是让学生一笑了之,还应该完成诸如知识传授、能力培养等任务,不能为笑而笑,唯笑是尊。

(二)两种失当课型的形成原因

首先,细察一下,上述两种失当课型主要是教师对语文性质的认识与把握不当造成的。理性过度型主要认为语文课要以知识传授、能力训练为主,严格秉持语文工具性的基本理念。后者主要以情感熏陶、思想濡染为主,视人文性为圭臬。但问题是语文课是工具性与人文性的统一,应该兼顾二者,人文性应以工具性为基础,夯实知识教育。工具性应以人文性为发展与提升目标,在知识传授的过程中浸润人文性。二者要兼顾,不能偏其一隅。

其次,可能是教师才情不同。有的教师严谨稳重,课堂设计有条不紊,语言谨慎严密,一旦过度就会呆板沉闷;有的教师外向奔放,教师率性而为,课堂生动活泼,过头了就可能流于嬉戏。

（三）笑点运用的原则

1. 相关性

相关性是指教师制造的笑点要尽可能与课堂内容有关联，或与学习内容相关，或与学情相关。例如游记类的课文可以在同学游玩经历上加以设计，一些回忆性体裁的课文，可以设计让学生说说自己的、与课文内容相似或相近的往事。描写人物类的课文可以让学生分角色读或表演，笔者讲授几遍《我的叔叔于勒》，但怎么讲都不如让学生分角色朗读或表演有趣。著名的特级教师程翔在讲授课文《在烈日和暴雨下》时，文中描写在太阳暴晒下柳树"病了似的"，叶子"打着卷，懒得动""无精打采地低垂着"，程翔老师没有用惯常的讲授法，而是让大家学学这个样子。[①] 这样就使课堂生动活泼起来。

2. 适度性

适度性是指教师制造笑点的内容不能过多，次数不能过频，时间不能过长。语文课堂有其预设的教学目标要达成，教学内容要完成，这是教学之所以成为教学的价值所在。而笑点只是一种助于完成教学目标与教学内容的形式与手段，是一种活跃课堂气氛的"佐料"，因此教师在运用过程中，不要喧宾夺主，唯形式而形式。笔者在河南淮阳召开的 2013 年春季河南省语文教学法年会上，观看了韩军老师的公开课，他是这样制造笑点的：

师："我今天和大家一块学习，大家知道我叫什么名字么？"

生：不知道！

师：想不想知道？

生：想知道。

师：我叫韩军。（随手写出"韩军"两个字）

师：我的名字知名度非常高，在网上能搜到几千条，其中一条是："美军与韩军举行联合军事演习！"

全班同学愉快地笑了。

---

① 程翔.语文课堂教学的研究与实践［M］.北京：语文出版社，1999：195.

韩军老师就是在制造这样轻松的氛围中引导学生走进了课堂。

3. 人文性

人文性是指笑点要利于学生品格养成,濡染其情感。例如讲授《假如我有三天光明》课文,可以让学生讲讲如果世界末日到了,人类还有三天生存时间,你要干什么? 答案可能五花八门,学生也会对同学们的答案乐不可支。当然教师要引导学生有高雅的爱好、崇高的理想,否则不用,特别是低俗的东西一律杜绝。譬如拿学生某些特点尤其是生理特点制造笑点、给学生取绰号等。

(三)笑点运用的方法

首先,在课文内容的处理上下功夫,要求老师准确找出课文中的笑点。语文教材中的选文一般都是经典,含有大量可资使用的笑料。小学语文教材中《阿凡提的故事》《草船借箭》,故事本身就非常有趣,教师要把这种趣味在课堂上呈现出来,譬如运用复述法、分角色朗读、角色扮演等方法。鲁迅先生的小说《孔乙己》,其主要人物孔乙己是一个既可怜又可悲的人物,小说里多次提到笑点,说明这里就藏有笑点,教师要找出来,呈现给学生。例如众人取笑孔乙己的话,以及孔乙己的争辩,就很精彩,教师要设法读出来,最好能配以表情。再如高晓生的小说《陈焕生上城》中的许多描写,包括用词都非常好笑,教师要用办法把它加以凸显,制造生动活泼的课堂气氛。最典型的就是契诃夫的小说《装在套子里的人》,通篇都是滑稽的描写,是一座含有丰富笑点的宝藏,教师教学时就要把这个宝藏挖出来。当然要把这篇课文的趣味性讲出来也不容易,它取决于教师教学能力的展现与教学方法的艺术运用。

找出课文中的笑点容易,挖掘出笑点背后严肃的内涵就困难了。有时一篇优秀的选文在笑点背后蕴藏有复杂的内涵,可能愈是优秀的作品愈是如此。教师教学时要注意,不要为笑而笑。例如,鲁迅先生的小说《孔乙己》中有多次"笑"的描写,教师不但能止于"笑"本身,还要挖掘其背后的严肃的内涵,即国人的麻木心态、看客心理,特别是这种心态的现代表现、危害等。莎士比亚的戏剧《威尼斯商人》,其中的故事非常搞笑,借贷的违约金是一磅肉;夏洛克的语言也非常滑稽,这是差不多每个学生都能感觉到的,教学上要在此精心打磨,譬如让学生分角色朗读,尤其读夏洛克话语。但是在夏洛克抱怨的背后有其所谓"异教徒"受到不平待遇的酸楚,和以弱小个人向强大的政治与宗教势力反抗的悲情,反映了世界上不平等现象及其根源,有着普遍意义,显示了莎翁作品的深度与厚度。这一点教师在分角色朗读或分角色扮演教学时要能把握住,否则,就可能流于嬉戏与浅薄。

其次,借题发挥能使课文增值。例如王安石的《伤仲永》讲的是环境的作用及正确培养方法的作用,适当引用当前教育中不当的情形是可以的,但如果大肆讲述李天一案件、"我爸是李刚"等,就有点过度了。再如讲授鲁迅先生的散文《从百草园到三味书屋》中"捕鸟"一节时,有位教师让学生自己讲述小时候如何捕鸟的往事,也无可厚非,可以运用知识迁移来理解作品。但如果教师也大谈捕鸟的具体方法,就欠当了。

最后,让学生积极参与,但要避免低俗的动作。笔者在初中讲授《范进中举》时,让学生模仿胡屠户痛骂范进的段落,以增加课堂的趣味性,也达到了反讽的目的。记得有个男生读这一段的时候挤眉弄眼,语气夸张,惹得哄堂大笑,当时就觉得不雅。无独有偶,有一则资料记载,有位老师讲《黔之驴》,让学生扮演老虎与驴子,一位学生还模仿驴子的叫声,当时就感觉有点滑稽,现在想来是太粗俗了。笔者曾看过一篇资料,有位教师讲《背影》父亲买橘子的动作一节时,模仿突出肥胖的身躯,笨拙的动作,引得同学们发笑,与课文表达"父爱"的严肃主题不符。

八、课堂教学要注意处理的问题

课堂教学是一个复杂的系统,涉及要素很多,至少包括结构性要素,譬如师生、教材及教材编辑、黑板、教学计划等;内容性要素,如课文、教学内容等;过程性要素,如课文预习、课堂导入、教学切入、教学高潮、收尾等;方法性要素等。而课堂教学就是这些要素的共同参与、组合与呈现。因此,课堂教学要有机地处理这些要素的关系。

(一)教案使用问题:过度依赖教案与不用教案

在教案的使用上,出现"唯教案"与"无教案"的情况。"唯教案",就是一切照着教案来,什么东西都写在教案上,作者介绍、课文讲解,甚至准备的开场白、过渡语、结束语等，到了不看教案不会讲课的情况。"无教案"就是讲课时把教案扔到一边，信马由缰，全凭现场发挥，讲到哪是哪，教案只不过是个摆设。原因可能是一些教师，害怕看教案会造成冷场，给学生留下一个内容不熟的印象，不看教案讲课显得自己对所讲内容谙熟于心，游刃有余。殊不知这样可能造成无序、乱序状态。正确做法是有教案而又不"唯教案"。宏观上可以按教案走，微观方面可以临时调整，灵活运用教案而不为之所拘。

（二）教学着眼点问题：培优与补差的关系

当前班级授课制，是把心智不一、知识迥异的学生放在一起教育，而教学目标、教学内容、教学步骤、教学任务则是相同的，这就必然造成事实上的不均衡，导致优秀生吃不饱、后进生吃不了的局面。是培优还是补差，是倾向优秀生还是照顾后进生，成了每位教师教学必须做出的选择。培优，是现实面前的无奈；补差，是教师发自内心的人文关怀。事实上，在当前考试制度下，教师多的是锦上添花，而不是雪中送炭。在中学一年级时，教师是面向80%的学生，二年级50%，三年级可能只有30%甚至20%。这种现象普遍存在，只是程度不同、方式不同而已。或者教师被明确告知，或者教师们心照不宣，实践中照做不误。

（三）教学任务问题：阅读与作文训练的关系

阅读与作文，是中小学语文教学中两项互相关联、互相促进的重要内容。然而，很多时候我们语文教师把二者割裂开来，阅读是阅读，作文是作文。有时老师可能也知道"劳于阅读，逸于作文"的道理，通过阅读学作文，但是起码在课堂阅读中涉及写作的不多，只是在分析课文艺术手法中提及。有时也可能结合起来，但多是偶一为之，欠深入与系统。其实课文大都是经典选文，不但内容上，而且在写作形式上都为我们提供了很好的借鉴。因此，我们完全可以把二者结合起来，即读课文，学作文。

但是如何结合，是一个教学难点。譬如作文训练时间占比问题，究竟多大才合适？这方面我们可以借鉴试卷分数构成。一般情况下，中考语文满分100，作文30或40分，作文与阅读之比是3∶7，或者2∶3，高考语文满分150分，作文60分，作文与阅读之比是2∶3。考虑到有专门的作文课，我们在时间分配上至少采用最低标准,即使保守一点,作文时长起码不低于整个课堂时长的四分之一为宜。

(四)师生关系问题:教师讲授与学生活动的关系

这个问题其实是如何处理师生在教学中的关系问题。教师讲什么,怎么讲要受课堂运行规律的制约。本书"讲授法"提到了教师有三讲、三不讲的说法,在此不再赘述。要避免两种极端倾向,一是传统教学中漠视学生主体地位的做法,教师一言堂,"填鸭式"教学;二是为了实施"学生本位",取消教师引导作用的做法。面对学生的发言,教师一律表扬,不敢纠正学生的问题,不敢发表自己的看法。

当然,如何既要尊重学生主体地位,又要发挥教师的引导作用,是一个难题。起码学界也没有明确定论。

(五)课堂观念问题:教学预设与课堂生成的关系

教学预设是教师基于教情、学情之上的教学内容与教学活动的预设,而课堂生成是课堂教学过程中自然产生的学情。教学预设与真实的课堂永远都不是相符的,总会有或大或小、或多或少的不一致,这也给语文老师发挥能动性制造契机,优秀的教师总能借着这转瞬即逝的时机完成高质的课堂生成,当然更有教师对此视而不见,不去及时调整教学策略,使教学预设"硬着陆",也造成教学资源的浪费。是照顾教学预设,还是重视课堂生成,其本质是课堂观的不同表现。课程是封闭的还是开放的,是动态的还是静态的,是既成的还是生成的,是重视教知识还是关注学生学,在此得到证明。

笔者有一次回新蔡,我曾经的学生李颖煜在育才小学教语文,爱好上课的我就要求给她所带的班上一节语文课。因为是临时上课,我就讲了几首劝学诗。其中一首是朱熹的《偶成》:"少年易学老难成,一寸光阴不可轻。未觉池塘春草梦,阶前梧叶已秋声。"我按临时的教学设计,先让学生读几遍,然后让学生翻译,再谈谈以后的打算,并把最后一项作为练习的重点与难点。学生读了几遍之后,我提一个问题:"谁能把这首诗翻译一下?"结果全班鸦雀无声,问了几遍之后,一个发言非常积极的男生小声说道:"我知道前两句的意思,不知道后面两句的意思。"我立即让他站起来完成前两句的翻译,并意识到后两句有难度。因为这两句用的是借代,"春草梦"代青少年时光,"秋声"代中老年,这是作为小学五年级学生无法理解的。在这种情况下,我临时改变教学步骤,把后两句的理解作为教学重点,因为学生能够懂得这两句的意思,整首诗的含义也就容易理解了。接下来,我就让学生反复诵读,加上讲授、引导等多种方法,完成了这首诗的教学。

但是,任何事都要有"度",不能仅持其一端,弃另一端而不顾。重预设、轻生成,课堂会失去弹性与活力;反之,轻预设、重生成,甚至"唯生成",课堂会有失控的危险;笔者认为当前学界有过度拔高课堂生成、轻视教学预设的倾向,对于学生的发言一味地说好,不敢、不会引导,任使课堂信马由缰,这是不足取的。其实,课堂生成不但受师生水平、自然条件的影响,更受预设的制约。高质量的课堂生成来自于充分的预设,弃预设而不顾的课堂生成,其质量也不会高。

(六)教师风格问题:教师教学个性与教学共性要求的关系

在所有课程教师里,语文教师可能最具个性特点,这与其所教内容不无关系。语文选文总是丰富多彩、千差万别的,是独特的"这一个";耳濡目染,语文教师多少也会显示出自己的与众不同来。就教学技能而言,有的教师板书优美,龙飞凤舞;有的擅长读,读得波澜横生,读得催人泪下;有的擅长写,字字珠玑,美不胜收;有的擅长讲故事,有的歌声嘹亮。是不是教师就可以尽情大"秀"特长?事实上,教室不是自己的卧室,三尺讲台也不是渲泄自我的展台,教师教学个性要受到教学原则的约束与限制。可以炫耀一下墨宝,但起码要让学生看得清、看得懂、看出美感;可以展示才情,但不能滥情。可以放飞自我,但不能一发而不可收。这些是教师必须把握的。

(七)课堂进程问题:教学节奏:张与弛的关系

课堂是师生教与学的过程,这一过程应该既有紧张的学习,也有短暂的放松;既有教师密集的讲解,也有学生静静的思考。其实,讲课也讲求阴阳之道,一张一弛,张弛有度。然而,很多课堂教学设计尤其是年轻教师容易出现的问题,是过于追求课堂的容量,把整个课堂塞得满满的,学生神经绷得紧紧的,也影响了思考,降低了学习效率。例如,安排学生简单读了课文后就是一连串的提问,并且提了问题之后让学生立即回答,不给学生思考时间,结果学生回答不是不得要领,就是噤若寒蝉。

课堂进程也像一幅画,需要留白艺术。留白不是空白,而是教师反思教学,学生回味知识的重要契机,是"此时无声胜有声"。讲完一个知识点后完全可以留下三五秒的空白,让学生思考、回味,同时也给教师以反思、调节、重构课堂内容与步骤的时间。这中间可以用一些引导性语言来衔接,例如,大家看看,能明白吗? 或者给出一些小问题让学生思考一下!

(八)教学手段问题:传统教学手段与现代教学手段的关系

传统教学手段是指板书、挂图、自制教具等。现代教学手段是指以电脑、课件、多媒体为主的教学手段。在当前的教学中,传统教学手段大多被现代教学手段冲击、代替,有的难觅踪影。但是传统与现代并不是区分教学先进与落后、高效与低效的标准,至少语文教学如此。现代教学手段有其传统教学手段无法比拟的优点,譬如容量大、展示内容便捷;但是其缺点也不容忽视,笔者认为其最大问题是消解了教师在教学中的地位与作用,阻断了师生之间的互动与心心相息。因此,教师在教学中要考虑传统教学手段与现代教学手段的关系,因地制宜,因人而异,发挥二者的优点,避免盲目运用所带来的不足。

(九)课堂风貌问题:理趣与情趣的关系

语文课堂需要传授知识、培养能力,按一定的过程与方法完成既定的教学程序,呈现出工具性、理性美。譬如对于陈述性知识的记忆与理解,对于程序性知识的训练与运用等。然而语文课堂还要完成性情陶冶、人格健全、道德濡染的"化人"工作,显示出不同于其他课程的人文特点、情趣美。譬如情景的营造、讲述典故、分享各自的读书学习趣事等。二者的统一也是语文课标提出的基本理念,但如何统一,孰多孰少,孰主孰次,是个难题,这也就给教师课堂实践带来挑战与机遇。

"山穷水复疑无路,柳暗花明又一村。"(陆游《游山西村》)相信我们通过自己的努力,艺术地处理好二者的关系,我们的教学会柳暗花明,出现美不胜收的前景!

第四章

阅读教学

阅读与作文,是语文教学的两大任务。语文阅读教学内容很多,按不同的标准有不同的分类,课堂阅读教学、课外阅读教学,文学阅读教学、实用文体阅读教学,经典阅读教学、时文阅读教学,文本解读、教学内容的设计与呈现,接受性阅读教学、个性化阅读教学,阅读教学目标、内容、方法、手段,文言文阅读教学、白话文阅读教学,等等。教学难点也很多,可以说每一项内容都是难点,白话文如何教,长文如何教,戏剧如何教,鲁迅的文章如何教,等等。这些都是摆在每一个语文教师面前必须回答的问题,只不过每个教师交出的答卷迥乎不同。

一、课文解读要有"己读"

笔者认为语文教师课堂教学技能主要有三条,一是文本解读能力,主要从教师与文本的关系而言的。二是文本内容的设计能力,这主要是从学生与文本的关系而言的。三是教学内容的实施能力,主要从教师与学生的关系而言的。这三项中的前一项是后一项的基础,并呈阶梯分布。三者缺一不可,前一项如果短缺,课堂教学很难高阶运行。如图 5-4-1 所示:

图 5-4-1　语文教师课堂教学技能的阶梯性

我们观看一些名师课堂,他们不但组织得当,方法巧妙;更重要的是其文本解读有超乎常人之上的新颖之见,有"己读"。可以采取以下办法。

首先,教师走近课文文本,静静地阅读,形成自己的阅读初感。根据阅读学理论,文本出现之后就有了文本之意,选入语文课本,加上单元提示、课前提示,附上习题及介绍性材料,文本就有了编辑之意。教师在阅读课文文本前不要先读这些课文助读资料,以免影响自己最初的感受与判断。这一点非常重要,因为任何助读资料,哪怕编辑再高明,也毕竟是"编辑之意",是"他读"而非"己读"。教师在备课前就要静静地读课文,素读,读出问题,读出理解与答案。这样读出的感受虽浅表,却真切,虽零碎,却是自己的东西。笔者学习语文和执教语文时,课本里选入了朱德的《母亲的回忆》,是朱德回忆自己母亲的一些事。但从这个题目看应该是写母亲回忆一些人或事的,与内容不符。现在教材已经改为《回忆我的母亲》。

其次,就要在阅读初感基础上进行思考,形成较为全面、深刻地理解与认识。否则这种阅读初感只能停留在感觉阶段。譬如读杨绛的《老王》,初读可能是"同情弱者",但是深读之后就会觉得文本内容很丰富,远不是"同情弱者"这样简单,起码表现了特殊岁月里人性的复杂与美好。"别有幽愁暗恨生"中的"幽"为什么不是"忧"呢,况且"忧愁"还是一个常用的、固定的词语? 通过分析得知,"幽"有幽深之意,用"幽愁"突出忧愁之深。

我们进行语文学习时,可能看到教材中一个内容,就是有些课文下边第一条注释往往是这样的:"题目是编者加的。"对于这点许多教师可能忽略过去了,但有些教师注意到并加以研究。《林黛玉进贾府》是人民教育出版社选编教材时加的题目,而语文教育出版社选编了该部分,题目拟定为《宝黛初会》。对此,语文特级教师、正高级教师修武认为后者命名有题文不一之嫌,不如前者全面、准确。①

再次,反复阅读课文文本,深化阅读感受。可以对比阅读不同版本的文本。"江苏特级教师宋运来执教《鞋匠的儿子》,不满足于对教科书提供的文本解读,而且找来六种版本的《林肯传》进行研读。他发现课文的主人公林

---

① 师修武.解读现行高中语文编选之误[J].现代语文(中旬.教学研究),2011(11):148-149.

肯竟不是鞋匠的儿子,而是木匠的儿子。据此重构教材、超越教材,并撰写了教研论文《教材的批判与教学的超越——从〈鞋匠的儿子〉公开课谈起》。"①再看助读系统与其他参考资料,重新建构自己的理解。如果是节选文,可以与原文相对照。譬如鲁迅的《社戏》选入语文课本时删除了描写此前在京城的两场无聊乏味的看戏经历,仅描写了童年时期的一次看戏,这样课文内涵就从不满时局转变为对童年、对农村生活的赞美,缺乏了历史的厚重感与现实批判精神。

　　最后,借助参考资料思考研究。语文参考资料有很多,包括课文助读系统,《语文教学参考书》,以及各种练习题,等等,这给我们解读课文提供了参考。既借助参考资料,又要超越参考资料。阅读文本,不是拒绝使用教学参考资料,而是对资料上的"他读"进行合理分析取舍。但是,"智者千虑,必有一失",课文编辑专家是人而非神,所编课文教材不免存有瑕疵。语文特级教师马青香执教人教版九年级《语文》(下册)《墨子·公输》篇时,就对课文"公输盘诎"中的"诎"注释不满意。课文注释:"诎(qū),通'屈',意思是理屈。"马青香老师根据上文认为公输盘只是方法尽了,并没有"理屈",由此认为"诎"应注释为"穷尽"。该分析入情入理,较好地诠释了"己读"的理念。人教版高中语文教材(2006年版)对《采薇》中的"雨雪霏霏"的"雨"注解为:雨(yù)雪,下雪;雨,作动词。而一位中学语文教师认为"雨"不是动词而是名词,雨水之意。并经过考证认为:"昔我往矣,杨柳依依;今我来思,雨雪霏霏。"属于扇对即隔句对,即"昔我往矣"与"今我来思"对仗,"杨柳依依"与"雨雪霏霏"对仗。"杨柳"是并列式名词短语,那么"雨雪"也应该是并列式名词短语,这样"雨"不是动词而是名词。考证精细,令人拜服。

　　教师不能局限于教材配套的有限资料,而要扩大搜寻范围,包括史书、作者传记,当时的报刊资料,甚至作者笔记、日记、家书等,从而找出文本解读的密码。我们看钱理群、王富仁、孙绍振等人非常新颖的文本解读,其实是他们翻阅了大量的资料才形成的。譬如孙绍振提到:"我的学生邢娜研查阅了朱自清的传记,更为雄辩地说明了《荷塘月色》所表现的苦闷并不是政

　　① 郑昀,徐林祥.从"双基"到"三维目标",再到"核心素养"新中国成立以来语文学科教学目标述评[J].课程·教材.教法,2017(10):48.

治性的,而是伦理性的。"①

二、语文教学应联系学生实际

陶渊明《归园田居》这篇课文,很多教师讲授时只是简单分析作者的处世观,但是干国祥老师在讲授时,提出这样一个问题:"我问同学们,你赞成他这样的生活方式吗? 这样的诗在今天学,有着怎样的意义?"②这样就把教学内容与学生实际联系起来,引导学生思考社会人生,彰显了他所秉持的"深度语文"的教学理念。其实入选语文教材中的选文大都是前人对现实人生思考的结果,这就要求我们在实际的语文教学中把教学内容与学生实际深度结合起来,达到培养他们树立初步世界观与认知模式的目的。

但是当前大多数教师在深度上做得很不够,教学内容止于课文,就课文论课文,抛开学生,至少与学生实际没有深度关联,在对学生价值观的教育上处于低效状态。彭端淑的《为学》告诉我们"立志"的重要性,但很多教师至此止步不前。其实"立志"只是第一步,即认知层面。如果至此止步,就只是一种浅表化教学。教学要有深度,就是不但有认知层面,还要有计划和实施层面。计划层面,可以引导学生立下志向。譬如当科学家研究科学,造福人类;当作家,反映人民的心声;当医生,解除人们的病痛;等等。最重要的是实践层面,要问"实现上述理想,我们现在需要怎么做?"引导学生好好学习,做好当下。

语文教学结合学生实际,可以从以下几个方面着手。

(一)帮助学生建立正确的学习观

学习韩愈的《师说》,可以这样问:"遇到不懂的问题你是如何做的,你有过有问题但羞于向别人请教的经历吗?"这样就把历史与现实,自己的未来选择与内容紧密联系起来学习。《孙权劝学》,可以这样问:"读了这篇课文,你认识到什么道理,采取什么行动?"从认知到实践,引导学生认识到只要读书,总会有时间的。因此要抓紧一切时间读书。教学臧克家的《说和

---

① 孙绍振.名作细读:微观分析个案研究[M].上海:上海教育出版社,2009:94.
② 干国祥.给语文教师的新建议[M].武汉:长江文艺出版社,2022:187.

做——记闻一多先生言行片断》，开头一句"人家说了再做，我是做了再说；人家说了也不一定做，我是做了也不一定说"。不能仅止于学习闻一多先生务实的工作作风，而是让学生思考我们在说与做的问题上是怎样的，是说了再做，还是做了再说？

（二）培养学生思维能力

《高中语文课程标准》（2017 版）指出："通过语言运用，获得直觉思维、形象思维、逻辑思维、辩证思维和创造思维的发展。"听一位教师讲《皇帝的新装》，分析本文的主题时，这位教师说道："这篇课文揭示了统治阶级的虚伪与愚蠢……"听后不禁疑惑，文章难道仅仅是"揭示统治阶级的虚伪与愚蠢"，普通百姓不也是不敢说真话吗？这样的解读课文，等于蒙蔽学生，不利于学生的认知能力的成长。其实这篇童话是揭示了成人的虚伪，暴露了成人世界的丑陋现象。因此，我们的语文课堂要与学生的生活实际结合起来，培养他们逻辑思维、辩证思维的能力。再如，纪昀的《河中石兽》告诉我们一个道理：对于理论，最好能实践求证，不能仅靠臆想。

问题是上述教学内容远离学生实际的现象比比皆是。有些教师讲契诃夫的小说《装在套子里的人》，仅止于"塑造了一位沙皇统治的维护者与牺牲品的别里科夫形象"，其实思维僵化、害怕改革的别里科夫形象不仅俄国所独有，也不仅存在于过去。稍加观察即可发现，我们周围也不乏"别里科夫"一类的人，这些人因循守旧，害怕变革。那么学习这篇小说可以让青年学生解放思想，废除迷信。如果别里科夫只是沙皇俄国的特产，我们学习这篇文章的作用就大打折扣了。

（三）引导学生思考人生

给 2022 级 3 班中文师范生进行教学训练时，一位学生讲授陶渊明的《归去来兮辞》，课后设计的一个问题："假如你是陶渊明，你是辞官归去，还是留下来？"听后不禁为该生的设计叫好！这个问题不是空泛的思想教育，而是设身处地，引导学生思考人生。是洁身自好、远离喧嚣，还是汲汲富贵、心为形役，这是从古至今人们必须做出的选择。再如进行《祝福》教学时，大部分教师会引导学生分析文本内容，大都是让学生对造成祥林嫂悲剧命运的原因进行分析，但高明的教师可以这样教学："假如你是文中人，你最可能是哪一类人？或者,文中的我逃避行为显示了知识分子的软弱,那么你在生活中有没有遇到一些困难,你是勇敢面对还逃避？试通过描写一件事加以表现。"

(四)语文教学应培养学生的爱心

鲁迅的《孔乙己》,多年来我们通常的解读是"揭露了封建科举制度对读书人的毒害"。其实结合作者创作背景,我们可以知道害死孔乙己的不是封建科举制度而是国人的冷漠,缺乏爱心,作者正是以此批判国人的劣根性。事实上,直到如今,这种劣根性依然阴魂不散,媒体不是不时报道有老人大街上晕倒没人扶,面对恶势力我们许多人噤若寒蝉吗？多年前一首《让世界充满爱》风靡大江南北,显示了"爱"的稀缺,以及人们对"爱"的渴望。正因为如此,《孔乙己》这篇小说在今天仍有鲜活的生命力,仍然闪耀着永恒的光芒,显示出其作为经典的价值。因此,讲读这篇课文,我们完全可以藉此批判国民冷漠麻木的劣根性,唤起学生的爱心,健全学生品格。例如:"《孔乙己》假如你穿越到当年的咸亨酒店,面对孔乙己,你会怎么说？"讲授《祝福》时,可以这样问:"你如果是鲁镇的一员,面对祥林嫂,你有可能是哪一类人？"等等。再如杨绛的《老王》,也可以这样设问:"在你身边有老王这样的底层人士吗,你是怎样对待他们的？"

(五)加强生命教育

毋庸讳言,当前学生普遍存在着程度不同的心理问题,甚至轻生倾向。有位大四同学找到我说:"我现在心理压力很大,考研怕考不上,有时不由自主的哭了起来,甚至就不想活了。我自己都对这种想法感到诧异！"造成学生心理问题的原因多种多样,但生命教育的缺失是一个重要因素。由于重现世的文化背景,国人一般忌讳"死亡"的话题,相关的论述寥寥。"子不语怪力乱神。"(《论语·述而》)"未知生,焉知死？"(《论语·先进篇》)自从孔子定下了"不语"的基调后,国人对此讳莫如深。其实古今先贤们也有片言支语,闪烁着深刻的洞见。"人固有一死,或重于泰山,或轻于鸿毛。"(司马迁《报任安书》)"死去何所道,托体同山阿。"陶渊明(《拟挽歌辞其三》)"不在沉默中爆发,就在沉默中灭亡。"(鲁迅《记念刘和珍君》)当然异域更多,莎翁曾借哈姆雷特之口说出了"生存还是毁灭,这是个问题！"

语文课堂上应该利用这难得的关乎生命的思考,对学生进行生命教育。高中语文选入了屈原的一些诗文《渔父》《涉江》等,表现了屈子在生死面前的矛盾与挣扎。当年屈原汨罗江边纵身一跳,惊鸿千年,让后人哀婉九绝,但是我们不能仅仅赞颂屈子的高洁品格与操守,因为生命之花的凋零毕竟是让人感伤的。课堂上可以这样设问:"屈原之死,其意义是什么,除了死亡之外,屈原是不是还可以有其它选择?"引导学生积极面对挫折与苦难,珍重与呵护生命:"汨罗悲歌,虽然悲情、悲壮,维护了理想,捍卫了尊严,但是活下来也不失为一种明智的选择。"

此外,朱自清的《匆匆》、严文井的《永久的生命》、王羲之的《兰亭集序》、史铁生《秋天的怀念》等选文,表现了积极乐观的生命观,更是一篇篇加强生命教育的典范材料,教学中要引导学生好好品悟。

(六)对人类普遍问题的关注

虽然所处地区不同,文化背景迥异,但作为人类总是面临共同的命运,总有普遍问题的困扰,例如环境、爱情、责任、成长等问题,语文教材不乏反映这些内容的选文,语文教学应藉此引导学生对人类普遍问题的关心与思考。梁启超的《最苦与最乐》谈责任问题,这是每个人都逃脱不了的,也是人之为人的前提。可以让学生思考如下问题:我们现在的责任有哪些,如何完成这些责任? 引导学生勤奋学习,负起未来的责任。再如欧阳修的《卖油翁》,长期以来被收入到语文教材中,是对学生进行自我教育的典范。很多教师仅仅抛出"熟能生巧"的道理,至多加上"不能骄傲自满"的结论。如果深化教学,可以让学生思考如下问题:"大家有没有曾经值得骄傲的地方,现在又是怎么看的,请说一说。"

一些有经验的教师也注意到了语文教学与学生实际的关系,并采取了一些卓有成效的办法,例如课后安排完成诸如读后感、评论等一类的作业,但是这类作业缺少对细节的深入探究,容易在浅表处滑行。因此,课堂上要紧扣学生实际展开教学,还需要落实在教学的各个环节中。

"风声雨声读书声声声入耳,家事国事天下事事事关心。"封建社会的读书人尚能身处书斋,胸怀天下,我们21世纪的语文课堂岂能"两耳不闻天下事,一心只读圣贤书"?

三、课文题解要灵活

学生试讲艾青的现代诗《我爱这土地》，板书题目时就开始解题，并重点分析"这"的含义，学生还没有对该诗有一星点的了解，就接触难点，即使学生知道了，也是被知道的，是灌输的结果。由此我想到并思考关于课文题目教学的一些问题。

文章被选入语文教材就成了课文，具有了语文课程的意义。而题目是文章的眼睛，是文章内容的浓缩与升华。课文题目在命名上就有了两种情况，一是保留原文章题目，这主要是指一些独立的文章。二是编者添加。有些选文是从某文集、小说书中节选的，本来没有题目，编者就根据文本内容、学情等因素添加题目，这些添加的课文题目就连同课文内容一起成为了课堂教学的主要内容，教学中应该对这些题目进行解读，完成教学目标与任务。

目前学界关于题解的研究有一些，但多集中于方法层面，譬如张聪慧提出的"加副标题""题目变形""补充题目""重拟题目"①等，具有较强的操作性。但有教师认为"讲解课题，要贯穿整个教学过程"②。对此笔者难以苟同。笔者认为对课文题目讲解，不能一刀切，可以在教学开始时、过程之中、结束时进行，或随时随地，或贯穿整个教学过程。

有些课文题目宜在课堂教学起始时解读，譬如一些题目里含有文体词语的，如《出师表》《赤壁赋》《滕王阁序》《兰亭集序》《马说》《游褒禅山记》《琵琶行》《过秦论》等，可以从其文体解读入手，解读表、赋、序、说、记、行、论这些古代文体的内涵及特点，等等。还有就是题目含有事件、写作内容的，如朱自清的《背影》、郁达夫的《故都的秋》、吴敬梓的《范进中举》、屈原的《离骚》《氓》，以及海明威的《老人与海》。

有的宜在中间过程解读，题目是比喻、拟人句式的多属这种情况，这时候宜在进行了部分内容后进行题解。俄国作家契诃夫的《装在套子里的人》，在讲过有形套子与无形套子之后，题目中的"套子"之含义就迎刃而解，接着就可以进行别里科夫这一类人所反映的社会意义了。再如《智取生

---

① 　张聪慧.巧用课文题目，设计教学活动[J].现代语文，2017(12):81-82.

② 　惠建兴.讲解课文题目要贯穿整个教学过[J].小学教学研究，1993(5):5.

辰纲》,重点在"智"上,如果在开篇之初,学生对故事情节不甚了了,教师就对"智"字大讲特讲,效果并不好。因此,在梳理完情节后再回到题目上,指出题目中的"智",对解题的教学任务也就水到渠成了。再如《大自然的语言》,讲了大自然种种现象后,可以顺势点一下题目,解读题目的含义。

有的宜在课文讲解结束时解读,例如《我爱这土地》,在完成对诗歌感情的分析之后,再把讲解重点放在"这"字上,"这"指代什么？学生可能不易理解,于是思考,接着明确:首先,限定地域。土地,代表着祖国大地,但祖国大地太宽泛,指向不明。而"这"字是一定语,执拗拗地限定在"我们""中华大地"这特有的范围上,把情感爆发点指向中华民族所栖息的神州大地上。其次,限定时期。诗后面标注写作时间——1938年11月17日,这就把时间限定在抗战这一特定时期,突出了时代意义。这样就有了限定作用、指代作用、聚焦作用。通过设问、思考、解疑这一过程,学生加深了印象。如果上课一开始就解题,接着通过意象分析诗歌情感内容,再明确感情指向,这样就有时间差,削弱了解题的效果。沈从文的小说《边城》,如果没有完成对小说中心挖掘的教学任务,就去解题,只能"灌输",其结果只能是事倍功半,出力不讨好。因此宜在最后教学任务全部结束时来点题:

> 小说用纯美的语言描写了边城幽美的景物、古朴的风情、纯朴的人性。"边城"中的"边"不是地理位置上的边陲、边远之意,而是指文化上的边缘化,所谓"边城"是指渐渐离我们远去的"世外桃源",是农业文明落幕下撒在天际的一抹渐渐暗淡的余晖,是宗法社会解体的一丝绝响,是古老文明在现代化进程冲击下的回光返照……

这类讲解多是一些题目含蓄蕴藉,意在言外的情况,如陆蠡的《囚绿记》,不把课文内容完成贸然解题只能徒劳。尤其是鲁迅小说最能表现这种特点,如《社戏》《故乡》《祝福》《药》《孔乙己》等。

有些课文题目,开始初讲,结束深讲,首尾相连,效果更好。例如《杨修之死》,教学之初,可以让学生理解这是写一个具体的事件,其中"死"字是死亡、死去、被杀之意。讲了杨修之死的原因,即是谁杀死了杨修后,可以顺势解题:"这里的死不仅是杨修死去这个事,还是杨修之死的深层动因,即恃才放旷,聪明外显,说明了在我们传统文化标准下这一类人才不幸遭遇,这一问题我们也应该进行思索,避免再发生杨修之死这样的悲剧!"再如《林教头风雪山神庙》,解题时可以点明故事发生的几个要素,即人物——林教头,环境——风雪,地点——山神庙,在结束时就可以水到渠成地提出疑问:"同学们,看看题目中的'山神庙'一词,在这里有何特别含义呢?"从而引导学生理解"天有灵,地有灵,入地三尺有神灵,山神是神灵的代表,林冲杀人不是滥杀、不是穷凶极恶,而是替天行道,昭彰正义!"[①]契诃夫的小说《变色龙》,教学开始可以提出这样的问题:"本文的题目为何叫'变色龙'呢?"让学生思考。结束时再来点这个题目,学生应该可以回答了,原来题目采用了比喻的修辞方法。

再如莫泊桑小说《我的叔叔于勒》,开始可以解题,这是一部写人的小说,是写自己叔叔的。结束时再问:从题目看,里面有"我的叔叔"这个词语,这样写有何深意?明确:加上"我的叔叔"这个词,对比文中菲利普一家对待"我的叔叔"的行为,就知道题目中加上这个限定词语,就起了反讽的效果。再如《再别康桥》,开始题解时可以先讲一下该诗写作的背景,作者徐志摩于1928年秋,重访剑桥大学,所以有"再别"之说。结束后问:"题目里的'再别'仅仅是时间上的再次告别吗,是不是还有其他深意?"这样就将对诗的理解引向深入。

还有的可以把题目的解读贯穿课文讲解的始终,例如《咬文嚼字》,讲解开始时可以点题,讲解内容可以点题,结束时还应该点题。再如《死海不死》,题目中的"死"与"不死",二字贯穿于课堂教学始终。其他如《我有一个梦想》《有的人》《春》等。

还有一些课文题目,即使在结束时讲解,也是不同的学生有不同的看法,或者说是没有答案的,比如《孔雀东南飞》,题目何意?李商隐的诗《无题》,题目何解?卞之琳的《断章》,题目怎讲?

---

① 张天明.经典阅读中的误读再探[J].中学语文教学,2011(5):18.

总而言之，作为一种教学方法，该在何时运用，如何运用，不但要视教学内容，也要视学情而定，不是一成不变的。当年孔子就告诉弟子，要杜绝四种做法，"毋意，毋必，毋固，毋我"。现代教育学更是提倡"运用之妙，存乎一心。""教有定法，教无定法。"如果每篇课文的教学都要把题解贯穿教学的整个过程，教学就变得简单呆板，无丝毫弹性空间了。"在我的课堂上，对作者的研读常常放在文本研读之后。我将这个环节命名为'走进作者'，以区别于此前的文本研读中的'走进文本'。"①

笔者求学时候，每每看到有些课文下的注释"题目是编者加的"这句话，觉得无关痛痒。现在看来，怎么加，加什么，并非易事。而怎么讲，讲什么，更非易事。

四、白话文如何教

记得在中学教书时，有位老师抱怨说："文言文还好处理，解释字词，翻译句子，一堂课就过去了。白话文咋弄？很少有不认识的字，即使有生字词，书上也有注释。句子一看都懂。咱能讲啥？"一位老师接着说："很好讲，咋讲都行，可以自己读一遍，让学生读几遍，概括一下段意，归纳一下中心思想，总结艺术手法，不就行啦！"

正所谓，白话文好讲，但不容易讲好！

好讲，是说按照后面一位老师所言，亦步亦趋，介绍作者与时代背景，概括段意，归纳中心思想，总结艺术手法，布置作业。就像工厂的流水线一样，按照程序走就行了。

不容易讲好，是说这样循规蹈矩讲，行吗？学生喜欢吗？答案不言自明，但这就是长期以来的语文课堂教学模式。即使有所创新，也是大同小异。语文课程与数理化课程不同，数理化课程就是掌握公式定理的运用，其基本程式就是先引入公理或定理，然后用几个例题加以印证，最后留作业。步骤越简单、清晰越好。然而语文课程是学习课文，但是课文五花八门，不同的分类有不同的课文，按年代可分为文言、白话文，按体裁可分为记叙

①　刘祥.追寻目中有"人"的文本研读[J].中学语文教学参考(上旬刊),2013(3):17.

文、说明文、议论文,按作用可分为实用文、文学作品,按题材就更多了。并且这还是一级分类,每一种类别下还可再分,例如文学作品可分为诗歌、散文、戏剧、小说等。之所以列举这些是说不同文体的课文具体讲法不同,即使同一种文体,譬如小说,也需要不同的教法。譬如《林教头风雪山神庙》与《最后一课》能采用相同的教学模式?

于是我们引入了苏联的教育模式,在苏联普希金教授(不是诗人普希金)"红领巾教学法"与凯洛夫"五个环节"教学模式基础上,建立了"五步教学法":第一步,题解、作者介绍、时代背景;第二步,讲解生字词;第三步,分析课文;第四步,总结中心;第五步,研究写作特点。[①] 该教学模式奠定了白话文教学的基本模式,暂时解决了人们对白话文教学之困,具有开创意义。然而问题也是非常突出的,在实行的过程中形成了形式化的倾向,刻板、僵化。

那么,如何进行白话文的教学?

首先,要有自己的教学主张,忌照本宣科。长期以来,语文教师有一本钦定的《语文教学参考书》,现在又有很多配套的参考资料。这些参考书与资料要么是东抄西凑,内容乏善可陈;要么是别人的东西,用在自己的课堂则水土不服。但是一些语文教师直接搬用,鲜有自己的创造。因此,语文教师要搞好白话文的教学,就首先好好备课,备课文,再备各种文献资料,在此基础上优选教学内容与教学方法。一篇优秀的文章应该是含义隽永,内容丰富的,不能做简单处理。不要把凡是表现外国人生活的文章如《项链》,一律作批判性解读,其实这篇小说内涵是相当丰富的,它至少反映出人类共同的一些劣性和优点,譬如物欲,知错能改等,而这些并非某个国家、民族或阶层人员所独有。

其次,细读文本。现代阅读理论认为,文本是一个具有多维度的、多层次的结构系统,这就需要教师要深入文本,细读文本。夏峥嵘老师在教《从百草园到三味书屋》师生共读一节时,注意到了学生读古文没有标点,而老师读时有标点,并深入分析出其中的不同:"学生因不理解这些古文的含

---

① 王文彦,蔡明.语文课程与教学论[M].北京:高等教育出版社,2002:43.

义,只是不带感情色彩地一字一字乱读,而先生对古文有深刻的理解,不仅能准确断句,而且读得十分入神。"①极有见地。

再次,根据每篇课文的教学内容采取不同模式,忌千篇一律。看了上面的简单分类,我们就应该明白,每篇文章只能采用不同的教学模式,"一把钥匙开一把锁",你不能如法炮制地拿《孔乙己》的教法来套《边城》,即使两者都是小说。也不能拿教《劝学》的模式来教《师说》,即使二者同属文言文,也同属于论说文。因此,语文教材中的每一篇课文不是一个可以随意更换的例子,是独特的"这一篇"。例如对学生进行爱家乡教育,可以选用李白的《静夜思》、王维的《红豆》、余光中的《乡愁》,但这三首诗除了具有思乡的主题之外,还各自具独特的意义与魅力,是不能够替换的。《静夜思》的自然素朴,虚实相生,如梦似幻。《红豆》的借物抒情,语义双关,兼有爱情、友情的内涵。《乡愁》回环往复,一唱三叹,在抒发了亲情、爱情的基础上,点出了家国之思,中心层层深化。因此,我们不是拿教材教,而是教教材。想起了叶圣陶"教材只不过是一个例子"的观点,在这里就水土不服了。

最后,选择与内容相应的教学方法,忌一言堂。有了好的教学内容,还要有好的教学方法才能把语文课教好。例如古诗文,最好的办法还是诵读法,而不是教师的"讲"。俗话说:"书读百遍,其义自见。"只有通过反复的诵读,才能引导学生体会古诗文的语言美,揣摩语言背后的意蕴。韩军在讲授《朱元思书》时说:"一篇好文章如果按十分计算的话,那么,朗读带给人的美的享受应该占到七分。"②但是如果简单地把课文交给学生读,相信读不几遍,学生就会厌烦。这就需要教师精心设计各种读法,既让学生反复读,又兴趣盎然。但当前教师不是在读法上而是在内容上做文章。李镇西引用学生的话:"我们喜欢语文,但不喜欢语文课。"即是说一个很好的课程就是因为我们教师的原因给糟蹋了。

当然,白话文如何教,要因文而异。可以说,一百篇白话文,就要有一百种教法。

---

① 夏峥嵘.巧用还原法深度解读经典文本:标点符号的非常规使用个案分析[J].语文教学通讯(初中版),2023(2):52.

② 韩军.《与朱元思书》课堂实录[J].语文教学通讯,2003(17):22.

五、长文的教法

语文教材有时会出现一些篇幅特别长的选文,教师对于这类文章往往感到棘手,仅仅领着学生读一遍一节时间都不够,更不用说讲了。再者,语文教材的选文往往是经典,从内容到形式大都是独一无二的,对这些经典长文的教学没有规律可循,只能一文一案,一文一教,这无疑又增加了教学的难度。

2004 年我市高中语文优质课竞赛中,来自确山一高的邱老师抽到的教学题目是史铁生的《我与地坛》,全文 13 000 多字,属于长文中的长文。这篇文章凝聚了作者对生命的感悟与思考,达到相当的深度,在中国当代文学中可谓独具一格。该文第一次在《散文选刊》上发表后,我即被其深刻的哲理、优美的语言所折服,立即就复印下来发给学生课外阅读,没想到第二年就被选入《语文读本》,当时我就自信满满地跟学生讲:"愚师与教材编辑是'英雄所见略同'。"但问题也随之而来,原来作为课外阅读资料教起来可以随心所欲,但作为讲读教学就受限制了,教学目标易定,难就难在该文较长,如何在有限的教学时间里完成教学任务,如何确定教学步骤与教学方法,这个问题一直未能很好解决。邱老师的这堂课给了我很好的借鉴。

邱老师教学步骤与教学方法其实也非常简单,就是让学生找出自己喜欢的语句并说明理由。学生举手发言,教师简单点评,然后如法炮制,再让下一位发言,直到结束。

仔细思考,邱老师的这种处理方法有以下成功之处:

一是遵守学生主体观,真正地把课堂交给了学生,学生成了课堂的主人,激发了学生的积极性与能动性。学生根据自己的认知,主动找出心仪的句子,而不是由老师指定;说明喜欢的理由,而不是跟着教师的分析走。因为作为《语文读本》上的选文,毕竟不是出自必修教材,主要以学生读为主,教师只是起着引导、点拨作用。

二是发挥教师的"阅读首席"作用,制定教学内容、步骤与方法,在学生读的同时教师加以引导,防止学生放任自流。再就是把控课堂的进程与节奏,随时点评,使学生阅读得到反馈,一定程度上保证了阅读教学的质量。

三是锻炼了学生的读、说能力。语文核心素养四个方面中的"语言的建构与运用"是其他三方面的基础,尤其说的能力锻炼很好地体现了这一点。

长文的教法,只能做"减法",即删繁就简,抓重点。例如教《林教头风雪山神庙》一文时,重点选择情节发展,顺带了解林冲性格情绪的变化,用以表现当时官逼民反的社会现实。再就是细节描写,涉及到风雪、葫芦、花枪、尖刀、石头等,重点讲一两个即可,其他可以让学生比葫芦画瓢,这样处理对整篇作品的教学基本没有大的影响。

不同的课文有不同的教法,切不能照抄照搬,亦步亦趋,这只能在长时期里学习他人经验加上自己摸索才能实现。

六、鲁迅作品为何难教

学生学习语文流传着"三怕":一怕文言文,二怕周树人,三怕写作文。其实不仅学生怕学周树人,教师也怕教周树人。周旭东老师在《〈记念刘和珍君〉的教学究竟"难在哪里"》一文中,提出这篇课文的教学难在"复杂、强烈而曲折的情感难以把握、理解和体悟""独特的表达方式、表现手法也较难理解和把握"[①]。不独这些,笔者认为,教鲁迅的作品至少还有三方面的困难:一是篇幅长,二是内容深奥,三是语言拗口。

首先,鲁迅作品一般都是长文,且作品浑然一体,前后联系非常强,难以剪裁,减后其他部分的教学就没有了着落。

篇幅长了,涉的知识点就多,这给教学带来很多困难。有些长文可以"减"教,某些部分可以省略,省略之后不影响整体部分的教学。例如《祝福》,重点是通过肖像、动作、语言、环境描写表现人物,揭示人物悲剧的根源,表现当时人们愚昧落后、守旧麻木的社会现实。但有些非重点段落不讲不行,例如课文开篇第一句"毕竟旧历年的年底最像新年"。这句话侧面揭示了故事发生的社会背景,说明虽然辛亥革命推翻了两千多年的封建帝制,但是封建的思想还依然存在。如果不讲,下面的教学就困难了,因为无法揭示下面的诸如鲁四老爷、吴妈、帮工等人言行的深层原因,而这个深层

---

① 周旭东.《记念刘和珍君》的教学究竟"难在哪里"[J].中学语文教学参考(上旬刊),2013(7):28-30.

原因无法凸显,小说的中心就无法呈现,教学目标自然就无法达成。另一方面,这句话显示了鲁迅行文的风格。有人说鲁迅作品风格是讽刺,其实这是显性的,深层的是这种讽刺似在有意无意间虚晃一枪,若有若无,举重若轻。《祝福》开篇第一句堪称经典!

其次,鲁迅作品内容深奥。如果细读鲁迅作品,很多地方都让人摸不着头脑,别说学生,即使老师如果不借助工具书、参考书,都无法理解。仍以《祝福》为例,深奥难解的地方可谓比比皆是,最著名的当属中间一段议论:

> "不如走吧,明天进城去。福兴楼的清炖鱼翅,一元一大盘,价廉物美,现在不知增价了否? 往时同游的朋友,虽然已经云散,然而鱼翅是不可不吃的,即使只有我一个。"

行文中间突然插入这一段,让人莫名其妙,当然借助参考资料才知道本段的深意。像这样高深莫测的话有很多:

> 我因为常见些但愿不如所料,以为未必竟如所料的事,却每每恰如所料的起来,所以也恐怕这事也一律。
> 然而在现世,则无聊生者不生,即使厌见者不见,为人为己,也还都不错。

有时候尺水兴波,短短的一个词语就暗含深意,譬如最为著名的就是:"可恶! 然而……"

甚至在标点符号的运用上,鲁迅先生也是赋予了标点符号无穷的深意,例如《为了忘却的记念》里有一处:

> 原来如此! ……

站在教师的角度上,加上教过几遍后,知道这里的感叹号表示震惊,省略号表示无语,也只能无语,从中可以看出作者欲说还休的神情,但学生很难理解。

对这些深奥的语言,教师不讲学生不懂,直接讲了效果也不好。学生限于自身生活背景与知识背景是很难理解的,教学时咋办? 只能靠教师讲解,反复的、深度的讲解,其他方法,诸如启发诱导、小组探究都很难用得上,如此以来课堂就成了"满堂灌",效果当然欠佳。如果不做深度解释,学生肯定理解不到位,甚至做了反复解释,学生也不一定能理解。例如鲁迅先生的《故乡》,结尾有一段话:

> 我想到希望,忽然害怕起来了。闰土要香炉和烛台的时候,我还暗地里笑他,以为他总是崇拜偶像,什么时候都不忘却。现在我所谓希望,不也是我自己手制的偶像么? 只是他的愿望切近,我的愿望茫远罢了。

笔者记得在上学时,都不知道这话的含义;当上语文老师后,对这段议论还是感觉到难懂。

最后是语言拗口。相信大多数读者都有这个感觉。笔者以为可能是时代的隔膜,但如果你读了同时代林语堂、梁实秋、胡适的作品,你就会认识到这不是时代而是个人的原因,前三个作者的作品说长道短,如话家长,读来如沐春风。但一改成鲁迅作品就完全变了,拗口顿迫,给人以压抑、沉重之感。薛毅在一次演讲中这样调侃鲁迅作品的语言:"鲁迅作品中的用词,简直可以把学生整得天昏地暗。"[1]

归纳起来,鲁迅作品言语有以下几种特点:

第一,用词上有时文白兼用。"其一是手枪,立仆。"(《记念刘和珍君》)"立仆",两个单音节词连用,典型的文言用法。"月色便朦胧在这水气里。"(《社戏》)"朦胧"本是形容词,这里用作动词,典型的文言用法。这种文白兼用按现在标准看完全是一种病句,如果出现在中学生作文里,肯定会被老

① 王丽. 中国语文教育忧思录[M]. 北京:教育科学出版社,1998:33.

师批评。

有时用方言。如"我吃了一吓,赶忙抬走头,去见一个凸颧骨,薄嘴唇,五十岁上下的女人站在我面前……"(《社戏》)其中的"吃了一吓"应该是方言,"吃了一惊"的意思。再如《社戏》:"我的很重的心忽而轻松了,身体也似乎舒展到说不出的大。"其中"说不出的大"估计是方言。

第二,句子多用特殊句式,如倒装、多重否定句、省略句等。例如:

①孔乙己是站着喝酒而穿长衫的唯一的人;②只是我自己的寂寞是不可不驱除的;③在我自己,本以为现在是已经并非一个切迫而不能已于言的人了;④我孩子的时候,在斜对门的豆腐店里确乎终日坐着一个杨二嫂……

上述句子完全可以这样来写:

①孔乙己是唯一一站着喝酒而穿长衫的人;②只是我自己的寂寞是可以驱除的;③在我自己,原本以为现在已经是一个迫切而能已于言的人了("切迫"完全可以改为"迫切","已经"前提);④我还是孩子的时候。

还有一些用词,笔者至今都没有弄明白,譬如:"然而我又不愿意他们因为要一气,都如我的辛苦展转而生活……""一气"的含义,笔者反复品读,仍是不甚明了。

以上是从鲁迅小说角度论述其难教。其实难教还有其他原因,譬如教师自身水平不高,阅读教学理论陈旧。长期以来,我们的小说教学还是根据"小说三要素"的理论来架构教学模式。"小说'三要素'不是语文学科阅读小说、形成阅读技巧的'专用概念'。而许多语文教师将小说阅读教学'简单化'处理,将文学评论的专业术语长期当做小说阅读与教学的知识,并用'评论家'冷冰冰的文学分析与批判的知识来建构小说的阅读过程,取代课堂上小说阅读与教学的知识与价值追求。"①可谓一语中的。

尤其是鲁迅的杂文,诸如《记念刘和珍君》《为了忘却的纪念》等更难教。那么,鲁迅小说究竟如何教,还有待于广大教师的共同努力。

① 张一山.鲁迅小说教学"难"在哪里[J].中学语文教学参考(上旬刊),2015(10):7.

七、语文阅读教学应向百家讲坛借鉴之处

由于种种原因,近年来人们对中央电视台《百家讲坛》栏目毁誉参半。如果仅从教学的角度着眼,把《百家讲坛》看作一个课堂,主讲人看作讲课教师的话,《百家讲坛》对当前阅读教学有着一些借鉴意义,也产生一些问题。本着学习借鉴的态度,笔者将《百家讲坛》对教学的作用及问题梳理一下。

(一)《百家讲坛》值得借鉴之处

1. 讲坛观点:博采众说而又不乏己见

百家讲坛主讲人大多有一个共同特点,就一个问题先讲其他人是什么观点,然后分析其优劣,后亮出自己的观点,再加以论证。如易中天在讲到"三顾茅庐"时,引用了各种说法论证了其真伪后,认为"三顾茅庐"的佳话"表面上看是礼贤下士,实际上是实地考察","我刘备可以忽悠天下,诸葛亮就不会忽悠我? 我就要探个虚实"①。王立群讲《史记》时就对司马迁关于项羽崛起的条件的论述不赞同。司马迁说:"然羽非有尺寸乘执,起陇亩之中。"认为项羽出身布衣,没有什么政治凭借,却取得灭强秦、封诸侯的不世之业。王立群认为"'项氏世世为楚将'是项羽最重要的政治资本"②。从某方面说,百家讲坛主讲人是通过讲史来讲自己的观点。王立群在讲到刘邦逃离鸿门宴时将来时的一百多随从全部抛下,只带四员大将步行跟随,而自己一人骑马时说:"他(指刘邦)宁可牺牲部下也要保全自己的用心,也让人看到了刘邦自私阴刻的一面。"③在讲到秦国公子异人在吕不韦帮助下当上秦王,仅仅过了三年就一命归西后,王立群总结说:"一个人要想有所作为,要想让人生有些光彩,必须要具备四个'行':第一、自己要行;第二、要有人说你行;三、说你行的人得行;四、你的身体得行。"④真是振聋发聩,发人之未发。

---

①　易中天.品三国[M].上海:上海文艺出版社,2007:140-141.

②　王立群.王立群读《史记》之项羽[M].重庆:重庆出版社,2008:10.

③　王立群.王立群读《史记》之项羽[M].重庆:重庆出版社,2008:48.

④　王立群.王立群读《史记》之秦始皇·上[M].重庆:重庆出版社,2008:78-79.

反观我们的许多语文教师在备课以及文本解读时,除了抄袭教参外,不会也没有条件去搜集、分析相关资料,当然也不会有自己的看法,更不会创新知识。中小学语文教师主要任务虽然是知识与文化传承而非创新,但在传播知识与文化的同时要培养自己的看法与个性,唯有如此才能在言传身教中对学生进行濡染与熏陶,培养他们最早的人生观与立身行事的原则。

2.讲坛内容:重点突出

《百家讲坛》所讲内容的又一个特点是重点突出,没有或很少有无关的东西。而我们平时的语文课堂教学中,一些教师讲课内容随意性很强,与所应传授内容关联不大甚至无关,海阔天空、不着边际。产生这方面的原因可能是有些教师教学理论贫乏,文本解读的功夫不够,于是课内不够课外凑,插科打诨,结果是误人子弟。也可能是有些教师误把这些当成一些"作料",来添加到课堂教学中,以引起学生的兴趣。这样做也无可厚非,但要注意一点,就是要把握一个度,否则就会喧宾夺主。一是容度上内容不能过多;二是关系度上,所讲内容与课堂教学目标的关系上不能过远。

3.讲坛环节:紧凑而不紧张

《百家讲坛》所讲内容的前后衔接自然,环环相扣。先提出某个观点后,接着举两三个生动的事例加以论证,上升到理论高度。理论分析与讲故事穿插,跌宕起伏,曲折有致。在分析问题时非常有条理。例如王立群在讲到吕后为何没有称帝时,依次讲了两个原因,"第一,白马盟誓;第二,功臣派势力强大";在讲到白马盟誓时,又列举并分析了《史记》中关于此的四条记载。① 条理分明,层次井然。而我们的教学要么是枯燥的理念分析,要么是大讲特讲一些故事。这样的课堂要么拖沓,要么让人紧张得喘不过气来。

4.讲坛手段:简约而高效

不管所讲内容属于某种学科,不论属于某种性质的内容,《百家讲坛》主讲人所采取的讲课手段大都比较简约,主要是口头语言与肢体语言,再加上

---

① 王立群.王立群读《史记》之吕后[M].重庆:重庆出版社,2008:110-112.

幻灯片,除此之外并没有其他特殊的教学手段。而我们的教师上课十八般兵刃全部亮相,光、电、音等多媒体全部登场,应该有的都有了,唯独没有了教师自己,好像不这样做不能说明教学的现代化。笔者并不反对多媒体教学,笔者反对的是教师被这些多媒体所淹没的做法。百家讲坛主讲人、上海电视大学鲍鹏山教授就"坚决反对语文老师上课用 PTT",提出"多用嘴巴、粉笔、黑板上课"①。

5. 讲坛方法:适当吸收评书、演讲等艺术

悬念原属于中国旧时期说书人说书时为吸引听众,利用人们的好奇心理所普遍使用的一种说书艺术,这种艺术被《百家讲坛》一些主讲者运用,收到很好的效果,这方面最突出的要数易中天,他在"品三国"系列讲座里的每一讲结束时总能设计一个悬念,不忙着解决,而故意留在下一讲来吸引听众。他在讲第一章《大江东去》结束时说:"而我们要讲的第一个人,就是一个在历史上争论最大、意见最分歧、形象最多样的人,那么这个人是谁呢?请看下集——真假曹操。"而在讲述《真假曹操》这一节结束时又设计了一个悬念:"我认为对曹操的评价就是这五个字——可爱的奸雄,那么曹操又如何是个奸雄呢,他是怎样的奸雄呢,他又怎样的可爱呢?请看下集:奸雄之迷。"②环环相扣,跌宕起伏,增强了艺术感染力,因此易中天被国外媒体称为"神奇教授"。除了吸收评书艺术之外,一些百家讲坛主讲人还运用演讲艺术。有时他们不像是讲课,而像是演讲,时而娓娓而谈,时而慷慨激昂。郦波讲《风雨张居正》,当讲到海瑞勇斗首辅除阶时,慷慨激昂,一气呵成,让人间不容歇,再配上有力的手势,再现了当年海青天形象,让观众受到极大的震憾。再看我们的语文教师却喜欢平铺直叙,没有悬念,没有波澜,没有起伏,当然也无法引人入胜。

6. 讲坛语言:规范、幽默

一是规范。包括语音、语速和用词等方面。《百家讲坛》主讲人基本上都用较规范普通话讲课,大都字正腔圆,基本上杜绝了方音的毛病。当前我

① 鲍鹏山.好的教育[M].上海:东方出版中心,2022:262.
② 易中天.品三国[M].上海:上海文艺出版社,2007:1-28.

们的语文课堂教学在这个方面不容乐观。大中城市语文课堂教学可能相对好些,小城镇尤其农村以及边远地区相对就差得多。吴侬软语、南腔北调,有相当多的教师可能压根就不愿说当然也不会说普通话。《百家讲坛》在这方面给我们很好的借鉴。其次是他们语速适中,注意语调的轻重缓急。再就是虽然《百家讲坛》主讲者风格各异,但有一个共同之处就是语言干净,言语纯粹、洗练利索,不像我们平时的课堂教学,有一些"嗯""这个这个"等词语。基本没有不规范的字词和方言出现,这方面以于丹为代表。

二是幽默。教学语言是一门艺术,而幽默则是这种因素的重要体现。百家讲坛里的一些主讲人幽默风趣、妙语连珠,这方面以易中天为代表。如他说刘备三顾茅庐的心情,"已不像一个礼贤下士的招聘者,倒像是上门求婚的痴情人"①,在讲赤壁之战时,面对史实记载曹操军队患疾疫的情况时,说曹军"首先是遇到了'非典'或者'禽流感'"。② 可以说,易中天之所以受到广大的观众喜爱,主要是归因于其语言的幽默风趣。

如果仔细研究,他们一是把时尚语言用在古人或古代事件上,达到诙谐幽默的效果。易中天称东吴面对曹操进攻内部形成的"主战"与"主和"的两派为"鹰派"和"鸽派"。③ 二是运用一些口语、俚语,甚至歌词,造成亦庄亦谐的艺术效果。如易中天介绍诸葛亮时说他"是一个少年英才,而且是一个帅哥"。在讲到荀彧之死时说:"如果是今人临终前也许会对曹操唱一首歌'千万里我追寻着你',可是你并不在意。"④

7. 讲坛教姿:儒雅而富于情感

不管是严谨持重的闫崇年,还是风趣幽默的易中天,《百家讲坛》主讲人都展示出儒雅形象。这从他们的着装、谈吐等方面可以看出。而且他们讲课时都十分投入,倾注了满腔的热情,南京师范大学教授郦波讲《风雨张居正》,到后期逐渐进入角色,感情迸发,当讲到张居正受丁忧之困,受到来自自己阵营中的朋友、学生误解时,尤其是讲到张居正死后被抄家,家人被逼

①　易中天.品三国[M].上海:上海文艺出版社,2007:139.
②　易中天.品三国[M].上海:上海文艺出版社,2007:203.
③　易中天.品三国[M].上海:上海文艺出版社,2007:181.
④　易中天.品三国[M].上海:上海文艺出版社,2007:232.

死、饿死时，郦波哽咽了，满眼含泪，并用一个个反问语句回击一些研究者对张居正的误解与责难。他感染了自己，也感染了观众，一起喜，一起悲，一起忧，一起怜。这一点对我们广大的中小学语文教师尤有借鉴意义。

8. 讲坛方式：细读文本

阅读教学首先面临的任务就是细读文本，细读是文本解读的基础与前提，它需要学生在教师指导下潜下心来，对文本进行反复阅读，在阅读中品味、涵泳、联想、想象、分析、研究，从而发现隐藏在字里行间的意蕴与意义。《百家讲坛》为我们提供了典范，主讲人总是在对文本基本之意进行追索，并在此基础上加以拓展，放得开，收得拢。这方面处理得最让人称奇的当数上海电视大学教授鲍鹏山，他在讲《水浒传》时不是旁征博引，而是一句句地阅读文本，让观众从众人忽视的字里行间，从看似漫不惊心的描写中，目睹到宋江与晁盖的权力争斗的刀光剑影，感知到宋江一步步地坐上梁山泊第一把交椅的阴险用心，而不是很多人觉得宋江当上老大是顺理成章的事。于文本的普通字句中读出波澜，从平凡之处发现不平凡，这就是细读的妙用。然而当前阅读教学远离细读的现象日益突出，教师没有让学生细读文本就急急忙忙地拓展，没有对文本充分感知、品味回味就进行所谓的"个性化解读"，这种拓展与解读只能是"浅阅读""浅理解"。

9. 讲课素养：博学

《百家讲坛》的内容之所以丰富，让听众感觉到美不胜收。原因是多方面的，但其中重要一点就是他们博古通今，知识渊深，起码在他们所讲授的领域是如此。每当他们引经据典、如数家珍时，作为一名曾经是中学教师而今是高校教师的笔者很是惭愧、羡慕与崇拜。可能也是这方面的因素，我们大部分中小学语文教师，除了看教材与几本教学参考书之外，几乎常年不读与教学有关的书籍，所用的一些文章学、文学及教学理论知识差不多还是上大学时学的东西。

10. 分析问题：深入而浅出

《百家讲坛》虽然关乎比较深奥的学术内容，所讲知识大都与广大的听众有较大的距离，但主讲人总能用通俗的语言把深奥的内容讲出来，让广大听众对这些学问基本上都能听懂，这将有利于文化的普及，点燃普通观众对传统文化的热爱之火。这种深入而浅出的能力特别值得广大中小学语文教师反思与借鉴。我们有些教师教学应该深入的深入不下去,蜻蜓点水,浮光掠影;应该浅出的出不来,围绕着一些概念、术语打转转,不能用浅易的语言把深奥的道理说出来,学生费了好大劲还是听不明白。

(二)借鉴《百家讲坛》应注意的问题

《百家讲坛》是一种文化讲坛,有语文阅读教学值得吸收与借鉴之处。但它毕竟不是语文课堂。因此阅读教学不能完全照抄照搬。

首先,就讲课目标和内容而言,当前《百家讲坛》主要是向观众进行普及古今中外优秀文化,文本选取上多以哲学、史学经典中的文章为主。重点是解读文本思想内涵,并提出自己的看法,对文本很少做字句解释。而中小学语文阅读教学目标是提升学生语文素养,具体就是语用的训练,以及对学生进行情感熏陶与价值观教育,文本选取上形式多样,内容涉及社会生活的各个方面。讲课重点首先要扫除文字障碍,疏通字句。不但注重让学生学到什么,而且更注重怎么学。不但注重结果,也注重过程。因此语文教学要避免远离文本,忽视学生的感悟与理解去大谈各种学术观点以及拓展文本的做法,事实上当前中小学语文阅读教学已呈现出这种倾向。

其次,就受众而言,《百家讲坛》是面向全国不同阶层、职业、年龄与爱好习惯的电视观众。为了满足不同观众的嗜好,尤其是当前《百家讲坛》呈现娱乐化趋向,主讲人采取较通俗的方式进行讲课,以讲故事为看点来吸引观众。而中小学课堂教学面向的是年龄、生活背景与知识背景相似的青少年,是对他们进行知识传授、培养能力、濡染品格与思想塑造,所以不能仅靠讲故事来吸引学生。

再次,限于讲坛的形式,《百家讲坛》只能采取讲授的形式进行。《百家讲坛》主要是靠主讲人的个人能力与魅力来吸引听众,因为《百家讲坛》主讲人大多是经层层筛选出来的,又精心准备,往往旁征博引,妙语连珠。而在实际的中小学教学中,教师水平不高,全靠讲授法只能让一些教师言屈辞穷,相形见绌。因此实际课堂教学中教师可以采取多种手法展开教学,激发学生的参与意识。

最后,《百家讲坛》一些主讲人讲述道理时出现论证欠严密、随意发挥的

现象,有戏说之嫌。例如有学者归纳出于丹的《论语心得》有二十种错误,
"语音读错,谬传千里;语法认错,望文生义;肤浅阐释,精义粗解"①,很是中
肯。而中小学阅读教学要求合理解读文本,不能任意发挥。中小学语文教
师们借鉴时应加以注意。

---

① 曾祥芹.文章误读的"问病泉":《于丹〈论语〉心得》公案评析[J].焦作大学学
报,2008(2):22-31.

第五章
作文教学

　　中小学语文教学有一种说法，学生有三怕：一怕写作文，二怕文言文，三怕周树人。其实不仅学生怕写作文，老师也怕教作文，因此王荣生认为当前作文无教学。

　　作文教学有许多难题：拟题、方法指导、作文收交、批改方式、批语、评讲等，每一项都能让语文教师心力交瘁，手足无措。譬如拟题，也就是作文训练内容的确定，如何让每个学生都有话可写、会写，还得在中高考中过关，不是简单的事，毕竟作文要受考试制约，是"戴着镣铐跳舞"。再如作文方法指导，方法是一种技能，这种技能如何获得，主要不是教师传授的，而是从典范的文章中学习、模仿、训练得来的，困难的是学生读书又不多。作文还与生活有关系，学生单调的生活很难写出丰富的内容。作文的要求与教学现状总处于矛盾、悖论之中。

　　作文又是语文的重点工程，语文教育有"得作文者得语文，得语文者得天下"的说法，因此，作文教学忽视不得。如此，难矣哉！

一、作文教学三法

　　时常有学生或家长向我咨询作文的事，基本上都是一个问题：用什么办法才能快速提高作文水平？每每面对这样的问题，我都表示爱莫能助。因为作文是一个复杂的问题，它与生活阅历、学养、训练相关，是多种因素的综合，是技术而不仅仅是一项技术问题。它又是长期积累、训练的结果，不是一朝一夕才能成功的。当然，捷径没有，笨办法倒有，那就是要遵循作文的规律,老老实实进行作文训练。

(一)等闲识得东风面:影响作文的三个因素

笔者根据自己的教学经历,结合他人的经验与理论认为,学生作文基本上与三方面因素相关,即生活、阅读与训练。生活是作文的源泉,为作文提供源源不断的素材;阅读是作文的基础,写作的技巧、方法总是从读书中得到启发与借鉴;作文能力又是在不断的习作训练中培养与提高的。这就是作文教学的规律。

1. 功夫在诗外:生活是作文的源泉

如果按照二分法,作文也可以分为内容与形式两方面,即写什么,怎么写。写什么是关乎作文选材问题,怎么写是作文技巧问题。

(1)生活是作文选材的源泉。作文写什么? 一言以蔽之:写生活,以及自己对生活的感悟与认识。"问渠哪得清如许,唯有源头活水来。"(朱熹《观书有感》)生活就是作文的活水,没有生活,作文之水就枯竭了,正所谓"巧妇难为无米之炊"。写作史上的最典型的例子就是我国"江西诗派"。该派高扬"以文字为诗、以才学为诗、以议论为诗"的诗学主张,诗人远离生活,在故纸堆找灵感,玩弄文字游戏,因此创作日益枯竭。而同是"江西诗派"成员之一的陆游,后来由于投身火热的抗金大业,走进优美的农村风光,逐渐摆脱"江西诗派"的消极影响,写下了大量的抗金及歌咏田园的诗篇,充满了浓郁的生活气息。他后来认识到"汝果欲学诗,功夫在诗外",道出了文学创作的真谛。正如语文特级教师王崧舟所说:"作文就是学生真实生活的再现,是学生审视人生、审视生活所产生的新奇和敏感的真实写照。"[①]

(2)缺乏生活的源泉产生了假作文。池塘没有了活水,就会成为一潭死水;作文失去了生活的滋养,就会变成假作文。

一是材料虚假。与成人写作的道理一样,学生作文除了立足生活,写自己的所见所闻所感外,别无取材。但是目前学生整天的任务就是学习,学习,再学习,活动地点基本上三点一线,家、学校、厕所。空余时间被作业压得喘不过气,除了写作业还是写作业,哪有丰富多彩的生活呢? 所以,当前

---

① 王崧舟.王崧舟与诗意语文[M].北京:北京师范大学出版社,2015:50.

存在作文问题的主要原因是学生生活面狭窄。在这种情况下就产生编作文、套作文的现象。笔者根据执教中学语文经历发现，县城学生与乡镇学生作文虽然内容不同，但都有编造痕迹。例如"记一件好人好事"或"我的同桌"的作文，农村学生爱编同桌赶走麦地的大肥猪，帮大爷推车，借雨伞给同学而自己淋成了落汤鸡的故事。城市学生编写拾到钱包交给警察叔叔，扶老爷爷、老奶奶过马路，或是给残疾人让座的内容。编造的作文一个显著特点就是泛泛而谈，缺乏细节真实。干相差无几的事，说着几乎一模一样的话，抒发千篇一律的感想。因为无中生有是相当困难的。

二是感情虚假。材料、事例虚假的结果是，感情苍白，思想浅薄。偶而有学生写学校生活的辛苦、青春期的困惑、初涉世事的烦恼，坦露出少年人的天真与真诚，也不失为一篇篇很好的作文。但是由于文化、教育体制及考试制度因素的制约，一些教师认为这些属于消极的东西，不让学生涉足，而是让学生看了一些立志的书就安排写读后感，看了一些影视片就让写主题高大上的观后感，等等。学生没有这方面生活积累，只套作文，矫情虚伪，久而久之，学生的作文积极性与灵感慢慢地湮灭了。笔者在高中学习时期，正值文化宽松的时代，就写了一些社会上不正常的现象，结果被语文老师叫到办公室，非常严厉地说道："可不能这样写啊，那么多好人好事你咋不写，非要写这？"吴非（王栋生）老师曾感叹："每次参加高考阅读后，都会有一段时间情绪不太好，因为在那么多的作文中竟很难读到真情实感，很难读出青年的抱负与胸襟。"[①]

三是思想虚假。按理说中学生风华正茂，充满幻想与激情，但现在学生作文完全没有"指点江山，激扬文字"的豪情，内容空洞虚假。作文即人，虚假作文反映了虚假的思想，是他们为人处世的反映。由于各种因素的影响，学生价值观、人生观的正确形成与发展发生障碍，变得世故，"见人说人话，见鬼说鬼话。"成为钱理群所说的"精致的利己主义者"，韩军所说的"伪圣化"。追根问底，我们的教育过于考虑社会的需求，缺乏对人的关注与尊重。文艺理论家黄硕磺说过："不把孩子当孩子，是最残酷的事。"[②]揭示出长

①　吴非.前方是什么[M].上海：华东师范大学出版社，2006：28.
②　王丽.中国语文教育忧思录[M].北京：教育科学出版社，1998：122.

期以来我们教育的严重问题。

2.转益多师是吾师:阅读是作文的基础

（1）从阅读中借鉴作文技巧。作文的技巧如何获得？答案是:模仿,从优秀的作品中模仿,而模仿大多靠阅读才能获得,这也是许多写作成功人士的经验之谈。"观千剑然后识器,操千曲然后晓声。"（《文心雕龙·知音》）杜甫诗云:"读书破万卷,下笔如有神。"（《奉赠韦左丞丈二十二韵》）程端礼也说:"劳于读书,逸于作文。"（《程氏家塾读书分年日程》）西方文艺理论家提出了文学模仿说,是有一定道理的。现代阅读学认为,阅读与写作是人类特有的精神活动,阅读是吸收,写作是倾吐。[①] 阅读是写作的基础与前提,后者是前者的提纯与创造。因为作文是组织语言、运用语言的体现,需要借鉴、模仿前人或同时代他人的优秀作品,而优秀的作品是语言运用技巧的典范。因此,要写好作文,提高作文质量,非大量阅读不可。大凡作文成绩好的同学,大都得益于广泛的阅读。笔者在新蔡二高执教 1998 级 9 班语文课时,有位张伟同学作文成绩非常好,有次他的作文里有一句描写金秋时节黄叶飘飞的景象:"就像下了一场金色的雨!"意境很美。他说是受到毛泽东"红雨随心翻作浪"等诗句的启发而得到的。

有人认为有些可以模仿,譬如材料的选择,词语的运用,以及其他艺术手法的推陈出新,而作文深刻的内容与情感是模仿不来的。大诗人元好问曾有诗云:"眼处心声句自神,暗中摸索总非真。画图临出秦川景,亲到长安有几人?"（《论诗三十首》第十一）即是说诗歌写作的源泉是生活,而不是一味模仿别人。这就牵涉到模仿与创造的关系问题了。笔者认为模仿是创造的前提与必经阶段,作文应该从模仿开始,应该允许学生模仿。

（2）通过阅读提高思维水平。阅读另一个作用是增加见识,提高思维水平。《义务教育语文课程标准（2001 版）》关于阅读的教学建议:"阅读是搜集处理信息、认识世界、发展思维、获得审美体验的重要途径。"这是国家顶层设计中关于阅读作用的经典论述。人在阅读中不是被动接受,而是主动思维,包括质疑、批判、迁移与运用等,即"建构"。只要思维加深了,提高

---

① 曾祥芹,韩雪屏.阅读学原理[M].郑州:大象出版社,1992:283-289.

了,拓展了,写出来的作文就有了自己独特的内容。

3. 一诗千改始心安:练习是作文的保证

杜甫诗云:"读书破万卷,下笔如有神。"但"读书"与"下笔"之间并不是凭空转换的,而要通过练习才能完成。因为作文是思维的外化。作文的过程,是把看到的、想到的写出来的过程,即写出所观、所思、所感来。单说所思所感,即人的心理活动,是相当复杂的,而把这一丰富复杂的心理活动用笔描述出来,绝非易事。刘勰就感叹"意翻空而易奇,言征实而难巧也"(《文心雕龙》)。刘禹锡有诗云:"常恨言语浅,不如人意深。"(《视刀环歌》)民间有"看花容易绣花难""眼高手低"的说法,都说明了这一道理。笔者坚持认为,知识是学得的,技能是习得的,情感是陶得的。作文需要技能,技能需要练习,这是作文训练的逻辑起点。它牵涉到材料的选择、语言的组织能力问题,而这一能力必须通过长期的练习方能达到。

朱熹诗云:"等闲识得东风面,万紫千红总是春。"这句诗本是写悟道的,但可以理解为写理:一旦认识到了写作规律,万紫千红的写作之春就有望到来。

(二)此日中流自在行:遵循规律,三管齐下

深入生活、阅读学习与练习,三者同为影响作文不可或缺的因素,这就是作文的规律。当前,中小学生作文水平不高,可以说是没有或至少没有严格遵行这个规律,其中一个或几个方面有所歉焉:生活单调,写不出作文;阅读面窄,无法写作文;不注意练习,写不好作文。因此,只有遵循这个规律,才可以收到事半功倍的效果。

1. 观察生活,感悟生活

生活是作文的源泉,要想写好作文,必须丰富自己的生活。在当前学生课业繁重的情况下,教师就要尽可能地拓展学生生活面。语文特级教师李吉林为了培养学生的观察能力,经常带学生到野外观察,按花—茎—叶的顺序观察花朵。讲了《落花生》,为了让学生写一篇略含哲理的作文,就带学生

到牛奶场观察奶牛。利用放学回家的机会带学生观察交警工作的情景。① 再就是引导学生感悟生活。语文特级教师黄厚江则认为："生活中从不缺乏写作的材料，而我们的学生总抱怨生活太单调，我们的教师也跟着起哄，我是不同意的……生活中,可写的作文事件真是层出不穷,写也写不完。从奥巴马到中学生升旗讲话向女同学表达爱慕,从中国式到'至此一游'到中国式上电梯,即使不写这些社会问题和社会事件,我们的校园生活、我们的班级生活、我们的语文生活中就有很多很多可写的'事件'。"②也印证了一句众人皆知的话："生活里不是缺少美,而是缺了发现美的眼睛。"让学生深入生活、观察生活,其目的就是为了让学生作文真实而不虚假,包括真人、真事、真情感。语文特级教师李镇西则提倡写作教学生活化就是从这个方面着眼的："写作教学贴近学生实际,让学生易于动笔,乐于表达,引导学生关注现实,热爱生活,表达真情实感。要求学生说真话、实话、心里话,不说假话、空话、套话。"③

2. 阅读经典,学习技巧

语文学习方法的不二之选是阅读,不是做题。经典不但内容丰富,而且提供了写作的范式,包括体裁、技法、语言运用等。即如杜甫诗云："别裁伪体亲风雅,转益多师是汝师。"(《戏为六绝句》之六)一些通俗小说家如金庸、琼瑶的作品,就会发现他们古文根底非常厚实,成语典故信手拈来,左右逢源,更不用说严肃的作品了。因此,学生作文先是比葫芦画瓢,亦步亦趋,在此基础上加以提高、创造。例如有学者提出"形式和内容的仿写(仿语体、仿文体、仿题材、仿立意、仿结构)与变写(句子练习、文段练习)两种"④,有较强的实用价值。

经典不仅在形式方面,更在选材方面引起学生的共鸣与思索。笔者在讲授《我与地坛》时,当讲到文中母亲对"我"细致入微的关爱时,有学生当即

---

① 李吉林.李吉林与情境教育[M].北京:北京师范大学出版社,2019:49-51.
② 黄厚江.黄厚江与语文本色教学[M].北京:北京师范大学出版社,2016:136-137.
③ 李镇西.李镇西与语文民主教育[M].北京:北京师范大学出版社,2015:303.
④ 曾祥芹.阅读改变人生[M].青岛:中国海洋大学出版社,2003:62-63.

就说,"我妈有时也是这样待我!"在那一周的作文课上,我就以"父母亲属成员之间的关爱"为话题,模仿《我与地坛》的立意与手法,写一篇作文。结果学生在作文里描写了家庭成员之间的点滴之爱,大多是不经意的、回忆起来才感觉暖心的言与行。

当然,阅读经典并不排斥一些时文。语文特级教师余映潮就提出阅读国内日报筛选写作材料,有选择地进行微型写作训练的办法,他通过长期阅读并梳理了以下训练项目:

> 小小故事;作品介绍;发言摘录;读书摘记;时事短评;赛事报道;新闻特写;读后随感;器物说明;节日祝词;会议侧记;人物风采;图书短评;科普微文;采访手记;诗意散文;人物评说;成长简史;体育评论;对联简析;美食推荐;生活随笔;成语故事;民俗简说;简明统计;展览介绍;晚会评论;影视微评;校训解说;节目串词;编者按语;解说词;颁奖词;工艺简介;人物小传;人物群像素描;美术作品简评;摄影佳作欣赏;精美小诗创作;童话编写;微型小说创作;等等。①

上述项目与办法蔚为大观,发人之未发。

3. 多写多练,长期坚持

练习的方法有很多,但根据前人或他人总结出来有以下几种。

一是刻苦练习。作文是一项辛苦的脑力活动。作文不是简单的语言筛选与排列,而要重新组织,甚至推陈出新,这一过程是辛苦的。卢延让"吟安一个字,捻断数根须"。贾岛"两句千年得,一吟泪双流"(《题诗后》)虽然说的是作家创作,远非学生作文可比,但学生作文可算作作家创作的初级阶段,其艰难情形也是相似的。因此,要写好作文,必须刻苦且坚持不懈,不能半途而废。贾岛有诗云:"一日不作诗,心源如废井"(《戏赠友人》)就说明

---

① 余映潮.作文教学能力提升之十:拓宽写作训练的研究视野[J].语文教学通讯,2020(12):7.

这个道理。

二是重视修改。有道是：文章不厌千回改。从某种程度而言，文章不是写出来的，而是改出来的。一挥而就，不加修改的作家作品，写作史上鲜有所闻，曹子建七步成诗，王勃一气呵成，挥笔写下《滕王阁序》，已成绝响，绝大部分人写文章还是得反复修改。曹雪芹撰写《红楼梦》，明确提到"披阅十载，增删五次"，其辛苦如斯。清代大才子袁枚感叹："一诗千改始心安。"《遣兴》。大作家写作尚且如此，学生更应该修改，包括自己修改、他人修改等。

从生活中得到作文的源泉，借助阅读学习技巧，通过反复练习提高作文才能，这就是作文的规律，只有掌握了这个规律，运用这个规律，学生才能在写作之河上"自在行"。

二、读课文，学作文

一方面我们反映作文难，作文选材难、立意难、拟题难、结尾难，语言难出新意，等等。几乎作文每项内容与过程都是难题。另一方面我们对课文模仿不够，其实语文课文是一座作文训练的宝库，各种技法应有尽有。仅统编版初中语文课本就选入课文143篇，我们在作文训练中遇到的几乎所有问题，都可以在这些课文里找到。下面仅通过立意、题目拟定、结构安排、创意性手法的运用等几个方面加以论述。

(一)读课文，学选材

教材中许多课文大多是作者选取身边小事成文的，用小事反映大道理，即以小见大。《散步》写一家人日常生活之一隅，表现了作者对责任的思考；《咏雪》选取了古代亲子相处的一幕，反映了当时贵族家庭教育之情景；杨绛的《老王》，写一个最底层人的生活；鲁迅的《从百草园到三味书屋》《社戏》，回忆了自己童年生活的琐事。中学生作文往往难以选材，不知道写啥，课文就是很好的借鉴。

与此类似的是"以少见多"，用个别说明普遍，这在课文中比比皆是，《祝福》用"祥林嫂"一个妇女的悲惨遭遇，反映封建礼教对所有妇女的迫害；《小狗包弟》，狗犹如此，人何以堪！《孤独之旅》通过杜小康的少年成长之路，反映贫苦少年成长之路普遍的艰难与孤独。最为典型的是议论文，一般用几个例子来论证普遍的道理。譬如吴晗的《谈骨气》,用文天祥拒绝降元、"不食嗟来之食"、闻一多怒对特务枪口等三个例子论证"中国人是有骨气的"!

无论是以小见大,或者是以少见多手法,作文训练中可以借鉴、模仿。特别注意选材要小,大题小做,选小事、写小人物、写小细节。

(二)读课文,学立意

就作文立意而言,教材中的课文多种多样,这是我们取之不尽、用之不竭的作文宝库。仅统编义务教育初中语文六册共 143 篇课文,涉及很多方面,有对自我的剖析与批判,如《猫》等;有对未来的展望,如《带上你的眼睛》《海底两万里》。有对爱情的向往与思考,如《蒹葭》《致橡树》;也有对亲情的赞美与留恋,如《回忆我的母亲》《我的叔叔于勒》;也有对祖国深情的吟唱,如《我爱这土地》《祖国啊,我亲爱的祖国》。更有关爱少年成长与关注孤独老人问题,如曹文轩的《孤独之旅》、杨绛的《老王》等。

还不止于此。

建构主义理论认为,学习不是被动接受,而是学习者根据已有知识建构新的知识结构的过程。学习课文立意,要引导学生举一反三,小题大做。读让·乔诺的《植树的牧羊人》,要培养学生的环保观念;读郑振铎的《猫》,会激起学生同情弱小动物进而保护弱者的美好情感;读蒲松龄的《狼》、海明威的《老人与海》、斯蒂芬·茨威格的《伟大的悲剧》,能培养学生的智慧与执着;读《皇帝的新装》,可以让学生认识到人性自私与虚伪;读王羲之的《兰亭集序》、梁启超的《敬业与乐业》、毕淑敏的《精神的三间小屋》、贾平凹的《一棵小桃树》,可以引起学生对理想、事业、人生的思考等。这些立意,五彩纷呈,言近旨远,为我们作文立意提供了一些参考。

(三)读课文,学拟题

课文的一些题目是非常精彩的,我们可以加以借鉴。仅以修辞手法来看,课文题目就运用了拟人,如《土地的誓言》《大自然的语言》《时间的脚印》《大雁归来》《一滴水经过丽江》《致云雀》《囚绿记》《宇宙的未来》等,比喻如《变色龙》《装在套子里的人》《紫藤萝瀑布》,夸张如刘慈欣的《带上她的眼睛》,对比如《从百草园到三味书屋》《最苦与最乐》《想和做》,设问如《我为什么活着》《为什么布是软的,石头是硬的》《中国人失去自信力了吗》，引用如《驿路梨花处处开》（现在的部编版七年级下册选入时题目改为"驿路梨花"）、《南州六月荔枝丹》，呼告如《祖国啊，我亲爱的祖国》，反复如《走一步，再走一步》，反语如《奥斯维辛没有什么新闻》，矛盾如《伟大的悲剧》《为了忘却的记念》等。

　　笔者执教初中语文时，曾经用这个办法对学生进行拟题训练。有一位学生的习作《我家的杨树告诉我》，内容通过杨树季节更替的变化，明白做人的道理：春天早早吐蕊，告诉我"一年之计在于春"，应及早努力；夏天杨树长出一些旁枝，告诉我学习的道路上不能开小差，要斩断不良爱好，集中精力学习；秋天树叶金黄凋落，回归大地，告诉我要报答养育我们的母亲、祖国；如此在冬天白雪皑皑之际，才能坦然安卧，无愧于人民。这篇作文虽然说教成分浓重，但是题目采用拟人手法，把我家的杨树当作"人"来写，在同年级作文已经属于出类拔萃了。还有一位同学写了一篇作文《一滴水旅行记》，描写一滴水从纯净的长江源头向下旅行，沿途经过被污染的城市、河道等，最后流入大海时，变成一滴又脏又黑的污水，揭示了环境保护的内容与主题，充满了时代气息与积极的主人翁态度。有位同学的作文题目是《我的"小手套"》，写的是自己小时候，每年冬天，或是放学回家，或是玩耍回来，妈妈就把我冻红的小手放在她的衣服里面暖和一下，因此这篇作文的题目采用了比喻修辞格，把妈妈比作"小手套"，生动形象，突出了母爱的博大。

（四）读课文，学布局

　　布局是作文对各个段落的整体安排。一般而言，记叙文、散文没有固定的段落布局，运用之妙，存乎一心。但是并不是说，关于段落布局的写作就没有参考对象，事实上仅是课文中的段落布局就完全可以借鉴、模仿。布局包括开头、结尾、行文结构等。

1. 学开头

　　不同的文体对开头有不同的要求，但一般都要求短小精焊，因此，开头有"凤头"之称，这在课文里不乏其例。下面仅以写景、记人课文为例来说这个问题。

　　一是点明题意。如鲁迅的《从百草园到三味书屋》、朱自清的《背影》。

　　二是直接抒情。如朱自清《春》《荷塘月色》的开头。还有刘湛秋的《雨的四季》："我喜欢雨,无论什么季节的雨,我都喜欢。她给我的形象和记忆,永远是美的。"可以让学生模仿,譬如花、草、树等。

简单的可以这样仿写——

　　我喜欢花,无论什么季节的花,我都喜欢。她给我的形象和印象,永远是绚丽多彩的。

当然,可以变化一下——

　　我喜欢树,无论什么名目的树,我都喜欢。(高大的梧桐、枝条旁逸的刺槐、挂满小球的楝树)她给我的形象和记忆,永远是美的。

但是有些课文开头颇有技巧,譬如《济南的冬天》《故都的秋》,这类开头需要打磨细节,也需要学生有一定的领悟力才行。也有的开头看易实难,譬如李森祥的《台阶》："父亲总觉得我们家的台阶低。"不是按叙事顺序开头,而是倒叙,制造悬念。类似情况还有刘绍棠的《蒲柳人家》(节选)开头。

写人叙事散文,就非常复杂了,仅从课文开头看有以下几种:一是直接点题的,魏巍《我的老师》开头最为简洁,最易模仿："最使我难忘的,是我小学时候的女教师蔡芸芝先生。"还有朱德的《回忆我的母亲》。

二是点明中心。臧克家的《说和做——记闻一多先生言行片断》的开头用了两处对比,且有递进。模仿起来不容易："人家说了再做,我是做了再说。""人家说了也不一定做,我是做了也不一定说。"

三是制造悬念类。刘慈欣的《带上她的眼睛》开头："我要去度假,主任让我再带一双眼睛去。"引人遐想,这就不是仅仅一个开头的事了,而是要着眼全篇。

四是借景抒情。笔者高中执教时,有一篇课文《火刑》,文章诗一般语调深情叙述了文艺复兴时期意大利著名科学家乔尔丹诺·布鲁诺为维护与传播哥白尼"日心说"而被罗马教廷判处火刑的事迹,文章开头是两句景物描写:

一六〇〇年，罗马。亚平宁半岛上的阳光是和煦的，台伯河水被照得闪闪发亮。雪已经在融化，哪怕远处山顶还是白茫茫的，毕竟是春天临近了。

尤其一句"毕竟是春天临近了"，运用双关，用意显豁，让人想起雪莱的名句"冬天已经到来，春天还会远吗？"（《西风颂》）

五是创造气氛。孙犁的《荷花淀》，开头用诗一般的语言描写月下的荷塘，朦胧清幽，令人陶醉，为夫妻话别创设一种气氛，这种写法比较常用，学生很好借鉴。

2. 学结尾

《春》的结尾用排比句、比喻句。笔者执教本文时，曾经让学生仿写三个句子：

春天像刚落地的娃娃，从头到脚都是新的，它生长着。

春天像小姑娘，花枝招展的，笑着，走着。

春天像健壮的青年，有铁一般的胳膊和腰脚，领着我们上前去。

_____。

_____。

_____。

在学生写出三个比喻句后，可以再提高一下难度：这三个比喻句属于同一类，且呈一定的逻辑顺序排列。当然可能有部分学生难以完成任务，或者完成不够好。

毛泽东的《纪念白求恩》中末段："但只要有这点精神，就是一个高尚的人，一个纯粹的人，一个有道德的人，一个脱离了低级趣味的人，一个有益于人民的人。"可以再让学生接着写类似的句子。

法布尔的《蝉》最后一段对蝉的热情讴歌，可以让学生写说明文时仿写。因为我们选取某种事物或现象作为说明对象时，不是冷冰冰的物理实验，而是注入了我们的思想情感，或喜爱，或钦仰，或震撼敬畏，或流连忘返。在行文中间适当地撒下细碎的情感，能使朴实的说明文生动起来，寂冷的文字有了些温度与亮色。

上面三例的结尾都是采用抒情手法,热情赞颂,深化了所描写的内容。

3. 学结构

开头如果是一个人的脸面,结构就是一个人的身材,因此结构决定着作文的成败。然而,学生在作文训练中的难点之一就是结构的安排。作文结构训练可以模仿课文。可以模仿《春》,先构建一个总—分—总的结构,在分类描写中可以描绘春风图、春雨图、春花图、迎春图等图画。也可以模仿《济南的冬天》从上到下的空间结构,或者《荷塘月色》《雨中登泰山》《长江三日》的行踪路线结构。至于实用文体,包括议论文、说明文,一般有固定的结构,更容易模仿。如毛泽东的《反对党八股》的总—分—总结构;再如《谈骨气》,先引名言提出论点,再举例论证,联系现实,提出希望。苏洵的《六国论》结构是:提出论点—引出反面论点—论证说理—点明用意。

4. 学情节叙述

中学生记叙文常见的问题是平铺直叙,毫无波澜。这一点可以借鉴一些课文加以矫正。例如《林教头风雪山神庙》《药》中的双线索,莫泊桑、欧·亨利的小说中的情节突转艺术,《祝福》中的倒叙,《变色龙》中情节发展的来回转换,等等。可以训练学生有意识地增加叙述的波澜。模仿《祝福》写悲,先以喜事开场;写喜事,先以悲情开场。再就是反复手法,《祝福》中祥林嫂反复说的一句话:"我真傻,真的!"另外,反复是中国民间故事中最常见的手法,以至于形成"三次"的情节结构作文中可以借鉴。譬如自己多次捅篓子,多次看一部电影,妈妈习惯性唠叨,等等。

(五)读课文,学手法

课文中运用的艺术手法多种多样,这样在讲授时可以结合作文训练来进行,诸如直抒胸臆、借景抒情,直接描写、间接描写等。

1. 托物言志

托物言志是国人传统写作手法,这在课文中屡见不鲜。刘禹锡的《陋室铭》、周敦颐的《爱莲说》、高尔基的《海燕》、茅盾的《白杨礼赞》、贾平凹的《一棵小桃树》等。

2. 以小见大

以小见大是社科类尤其文学作品常用手法,用特殊反映一般,用具体代抽象。可以说越是鲜明生动的人物形象越是以小见大的典型。杜牧的《赤壁》用"铜雀春深锁二乔"这一小事喻战争结局,但有人对此不明白。"孙氏霸业,系此一战。社稷存亡,生灵涂炭都不问,只恐被捉了二乔,可见措大不识好恶。"(《彦周诗话》)典型的误读,也成为笑谈。

3. 铺陈渲染

课文里有很多铺陈手法的运用,《从百草园到三味书屋》第二段对百草园内景物的大肆铺陈,《济南的冬天》第一段中对北平、伦敦冬天的描写。最具代表性的是郁达夫的《故都的秋》,文中铺陈"廿四桥的明月,钱塘江的秋潮,普陀山的凉雾,荔枝湾的残荷",再以"黄酒之与白干,稀饭之与馍馍,鲈鱼之与大蟹,黄犬之与骆驼"加以对比,用以渲染故都之秋的色彩浓烈、回味隽永。这种手法有一定难度,教学安排时要注意。

4. 学留白

留白原指中国传统书画艺术的一种手法,即不把表达的内容完全显示出来,而是留下一些空白,让人联想、想象并加以填补、丰富。语文教材中不乏其例,我们可以利用这一点进行训练。

(1)发挥想象,联想情节发展。情节的留白突出表现在对结尾的处理上。莫泊桑的小说《项链》结尾,在听到项链是假的时路瓦栽夫人有何反应;《皇帝的新装》中游行大典结束后,皇帝、臣民、小孩各有什么想法和做法;《孔乙己》中孔乙己的结局;《我的叔叔于勒》中于勒的结局;《边城》中翠翠的结局;等等。

(2)根据侧面描写,补写心理活动。汉乐府诗《陌上桑》中有"耕者忘其犁,锄者忘其锄"的话,这属于侧面描写,至于罗敷的美貌如何,就凭各人的想象了。因此可以让学生发挥想象,鉴于让十几岁的中学生用自己的话来写女性的美,可能有违和之感,可以改用成语来概括。白居易的《琵琶行》中"东船西舫悄无言,唯见江心秋月白"也属于典型的侧面描写,渲染琵琶女的弹奏之高超,也可以让学生用一两句话描写听众的感受。

(3)品味提示语,说出要说的话。鲁迅的小说《故乡》中,当"我"与闰土三十年后再次见面,闰土叫了一声"老爷"时,文中这样写道:"我似乎打了一个寒噤;我就知道,我们之间已经隔了一层可悲的厚障壁了。我也说不出话。"说不出话,不等于没有话说,我们可以根据这一处"留白",让学生发挥联想与想像,补出"我"想说而没有说出的话。笔者试着以鲁迅的口气与行文风格,补写一下:有谁见过如此冷酷的场面么,从此大概可以看见世道的真面目。因为光景不同,人们是很难做成朋友的。只有见过才知道,竟然真是这样的。

5. 描写

描写手法多种多样,根据不同的标准有不同的分类。根据描写对象,可分为人物描写、环境描写;以描写手法论,有白描与烘托映衬、正面描写与侧面描写等;描写的方法有白描、渲染烘托;描写角度有"五感"之说,即视觉、听觉、嗅觉、触觉、味觉等五个方面。教学时可以挖掘整理,进行作文训练。下面择其要者而述之:

(1)细节描写。细节描写是人物描写的重点,成功的人物形象得益于成功的细节描写。然而,中学生作文一大问题就是描写不足。教学中可以借鉴课文。例如《故乡》中的肖像描写、《孔乙己》中的动作与对话描写、《边城》中的心理刻画、《林教头风雪山神庙》中的风雪描写及物件描写等。作文借鉴时,不但要宏观上要求,在微观上也要加以具体指导,否则学生会无从下手。譬如鲁迅先生善于描写眼睛,描写人物眼睛的变化。

(2)描写的角度。描写的角度有仰视、平视与俯视。老舍的《济南的冬天》就是按照仰视、平视与俯视的结构顺序来描写的。朱自清的《春》、余光中的《听听那冷雨》,就是"五感"说运用的典型,教学中可以加以借鉴。也可以加一项"感觉",即感想、感动、感触等。

当前,古诗文教学中,教师大都从阅读方面着眼,诸如意境的品味、情感的揣摩等,从写作训练入手的不多。其实古诗文蕴含着丰富的作文训练元素。杜甫的七律《登高》,写作元素很多,下面作以简单分析,并用表格形式加以呈现(见表5-5-1):

表 5-5-1　杜甫《登高》中的写作元素

内容	风急天高猿啸哀	渚清沙白鸟飞回	无边落木萧萧下	不尽长江滚滚来	万里悲秋常作客,百年多病独登台	艰难苦恨繁霜鬓,潦倒新停浊酒杯
表达方式及角度	描写:动态,仰视,听觉、视觉	描写:静态,俯视,视觉	描写:动态,平视,视觉、听觉	描写:动态,俯视,视觉、听觉	记叙:时空角度,感觉	抒情:叙事抒情,感觉
顺序	从上到下的空间顺序					

（3）白描与渲染。描写的手法多种多样。可以用白描,可以是铺排渲染。譬如《背影》中"买橘子"一段的动作描写,采用白描,不事渲染。而《春》的开头,在首段描写"盼春"的急切心情后,作者这样写道:"山朗润起来了,水涨起来了,太阳的脸红起来了。"排比修辞,用景物的一系列变化来突出了春天的特点。典型的有鲁迅的《从百草园到三味书屋》开头的一段景物描写,朱自清《春》中描写春雨、春花的博喻,陆定一《老山界》中描写半夜里听到的声响,等等。

对于这些描写,教学中可以进行借鉴,譬如仿写。《荷塘月色》中有一处经典描写:"微风过处,送来缕缕清香,仿佛远处高楼上渺茫的歌声似的。"这里用的是通感修辞格,可以让学生再写一个类似的句子,填在横线处:

微风过处,送来缕缕清香,＿＿＿＿＿＿＿＿＿＿＿＿＿＿＿＿＿。

笔者当时进行这项训练时,学生仿写的有:

仿佛天边丝丝的微云似的;

仿佛远处依稀的流水似的;

仿佛远处细细的雨声似的;

仿佛天边若有若无的星光似的;

仿佛闪现眼前童年的影像似的;

仿佛记忆深处丝丝缕缕的回忆似的;

仿佛秋夜低低的虫鸣似的;

……

有的较难模仿,例如茅盾在《白杨礼赞》中对白杨的干、枝、叶、皮等的一番铺排描写,形神兼备,令人击节!有些手法只能欣赏,无法模仿。例如民国才女林徽因的《你是人间四月天》,用语之美,无以名状,"黄昏吹着风的软,星子在无意中闪","笑音点亮了四面风;轻灵在春的光艳中交舞着变"。采用对仗、移就、拟人等修辞手法,造成迷离惝恍、"欲说还休"的无言之美。

6.引用诗文、名言警句

课文里引用一些诗文、名言警句,作用很多,或增加说服力,或平添了诗情画意,或增加了历史的厚度,或挖掘了理论的深度。魏巍的《我的老师》,单是引用了周无君的诗《过印度洋》,就使人产生无穷的想像。笔者当年读这篇文章时,非常喜爱这首诗,它使我产生了一种从未有过的、莫名的情绪,粗砺的思想开始柔嫩起来。老一辈作家中,吴伯箫的散文作品《菜园小记》属于精品,引用了《孺子歌》、苏东坡的《菜羹赋》《后妃菊赋》、杜甫诗句和大量的民谚,琳琅满目,美不胜收。九年级上册语文节选了《水浒传》中一节《智取生辰纲》,其中有白日鼠白胜唱的一首山歌:"赤日炎炎似火烧,野田禾稻半枯焦;农夫心内如汤煮,公子王孙把扇摇。"制造气氛,推动情节发展。2024 年秋投入使用的新版语文书选入了于漪的《往事依依》,教育家于漪在这篇回忆性散文里回顾了自己读书的陈年旧事,其中一大特色是引入了许多古诗词和一首田汉的现代诗《南归》,使整篇文章显得古色古香,好像走进了宋元山水画的意境里,氤氲陶醉。"他山之石,可以攻玉。"鼓励学生借鉴这种办法,提升作文的文化档次与品味。

如果才情允许,完全可以鼓励优秀的学生自己做诗,这样可能有更好的训练效果。就像汪曾祺的散文《昆明的雨》,文末附上他自己写的诗,能够平添些许才情,令人艳羡。

课文中的写作方法很多,以上仅列举几种。有的方法适用于每周的作文训练,例如托物言志、以小见大等手法,因为要写出整篇才能显示出来;但更多的可以用在课堂小作文上,或称之为"微写作"。这样既可以以写促读,又能以读带动写,又能化难为易,用课堂"微写作"为每周一次的大作文打基础。一石三鸟,一法多用。

"读课文,学做文",要注意以下问题:

其一，"读课文，学做文"，读课文是第一步，没有充分的"读"，下面的"学做文"就无法进行。因此，"读课文"教学训练要做得扎实。

其二，"读课文，学做文"，不是一加一那么简单，也不是工厂流水线的固定操作。作文训练目标的达成也不可能是即时的，作文训练活动更要根据教学内容、学情做出灵活安排。正像黄厚江老师指出的："我们反对简单化的读写结合，有些老师在阅读教学时教散文就写散文，读诗就让学生写诗，读《背影》就写'背影'，学《桥》就写'桥'……"

其三，教材所选课文，大都是抒发真情实感，无虚假作伪，这一点最重要。正如钱穆对《诗经》的评价："三百篇之作者，无论其为孝子忠臣，怨男愁女，其言皆出于至情流溢，直写衷曲，毫无伪托虚假。"《义务教育语文课程标准》也这样要求："说真话、实话、心里话，不说假话、空话、套话。"这里面有一个特例，即《陈情表》。有人认为，李密的《陈情表》本是假情假意，但让读者读来却感觉至性至情。《古人观止》这样评价道："历叙情事，俱从天真写出，无一字虚言驾饰……至性之言，自尔悲恻动人。"其结果感动了晋武帝司马炎，恩准了作者所请。究竟是以假乱真，还是真情流溢，这里存而不论，但是这对我们作文书写亲情应该是有所启迪的。

其四，作文与做人是统一的。写作文，就是学做人，而不仅仅学习某种作文技巧。

三、教师下水作文

笔者执教高中语文课文《雷雨》时，曾经结合课堂教学中对周朴园的形象分析给学生留一次作文训练，即如何看待周朴园。为了引导学生，笔者从正反两方面立意，写出来两篇下水作文，自我感觉不错，应该能得到学生钦敬的眼神甚至热烈的掌声，但结果出人意料，一些学生不赞成我的观点，有的认为我运用的是诡辩术，一个人只能有一种看法，怎能提出两种观点，这不是自相矛盾，没有主见吗？其实仔细分析一下，下水作文有利也有弊。

（一）教师写下水作文的积极作用

一是激励作用。都说作文难写，教师定下作文要求后，试着写一篇下水作文，并公诸于众，激励学生的写作欲望。

二是指导作用。"文章千古事,得失寸心知。"作文是一项脑力、体力并用的艰苦工作,个中甘苦只有教师知道。教师通过写下水作文,与学生同题作文,同台作文,便于了解学情,从而更好地指导作文。

三是借鉴作用。一篇文质兼美的下水作文更能树立教师的权威,激起学生的崇拜心理,继而起到借鉴、模仿直至创造的目的,这样就达到了借鉴作用。

(二)教师写下水作文的弊端

一是限制学生思维,下水作文成了框子,教师帮助变成了负担。鉴于不同的生活经历与学习背景,教师与学生是两个截然不同的群体,认知模式、思维方法、作文手法等方面相差很大,这就造成学生可能对教师作文的选材、立意、手法、语言非常陌生而无所适从,出现了"不看我还知道如何写,看了我不知道怎么写"的尴尬情形。

二是可操作性不强,不具备推广价值。写作是一项复杂的脑力劳动,需要相当的知识储备、写作技巧、亲身感知与灵光一现,这需要教师具备相当的写作素养、心理准备与时间,但是就目前整个语文教师队伍而言并不乐观。很多教师不会写东西,遇到非写不可的发言稿、活动总结、报告、论文等,也是百度一下,复制加粘贴。即使有些教师能写,但因为诸事繁忙,也根本没有心情与时间写。在这种情况下,与学生同台竞技,作为教师可能会眼高手低,结果会造成"画虎不成反类犬"的尴尬情形。

三是,既然是下水作文,下水的方式就要多样化,就应该从不同的角度尝试写作。① 例如,可以全文写,可以写开头、结尾、过渡段等。一句话,写下水作文就要遵循学生作文的规律,立意、体裁、题材、结构、字数都有限制。因此,让教师指导学生作文"方法"尚可,要让教师直接写作文未必能行,就像很多文学研究者一样,分析别人的作品头头是道,但是你要让他写一篇,可能不行。每次高考都有一些作家们写高考作文,结果不是在立意上就是结构上或者字数上不合要求,得分都不理想。

---

① 甘东海."下水作文的价值"[J].中学语文教学参考(下旬刊),2020(9):23.

附:我的下水作文

作文题目及要求:对于周朴园这个人物形象,可以说不同的人有不同的看法,大家就此可以写篇文章,题目自拟,800字左右。

第1篇,正面立意

曹禺的《雷雨》成功地塑造了周朴园这一冷酷、自私、伪善的形象,与纯洁善良的鲁侍萍形成强烈对比,这是我们大多数人的评价与认识,但是当前颇有一些人反其道而行之,硬是"挖掘"出了周朴园"善良"的一面来。

根据主要有两点:

一是认为周朴园保留鲁侍萍当年的生活用具及生活习惯,是其人性善良的表现,其实这是分析欠深入所致。周朴园为了自己的目的赶走鲁侍萍后,与贵家小姐结婚,但多年来仍保留鲁侍萍当年的生活用具及生活习惯,譬如一直关闭窗子,看似对鲁侍萍,对当年二人的恩爱生活念念不忘,其实是他对现在婚姻生活不如意的反映。他娶了与其门当户对的富贵人家小姐繁漪,渴望能给自己获取更大的私利,从上下文介绍看,他这一卑鄙目的达到了,但他也同时失去了美满的幸福生活,因为富贵人家小姐可不像穷人家的孩子鲁侍萍那么好控制,能满足自己的统治欲,再加上繁漪极端偏执、敢爱敢恨的性格,是周朴园无法驾驭的。在这种情况下,周朴园不禁想起甚至留恋起过去的时光,以此获得心理上的满足,弥补自己生活的缺失,其目的还是"为己"而非"为人",这一点从后来周朴园认出鲁侍萍后喝问"你来干什么"表现得淋漓尽致。

二是拿钱给鲁侍萍,是其赎罪甚至人性显现的表现。为什么当周朴园认出站在自己面前的是三十年前被自己伤害过的鲁侍萍,急着给鲁侍萍拿钱?一句话,周朴园害怕当年的丑事暴露,威胁到自己的地位和利益,有损自己好丈夫、好父亲、好实业家的形象。"好!痛痛快快的!你现在要多少钱吧!"急于赶走鲁侍萍的心理昭然若揭,这哪有一丁点的"赎罪""人性"可言呢?

在当前思想多元的时代,学界产生了一种暗流,为袁世凯翻案,为李鸿章招魂,恶搞英雄,等等,并被认为是不同流俗、勇于革新的表现。其实这些与美化周朴园一样,是当今社会多元认识突破了底线,美丑观念出现偏差,更是生活在和平时期善良的人们,难以体会到人性之恶而已。

第2篇,反面立意

《雷雨》是曹禺的代表作,也是我国现代戏剧的颠峰之作,其最为成功之处就是塑造了周朴园这一复杂的人物形象。对周朴园这一形象,批判者居多,可以说是穷尽所有的批判之辞,连他给鲁侍萍金钱的行为也被认为是伪善的表现。笔者认为,虽然周朴园冷酷、自私,也不乏伪善,但如果以此全面否定周朴园,否定他也有着"善"的一面,就有失偏颇了。

一是周朴园虽然在大年三十把鲁侍萍母子扫地出门,固然表现了他冷酷自私的一面,但对这件事我们要做具体分析。

周朴园年轻的时候,和他同时代的知识青年一样,有自己的爱情追求,那时的侍萍美丽、贤慧,周朴园对他产生爱情是自然的,也应该是真挚的,这从他与侍萍有过一段美满的爱情生活,并且有了两个孩子的事实可以得到证明。

至于后来周朴园把鲁侍萍撵出家门,我以为是当时的社会现实决定的,决非周朴园"凶残"的本质所左右的。和现在不同,在上个世纪初的中国,一个少爷与一个婢女产生爱情,很是"离经叛道"的,即使现在城市青年娶农村姑娘也还是让人议论一番的。周朴园当时肯定是生活在巨大压力之下的,但他毕竟是"顶住"一阵子的,要不然他们也不会一起生活几年,并且有了孩子,只不过他们的反抗在当时是多么的屏弱。但是不久,这朵爱情之花便夭折了。所以我们能把社会的、时代的罪恶一棍子打在周朴园身上吗?为了不至于同家庭、同社会闹翻,周朴园只有做了这种"痛苦而理智"的选择。我想周朴园当时一定非常痛苦。

如果说周朴园的痛苦表现了人性中善的一面，那么他保存原来的摆设及侍萍当年的一些生活习惯，则更足以让人感受到这一点。

记得有位哲人说过："只要人是人，在他身上也注定积淀有文明的金粒。"相信这种文明的金粒在曾经留学德国，深受博爱、平等思想影响的周朴园身上是存在的，加上他后来婚姻生活的不如意，就自然而然地加深了对侍萍的怀念，而对过去美好生活的怀念，就表现了他人性中善的一面。

有些人对周朴园用钱来赎罪的事口诛笔伐，但笔者认为这固然暴露了他"金钱至上"的灵魂，但从这里也不难看出这是他有悔罪的表现，更何况他是拿出了他整天膜拜的金钱来赎罪呢？要知道让一个视钱如命的资本家掏钱是多么的困难？从这里，我们难道不能看出周朴园身上善的一面吗？

四、没有月亮就写不出赏月的作文吗？

还是在关津中学教书时，记得有一次中秋节放假前，我布置了一道假期作业，写一篇中秋赏月的作文，没料到开学后收作文，学生们异口同声地说："没写！""为啥没写？"我不解地问道。"因为中秋节那天下雨，没有月亮！"学生理直气壮地回答。

听后我哭笑不得，没有月亮就写不出赏月的作文！如果这样的话，范仲淹没去过洞庭湖就无法写出千古名篇《岳阳楼记》！看来学生只能写实际发生的人和事，对于联想、想象类的作文，则心不能想，口不能言，手不能写。往小的说这是欠缺写作技巧，往大的说是缺乏想象与激情。

学生失去了应该有的想象力与青少年的激情，是由各方面的因素造成的。

首先，缺乏针对性指导。由于种种原因，我国语文教师水平不高，语文教师不会写文章尤其不会写文学作品的现象相当普遍。"我们相当多的老师自己长年不写文章、甚至不会写文章，却天天在给学生细致入微地讲'怎样写',这难道不是一个讽刺!"①

其次,社会的需要决定了工具主义的盛行。新中国成立以后,出于社会建设的需要,工具理性大行其道。从教育目标上看,语文教育主要着眼于实际需要,是为社会培养合格的人才。1956年《初级中学文学教育大纲》规定文学是"帮助青年一代进行社会主义教育的有力工具"。1986年《全日制十年制学校中学语文教学大纲》指出:"语文是从事学习和工作的基础工具。"因此,工具性的教育制度决定了中国语文教育的实用方向。语文是工具,应该进行言语训练;但是语文不仅仅是工具,还具有品格濡染、思想陶冶的功能。片面强调工具理性,可能会压抑语文人文性,导致学生联想、想象能力下降。

最后,儒家重现世,讲求责任与义务,缺乏玄远的追求,导致我们的语文教育过于重视眼前的、实际的功利目的,失去了弹性与张力,学生缺乏诗意的想象力。钱理群认为:"中学文学教育的基本任务就是唤起人对未知世界的一种向往。这是人的一种本能。我们文学教育就应该唤起人的这样一种想象力,一种探索的热情,或者说是一种浪漫主义精神。"②而我们古代后期的文化在此有所欠缺。一部《论语》大都是成人的生活与工作守则,对玄远的东西避而不谈。"季路问事鬼神。子曰:'未能事人,焉能事鬼?'敢问死。曰:'未知生,焉知死?'"(《论语·先进第十一》),"子不语怪力乱神。"(《论语·述而》),贡曰:"夫子之文章,可得而闻也:夫子之言性与天道,不可得而闻也。"(《论语·公冶长》),等等。由于孔子及《论语》的地位与影响,其倡导的务实拒虚精神深深影响了中国人生活的方方面面,自然对中国的教育也产生了深远的影响,虽然崇尚自由玄想的道家思想对此有一定的反拨,但道家思想只是儒家思想的补充,其影响是相当有限的。学生不见月亮写不出赏月的作文只不过是这种文化的表征之一。

有一种很简单的办法可以教给学生,称得上是"教科书式"的教法,联想可以分为相似联想、相关联想、因果联想与相反联想,可以按这种方法进行训练。例如相似联想,可以让学生以一个物为本体,造一个比喻句;相关联

---

① 王丽.中国语文教育忧思录[M].北京:教育科学出版社,1998:143.
② 王丽.中国语文教育忧思录[M].北京:教育科学出版社,1998:58.

想,可以让学生以一物为本体,联想哪些与之相关的物,例如由荷花联想荷叶、荷波等等。因果联想,即由原因联想到结果,或者由当今联想到以后,譬如由荷花联想到莲蓬独擎的风姿。相反联想,顾名思义,即逆向联想,譬如由鲜荷联想到秋霜荷残、肃杀寂寞之情形。再如,可以给出"白云"这一物象,进行上述四种联想训练,可以分别联想到羊群、蒙古包、下雨和晴空万里等。

当然,"写无定法",联想与想象不像上面这些办法那么简单,它不仅是一种技能,更是一种生活态度、思维习惯。

五、中学生作文几种常见现象

有一次参加驻马店市高三语文研讨会,会上驻马店高中一位教师,抱怨学生作文情节异想天开,给材料是想象 50 年后的样子,有的学生写得离谱,名号大得吓人,譬如建立一支银河部队,自封"太空元帅";还有的说学生创立新词,譬如运用网络词语;等等。轮到我发言时,我认为这是很正常的现象,不是问题,不必大惊小怪。类似的现象有以下几种。

(一)情节离奇

既然是想象 50 年后的样子,就要发挥联想与想象,想到的东西肯定与现实有相当大的距离,不排除个别学生想象特别离奇。笔者刚上初一时看一份《少年报》,上面写的是仿真机器人的事,令人真假莫辨,现在已经成为现实。当时的英语教材第六册有一篇描述未来生活的文章,牵涉到远程视频,异地诊疗,现在也成为现实。因此,谁能敢说多年后不会有银河部队?即使有些想象确实遥不可及,也可以理解。作文的一项任务就是训练学生的联想、想象能力与语言运用技能,学生能把想象的东西用语言呈现出来就算合格。当然作文也要逻辑思维,但那主要指议论文。议论文要观点正确、推论合乎实际、语言准确等。

再者中学生大都十来岁的年纪,正是充满激情与幻想的时候,他们笔下出现一些匪夷所思的东西太正常了,如果少年老成反而不正常。所谓在什么年纪说什么话,想什么事,干什么活,这是自然规律,不可违逆,只有顺应。

(二)文体意识不清

长期的作文训练中发现,有相当一部分学生没有明确的文体意识,笔下出现一些"四不像"作文。往往是先叙述一件事情,指出包含的道理,再举几个例子,例子叙述太详细,议论与抒情并用,既不像记叙文,也不像议论文。

对于这种作文,首先要指出其问题,引导学生要树立文体意识。"文章思有路,遵路识斯真。"(叶圣陶《语文教学二十韵》)即"写啥像啥"。其次是要辩证地看待这种现象,文体大家庭总处于从无到有,从少到多的发展过程中。我们古人能发明一种文体,我们难道不能发明一种新文体,难道只能严格按照古人的路子走? 我们也可以试试"写啥不像啥"。事实上"写啥像啥"是继承,"写啥不像啥"是创新。在编年体、国别体史书已有的情况下,司马迁正是有了这种理念才创造了纪传体这一新的史书体裁。史学家黄仁宇的《万历十五年》一开始也不被人理解,这本不像史书也不像小说的东西,遭到一些出版社拒绝,但出版后成为名著,雄居中国读者最喜爱的二十本书第六位,并为后人提供了写作的范式,引起人们模仿与追捧,例如《明朝那些事》。因此,面对一些"四不像"作文,我们教师不要少见多怪。最后指出,创新是在继承的基础上产生的,没有"写啥像啥"的训练,"写啥不像啥"的质量就不会高。

(三)模仿与抄袭

笔者曾跟以往的学生、新蔡二高 2000 级郭影影同学聊天,她说非常感动于当年我对她的理解与宽容。她自己爱看书,并有做摘抄笔记的习惯,作文时就加以采用。有一次我把她的作文作为范文展出,有同学当堂提出异议,因为有些文字明显不是她"自己"的,她说,作为老师的您,没有像有的老师那样批评我,而是告诉大家作文的第一步是模仿,这是必须的也是可以的;再者,学习的目的就是学以致用,这是学习的终极目的,是值得鼓励的……她说她当时非常感动。老师的话不但肯定了模仿作文的方法,使自己知道了作文可以这样写,而且没有让一个女孩子当众出丑。

反思郭影影同学的话,发现我当时的教法有两点可供借鉴。一是对模仿的肯定。作文来源于模仿,任何人概莫能外。翻阅写作史可以发现,很多作品大都有他人作品的影子,或立意,或手法,或语言。比较著名的就是李白的"两岸猿声啼不住,轻舟已过万重山",很明显模仿郦道元《水经注·三峡》中的一句:"或王命急宣,有时朝发白帝,暮到江陵,其间千二百里,虽乘奔御风,不以疾也。"这是作文的起始之路,可以说,没有模仿就没有作文。当然,模仿有高下之别,我们不能苛求中学生模仿得天衣无缝,无斧凿之痕。即使这次模仿不成功,有抄袭之嫌,下次有可能克服了这种毛病。二是保护了一个女孩子的自尊心,这一点最为重要。

(四)用词华丽

上学时写作文,老师告诫我们:作文不要堆砌华丽的词语,语言朴素即可。后来认识到老师这句话说对了一半,语言朴素是最高的美学原则,这是对的;但是这是最高要求,学生不可能达到这种程度。梅尧臣有诗云:"作诗无今古,惟造平淡难。"苏轼《书黄子思诗集后》:"独韦应物、柳宗元发纤秾于简古,寄至味于淡泊,非余子所及也。"连大诗人都认为自己难以达到,遑论中学生。所以,一味地强调朴素,学生作文语言可能不是朴素,而是普通,是无味。事实上,开始写作文时大都用词华丽,这是起始阶段,随着阅历与技巧的提高,慢慢地归于朴素。这可以说是作文的规律,任何人不可能违反这个规律。这也与人生相似,年轻时,青春四射,美不可及;中年,锋芒渐销,优雅知性;老年,温柔淳厚,归于平淡。

这就启发我们,作文教学时,允许学生大胆运用华美的辞藻,但要有意识地往朴素方面努力,这是最高的美学标准。

(五)叙述平淡

中学生记叙文有一个常见问题是记事成为流水帐,没有波澜,给人印象不深。

造成这种情形的一个很大原因是学生不会细节描写,因此,加强细节描写是有效途径。笔者根据自己多年的语文教学经验,摸索出如下一些办法。

一是结合课文,学习课文中的细节描写,借鉴训练。中学教材中的课文可以说是细节描写的大全,《林教头风雪山神庙》的环境描写,《祝福》中的肖像描写,《变色龙》中的人物语言描写,《背影》中的动作描写,《荷花淀》中的景物描写、个性化人物对话、心理刻画,等等。可以说任何一处描写都堪称经典,让学生仔细揣摩、体悟,并借鉴这些细节描写手法,把知识转化为能力。

二是专项训练。譬如训练景物描写,可以以"寒冷"为内容,让学生写出

200 字左右的短文,文中不能出现"寒冷"等既定词语,要求间接描写景物,写人们的反应来表现"寒冷"。再譬如语言描写,可以以"老师发怒了""爸爸发怒了""妈妈发怒了"为内容,写三个语言描写的片断,文中不能出现"发怒"等既定词语,仅以人物的语言来表现"发怒"的内容;每个片断 200 字左右。

三是具体方法指导。譬如景物描写,除了通常所用的"五感法",即从视觉、听觉、味觉、嗅觉、触觉等五种角度来描写景物。还可以用比喻、拟人、夸张等修辞来描绘。

叙述平淡、缺乏细节描写,除了作文技巧欠缺外,另一个原因是编作文。因为编造作文,凭空臆想,缺乏生活真实,无法细节刻画,只能在套话上打转。这就需要端正作文态度了。

(六)违反逻辑

从本质上而言,言语训练其实就是思维训练,其中一点即逻辑思维能力。中学生作文中很少有像小学生作文违反生活逻辑的情形,但违反思维逻辑的现象不乏其例,例如议论结构扁平化,缺乏逐层深化的逻辑结构。譬如《谈"理解"》作文,开头提出观点后,大多这样展开结构:"同学与同学之间需要理解""亲子之间需要理解""师生之间需要理解",各层之间谈的道理几乎相同,只不过换换主语而已,结尾再喊一句貌似激动人心的口号。议论文里没有必要的分析与论证,举几个老掉牙的例子后,也不去深入分析甚至就不分析例子,直接抬出论点,或采用"难道+论点+?"的句式:难道我们不应该……论证偏颇,不会正反举例,不知道正反结合论证。例子之间毫无关联,缺乏代表性。举例无逻辑顺序(譬如古今中外的顺序)。不知道由因推果、由果溯因。记叙文里,在记叙某人某事后,没有必要的回味、反思做铺垫,直接写道:"我突然醒悟到……""我顿时认识到……""这件事教育了我"。表述片面,譬如"她因为学习努力,所以成绩很好"。

(七)语言缺乏文采

语言有文采是优秀作文的特点之一,也是当前高考作文评分标准的一项,是发展等级的标志,是重要加分项。然而当前中学生作文于此不足,言语干瘪、句式老套、手法单调等。原因是读书不够,学养不足;思想贫乏、创造力不足;等等。针对办法就应从扩大阅读,活跃思维方面着手。譬如借鉴甚至化用、引用别人的语言。因此,我国诗歌写作史上的"江西诗派"提出"以文字为诗"是有道理的,但不足的是该学派把这种做法推向了极致,并且忽视写作与生活的联系。

(八)不善于写虚与虚写

前面提到,没有月亮就写不出赏月的作文,表明中学生记人叙事作文一个常见的现象是只能写实、实写,不善于写虚与虚写。写实是只能写眼前看到的人和事,精神、情感等层面的东西无能为力。实写是老老实实地记人叙事,虽然也能把一件事交代清楚,但作文缺乏空灵之美,显得烦琐、笨拙。

对策即写虚与虚写。写虚是从描写对象而言,侧重描写情感意绪等。虚写是与实写相对,是从描写方法而言,不是如实描写而是采用婉曲手法,具体办法很多,譬如借景抒情,意在言外;侧面烘托,凸出中心;借此言彼,欲说还休。《从百草园到三味书屋》中"不必说……也不必说……",似是而非、似非而是。《我的叔叔于勒》在记述了菲利普一家人旅行之时遇见于勒这个闹心事后,接着在文末宕开一笔:"在我们面前,天边远处仿佛有一片紫色的阴影从海里钻出来。那就是哲尔赛岛了。"这里的"阴影"有双关义,明写景物,暗指心情,借描写景物展示人物的郁闷之情,这就比直接抒情要空灵得多,是写虚与虚写的典范。这样的例子在语文教材中俯拾皆是,可以引导学生学习参考。其它如采用多种修辞手法,这里不再赘述。

以上中学生作文的几种现象,大多属于阶段性问题。随着以后的作文训练的深入,学生思维的日渐成熟,这些现象大多会逐渐减少甚至消失。但是有些问题,倒真是问题,例如编作文、套作文等假作文,才应该引起我们语文教师的重视。

六、教师如何面对"负面"的作文

一线语文教师大多批改过这样的作文:表达对人际关系的困惑,倾吐对师长的不满,揭露生活中的阴暗面。即我们常说的"负能量"作文,对此我们该如何处理?

笔者认为,要处理这个问题,教师要明白该问题产生的症结。

随着社会的发展,信息传播方式的日益丰富,学生走向社会、接触社会、了解社会的年龄大大提前。面对五颜六色、光怪陆离的社会现象,处于断乳期的小学生们开始惊诧、迷惘、痛苦、失落,他们也呐喊过、抗争过,但最终被社会的大潮所淹没。有道是:"既然我改变不了世界,我就改变自己!"大多数学生把怀疑、不满、反抗情绪藏在内心深处,而以另一种我们认为懂事、成熟、沉默的面目示人,他们一直到成年都在调整自己,来适应这个他们无法逃避的社会,当然这个过程也是他们丢掉天真、诚实等可贵品质而变得事故、圆滑的过程,说话动听却作伪,表面乖巧但内心阴暗,礼节周到却缺乏真诚,"见人说人话,见鬼说鬼话",等等,可以说是很多人成长的轨迹。当然,也有一些学生不愿过早地直面这些现象,倾吐不满但真诚流溢,思想乖张而心地善良,从嘴里说出来,用笔写下来,这就是我们通常所说的"负能量"。但对这类学生我们往往以"你还年轻""缺乏磨炼"给否定了,甚至遭到更粗暴地"引导"与"教育"。这类学生经过成人的开导、生活的磨炼,在磕磕绊绊中慢慢地回归,朝着我们成人所期许的目标回归,只不过回归的过程、情形、程度因人而异。也有极个别的学生最终无法完成这种蜕变,成为"成长之殇"!

因此,在成长过程中,学生所表现出的稚嫩、偏激是非常正常的,这是每个学生成长中不可逾越的环节,不要大惊小怪!我们能做的就是引导!

再说说所谓"负能量"作文。

其一,暴露阴暗面的文章不能简单地与"负能量"作文画等号。"负能量"作文即是引起人的负面情绪,对社会建设不利的文章。笔者认为暴露社会不良现象,吐露心中的一些看法不能一刀切地斥之为"负能量"。事实上,文学史上很多伟大作品无一例外的是针砭时弊而非歌功颂德。美国女作家斯托夫人的《汤姆叔叔的小屋》就是因为暴露黑人奴隶的悲惨遭遇,成为美国南北战争的导火索,也使一个传统落后的美国走上了工业化道路,为强大的美国奠定了基础。因此,斯托夫人被林肯赞誉为"引发了一场大战的小妇人"。在写作史上,这样的例子更是举不胜举。然而不知何时,有人"发明"了"负能量"这个词,并套在写阴暗面作文上面,事实上在一个正常的社会里,这样的作文不但不是"负能量",而恰恰具有"正能量"。小作者往往有一种关爱社会的责任感,他们看到社会上的一些负面现象,内心焦躁、忧虑,并充斥于字里行间,甚至可能有一些极端的语言。但是我们要看到字面背后一颗火热的心,正所谓"爱之深,责之切",我们当老师的一定不能冷了学生的心,要保护学生的责任心与正义感。相反,一些所谓具有"正能量"的"马屁文章"却为祸不浅。如果凡是暴露阴暗面的文章都被斥之为"负能量",那么鲁迅的文章怎么就被毛泽东誉为"投枪""匕首"?因此,评价学生作文是否带有"负能量",不能以揭露社会阴暗面为标准,而应看是否具有正面的建设性作用,即鲁迅所说的"引起疗救的希望"。可能也有人会说,学生写阴暗面的作文会破坏我们美好的形象,授人以柄。这种说法其实是缺乏自信的表现,无异于掩耳盗铃,自欺欺人!

其二,表扬学生的勇气。每个人都有表达的欲望,都渴望被别人理解与尊重。只不过很多学生在表达得不到理解甚至受到斥责后就噤若寒蝉,其结果不但是真诚、善良这些宝贵品格的丢失,还有自信与勇气的不再。因此,我们老师让学生表达,支持这难得的自信与勇气,也是培养学生才情的一部分,是他们走向社会的资本,是课本上的知识所无法替代的。一旦这种勇气丧失,就可能出现一些问题。做老师的一定要加以重视。

其三,把握好教育的契机。教育的效率是分场合和时间的,在不同时机所取得的教育效果是不一样的。就教学效果而言,教师讲授不如向学生提问题,向学生提问题,不如探讨学生自己提出的问题,学生提问题不如让他们提自己心中的问题。学生对一个问题迷惑不解时,师生抓住这个问题,教育效果是非常好的。譬如学生作文中出现的"负面问题",教师应该适时地加以引导,让他们认识到现实的社会不是童话中的世界那么简单,而是非常复杂的,不像他们想象的那么好,也不像想象中的那么坏,这时候教育的效率应该是比较高的。

其四,也是最为重要的,就是不要辜负学生的信任。当学生把自己心理的疑惑与苦恼写在作文本上时,这是学生对语文或者说对语文教师莫大的信任,也是他们不得已的选择,我们老师这时候一定要珍视。因为学生不是随便找个人就倾诉的,他们往往不会把心里话向老师、家长等长辈诉说,而喜欢跟要好的同学、朋友交流,但同龄的同学与朋友可能也有同样的困惑,他们不可能给出合理的解释,于是选择在作文本这个平台上说出自己的心里话。这是学生少有的表达自己的机会,也可能是唯一的机会,教师要抓住这稍纵即逝的、解决学生问题、建立师生感情的最佳时机。

笔者想到了在关津初中求学的一件事。有一次作文课上,梅老师评析班上一位同学的一篇作文。这篇作文里面描写县城的所见所闻,写到了商店里有好多好吃的、好穿的、好玩的,末了发一句感叹:"要是这些东西都搬到俺家里多好啊!"结果遭到老师的揶揄:"都搬到你家里,别人咋办? 你咋就恁自私咧!"引起一阵窃笑,课后我们拿老师的话取笑这位同学。老师的话虽然无多大恶意,但毕竟不是表扬,让这位同学有点小尴尬。现在想来,这个事教师可以这样处理,一是肯定该同学朴素而美好的愿望,毕竟在当时物质极度缺乏的年代,希望拥有很多东西,为自己的家庭解决困难也是一个孩子真实想法,或者说为父母分忧,也是孝的表现,儒家认为这是做人之本,而这应该是特别值得表扬的地方。著名特级教师王栋生(笔名:吴非)认为:"对于一个教师来说,最大的安慰,就是我们培养出了人,一个有感恩之心的人……"①二是可以提纯这种想法的质量,提升其境界。指出这种想法虽然有合理的一面,但视野欠开阔,境界不高,要让学生有全局观。爱,不能局限于自己的小家,还要惠及很多不富裕的家庭,即孟子所谓"老吾老以及人之老,幼吾幼以及人之幼"是也。

动辄以"负能量"给暴露类作文扣帽子,这才真的是"负能量"。

七、作文评语是师生心灵的碰撞

记得初为人师,发生在课堂上的一件事,现在回想起来,仍有悔意。一次作文课上,我把上次评阅过的作文发下去,高培俊同学嘟嚷道:"我以后不写咧,我恁认真写,还是得了个'潦草'!"

高培俊同学贪玩,作业潦草,每次作文我几乎都习惯性地批上"字体潦草""篇面欠干净""注意练字"等评语,这一次也不例外。听了高培俊不满的话,我又把他的作文本拿过来仔细看了看,发现字体上是有进步,但进步

---

① 吴非.不跪着教书[M].北京:中国人民大学出版社,2015:5.

不大。说实在的,一个字体潦草成习惯的同学,如果不按照字帖认真来练,短时期内无论如何认真都不会有大的起色的。但是该同学是认真地写了,作为教师的本人由于诸多方面的原因,没有注意到,没有给予相应的表扬。不久,该生就退学了,成为我永远的遗憾。

现在想来,该同学中途退学,原因是多面的,但一定有笔者的因素。是我缺乏足够的耐心与细心,没有看到学生稍微的进步,作文评语上没有给出恰如其分的表扬与鼓励,而是习惯性地批评泯灭了学生的希望,这也表明教师语言包括作文评语的威力所在。他可以成全一个人,也可以使一个人退缩,语文教师不可不慎。但在一线作文教学中,教师作文评语失当的情形比比皆是。

(一)作文评语失当的情形

1. 简单化

这是最为常见的情形,分两种情况,一是内容,教师由于工作繁忙等原因,在评语的书写上失之简单,寥寥几个字,譬如"当好""已阅"等,有的甚至连评语都不写,仅仅写上日期而已。经验表明,作文本发下去后,学生拿到手里,首先翻看老师的评语。如果老师评得认真,评得仔细,作文本上满是朱批,学生会兴奋不已。反之,就很沮丧。二是形式简单,只有几句不痛不痒的总评,没有旁批,更没有夹批。

2. 模式化

内容千篇一律,缺乏个性与针对性,譬如"中心突出""句子通顺""篇面干净"。学生从这样的评语里看不到自己作文的问题,因为这样的批语对于很多作文都适用,名副其实的"万能评语""橡皮评语"。究其原因,一是老师工作繁忙等原因,批改学生作文时不深入,不细致,只是为了应付任务了事。二是一些教师根据学生作文常见问题拟几条批语让学生代写。这两种情况都造成作文批改流于形式,这样学生看不出作文存在的问题,只能靠自己摸索,作文训练长期在低水平上徘徊。

3. 主观化

有些教师仅凭主观想像评判学生作文,譬如看到学生作文质量差,心头升起无名之火:"态度要认真!"其实学生多半也用心写了,无奈水平有限。教师没有认真体察,主观认定学生"是不为也,非不能也"。面对个别后进生写得不错的作文,不加了解,直接评判:"禁止抄袭!"这些批语影响了学生的自尊心与自信心,抑制了学生作文写作的热情与兴趣。

4.成人化

学生就是学生,要把学生当学生看,学生作文出现一些问题也是难免的。但是有些教师总用成人的眼光对待学生作文,总能找出其中的问题。这就造成作文评语批评多,表扬少。"这么简单的字都写错?""叙事拖拉!"

上面提到的评语失当情形,本人在中学执教时,就经常犯过而不自知,有时即使知道不妥,但也没能改正。

(二)作文评语书写的原则及办法

1.针对性

首先,针对作文训练目的来写评语,以加强作文训练的效果。作文训练是正常的教学活动,应该有教案设计,包括训练目的、训练形式,是命题作文还是材料作文,是口头作文还是书面作文,题目拟定、收交时间、批改形式都要做出科学的预设,因此作文评语也要针对具体的作文训练目的与内容书写,这是克服作文评语模式化、简单化倾向的有效办法。语文教育家张志公先生这样说道:"应当重视学生作文的内容,以及从那些内容之中反映出的思想认识上的问题。好的,应当鼓励;有错误的,应当帮助,教育。应当也有可能通过作文练习来加深学生在某些方面的思想认识。在作文教学中,这些都不容忽视。"[①]其次,评语要针对具体字词或句子进行。譬如批语"句子欠通顺",要用红线跟具体的句子勾连起来,让学生明白问题的具体出处。

2.教育性

因为生活与知识因素,学生作文出现问题是难免的,教师要有一颗平常心,要对学生作文持欣赏态度,评语要多鼓励,少批评。对学生作文出现的问题要宽容对待,即使批评也要用婉转的形式指出,寓鼓励于批评之中。例

---

① 张志公.语文教育论集(修订本)[M].北京:人民教育出版社,1994:103-104.

如学生有少量抄袭时可以忽略不计,严重抄袭的可以私下指出,最需要注意的是用词上不要用"抄袭"而是要用"模仿",以保护学生自尊心。再如学生字体不佳,不要写"字体潦草",可以写"字体比上次有进步,再工整一些就更好了"。

3. 严肃性

面对一篇作文,无异于面对一位活生生的学生;面对一摞作文,等同于面对一群性格迥异的学生。批改作文,如同与学生谈话,要郑重对待,避免应付批改甚至不批改作文现象,维护学生对作文的热情与兴趣。

作文评语不是简单鼓励之语,更不是批评之语,而是有针对性的评价与反馈,是师生坦诚的交流,不可不慎。

八、作文评讲

笔者在新蔡二高执教 1998 级 9 班语文课时,有一次作文课上,把张伟、侯俊两位同学的作文当作范文进行评讲。我首先把他们的作文读一遍后,让学生找出作文优秀和不足之处。一开始学生还不知道从何处入手,我则引导他们分别从拟题、结构(开头、过渡、结尾)、语言、选材、详略等方面思考,譬如题目,大家觉得如何,还可以换成其他吗? 并跟原题目加以比较。最后让每个学生打分。结果学生发言非常热烈,两节课很快过去。多年后遇到侯俊同学,他直言语文学习经历中比较深的就是这节作文评讲课。

作文训练是一个系统的教学活动,包括训练内容的布置、收交、批改、评讲等具体过程。但是笔者根据多年的教学经历所知,长期以来作文训练存在着重布置、轻批改,更轻评讲或者根本没有评讲的问题,一些教师批改之后,让语文课代表发下去完事。形成这种现象:"布置,雷霆万钧;收交,反复催要;评讲,不声不响。"其实评讲是非常重要的。

(一)作文评讲的作用

1. 反馈作用

虽然评语也是某种反馈形式,但毕竟言语寥寥,学生缺乏深入了解甚至不明就里。而在课堂上当众点评有代表性作文,则让学生直观看到了存在的问题,起到较大触动作用。

2. 学习作用

毕竟学时有限，教师平时也不可能大谈技巧。而评讲课上，教师可以拿范文，评优劣，并上升到理论高度。譬如大多数学生作文开头平淡无奇，老师可以引出关于作文开头的理念，诸如"凤头"之说，深化了理论学习。

3. 交流作用

评语书写是师生无声的交流，是隔空传语。而当堂进行的作文评讲，是师生真正的思想碰撞，有时还相当激烈，是"肉搏"。越是如此，越能达到交流看法、解决分歧的目的。

（二）作文评讲应注意的问题

首先，在代表性作文的选用上，一要选用存在共性问题或者问题较为突出的作文，这样更具有普遍的教育意义。二要选一些优劣并存的作文，这样既能维护学生的自尊心与自信心，又能找出有代表性的问题，使作文评讲得到实效。上面提到的张伟、侯俊的作文，整体质量较好，但也存在着很多问题。最好不要选非常优秀的作文，因为这样的作文水平太高，模仿起来困难太大，学生只有敬而远之。当然，这样的作文可以直接在宣传栏里展示出来。也不要选太差的作文，以免损害学生的自尊心，影响同学们的士气。

其次，评讲时发挥学生积极性，加强教师的引导作用。师生共评作文，教师不要唱独角戏，作文存在的长处及问题，最好能让学生指出来。面对一些问题，可能有些学生碍于颜面不好意思说出来，这时教师要做好引导与解释："问题不说它也存在，作为同学应该说出来，这才是同学该有的样子。""要做诤友，不要做佞友！"

最后，评讲时以表扬为主，即使学生作文出现一些问题，即使是相当低级的问题，也要指出这是正常现象。少批评多鼓励。当有些问题比较低级可笑时，教师可以这样引导："大家不要取笑，这很正常！""其实有的作文更可笑！""在这里出现的问题都不是问题，如果不指出，不改正，走出学校，就真是问题了！"教育有一个屡试不爽的办法，就是表扬要当众进行，批评则单独交流。

第六篇　语文评价论

当前教学理论强调"教—学—评"一体化理念,认为教学与评价是不可分割的整体活动。

在应试教育下,人们往往把考试与教学评价等同起来,这是很偏颇的。课程评价不等于考试,不过这在一线教师里很有代表性,学生成绩如果上不去,影响是致命的。"学生的学业成绩并非衡量语文教学是否有效的唯一指标,教学是否有效仅仅是教学工作的一个重要方面而不是全部。"①因此,课程与教学评价是制约教育的重要因素,也是教育的难题与瓶颈。最为典型的就是高考,很多人对它一考定终身的不合理性进行口诛笔伐,但是至少截止到目前,还没有一种评价方式能够取而代之,高考成了食之无味,弃之可惜的鸡肋。

按不同的标准可以进行分类。根据评价形式可分为:课堂评价(教学过程的评价)、学业成绩评价(终结性评价)、教学结果评价(教学效果评价)、发展评价(可以表现为人的全面发展)等。按教学进度可分为:课堂评价、月评、期中评、期末评;按教学主体分为评教师的教与评学生的学;按内容分为阅读教学评价、作文教学评价、口语交际教学评价;等等。

与其他课程相比,语文课程最难评价。一是课程更具有主观性、潜隐性与延迟性。其他课程多是技能的训练,具有较强的外显性;而语文课程与教学不但是语言运用技能的训练,更是思想情感的熏陶与思想的濡染。《义务教育语文课程标准》把语文核心素养的内容界定为"语言的建构和运用""思维的发展和提升""审美的鉴赏和创造""文化的理解和传承"四个方面。这四个方面中,对于"语言的建构和运用"虽说相对较为客观,操作也较为简单一些,但其实也不容易,譬如如何从作文上评价学生"语言的建构和运用",就是一个难题。第二个方面"思维的发展和提升"的评价就更难,最后两个主观性最强,难以操作,难以评价。

---

① 王尚文.中学语文教学研究[M].北京:高等教育出版社,2002:247.

二是语文教师更具个性特点,也更难评价。有的理性,长于分析;有的感性,神采飞扬;有的教长于教学设计,有的善于临场发挥。很难有一个较客观的标准。

三是语文教师评价者的学科背景可能更复杂。其他学科,诸如数学、英语,评价者一般要有相应的专业背景,才能看出"门道",因此评价者可能专业更纯粹些。而语文课堂一般人都能听懂,任何人都能说几句,只是专业水平有所欠缺。在这种情况下,评价效果就千差万别,语文课堂就更难评价了。

第一章
语文听课

现在学界把听课说成观课,然而长期以来的教学活动中,我们一直采用"听课"这个术语,当然听课这个说法可能比较狭隘,不如观课内涵丰富,观课调动人的感观更多,逻辑上讲更严密。但因为习惯的原因,目前在教学实践中教师还是多用听课,本书也沿袭这种说法。

听课是教师之间学习交流与提高的重要形式,也是学校教学活动的基本形式之一,它对提高课堂教学效率、教师教学水平起着一定作用。但是,这一活动的开展也会因学校、领导与具体教师而呈现出不一样的特点。可以说,每个学校每天都会上演一幕幕听课的滑稽剧。

一、不喜欢听课

为了提高教师教学水平,促进教学交流,我院规定普通教师每周观课2次,领导4次,定期汇总公布。有一次,院里召开教职工例会,会上领导说起一位教师听课记录造假的事:"从某教师听课记录上看,你在某时某教室听了某一节课,但这节课我也听了,怎么没有见你?"

其实教师为了完成听课任务,造假是常事。有些教师听课掺糠兑水,到班听一会儿简单填写一下内容就开溜了。这还是好的,多少还听了一会儿,有些教师让讲课教师把某周几的上课PPT发过来,直接抄写完事。更有甚者抄别人写好的听课记录。

如果追根溯源可以发现,教师不喜欢听课,有工作忙,抽不开时间的原因,更有内驱力减少,学习动力缺失的因素。"上自己的课,耕自己的田,哪管别人占先不占先!"听别人的课,满意了好说,不满意又碍于情面无法说破,白白找不自在。

但是听课的作用非常大,无论年轻教师,还是中老年教师都应该经常听课。张祖庆认为:"听课的最大意义,是'学习你,完善我'。"①。因此针对教师不喜欢听课的实际,院系可以采用一些办法,可以集中听课评课,改变教师听课单打独斗的情形,并集中评课,加强交流。

二、不喜欢被听课

本人一向喜欢上课,喜欢听课。还是在新蔡二高工作时,因为实习导师制,学校让我带一个年轻教师,主要工作就是听该教师的课,提出一些指导意见。为了完成这项工作,我要求听课,但意外的是竟被该教师拒绝:"你也忙,别听了!"弄得我在指导记录"听课评价"一栏里很是踌躇一番,因为没有听课咋评价? 有时候想听某老师的课,走到教室门口了只得返回:"这节课我讲说明文,没啥听的!"到高校工作后,有一次与教研室的郭老师准备听一位青年教师的课,坐定之后,这位青年教师走了过来,和郭老师耳语一阵,郭老师示意我们离开,到办公室之后,郭老师说:"她不让听,说等下课后把 PPT 发给我们,完成听课记录算了。"相信这样的情况在校园里普遍存在。不希望别人听自己的课,看到下面有别的老师在听课,可能浑身不舒服。因此,当有同行去听某老师的课时,对方大多会婉拒:"别听了,我今天让学生做练习!""某某老师的课讲得好,你听他的吧!"

做为一种教学与研究形式,教师之间理应展开听课活动,互相学习,互相提高,但奇怪的是,就这么一项有益活动,总是遇到来自一线教师的种种阻力。事情总有原因,为啥有些教师怕别人听自己上课?

(一)教师怕被听课的心理分析

一是怕露短。怕露专业知识与理论、专业能力之短。由于多种因素的影响,当前教师整体水平难尽人意,或工作繁忙,或考试制约,不修内功,专业知识与理论贫乏,自己就没有一桶水,怎能给学生一碗水? 又不练外

---

① 张祖庆.给语文教师的新建议[M].武汉:长江文艺出版社,2020:107.

功,语言表达能力不高,控堂能力差,课堂上易露短。这些短处自己一清二楚,平时是不能示人的,一旦有教师听课,自己的短处就暴露无遗了,丢人事小,还影响自己的名誉与地位。笔者原来工作的高中,有位语文教师,功底较差,但也得上公开课,这是晋级的必要条件。有次笔者和其他老师一起听她的公开课,一节课三处知识点讲错两处,一个重点没讲,导致下面研讨的时候都没法说。

二是怕露丑。怕露出对待课堂的态度与方式之丑。课堂是神圣的,是传经布道的地方,其功能与严肃性不言而喻。但是有些教师平时忽悠学生惯了,进了教室,门一关,俨然把课堂当成了自己的独立王国,讲什么,怎么讲,不去认真设计,有时可能连教案都不写,拿着课本以及教学参考书就敢上课,跟着感觉走,东拉西扯,云山雾罩,脚踩西瓜皮,滑到哪是哪。学生由于心智水平认识不到,或知道了也是敢怒不敢言;一旦有同行听课,就不能随心所欲了。众所周知,是否认真备课,其结果是不同的,自己也最能感觉到。不认真备课,对讲课内容以及学情不熟悉,"险情"不断,随时都有可能露丑。为了防止露丑,只能拒绝听课。笔者有一种基本判断,凡是不喜欢、不让别人听自己上课的老师,一般是备课不认真、讲课敷衍的老师。笔者在高中教书时,一个老师在办公室里说:"今天,我们主任到班里要听我的课,我说'对不起,这节课,我让学生做练习!'主任悻悻离开。之后我又接着讲课。"得意之情,溢于言表。

三是怕露巧。怕露自己教学的长处,让别的教师借鉴。课堂教学尤其是中小学教学,面临着评比、升学任务,教师之间竞争激烈,同一个年级同科目教师尤其如此,有些学校采取末位淘汰制,更是点燃了竞争之火。教师明面上一团和气,满面春风,其实暗地里较劲,相互提防着。在这种情况下自己绝活是不可能轻易示人的,听课时被人学走了咋办?

(二)"被听课"是提高教师能力,快速成长的重要方法

教师之间互相听课,"被听课",其用大矣!

首先,这是培养教师正确教育观,提高自己的有效方法。经常让其他教师听自己讲课,尤其公开课,不怕露丑,把自己的短板露出来,随时接受同行的批评与意见,能够快速成长。"知耻而后勇,"这是一种胸怀,一种境界,一种我们教师应该具备的正确态度和行为。态度决定一切。有了这种态度,才可能向上。笔者参加工作多年,自我感觉还不错,但别的教师听了课后,问他们的看法,他们一般会说:"发音欠规范,特别是一句话的后半句比较含混,听得不太清!"我开始意识到讲课语言与生活语言的不同。平时生活中,与人交流,问题还不大,一到课堂上,问题就凸显出来了。认识到这个问题后,我开始研究课堂语言,发现我们豫南方言与普通话相比,四声读不到位,尤其是后半句声音低下去后就更模糊了。为此,已至中年的我开始学说普通话,主要是在课堂上讲,我让县城学生给我纠正发音。试想,一位教师在课堂上讲普通话,捏腔拿调的,就非常滑稽。有次我班的一个学生跟别人说:"俺语文老师说普通话,不是'说',是'撇'!"①真是一语道出了实情。但万事开头难,进步隐藏在每天的努力中,凝聚在每次、每个字词的发音中。多年之后,我能较熟练地说普通话,露丑的事越来越少,起码在课堂上可以让来自全国各地的学生听得懂。

其次,"被听课"是难得的学习、切磋机会。俗话说:"金无足赤,人无完人。"每个人都有不足,经常让别人听自己的课,过后请教,会发现这些不足,其他场合大家尔汝相交,则碍于情面,也不会提出。而在听课评课时,其他教师提出意见和建议,就事说事,少有违和之感。"作祟"的"祟",笔者一直读作 chōng,上学时如此,教初中时如此,直到在二高教语文时,几个教师听我的课,我还是一如既往地读作"chōng",结果有位教师小声地向我示意:"suì,suì。"下课后,刚出教室门口,几个教师又取笑我。连忙查字典,果不其然,原来自己一直读错而不知,要不是这次被听课,自己会永远地错下去,想想就让人脸红。

再次,听课与被听课是教师成长的重要途径。普通教师与专家、名师们,在成长道路上或许有很多区别,但有一点就是,普通教师怕被别人听课,不愿听别人的课,结果是"闭门讲课",固步自封,久而久之,泯然众人矣!而专家、名师则不同,他们欢迎别人听课,诚恳希望有人指出自己的问题。语文名师窦桂梅刚上班时就希望上公开课,积极邀请领导和教师听课。曾

---

① 豫南方言,"撇"是不会也要硬上,显得呆板、不自然之意。

经有次选教师上公开课,领导没有听窦老师的课就选定了别人,窦老师直接就去问为什么,并且把写满 13 页稿纸的信交给校长,把校长给逗乐了,答应下次补上。①

钱锺书《围城》里有这么一段话,是说缺点隐瞒不了的:"一个人的缺点正像猴子的尾巴,猴子蹲在地面的时候,尾巴是看不见的,直到它向树上爬,就把后部供大众瞻仰,可是这红臀长未必本来就有,并非地位爬高了的新标志。"钱老的说法非常生动形象,用在我们某些教师害怕被人听课的情形,也非常恰当。

三、一次听课的收获

还是刚到新蔡二高教书时,有一次到上蔡二高参加研讨会,中途听了张旺老师的一节课,让我受益终生。张老师讲的是孟子的《鱼,我所欲也》,因为是中间进班听的课,时长也就一二十分钟。不知道前段课堂张老师是怎么进行的,只知道张老师没有讲授,一直让学生读,齐读、接龙读等,学生积极性很高,课堂气氛热烈。

细究起来,张老师采用诵读法进行文言文教学,有其理论与实践的依据。

(一)学理依据

其一,文字作品是语言的艺术,对语言的把握只有通过品味、内涵来亲身体悟,而这一过程只有通过诵读,并且是反复诵读才能达到,通过教师的讲授只能是了解而非真切感悟。苏东坡说过:三分在诗,七分在读(周密《齐东野语》)而大家朱熹更是强调诵读:"读书之法,读一遍了,又思量一遍;思量一遍,又读一遍。读诵者,所以助其思量,常教此心在上面流转。若只口里读,心里不思量,看如何也记不仔细。"(《朱子语类》)古代先哲们读书之论,既是他们对自己读书经验的提纯,也是他们久经验视的成功法则。既具理论价值,也有很强的可操作性。

可以说,没有诵读法,其他方法再多,阅读教学也难以完成;有了诵读

---

① 教育部师范教育司.窦桂梅与主题教学[M].北京:北京师范大学出版社,2006:4.

法,即使没有其他方法,阅读教学也容易完成。

笔者小时候有结巴嘴的毛病,但是诵读时就消失了,所以我也经常诵读,既提高了语文成绩,又改掉了结巴嘴的坏毛病。没想到诵读竟有如此意外之喜。

其二,诵读是语文教学的标配,是阅读教学的名片,也是语文教学区别于其他课程教学的重要特点。语文学习很简单,就是读书;语文教学也很简单,就是教师引导学生读书。不简单的是如何读书、如何引导学生读书! 书声朗朗可谓人世间最为美妙的声音,受到人们热情讴歌。"闲门向山路,深柳读书堂。"(唐·刘眘虚《阙题》)"过客不须频问姓,读书声里是吾家。(清·瞿士雅《五十自寿集唐五十首·其六》)但是令人遗憾的是,我们很多阅读课堂很少有阅读,一篇文章只是让学生草草地读一两遍,在这种"浅阅读"下就急急忙忙地进行拓展,其效果可想而知。更奇怪的是,一些教师的课堂上不闻读书声。

其三,张老师的诵读教学并不是简单地让学生诵读,而是基于学情的精心设计。十几岁的孩子,有很强的参与意识与竞争意识。先让学生示范读,找出生字词,读准字音;再齐读,读出文本气势;再接龙、竞赛读等,激发学生兴趣,把气氛推向高潮。按现在的说法,就是"以学生为本","尊重学生的主体性"。学生就是在一遍一遍地诵读中加深了对文本的体悟。反思自己的阅读教学,更多地是让学生自由读,其实质是"放羊读",学生读不读,怎么读,读得如何,教师没有设计,没有管控,没有反馈,多半只能看学生的自律了。再就是,张老师的齐读法是基于文本特点的精巧设计。《鱼,我所欲也》,是孟子的一篇政论文,文中多用排比句、反问句、层递句,气势斐然,感情强烈,颇有战国策士之风。该文非常适合多人齐读。如果说诵读法是文言文教学法的首选,那么齐读法就是该文教学法的不二之选。而张老师的齐读设计遵循了这一规律。

由此想到,自己此前的教学设计,压根就没有明确学生诵读的意识与方法,更不会有针对学情、文本内容的诵读设计,更多的是把诵读当成可有可无的"插曲",靠的是"拍脑袋"或临门一脚。

短短十几分钟的听课,收获颇丰,悟出了一些道理,其中重要一点就是:

任何人的成功都不是偶然的,它来自于教师的主观努力与科学的方法。后来张旺老师参加1998年在焦作市举行的河南省高中优质课大赛并获二等奖(因为普通话欠佳,影响了名次),成为河南省名师,后来入职杭州萧山区著名中学,走出县,走出省,走向全国。

(二)未读而教的阅读课堂很普遍

其实这种现象在阅读教学中很普遍,当前语文课堂存在着浅读而讲、少读而问、不读而练等现象。

1.浅读而讲

笔者在十几年的中学语文教学经历中经常发现这样的现象,教师开了一篇新课后,仅仅让学生读一遍,就开始讲,讲知识点。结果课堂成了教师表演的舞台,学生成了观众。有些老师可能也提问学生,但是看到学生沉默不语,只好作罢。笔者曾听一位老师讲《兰亭集序》,在仅让学生读一遍的情况下,就直接发问:"找出文中直接抒发感情的句子。"问了几遍,学生仍是茫然无措。最后这位老师颇有点尴尬地说:"我来回答吧——!"其实如果让学生多读几遍,很容易找出老师所要的答案:"信可乐也""岂不痛哉"。

对于陈述性知识,教学中应遵循一个原则,学生能够回答的,教师最好不要讲,学生不能回答的,教师应该引导学生回答。这里的引导就包括学生的读。笔者最近在新蔡二高听曹志英老师讲授南宋词人张孝祥的《念奴娇·过洞庭》,讲到其中一个知识点"过渡句",联结写景与抒情的句子:"悠然心会,妙处难与君说。"这时教师问了一个问题:"苏东坡的《念奴娇·赤壁怀古》也有一个联结写景与抒情的过渡句,是哪一句?"曹老师连问几遍,学生回答不出。老师没有直接告诉学生,而是让大家背诵一遍这首著名的写景词,背诵过程中,学生自然而然找到了"江山如画,一时多少豪杰"这处过渡句。曹志英老师的做法堪称经典。

2.少读而问

曾经听过一位教师的公开课,讲授曹禺的话剧《雷雨》,教师仅在课前让学生预习一下,课堂开始,就让学生讨论"周朴园对鲁侍萍的感情是真还是假",可能是学生预习得不充分,也可能是该问题有点大,学生回答不得要领,久久不能达成教师所要的答案。没办法,教师又让学生阅读周朴园与鲁侍萍的对话描写,之后学生的发言才基本符合了课堂预设。

3. 不读而练

受考试的影响,有些教师看一篇课文的时候,看到的不是整篇课文,而是一道道题;欣赏的不是文质兼美的语言,而是解题的角度与技巧;讲课时也把讲课内容变成诸多问题,让学生回答,回答结束,课堂教学也就结束了。全程没有诵读,没有语言的品味与揣摩,更没有学生质疑与反问,这就是学界深恶痛绝的"碎尸万段"教学法。笔者并不是反对问问题,相反笔者非常赞同教师设计一系列新颖、高效的问题,并提倡"问题教学法",笔者反对的是直接越过"读",把课文生成"习题"的练习法。例如朱自清的《春》,如果采用练习法,可以生成以下问题:①本文第一段反映了作者何种心情,作用是什么? ②本文描写了春天的几幅图画? 分别给每幅图画拟个小标题。③本文用了哪些表达方式? ④本文描写景物用了哪些修辞手法,有何作用? ⑤末段表达上有何作用? 等等。上述问题基本涵盖了本文的内容,但是如果学生没有反复诵读全文,没有领略本文的语言之美、感情之烈、思想之富,而仅仅知道这些冷冰冰的死知识,又有何用?

(三)熟读成诵

根据词典解释,"诵读"一词的含义有"朗读""背诵"几个含义,前者指一种行为状态,后者指一种结果。笔者认为"诵读",既要读,又要达到背诵的程度,成为自己记忆的一部分,并化为自身的营养。学生读书有两种现象,一是擦身而过,过后与书本、书本作者不认识,生疏得好像不曾见过,所读内容没有引起半点涟漪。二是与书本、与作者面晤,拥抱,相亲。"书卷多情似故人,晨昏忧乐每相亲。"(于谦《观书》)

熟读成诵,不是不讲方法的死记硬背。笔者上高中时,管道华老师曾对此有过精彩的说法,他说我要求大家背书是"记死"而不是"死记",前者是一种理想的结果,是我们都想达到的目的;而后者是一种笨的办法,不值得提倡。

面对一篇经典美文,或高声朗读,或静静地默读,最后熟读成诵,润物无声,成为自己的记忆,成为自己生命的一部分,使自己平添一股书卷气,一身文墨香,这就是《义务教育语文课程标准》所谓的"以文化人"是也。可以说,诵读法是阅读教学的第一法,是其他教学法的基础。

对于古诗文等经典篇目最好要熟读成诵,会背诵。我在中学教书,经常跟同学们强调:"古诗文,不会背诵,等于没学!"背诵,除了在教师指导下一遍遍诵读外,还有以下办法。

一是理解记忆法。熟读几遍,了解每段大概意思,再背诵,就容易了。例如范仲淹的《岳阳楼记》,第一段交代写作背景,第二段写巴陵胜状,第三段写悲景,第四段写乐景,末段中心句即抒发怀想。这种方法特别适合论说文。

二是文本思路记忆法。整体读几遍,有了总体把握与语感之后,再找到文本中显示思路的重点句子,记住这些重点句子,再背诵就较为容易了。例如苏轼的《赤壁赋》,其表示思路的重点句子,可以认为是"于是饮酒乐甚""何为其然也?""客亦知水与月乎?"这三句可以说是这篇赋的写作思路,记住这些句子,背诵就较为容易了。叙事文本思路较为清晰,用该法效果更佳。

三是试背法。试背法就是先不看课文,凭印象背,不会背的看一眼继续往下背。这里有一关键是,没有背到的地方不要看,等到不会背时再看一眼。笔者根据多年的经验认为这个办法特别有效,因为某句话不会背时,苦苦思索,会在脑海里加深印象。

四是复习法。根据艾宾浩斯遗忘曲线理论,要及时复习,以免遗忘。

(四)诵读教学法例举

听了张旺老师的课后,笔者加深了对诵读法的认识,并在操作层面上加以研究与运用,在包括文言文在内的阅读教学时,把诵读法作为不二之选,根据学情与课文特点,有针对性地设计各种方法,具体讲有以下几种:

(1)单人读,即范读,有教师范读、学生范读、播放名家范读录音、录像等。

(2)双人读,即对读,可以找两个学生分角色读;也可以与分组竞赛结合起来,这样更能提高学生读的积极性,提升读的效果。

(3)多人读,即分角色读。

(4)分组读,分组读可以用接龙读、竞赛读、分角色读等办法。

（5）借用古人"飞花令"的办法读。

（6）全班齐读。

最重要的是在设计学生诵读时，笔者不自觉遵循了"学生本位"的理念，使语文课堂活跃起来，初步形成了自己活泼、热烈、轻松、开放的教学风格，获得了学生的喜欢与好评。后来笔者获得的一些教学成绩，收获一些诸如专家等俗世的名号，这次听课可以说功不可没。

当然，这次偶然听课只是笔者教学生涯中平凡的一次，笔者喜欢听课，尤其喜欢参加一些评课活动，受益非常大，也推动了自己专业的较快成长。

第二章
语文评课

讲课难,评课①更难。

笔者曾与申景梅老师听本地重点高中一位老师的课,这位老师属于冷幽默,说话中间会不经意间飚一句笑话。"有专家指出——"这时他插了一句:"防火、防盗、防专家!"讲到大单元教学时说到:"这种教法需要教师素养高,学生接受能力高,两高!"随口一句:"这种办法,老师血压会升高,三高!"笔者觉得不错,但申景梅老师却不以为然。她认为课堂上教师可以制造笑点,但笑点一是不能庸俗,二是要与课堂内容有关联,不能唯笑点而笑点。根据这个标准,这位中学老师所说的第一句"防火、防盗、防专家!"与课堂内容无关,显得生硬;第二句可能不够高雅。不过笔者觉得就两句话而已,没什么大碍,还能活跃课堂气氛。仅仅对于教师课堂语言,不同老师就看法迥异,遑论其他?

这种情形在语文评课中比较普遍。全国著名语文特级教师程红兵介绍,他有一次参加全国中青年教师教学大奖赛,赢得了很多听课教师包括评委教师的好评,但结果只得了三等奖:"评课的专家点评参赛教师的课,点评到我的时候,我现在已不记得这位专家说些什么,只记得他没说几句话下面嘘声四起,起哄不断,我自己也愤愤不平,《甘肃教育》的高老师也很为我不平。"②李镇西曾对此提出尖锐的批评:"一堂课,明明师生和谐,气氛欢快,潇洒流畅,欢声笑语,妙趣横生,也不乏思想的碰撞与燃烧,可是到了评委那

---

① 当前学界有观课、议课等不同说法,这里仍沿用"评课"这一术语。
② 程红兵.程红兵与语文人格教育[M].北京:北京师范大学出版社,2006:4.

里,却被认为不符合这个'原则',违背了那个'理念'。似乎不遵守某些'原则'与'理念',就不是好课。一篇课文,教师讲得痴迷,学生读得沉醉,会心处开怀大笑,动情处催人泪下,……可是专家说,没有挖掘出'思想性',分析得不够'深刻',要讲究'深度语文'。"①由此可以看出,对于同一课堂的评价,不同老师评价不同,并且差别有时还很大,甚至截然相反。

一、语文评课的标准是什么

记得在新蔡二高教书时,有次参加优质课评选,我所执教的是秦牧的《土地》,在接下来的评课中,县教研室有位年纪颇大的老师指出我在板书课文"土地"的"土"字时书写不规范,"土"字上下两横写的长短差距不大,应该下边更长些。我当时就觉得有点不可思议,鸡蛋里挑刺。即使这位老师说的对,但也不应该作为重点,因为肯定问题还很多,如果只看这一点的话,就有可能把重要问题给忽视了。那么如何评一堂语文课呢? 当然最理想的是由专业人员来评,即由语文教师来评,但当前的现状是很多评课尤其是一些县级优质课是由教研室教研员来评。按理说,教研员评课应该很专业,但是目前我国的现状是有些教研员往往是一些退休人员,这些人年龄大,教学理念落后。最麻烦的是一些"二混子",可能在学校呆过两天,经不住一线教师的清苦,最后到行政部门搞管理。这种人可能对教学知道一点,但不深入,有的基本属于外行。更离谱的是他们往往跨学科评课。前面评我课的教师,私下问后知道,他本来是教初中地理的。地理背景的教师,初中教师,又是退休人员,来评高中语文课,荒唐如斯!

即使专业人士,由于个人认识不同,也有不同的评课标准与角度,导致不同的评课结果。有人看教师教的教,有人是看学生的学。有人是看教学目标的达成度,有人是看教学步骤的流畅度。可谓见仁见智,莫衷一是。"一千个人,有一千种教学主张,也有一千个好课标准;一万个人,有一万种教学观点,有一万节好课的样子。"②语文特级教师余映潮曾指导年轻教师"听课五看:一看教学设计的理念,二看教学设计的创意,三看教学设计的思

---

① 李镇西.语文教育其实很朴素[J].语文教学与研究,2019(9):6.
② 张祖庆.给语文教师的新建议[M].武汉:长江文艺出版社,2022:103.

路,四看教学过程中的活动,五看教学过程中的时间分配。"①鉴于目前标准与角度很多,这里化繁就简,仅从内容与形式两个方面约略谈一下。

(一)看内容

内容方面,笔者认为语文评课与数理化评课不同,有其独特之处,概括起来就是要有以下几个基本特点,即理、情、知。

1. 理

理指理法、理脉,就是课堂结构或步骤要有一定的逻辑步骤,即余映潮所说的第三条"教学设计的思路"。授课时要按照预先设计一步步往下推行,要环环相扣。要求两点,一是要有明显的步骤转换,不能整个课堂一隆通;二是步骤转换要有必要的衔接。衔接与转换要自然,不能突兀。如果说第一点讲究"断",第一点就是"联"。例如苏轼的《念奴娇·赤壁怀古》,本课的重点内容有两点,一是理解该词所表达的情感,二是体会作者的词风。讲授完第一点即该词表达的情感后,一些教师可能会这样推进:"同学们,我们现在来学习本文的风格!"这样的转换就显得生硬,前后的教学步骤就缺乏必要的衔接。当然衔接的办法有多种,但是一定要把前后步骤有机地联系起来,做到水到渠成,水乳交融。还是上面那个问题,可以这么说:"'风格即人,'这是文艺理论的一个重要观点,该词抒发了追慕前贤,渴望建功立业的豪迈心情,它是与其表现形式是一致的,那么我们现在来看一下这首词的用词,看看有何特点,继而体会整首词的风格。"这样过渡就比前面的办法圆融得多。我们评课时既要看教师教学时是否有明晰的步骤,还要看在转换时是否自然圆融。

2. 情

情即感情,语文课不但是对学生进行语言训练,更是对学生进行情感熏陶与濡染。2001 年《义务教育语文课程标准》及 2003 年《普通高中语文课程标准》提出了"三维目标"的设计理念,其中就包括有"情感态度"一维。因此语文评课与数、理、化等课程的评课不同点是,语文评课要看情感。一些教师讲课时,各方面做的都比较好,就是理性有余,感性不足,最明显的是板

---

① 余映潮.教案设计的艺术(之一)[J].中学语文教学参考(教师版),2004(10):17.

着脸,让人高兴不起来,这在评课时是要扣分的。做到这一点,关键还是靠教师的教学技能,包括新颖别致的教学手法,风趣幽默的语言,等等。

3. 知

知即知识,语文课不仅要有情感,不仅要让学生心情舒畅,还应该有相应的内容。可以说,前面提到的"理"与"情"的一个目的与归宿就是让学生获得知识与能力训练。如果课堂仅是热闹,学生是快乐了,结果却两手空空,肯定不是好课。教学中有些教师天马行空,滔滔不绝,俗话就是"很能吹",但学生就是学不到东西。

当然,如前所言,如何评语文课,不同维度会有不同的办法,上述观点仅属一家之言。

(二)看形式

俗话说:"隔行如隔山!""内行看门道,外行看热闹。"不是语文专业的或者不是从事语文教育的去听语文课,很难听出门道。当然因为某种原因,不同专业背景的人听课成为当前我国教育的常态。那么外行看语文应该看哪些呢?笔者认为,如果是外行,除了看教师的基本功、普通话的规范程度、板书的优美程度外,还要看课堂上有没有读书声、笑声、质疑声。

1. 读书声

古人说得好:"书读百遍,其义自见!"反复诵读,可以形成最初的感性认识,并在体味、揣摩中深入分析文本。再者,朗朗的书声不独是加深对课文的感知与体味,可以驱除一些同学的睡意,可以集中学生的精神,还可以造成一种氛围,可以带动全体学生学习的热情,远不是教师讲授所能达到的。如果教师再采用对读、竞赛读、接龙读、分角色读等多种读书法,效果更佳。可以说,没有读书声的课堂不可能是成功的课。因此,读书声是判断一堂课成功与否的标准之一。

2. 笑声

这里的笑声是学生被课堂气氛感染所发出的愉悦声音。语文课有很多特点,但不能缺少的是快乐。语文学习是身心愉悦、兴奋的活动,一种心情的放飞,一次寻美历程。试问,心情放飞的表现是什么?可能表现不一,但最直观的就是学生的笑声,这是一种无邪的笑声,发自内心的笑声,无所顾忌的笑声。语文学习与数理化学习不同,后者是一种逻辑分析,冷静思考的活动,情绪的波动可能会影响这种活动,影响分析结果的精准性。而语文学习的目标之一就是情感教育,学习的过程也是一次情感体验之旅,是快乐的参与,是师生共学、共乐、共长的火热场面。如果只有冷静的分析,没有激情的投入与快乐,即使课堂再高效也不圆满,并且缺乏情感的语文课堂也难以高效。

3. 附和声

成功的课堂的另一个表现就是有学生的附和声。老师入情入理的讲授,学生激情的发言,会收到一片的附和声。我们经常见到的课堂是教师在上面讲,没人反对也没人附和,这起码说教师的教与学生的学,还是油水分离,没有融合起来。

4. 质疑声

这一点最稀缺,也很容易被我们教师忽略。课堂上的质疑声也是一种难得的教学资源,它会诱发师生的深度思考,把课堂引向深入,气氛推向高潮。毫不奇怪,在我们这个"教师本位"根深蒂固的课堂上,教师喜欢听附和声,视质疑声、反对声为杂音,破坏了整体的和谐,这与"学生本位"观相矛盾,是应该摒弃的。

二、语文课堂要有"语文味"

周末到汝州参加一个关于"智慧课堂"的教育活动,听了两位老师上示范课,其中一位语文老师讲的是《论语六则》,全程就是对字词含义的理解,最主要的方法就是师生每人一台平板电脑来进行人机交流,课堂容量大。但是缺点是明显的,最主要的就是诵读不足,草草读一遍就开始提问题,学生在平板电脑上写答案,老师则从后台掌握学生答题情况。一问一答,老师没有对学生答题的动机、方法作任何评价,只是诸如"你来回答""正确""坐下"等简单的指令。整个课堂看起来步骤清晰、简洁明快,但一味地分析字词,把一篇文质兼美的话当成一具僵尸,硬是冷冰冰地肢解,这起码不符合语文学科的学习规律与特点。再加上这位老师语气多是不容置疑,不是商讨,并且一直板着脸,没有微笑,让人敬而远之。准确严谨有余,轻松愉快全无。没有了语文课应该有的味道。

语文课不同于理工科课程,应该有自己的味道,这里沿用程少堂先生的说法,叫"语文味"。这是目前一种较为流行的语文教育主张,也是笔者非常赞同的。程少堂先生有一段对"语文味"的描述,令人向往。

教师教得神采飞扬,学生学得兴致高涨,师生双方都全身心投入,这时课堂上会出现"庄周梦蝶"般的情景:学生没有意识到自己是学生,教师没有意识到自己是教师,不知道是教师变成了学生,还是学生变成了教师,教师、学生、教材、教法、教学环境之间融为一体(而不是四张皮),就会出现"面向大海,春暖花开"的优美意境,就是中国古典哲学的最高境界,"天人合一"——在教学中的最佳体现。在这里,语文教学也就从必然王国走向自由王国。①

(一)"语文味"的内涵

由于"语文味"是一种比喻词,比喻具有多义性,所以"语文味"有哪些"味"是不定的,其创立者程少堂老师在其专著《程少堂教学理论与实践探索》中有精彩的描绘,譬如教出情感、教出美感、教出语感、积淀民族文化、丰富生存智慧、提升人生境界等几个方面。在此基础上笔者认为"语文味"的内涵还应该有以下几点。

1.快乐味

不管"语文味"的内涵如何不定与模糊,快乐味是其最基本的、首要的内涵,没有这一点,"语文味"就变了味。成功的语文课堂有很多标志,教学设计的精巧、课堂步骤的流畅、学生的参与、目标的达成等。但是,学生乐学,教师乐教,课堂上的其乐融融是不可或缺的,也是笔者一直提倡的。关于快乐课堂、快乐语文,本书第一章第二节《"快乐语文":亟须践行的语文观》有较详细的介绍。

---

① 程少堂.教学理论与实践探索[M].深圳:海天出版社,2006:310-311.

2. 情感味

语文教材中的选文大都具有浓郁的情感色彩，以此对学生进行情感的、美感的教育。然而，美文的教学一定要遵循其规律，体现其情感的特点。诗意的语言、优美的朗诵、激情的演讲、想象训练、分角色扮演，大都是情感的渲泄，思想的濡染，都是语文学习活动的标配。教学《美丽的西沙群岛》，在引导学生欣赏美丽的南国风光的同时，又培养了他们热爱祖国、建设祖国的美好感情；讲授朱德的《回忆我的母亲》，体会天下母亲的勤劳与无私奉献之情。当然，情感味并不排斥理性，"语文味"的课堂也应该有理性美、理性味。

3. 文化味

在所有课程中，语文是最具有文化内涵的课程。什么是文化，其内涵估计比"语文味"还要复杂。这里不做探讨，主要从实践上加以探究。笔者认为，课堂要具有文化味可以从以下两方面达到：一是师生活动，诸如教师优雅的仪表、优美的普通话、漂亮的板书、富有诗意朗读等。二是从文本内容及其分析上表现。教材是文化的载体，是文化的宝库，包含丰富的民族文化与域外文化知识，对其分析能使语文课堂具有丰富的"文化味"。笔者给学生经常讲的一句话是：看一种现象，要从历史文化中找根据，找渊源，任何现象都植根于历史文化的沃土之中。改用孟子的话就是"观水有术，必观其源"。陶渊明的诗文《归园田居》《归去来兮辞》、苏东坡的系列诗词，以及沈从文的《边城》等，分析这些课文的主题就可以联系先秦道家思想。当然这里有现实因素，只不过现实因素起着催化、强化作用而已。再如苏轼的《赤壁赋》中"望美人兮天一方"，其中"美人"这一意象就涉及到中国传统文化了，可以理解为"君王""理想"的象征。有些课文本身就是讲"文史""文化史"，例如朱光潜的《咬文嚼字》，讲了一系列文化典故，包含了丰富的文化内涵。

值得提出的是，语文课的快乐味、文学味与文化味，不是其中单一味道，而是"语文味"中的、与其他课程味道不同的一种特别味道，是上述味道综合起来的酸甜可口的醇美味道。程少堂曾对"语文味"课堂有过这样的描述：

　　语文课不是政治课,语文课不是德育课,语文课不是审美教育课,语文课不是思维训练课,语文课不是天文地理课或其他自然知识课,语文课也全不是语言课、语文知识课或文学课,无论把语文课上成哪一种课,都与语文味背道而驰,或者不是我们提倡的语文味。①

4. 幸福味

　　这一点可以说是语文课堂的旨归。幸福味不同于前面所说的快乐味,幸福味包括但不止于快乐,快乐仅是一种情绪的高兴、心理的舒适,而幸福味是内心需求得到满足后的心理状态。语文课堂的幸福味是在获得了知识、增长认识、满足需要后的心理快感。《论语》中记述了很多孔门诗教的场面,其中最令笔者神往的就是《论语·先进篇》中描述的一幅动人情景:"暮春者,春服既成,冠者五六人,童子六七人,浴乎沂,风乎舞雩,咏而归。"师徒相处、相得之幸福图景,犹能穿越千年时空,鲜活地展现在今人面前,令人迷醉。"高山仰止,景行行止,虽不能至,然心向往之。"虽然世易时移,圣人已矣;虽然圣地丘墟,诗教难再,但是追求课堂的幸福味,让学生最大可能地置身于语文学习的幸福之中,仍是笔者终生的追求。

(二)教师是实践"语文味"教学法的主体

　　虽然学生是学习的主体,但是"语文味"教学法主要是由教师主导完成,这就要求教师要具有"语文味"。

　　首先,"语文味"的课堂需要博学多才的语文教师。虽然"语文学"的学科内涵仍无定论,但是"语文学"是由多学科组成的,语文教学需要多学科知识,则是不争的事实,这也是语文教师需要博学的逻辑起点。因此,要求语文教师是博学的杂家,而不是某一领域的专家(事实上也做不到),要懂得文字学、文章学、文学、历史学、美学、哲学等。除此之外,会朗诵,能讲故事,可以写点文学作品,也能写研究性文章,又能写一手漂亮的粉笔字,这是具有

---

① 程少堂.教学理论与实践探索[M].深圳:海天出版社,2006:309.

"语文味"教师的前提。笔者上小学时的语文教师有几位,其中李伯彦老师给我印象最深。李老师说话慢条斯理,文绉绉的,时常给我们抄写古诗词、名言警句之类的。记得有一次上作文课,正好是春雨初霁的午后,他带领我们到校外观察景物,在田野里小径上穿行。远方,烟敛云收,雨燕翻飞;身边,春苗正茁壮生长,各种花草争相怒放;同学们像出笼的鸟雀一样欢快,春天的气息随处飘荡……每每回味起来,一种快乐与幸福在心中肆意流淌!

其次,"语文味"的课堂需要有情趣的语文教师。语文课堂上,教师最好显得有趣。有一次,笔者替一位出差的语文教师代了几节课,课上我采取学生活动为主的方式,把课堂交给学生,让学生角色扮演、分组讲座等。最后一节课告别时,我先把学生猛夸一阵,接着说一番祝福的话,最后款款告别:轻轻地我走了,正如我轻轻的来……后来这位语文教师笑着问我:"你把俺班的学生咋忽悠的,一个劲地说你的好……说得我羡慕嫉妒恨!"

有情趣,可以用多种方法达到,譬如幽默,譬如高雅的才艺展示,有点文艺。就像魏巍《我的老师》中的蔡芸芝,让学生背诗、跳舞等。

再次,师生互动,师生互学。让学生积极参与,激发学生的积极性与主动性,这是"语文味"课堂必不可少的方式。这可以从"语文味"教学法创始人程少堂的说法中得到验证:"'语文味'是指在语文教育过程中,以共生互学的师生关系为前提,主要通过感情激发,语言品味与意理阐发等手段,让人体验到一种令人陶醉的审美快感。"①既然"以共生互学的师生关系为前提",那么师生互动,师生互学就是不可少的。

最后,也是最主要的,"语文味"的课堂需要有激情的语文教师。激情是语文教师的显著特点,无论多么内敛的教师,在语文课堂上也要有激情澎湃的时候。笔者在关津中学教书时,听说一位语文女教师,无论课下有多么苦恼的事、伤心的事,即使还在落泪,铃声一响,擦擦眼泪走到台上,立即言笑晏晏、激情四射。下了课,又很伤心,像个孩子似地哭了起来。当然,激情并不是毫无节制,不是滥情,而是真情流溢,是自然而然。苏轼曾提出无法之法的文学创作主张:"大略如行云流水,初无定质,但常行于所当行,常止于

① 程少堂.教学理论与实践探索[M].深圳:海天出版社,2006:290.

所不可不止,文理自然、姿态横生。"(《答谢师民书》)其实这也适合教师情感的运用。

三、语文公开课应该"作秀"吗

2019 年 10 月,我观看了某校创业园举行的教师创新微课竞赛。看完了整个过程,我发现名次靠前的教师的课大都有一个特点,就是活动多,花样多,热闹,好看。如果用中国人常用的"二分法"来分的话,课堂教学可以分为内容与形式两方面。按理说,内容与形式的关系应该很清楚,内容是形式的统帅,形式是为内容服务的;但在实际的课赛中为了吸引评委及观众的眼球,教师往往混淆了二者的关系,出现了唯活动而活动的情况,内容反而成了形式的陪衬;一句话,"做戏"的成份太浓。也有些教师把真实的教学搬到课赛上,老老实实地讲课,做到了朴实无华;但不讨好,名次靠后。一句话,即实用的课不好看,好看的课不实用。其实这种现象在中小学更是屡见不鲜,平时上课朴实无华,公开课则花样百出。夏峥嵘就把文言文课堂教学分常规课堂与公开课堂两种形式,"常规课堂基本只讲授字、词、句的翻译,文章内容稍微涉及,从不深究","而公开课则反之,几乎不讲字词,似乎一讲字词就会没有了'自主性''探究性',变成了'灌输式',把文言文当现代文,只进行文学性赏析,分析得比现代文还要精深"①。

对此,学界与语文教师对于语文公开课的批判一直都没有停止过。批判的焦点集中在公开课的"作秀"上,认为公开课太假。譬如假热闹,学生看起来积极参与,争相回答问题,其实这都是在教师的引导下按图索骥,学生根本毫无主体性可言。为此,追求民主语文理念的李镇西老师呼吁公开课要避免作假,要让学生真正做学习的主人,真发言,真参与,而不是做教师的道具。他提到自己执教的两次难忘的公开课,一次按训练过多遍的程序上课,认真作假,是一场虚假的作秀课,得了一等奖但参与的学生却有意见,认为太假。第二次在天津上"在马克思墓前的讲话"一课,是一场真实的改革课,远不如表演课那么流畅,但师生思想得到真实的交流与碰撞,但却得分

---

① 夏峥嵘.文言文教学中的"文"霸权与"言"霸权[J].语文教学通讯(初中版),2011(8):41-42.

不高,只拿了个二等奖(只要参加讲课就能拿二等奖)。为此,他把公开课分成两类,研究性实事求是的公开课与表演性弄虚作假的"公开课",并下决心不上后一类的所谓"公开课"。①

笔者认为,对于公开课的作秀,不应一概否定,而要分析其合理的成份。不能以"平时不是这样上的"来否定它,而是以"平时应该这样上"来肯定它,践行它。公开课之所以名为"公开课",就是为了向广大同仁展示自己的教学思想与教学方法,用以提升教师教学水平,引领时代潮流,秀出独特的风采。

(一)秀新颖的教学理念

课堂成功与否体现在教学理念上,教学的一切行为的背后都是教学理念作支撑,教师在公开课上的努力也是教学理念的比拼。因此,新颖的教学理念也是教师公开课展示的亮点。特级教师窦桂梅就是在2002年为海淀中心教师上了《朋友》两节课,就以"朋友"为主题,初步展示了她的"主题教学"理念,在后来的许多次公开课上逐步完善起来的。② 语文特级教师祝禧提倡"文化语文",她在公开课《记承天寺夜游》中,分别展示现代横排版的原文、现代竖排版加标点的原文,与书法版的原文,就是在这样的设计中,生动展现了她的"文化语文"教学理念,让学生领略了祖国传统文化的魅力。③ 王崧舟提出"诗意语文"的理念,就是在2004年9月18日为庆祝《小学语文教师》创刊200期,应邀在上海浦东尚德实验学校执教《一夜的工作》萌发的。④ 李镇西有两次印象最深的他自己执教的公开课,其中一次,是讲授《在马克思墓前的讲话》,当学生提出当前社会主义的境遇这个敏感问题时,李老师并没有圆滑地绕过去,而是把课堂完全交给了学生,让学生畅所欲言,真正体现了他的"民主语文"的教学理念。⑤

① 李镇西.李镇西与语文民主教育[M].北京:北京师范大学出版社,2015:135.
② 祝禧.祝禧与文化语文[M].北京:北京师范大学出版社,2006:221-227.
③ 教育部师范教育司.窦桂梅与主题教学[M].北京:北京师范大学出版社,2006:20.
④ 王崧舟.王崧舟与诗意语文[M].北京:北京师范大学出版社,2015:65.
⑤ 李镇西.李镇西与语文民主教育[M].北京:北京师范大学出版社,2015:132-133.

（二）秀科学的教学设计

一个完整的教学设计包括内容的设计、过程设计、教学方法设计、板书设计等诸多方面。公开课就应该展示上述方面的卓异之处。

1.秀导入

著名特级教师窦桂梅曾坦言,她执教的《秋天的怀念》开头有十种方法的设计,大都是他在不同时间、地点上公开课思考的结果。"十次开头的设计是颇费心思的。回过头来看,每一次设计都是有其合理的地方,并没有绝对的好坏之分,只是在不同设计中延续了每次思考后的结晶,但,正是这样的打磨,把课文与课堂一下子连接了起来。"①窦老师就是在这样一次次的公开课执教中,不断打磨,才得以秀出精彩纷呈的教学设计,才使得广大教师受益终生。

2.秀过程

教师上公开课,要付出巨大的精力,着重点是对教学过程与内容的反复打磨,这也是课堂最能彰显个性的地方。王崧舟讲纳兰性德的词《长相思》,第一步,借助注释,读懂词意;第二步,展开想象,读出词情;第三步,互文印证,读透词心。② 这种过程,由浅入深,由外而内,由表象到内质,呈逐渐加深的过程,遵循这种过程,学生就有可能一步步走近文本、"向青草更青处漫溯!"在执教《古诗二首:枫桥夜泊》时是这样设计教学过程的:①起:枫桥钟声越千年;②承:张继独听寒山钟;③升:夜半钟声化愁眠;④转:月落时分听钟声;⑤合:钟声悠悠情满天。③ 借用古人写作模式,妙不可言。

3.秀板书设计

板书是一堂课教学重点、教学思路的外化,公开课不但在其他方面不同凡响,在板书方面也应该作为表率。王崧舟老师《慈母情深》(人教版小学语文第九册第18课)时,是这样板书的:

---

① 教育部师范教育司.窦桂梅与主题教育[M].北京师范大学出版社,2006:8.
② 王崧舟.王崧舟与诗意语文[M].北京:北京师范大学出版社,2015:175-186.
③ 王崧舟.王崧舟与诗意语文[M].北京:北京师范大学出版社,2015:220-241.

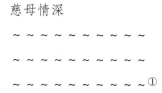

这一道道波浪线分明就是如水的母爱,绵绵不绝,既形象,又让人产生无限联想。

(三) 秀深厚的专业素养

专业素养一般可分为专业知识与理论、专业技能与专业情意。由于经历、性格与才情的不同,教师的专业素养大相径庭,李镇西博学,韩军才高;宁鸿彬以思维训练取胜,于漪以情感动人;等等。因此,教师在公开课上可以尽显自己的专业素养。

(四) 秀巧妙的教学方法

可以说教学方法是教师教学艺术的最为直观体现。公开课上,教师应该把这一点淋漓尽致地体现出来,以此征服评委与听众教师。

因此,应该辩证地分析公开课。窦桂梅这样说道:"我们应该理性看待公开课,正视其问题,其中一个最有效办法就是积极执教公开课,在不断的上公开课的过程中,快速成长。名师之所以成为名师,原因很多,其中一个重要因素就是在不断地执教公开课中得以磨练成长。蓦然回首,你会发现,在公开课上,你所成就的不是几节代表作,而是循着这样的路,脚踏实地走向了日常课堂的'厚实',甚至成就着人生的厚实。"[2]

"《诗》有之:'高山仰止,景行行止。虽不能至,然心向往之。'"(《史记·孔子世家》)太史公这句话用在这里也非常合适。

———————

① 王崧舟.王崧舟与诗意语文[M].北京:北京师范大学出版社,2015:175-215.

② 教育部师范教育司.窦桂梅与主题教学[M].北京:北京师范大学出版社,2006:4.

第三章
语文教学评价

广义的语文教学评价不是看卷面成绩,而是看语文实际运用水平;也不单指语文教师课堂教学技能,而应该包括教育道德、教育理想、教育情怀;也不是静态地看讲课的教学水平,而是看其职业发展与提升如何。

一、为什么语文程度最好的学生考不了第一

我们语文教师发现这么一种现象,就是我们眼中语文程度特别好的学生在考试中,成绩往往不会太差,但一般很难考第一,甚至考不了前几名,而相应的情况很难出现在数理化课程里,或在数理化课程里表现不明显。

(一)为什么出现学考不一致的现象

思考这个问题,我们不妨这样问:为什么考卷上面的分数与学生真实成绩不同?

我们先假定学生真实成绩是一定的,变化的就只有卷面成绩了,那么我们找出影响卷面成绩的因素就知道了。从主体方面看,影响卷面成绩的因素至少有三类人:出题专家、做试卷的学生、阅卷教师。

1. 出题人

一张试卷,其实是出题人心中的预设,反映了出题人对语文课程性质、学习目标、学习内容与学情的理解与把握,无论如何,它跟实际教学情况并非完全一致,这就造成了试卷所考查的内容与学生学习的真实情景并非完全吻合,可能出现了试卷上考的学生没学,学生学的试卷上没考的情形,或者试卷过难或过易的情形。当然,优秀的出题人会把二者的差别缩减到最

小,但是要做到完全一致是不可能的,这也就造成了一张试卷不能完全考查学生真实学习情况的情形。严格地说,再优秀的出题人,再科学的语文测验也只能考查出学生大致的档次而无法按学生的真实成绩预以排名,或者对某些学生检查高效,对其他学生检查低效,即效度、信度不高。黄厚江曾写道:"稍微懂得一点教育学常识的人,都知道教育教学的测量是一个非常复杂的问题。况且谁能保证这份试卷一定是科学的呢?换一份试卷,情况可能完全不同。"①

2. 做试卷的学生

学生在做题时,会受做题技巧的影响,有的学生才情高,但做题技巧欠佳。譬如客观选择题,按理说客观题客观性较强,但有些学生往往会因为误读题干要求而失分。最为典型的一种情况就是题干要求选出正确选项,学生却理解为选出错误的一项;题干要求选出错误选项,学生却选出正确的一项。还有的学生出现漏题现象,由于时间紧、焦虑等硬是没有看到某些题(多是最后一题)。其他譬如生病、劳累和其他偶发事件等,都会影响其水平的正常发挥,不该失分却失分,就会造成卷面分数与学生真实成绩不一致的现象。

3. 阅卷教师

即使试卷是按教育测量的规范程序研制的,统计分析是科学的,也不能保证试卷的质量与分数完全一致,因为阅卷人在这里起到至关重要的影响!

面对一份考卷,不同的阅卷人会因自己的理解、偏好而导致误差,有时这种误差还非常大,这一点充分体现在主观试题尤其是作文的评判上。笔者在关津中学工作时,有一年参加了小升初语文试卷的复查工作(当时尚未普遍推行实行义务教育制度),我当时主要检查作文。当年语文试卷100分,作文满分30分。我发现一张考卷作文给了9分,出奇的低,初看这份试卷也不错,字体也较为工整,不应该得这么低的分,结果发现考生没有按作文要求做。作文给了两个题目,任选一题,结果该生把两个题都做了,写了两篇作

---

① 黄厚江."有效"还是"品质":语文教学的追求选择[J].中学语文教学参考(上旬刊),2013(3):5.

文,并且做的还都不错。该生在短短的两个小时里做了两篇作文,应该是非常优秀,仅仅因为没有按照作文的"任选一题"来做就给低分太可惜,造成优秀人才难以脱颖而出。要说该生不按要求作文也不完全正确,"任选一题"并不是"一定"任选一题,并没有反对可以做两题,之所以没有说可以做两题,可能是这种情况一般不会出现。为了优秀生不至于埋没,在与语文教研组长商讨后,我提笔在"9 分"前加上"2",这样以来该试卷作文就从区区 9 分变成 29 分,离满分仅差 1 分。由于理念的不同,在面对同一份作文时,我和改卷人给分相差 20 分,而作文满分仅仅 30 分!

影响语文成绩最明显的因素就是卷面,包括字体与段落的整体布局。有的学生卷面漂亮,容易受到阅卷人的青睐;有的学生则相反,无疑会吃亏。尽管很多试卷大都对卷面做了具体要求,诸如字体工整、文面整洁等。但笔者根据多年的语文评改工作,发现每次考试中,都存在着卷面问题,造成不应有的失分,甚至失分还比较大,与学生真实水平有距离。

(二)语文试卷卷面存在的问题

一是涂改问题,这是最主要的。有涂改个别字词的。根据评阅经验,一篇作文如果有三处涂改,就让人不舒服了。还有大面积涂改句子的,给人的观感更差。最为严重的是整段涂改,几乎等于毁容了。甚至涂改题目,殊不知,题目就像一个人的眼睛,涂改题目等于患了眼疾,严重影响形象。针对这种问题,答题时尤其作文写作时,一定要打草稿。为了不影响整个做题时间,建议打前几段,不要打通稿。在誊写过程中就随机修改了。

二是加塞。有加在两个字之间的,有加行与行之间的。加一两个字还不要紧,如果加一句话或几句话,就非常倒胃口。

三是用拼音字母代替汉字。其实这种做法非常不明智,等于承认自己有不会写的字词,给评卷老师扣分以口实。汉语同义词、近义词特别多,完全可以找出替代的字词来。

四是个别字写得不完整。有一次作文试卷中,有个字只写个偏旁"忄",根据下面的"懂"字,猜想这个字可能是"懵",但由于该生不知道这个字的写法,只写个偏旁,这给评阅者一个不好的印象:该生还有不会写的字。

五是标点符号运用不规范。一是标点符号写得太小,逗号、顿号、句号分不清,这种情况最为普遍;二是标点符号没有独自占一格,而是夹在两个字之间;三是一逗到底;四是索性就没有标点符号;等等。这些不规范做法给评阅者的负面印象是不言而喻的。

作文卷面中还存在着缺题目、文章不完整、字数不够、三段文、段落尤其首段太长以致形成头重脚轻等情形,这些都影响着阅卷人的判断,导致失分甚至较大失分的情况。

上面是在认定学生成绩既定的前提下从试卷角度所做的分析,事实上学生成绩也不是一个客观的存在,而是一个主观认定的结果,有时候教师眼中的优秀学生,只是任课教师自己观察所得,也具有一定的主观随意性。

二、高校考卷讲评课的困难与可行性

陈庆章的专著《大学教学常见问题解答 600》(首都师范大学出版社,2020 年版),讲了考卷讲评课的诸多作用,例如,总结好的答题方法,激励学生;明确学习方向,为后续课程做铺垫;引导学生从关心课程成绩转向关心课程内容与质量;并提出一些具体办法;等等。该书说出了笔者心里话,事实上,至少从今年开始,这两个学期我也做了这样的尝试。

(一)高校考卷讲评课的困难

与中小学不同,考卷讲评课在高校基本上不见踪影,这里面既有主观的也有客观的,既有现实的也有历史的因素。

客观因素中,最主要是高校课程学习不像中小学最终有一个统一的综合检测。在中小学,课程学习是一个不断进行、反复考试的过程,期望在最后的全省统一中考、甚至全国高考中得到好的分数,这就促使教师在每一次考试后必须对试卷情况进行分析,不但对每一次卷面情况进行详尽分析,而且还要对前后考试情况进行对比,不但要做纵向比较还要做横向的对比,不但要做大数据的宏观分析,还要对每道题、每人的得分情况做微观的研究,不但要对答题内容进行探讨,还要对学生审题、答题技巧、时间掌握等考试形式进行分析。而高校课程学习没有最后全省、全国统一性考试,学习结束后教师自己出题学生考,考完后,该课程就结束了。因此,在高校课程考试讲评课就没有了强劲的动因。

中小学课程设置中,每门课大都是连续数年开设的,譬如前一个学期语文课或数学课结束后,下一个学期开学继续,这也给上学期该课程的考试情况一个反馈机会。而高校课程基本都是阶段性的,考试结束后教学过程就结束了,学生也都离校了,教师也不可能把学生再集中起来进行讲评课的教学。等到下一个学期开学,进行的是新的课程,就没有试卷评讲的机会。

主观因素中,一般认为考试就是应试教育,中小学教师对此深恶痛绝但又束手无策。然而在高校就不同了,没有了各个类型的大大小小的考试,教师可以最大限度地实施素质教育,因此对于讲题解题之类、看似应试教育的一套最为不屑,深受其害的中小学生更是对与考试有关的东西本能地抗拒,因此在高校试卷讲评课没有了市场。

一般认为,大学生不比中小学生,对于课程学习的结果,知识点掌握情况不应再由教师指导,而应该由学生自己主动进行。

(二)高校考卷讲评课的必要性与可行性

从关注学生终身发展角度看,考试结束后应该讲评。考试不是课程学习的终结,而是总结。学习的结果如何,哪些遗漏,哪些失误,在试卷上有一定的表现,教师有必要把这种情况反馈给学生,达到改正、提高之用。反之,错误依旧,还会在以后的考研、考公、考编等各种考试中复现,这与教育目的相悖。

从现代教育技术的支持看,考试结束后能够讲评。随着科学技术的进步,出现了很多教育平台,譬如当前运用非常广泛的腾讯会议,技术已经相当成熟,不但可以进行常规的教学活动,而且可以实现文件共享、录播与回放。在考试结束后,可以利用这些平台,把全国各地的学生集中起来,开网上考卷讲评课。

三、语文人需要相互欣赏

这里谈的是语文人如何共处,如何欣赏的问题。之所以称作语文人,是因为把语文教师称作文人可能有点名不副实,称作语文教师吧,又显得欠尊重,因此称作"语文人"。

还是十多年前的时候,院里一位教师不屑地对我说:"说实话吧,怕伤你自尊,你写的论文没啥作用,大多没啥价值……"可能见我还不缴械投降,这位教师声音提高了几个分贝,目光在我脸上肆意地横扫着:"我写的论文你比不上。……河南省教育科学项目难申请吧,我就立项了一个。你没有申请到吧……"

这是我第一次被人毫无顾忌地看不起,当面侮辱。可以想象我当时是多么窘迫,多么难堪。

(一)语文人大多自视甚高

语文人的自负可能与文化传统有关。"文人相轻,自古而然。"(《典论·论文》)曹丕当年就这样感叹。儒家思想赋予了中国文人强烈的家国意识、高度的社会责任感,当仁不让,舍我其谁。与之俱来的便是对自我的高度肯定与期许。自负自恋只不过是这种意识的附加品或过度的表征而已,中国文人起码从屈原开始就是如此,读屈原的作品可以发现自我赞美的句子比比皆是。有学者精准地指出:"屈赋中一再重复着'我''余''吾''朕''予'等词语,一定程度上体现了屈原自我意识突出,有着强烈的自我关注倾向。第一人称带有强烈的自我表现的主观色彩……屈赋中峨冠博带、披铁抚剑、驰马江皋、乘鼋逐鱼、佩玉饰花、餐英饮露、临风浩歌、逍遥容与等对抒情主人公形象的描述,无不带有文饰自我的自恋倾向。"①

语文教师的自恋也与人文学科评价的多元性、复杂性、不确定性有关。俗话说:"文无第一,武有第二",不像理工科,科研成果可以市场化,可以看产生的经济价值。而人文学科的价值难以量化,无法评判。声音高的可能色厉内荏,说得头头是道的不一定占理。当前理工科类有中国科学院和中国工程院院士,但是有中国社会科学院而不设院士,就是明证。

高校教师尤甚,原因与高校教研的特殊性有关。不像中小学,高校教师基本上都是独行侠,一个人独自担任一个年级的某一门课的教学与研究,其他人难以插足也不会轻易插足,你教语言,我教文学;你研究两晋,我专攻元明。课程标准自己制定,课程内容自己挖掘,试卷自己出,成绩自己说了算,没有中小学的统考与评比。自己算是小权威,研究方向更是唯一,自己

---

① 彭红卫.屈原的自恋人格及成因新探[J].中南民族大学学报,2006(3):140.

的东西同行都不一定理解,其他人更是看不懂,于是便自视甚高。也可能是自私心理作祟,打击别人,抬高自己,使人相形见绌,知难而退,保住自己的学术地位与利益。

对待狂人,唯一的办法就是不加理会,做好自己的份内之事,以成绩回击对方,证明自己。在没有足够实力与成绩时,辩解都是笑话。同行公然小看你,说明你在行业里还不够优秀。

(二)语文人需要相互欣赏

术业有专攻,任何人都有自己的长处,也有自己的短板,不能以自己的成就傲人,而应该欣赏别人,欣赏别人的长处。

欣赏别人,重要的是要适时地夸赞别人。根据马斯洛的需求层次理论,其中一项也是比较高的需求就是被尊重的需求。被尊重的需求有很多表现形式,常见的就是渴望得到夸赞。

笔者在二高工作时,有一天上班,刚踏进办公室门口,听见一位资历颇深的语文教师跟一位年轻老师说:"你问我'多余人'形象的问题,我昨天查了半夜都没查到!"我却不假思索地说道:"'多余人'不就是俄国文学史上的贵族青年知识分子形象么,代表人物有罗亭、奥勃洛摩夫……"这时我发现教研组长和几位教师都哑口无声,没有一个接话,时间像是凝固了,场景寂静得可怕。那一刻我就后悔自己太鲁莽,伤了别人的脸面,又觉得语文教师为了可怜的自尊,在这种情况下仍不愿意承认自己知识欠缺,连廉价赞扬的话都不愿说。

赞扬是相互的。你对别人吝啬赞扬,你也不会得到别人对你由衷地赞叹,甚至可能招来嘲讽与攻击。

只要能够发自内心地欣赏别人,总会找到别人的"闪光点"。拙于言辞可夸为实干,教法运用欠当的可看作"无法胜有法",才情不足的可以夸他勤奋。当然,夸奖要发自内心,否则,言不由衷,会引起人的反感,"拍到马蹄子上"。

后　记

　　从 2017 年开始的近十年里,笔者林林总总记录下近 200 个语文教育案例与思考,多是对自己求学、从教过往的追忆与反思,间或有对当前一些教育问题的思考,这些案例前后横跨近半个世纪,也带有个人传记的性质,算是对自己读书、教书生涯的回顾与总结。在案例选取与分析上追求以下标准:一是事件的真实性,所有事件都是真实发生的,多是人们不曾注意的小事件、小问题,当然也有引起全国舆论关注的热点事件。二是描述的情境性,细节描述上追求原汁原味,尽可能不做更改,给人以身临其境之感,这样能较好地保证接下来的分析客观、允当。同时也时时提醒自己,不要把教育研究写成教育散文,因为时不时的感情渲泄,在一定程度上削弱了本书的学理色彩。三是内容的教育性,这一点可谓教育叙事的核心,案例的选择、描述与分析,均以此而展开,揭示出其中蕴含的教育意义与价值,突出问题意识、前瞻意识。四是理论的深刻性,问题分析不就事论事,而是以此为话题,深掘社会、历史、政治、人性等大的文化背景,努力给读者一个全面而不模糊的认识。

　　语文教育学至少要研究"为什么教语文或语文是什么?"(课程篇)、"谁来教语文?"(师生篇)、"用什么教语文?"(教材篇)、"怎样教语文?"(教学篇)、"语文教的如何?"(评价篇)等问题,因此,把诸多案例按上述结构布列成几部分,使全书呈现出较为严密的逻辑体系。

　　严格说来,本书书名为《语文教育叙事研究》,但不是所有的案例都属于语文课程教学范畴,有一些属于诸多课程共同拥有的,例如情意素养、教师职业发展等内容。之所以选用,是因为这些与语文教育有关系,或者对笔者教学思想、教学风格影响很大,弃之可惜。在此表示抱歉。

　　学界尤其高校理论界,热衷于宏大的题材、严密的体系、精深的理论与玄而又玄的学术术语,而对于教育叙事这类琐事、浅近的语言可能会不屑一顾。因为在"以大为美"的传统国度里,琐屑东西是很难入人法眼的。其实大体裁在我国有着悠久的传统,是真正的国粹,并非舶来品。因此,教育论著可以这样写,并且笔者相信,这样的写法更能照顾到读者的口味,会有更大的读者群,产生更大的作用。笔者冒昧揣度,一些学者看不起这类研究,可能是"文体写作的贵族意识""文体霸权主义"作祟而已。

笔者决定撰写本书,很快进入了着迷的状态。回首往事,记述与评判我国底层教育的一些问题,会感叹造化弄人;反感教育的乱象,埋怨人心不古;更是鞭挞不公,解剖自己,希望有所希望,心情随着笔墨沉浮,思绪任意飘荡。可以说,本书既是一部中国教育园地的一朵不起眼的小小花朵,窥一线教育工作者之一斑,也是笔者心灵的考问与救赎,考问了教师包括自己误解、伤害学生的一些做法,以期警省、宽宥自己。与之同时,也摄下了一些笔者心中"最美教师"的身影:温柔漂亮的张培真老师、憨厚善良的张培基老师、怀才不遇的李伯彦老师、始终微笑着的杨建敏老师、幽默风趣的管道华老师、一代宗师曾祥芹教授……现在,很多恩师业已作古,在传承他们学缘的同时,本书也算是微薄的祭品,表达对他们的深深怀念。尤其是曾祥芹教授,他在看了我的部分稿子后说道:"广大教师进行教育叙事的还很少。该书丰富了教育叙事的研究。"这对我完成该书是一个莫大的鼓励。虽然如此,在写作过程中,笔者仍是忐忑不安,不知道自己的努力会是怎样的结果。现在书已付梓,只能任人评说了。

撰写过程中,笔者参阅了大量文献资料,朱永新关于"教学反思"的话,李镇西的系列反思书籍,启发了笔者。"原来书还可以这样写!"而本书的章节架构,则是从朱绍禹的《语文课程与教学论》、王文延的《语文课程与教学论》等书中得到的灵感,还有很多前辈及同仁的论著与论文也给笔者提供了很好的借鉴与帮助,顾之川先生以及徐林祥、耿红卫教授为本书提出了宝贵的意见,徐林祥教授百忙中为拙著作序,新蔡二高张吟湄老师协助修改了初稿。郑州大学出版社诸位编校老师做了大量工作,使拙作得以出版,在此一并表示感谢。

张天明　于黄淮学院

2023 年 12 月 2 日